Peter Longerich (Hrsg.)
Die Ermordung der europäischen Juden

SERIE PIPER
Band 1060

Zu diesem Buch

Ziel dieser Dokumentation ist es, den nationalsozialistischen
Judenmord in seiner Gesamtheit darzustellen. In einer Auswahl
von rund 220 Schlüsseldokumenten werden Land für Land die
Mechanismen des ganz Hitler-Europa umfassenden Vernichtungsprozesses veranschaulicht. Einführende Texte des Herausgebers
stellen den historischen Kontext her. Der Band schließt auch die
unmittelbare Vorgeschichte des Mordes an den Juden, Wider-
stands- und Hilfeaktionen sowie den Problemkreis des »Wissens
und Schweigens« ein.

Peter Longerich, Dr. phil., geboren 1955 in Krefeld, arbeitete fünf
Jahre am Münchner Institut für Zeitgeschichte und veröffentlichte
Arbeiten zur nationalsozialistischen Propaganda und zur Ge-
schichte der SA (»Die braunen Bataillone«, 1989).

Die Ermordung
der europäischen Juden

Eine umfassende
Dokumentation des Holocaust
1941–1945

Herausgegeben von Peter Longerich
unter Mitarbeit von Dieter Pohl

Piper
München Zürich

ISBN 3-492-11060-6
Originalausgabe
September 1989
2. Auflage, 7.–9. Tausend Oktober 1990
© R. Piper GmbH & Co. KG, München 1989
Umschlag: Federico Luci
Foto: Juden bei der Ankunft in Auschwitz
(© The Beate Klarsfeld Foundation)
Gesamtherstellung: Clausen & Bosse, Leck
Printed in Germany

Inhalt

VORWORT

In der vorliegenden Dokumentation wird der Versuch unternommen, die Ermordung der europäischen Juden in exemplarischen Dokumenten darzustellen.

Dabei konzentriert sich die Dokumentensammlung bewußt auf den Prozeß der Deportation und Vernichtung, wobei es vor allem darum geht, die europäische Dimension dieses historisch einzigartigen Völkermords zu verdeutlichen. Diesem Konzept folgend wurde der Band vorwiegend unter geographischen Gesichtspunkten aufgebaut; hinzu kommen weitere Kapitel über die unmittelbare Vorgeschichte des Holocaust, über seine Organisation und Durchführung, Widerstands- und Hilfeaktionen sowie über den Problemkomplex Kenntnis und Apathie. Zusätzlich zu einer allgemeinen Einleitung, die einen kurzen Abriß der Geschichte des Antisemitismus sowie der nationalsozialistischen »Judenpolitik« vor der eigentlichen Vernichtungsphase enthält, wurden jedem Kapitel kurze einführende Texte vorangestellt. Indem die verschiedensten Aspekte und die wichtigsten Zusammenhänge des nationalsozialistischen Judenmordes anhand ausgewählter Dokumente dargestellt werden, entsteht, so die Absicht dieser Arbeit, ein umfassendes Bild der Ermordung der europäischen Juden.

Herangezogen wurden vor allem Akten der mit der Vernichtung befaßten deutschen Dienststellen, daneben aber auch Zeugenaussagen von Tätern und Opfern.

Bei der Edition wurde nach dem Grundsatz verfahren, nach Möglichkeit die Originaldokumente einzusehen. Dadurch war es notwendig, die während der Kriegsverbrecher-Prozesse vorgelegten Schlüsseldokumente, die in der Literatur häufig durchgängig nach den alten »Nürnberger«-Signaturen zitiert werden, in den einschlägigen deutschen Archiven unter ihren heutigen Signaturen ausfindig zu machen. Dies gelang in den meisten Fällen.

Mehr als ein Drittel der zusammengetragenen Dokumente wird hier zum ersten Mal veröffentlicht. Eine weitere erhebliche

Zahl der Quellen ist ausschließlich in Spezialdokumentationen zugänglich, die zum Teil nur in wenigen Bibliotheken vorhanden sind.

Bei den einzelnen Schriftstücken wurden Dokumentenkopf, Unterschrift, Verteiler und Randbemerkungen fortgelassen. Grundsätzlich wurden Rechtschreibfehler stillschweigend korrigiert und die Schreibweisen vereinheitlicht bzw. aktualisiert. Das gilt nicht für Orts- und Personennamen; letztere finden sich in der richtigen Form im Personenregister. Namen von Personen, deren zeitgeschichtliche Bedeutung fraglich erschien, wurden abgekürzt. Unterstreichungen in den Originalen wurden beibehalten. Archiv und Archivsignatur werden jeweils unter dem einzelnen Dokument vermerkt. In eckige Klammern gesetzte Signaturen bedeuten, daß zwar der Fundort des Dokuments bekannt ist, jedoch das Original nicht eingesehen wurde. Ist das Dokument bereits veröffentlicht, so wird in der Regel nach der Archivsignatur der erste Publikationsort vermerkt, wobei Faksimile-Publikationen Vorrang haben.

Diese Dokumentation wäre nicht ohne die engagierte Mithilfe zahlreicher Damen und Herren in verschiedenen in- und ausländischen Archiven zustande gekommen. Dank abzustatten ist daher insbesondere Frau Keipert vom Politischen Archiv des Auswärtigen Amts in Bonn, Frau Doms und Herrn Streim von der Zentralen Stelle der Landesjustizverwaltungen in Ludwigsburg, dem Kollegen Weiß vom Archiv des Instituts für Zeitgeschichte in München sowie den Mitarbeitern des Bundesarchivs in Koblenz, des Bundesarchivs/Militärarchivs in Freiburg sowie des Centre de Documentation Juive Contemporaine in Paris.

EINLEITUNG

1. Der historische Hintergrund: Judenfeindschaft und moderner Antisemitismus

Die Ermordung der europäischen Juden durch das nationalsozialistische Regime steht am Ende einer langen Geschichte der Diskriminierung und Verfolgung. Die Judenfeindschaft läßt sich bis in die Zeit des frühen Christentums zurückverfolgen und bildete eine wichtige Konstante der christlich-abendländischen Geschichte: Sie schlug sich z. B. bereits in den Schriften der Kirchenväter nieder, fand massiven Eingang in die mittelalterliche Theologie, und sie nahm einen nicht zu unterschätzenden Stellenwert im kirchlichen wie im weltlichen Leben des Mittelalters ein.

Seit sich am Ende des 11. Jahrhunderts die erregte Aufbruchstimmung, die die Vorbereitungen zum ersten Kreuzzug kennzeichnete, in blutigen Pogromen entlud, kam es während der gesamten mittelalterlichen Geschichte immer wieder, insbesondere in Krisenlagen und Ausnahmesituationen, zu gewaltsamen Judenverfolgungen. Die strenge Judengesetzgebung des kanonischen Rechts begründete die Absonderung der Juden von der christlichen Mehrheit sowie ihre wirtschaftliche Diskriminierung und führte im Verein mit weltlichen Maßnahmen zur Gettoisierung.

Der Eintritt in die Neuzeit bedeutete keineswegs eine Verbesserung dieser desparaten Situation. Im Zeitalter der Reformation begründete Martin Luther mit seinen unversöhnlichen antijüdischen Tiraden eine eigenständige judenfeindliche Tradition innerhalb der protestantischen Kirche. Der Zerfall der kaiserlichen Macht bedeutete das Ende eines besonderen Judenschutzes, der über Jahrhunderte der Judenfeindschaft zumindest Grenzen gesetzt hatte; die Juden sahen sich nun mehr und mehr mit unterschiedlichen Sonderbestimmungen landesherrlicher Herkunft konfrontiert. So in vielerlei Weise durch Recht und Rechtsgewohnheit beschränkt, in der Regel vom Grundbesitz, öffentlichen Ämtern und zahlreichen Handwerken ausgeschlossen, befand sich die große Mehrzahl der Juden in der frühen Neuzeit auch in wirtschaftlicher Hinsicht in einer ausgesprochenen miserablen Situation und ließ sie, die häufig nicht seßhaft waren, die soziale Verachtung der christlichen Mehrheit erfahren. Die durch die Berufsverbote im Geldhandel konzentrierten vermögenderen Juden, insbesondere die wenigen als Finanziers wirkenden »Hofjuden«, wurden hingegen als Wucherer und Dunkelmänner an den Pranger gestellt. Hier sind bereits deutlich ökonomische Motive und der Verschwörungsverdacht als wichtige Elemente der Judenfeindschaft zu erkennen. Ob als vagabundierende Elendsgestalt, als Viehhändler oder als »Jud Süß«: Die Juden galten als Angehörige einer als fremd und unheimlich empfundenen Macht, gerade die Disparität der verschiedenen Rollen, die ihnen die christliche Gesellschaft zuwies, wurde als Beleg für ihre Wandlungs- und Täuschungsfähigkeit angesehen.

Bevor wir uns der Weiterentwicklung des Judenbildes und der den Juden entgegengebrachten Feindschaft in der modernen deutschen Geschichte zuwenden wollen, erscheint es jedoch sinnvoll, die Problematik der hier gewählten historischen Perspektive anzusprechen. Kann der Mord an den Juden, so wäre angesichts dieses im finsteren Mittelalter beginnenden jüdischen Leidensweges zu fragen, nicht als eine Bündelung der im Laufe von Jahrhunderten entwickelten antijüdischen Maßnahmen und Tendenzen verstanden werden, ist er nicht das konsequente Ergebnis einer immer wieder fortgeschriebenen Stigmatisierung?

Fast fünfzig Jahre nach Auschwitz erscheint es in der Tat notwendig, die »Endlösung der Judenfrage« vor dem Hintergrund jahrhundertelanger Diskriminierung und Verfolgung zu sehen. Auch wenn es somit unvermeidlich ist, die bis tief in das Selbstverständnis der christlich-abendländischen Welt reichenden Wurzeln dieses Völkermords freizulegen, so wäre es andererseits eine historisch verengte Sichtweise, den Umgang der christlichen Mehrheit mit ihrer jüdischen Minderheit nur als direkte Vorgeschichte des nationalsozialistischen Judenmordes zu sehen, also einen stufenförmigen Prozeß zu konstruieren, der gradlinig auf diese letzte Konsequenz zugesteuert wäre. Der nationalsozialistische Judenmord war historisch nicht determiniert, die Judenfeindschaft bildet keineswegs das Bild einer linear verlaufenden Entwicklung. Die Geschichte der Judenfeindschaft ist, bei all ihren, hier nur schlagwortartig genannten Ausformungen, eben nur ein Ausschnitt aus dem Gesamtbereich jüdisch-christlicher Beziehungen, die über weite Strecken auch durch ein Nebeneinander, zum Teil sogar durch gegenseitige Sympathie, gekennzeichnet waren. Demnach gilt es, die historischen Voraussetzungen nationalsozialistischer »Judenpolitik« genauso im Blick zu behalten wie die Vielgestaltigkeit des jüdischen Lebens in Deutschland.

In der deutschen Geschichte der letzten zweihundert Jahre machte die Einstellung gegenüber den Juden eine Reihe bemerkenswerter Veränderungen durch. Die erste dieser Veränderungen steht im Zusammenhang mit dem Doppelprozeß der rechtlichen Emanzipation und dem gesellschaftlichen Aufstieg der Juden.

Seit dem letzten Viertel des 18. Jahrhunderts wurde in Deutschland der Gedanke einer rechtlichen Gleichstellung der Juden auf breiter Basis diskutiert. Die Idee der Rechtsgleichheit entsprach dabei ebenso aufgeklärtem Denken wie die Vorstellung, die im Abseits lebenden Juden zu nützlichen Gliedern der Gesellschaft zu erziehen, wobei die Emanzipation als »Belohnung« für den zu leistenden Anpassungsprozeß gesehen wurde. Wenn Deutschland auch bei der Erörterung der »Judenfrage« im europäischen Rahmen eine Vorreiterrolle zukam, so erfolgte die rechtliche Durchführung des Emanzipationsgedankens doch in einem sehr viel umständlicheren Prozeß als in anderen europäischen Ländern. Während in Frankreich 1791 in einem Zug die volle rechtliche Gleichstellung der Juden eingeführt wurde, gelang es jedoch in Deutschland nicht, den durch die napoleonische Epoche gegebenen Anstoß zur vollen Emanzipation über Ansätze hinaus fortzuführen. Kennzeichnend für die deutschen Staaten blieb hingegen ein unterschiedlicher rechtlicher Status der Juden und eine überaus langwierige, sich im Grunde im Kreise bewegende Diskussion der »Judenfrage«, die auf ihre Weise dazu beitrug, unabhängig von der Einstellung zur Emanzipationsforderung ein besonderes »Problem« im Vorhandensein einer jüdischen Minderheit zu sehen. Das Erziehungskonzept des bürokratischen Absolutismus zeigte auf diese Weise bis weit in das 19. Jahrhundert hinein seine Folgen in einem Land, das im Prozeß der Modernisierung gegenüber den westlichen Staaten zurücklag.

So geriet der wechselvolle Prozeß der rechtlichen Emanzipation der Juden, nachdem er während der napoleonischen Epoche in den einzelnen deutschen Staaten unterschiedlich weit vorangetrieben worden war, in der nach 1815 einsetzenden Restaurationsperiode ins Stocken, eine Reihe von Reformen wurde sogar wieder rückgängig gemacht. Die Revolution von 1848 verkündete die volle Gleichstellung der Juden; mit ihrem Scheitern wurden jedoch die in einigen Staaten bereits vorgenommenen rechtlichen Verbesserungen zum Teil wieder aufgehoben. Mit dem Aufschwung des Liberalismus seit Ende der fünfziger Jahre fielen jedoch die noch bestehenden rechtlichen Beschränkungen. 1869 beschloß der Norddeutsche Bund endlich ein Emanzipationsgesetz, das 1871 vom Deutschen Reich übernommen wurde.

Dieser Prozeß der stufenweisen rechtlichen Emanzipation der Juden ging einher mit einem dynamischen wirtschaftlichen und gesellschaftlichen Aufstieg. Die Juden bauten ihre bisherige wirtschaftliche Nischenexistenz in einer Zeit raschen strukturellen Wandels zu starken Positionen in Handel, Verkehr und Geldgeschäft aus. Ihr ausgeprägtes intellektuelles Interesse führte zu einem hohen jüdischen Akademikeranteil, insbesondere zu einer Konzentration von Juden in den freien akademischen Berufen. Zu Beginn des Kaiserreiches zählte die Mehrheit der deutschen Juden zur Schicht des gehobenen Bildungs- und Besitzbürgertums. Begleitet wurde dieser soziale Aufstiegsprozeß denn auch von einer weitgehenden Anpassung an die kulturellen Normen und Wertvorstellungen des deutschen Bürgertums.

Judenemanzipation und gesellschaftlicher Aufstieg des Judentums wurden von einer weiteren Welle der Judenfeindschaft begleitet, die auch qualitativ neue Züge aufwies. Hervorzuheben ist vor allem die starke Zunahme der Judenfeindschaft in gebildeten Kreisen, in denen aufgeklärter Fortschrittsglaube zunehmend von einem romantisierenden Politikverständnis abgelöst wurde. Diese vor allem im akademischen Bereich anzutreffende feindselige Einstellung war das Produkt einer eingeschränkten Wahrnehmungsfähigkeit, in der die im Entstehen begriffene jüdische Bildungselite in erster Linie als gefährliche Konkurrenz erschien. Dem Modernisierungsprozeß, der in der Französischen Revolution, in der napoleonischen Herrschaft und den bürokratischen Reformmaßnahmen in den deutschen Staaten zum Ausdruck gekommen war, wurde von konservativ-gebildeter Seite das Ideal einer harmonischen Gesellschaftsordnung in christlichem Geiste, unter monarchischer Führung und auf ständischer Grundlage entgegengehalten, während gleichzeitig der durch die napoleonische Herausforderung geweckte Nationalismus seine Wurzeln in den Tiefen eines rational nicht zu erfassenden Volksgeistes suchte. War in diesen beiden Konzeptionen für die Juden kein Platz, so lassen sich auch in der dritten politischen Hauptströmung der Zeit, dem Liberalismus, starke Vorbehalte und Relativierungen des generell vertretenen Emanzipationsprinzips finden, so etwa in der Forderung nach Assimilation als eine von den Juden zu erbringende Vorleistung. Die nun auch politisch begründete Ausgrenzung der Juden aus der Gesellschaft bildete somit eine weitere Dimension der Judenfeindschaft. Der Ausdifferenzierung verschiedener Lebensbereiche im Zuge des Modernisierungsprozesses folgte mit großer Schnelligkeit die jeweils der neuen Situation angemessene Variante des antijüdischen Vorurteils.

Neben diese vor allem in gebildeten Kreisen anzutreffenden stereotypen Vorurteile trat aber seit dem frühen 19. Jahrhundert die Popularisierung der vor allem wirtschaftlich motivierten Judenfeindschaft in den mittleren und unteren Gesellschaftsklassen. So kam es in ganz Mitteleuropa im Jahre 1819 zu antijüdischen Ausschreitungen, die nach ihrem Kampfruf als »Hep-Hep-Bewegung« bezeichnet wurden. Auch in den folgenden Jahren, vor allem im Jahre 1834, flackerten immer wieder lokal begrenzte antijüdische Krawalle auf. Eine neue, bisher nicht gekannte Welle solcher gewalttätiger Aktionen brachte das Revolutionsjahr 1848: Juden gehörten zu den bevorzugten Angriffszielen des vor allem von Handwerkern und Bauern getragenen Protests; eine Tatsache, die die Vielschichtigkeit der Ursachen und Motive für die im Jahre 1848 aufbrechende Unzufriedenheit besonders deutlich werden läßt.

Diese vor allem von den Unter- und Mittelschichten getragene Protesthaltung muß vor dem Hintergrund der sozialen Friktionen und Abstiegsprozesse gesehen werden, die die Umwandlung Deutschlands von einem Agrar- in einen Industriestaat kennzeichnete. Diejenigen Gruppen, die sich von der Modernisierung bedroht sahen, also vor allem landwirtschaftliche Bevölkerung,

Kleinhändler und Handwerker, sahen in den Juden die eigentlichen Profiteure der heraufziehenden industriellen Gesellschaft. Der Jude wurde gleichsam der Idealtyp des Kapitalisten, eine angeblich besondere Affinität der Juden zum Gewinnstreben wurde herausgestellt. Die Sündenbock-Funktion, die die Juden seit Jahrhunderten in Krisensituationen zu spielen hatten, wurde auf diese Art und Weise mit wissenschaftlicher Gründlichkeit in ein rationales Gewand gekleidet. Mit dem Vordringen der Juden in die verschiedenen Bereiche der Gesellschaft erhielt auch das Judenbild immer neue Facetten: Während dem jüdischen Kaufmann eine quasi natürliche Betrugsmentalität unterstellt wurde, wurde die Tätigkeit jüdischer Wissenschaftler und Intellektueller als zersetzend und zynisch dargestellt, wurden die Leistungen jüdischer Künstler als gefühllos hervorgebrachte reine Imitationen verächtlich gemacht. Mit großer Beständigkeit setzte die unerschöpfliche Phantasie der Antisemiten immer neue Varianten solcher Zerrbilder ins Leben.

Während die Jahre zwischen 1848 und 1871 äußerlich eine Phase relativer Ruhe in der »Judenfrage« bildeten und die Entwicklung zur rechtlichen Emanzipation zum Abschluß gebracht werden konnte, muß daher gleichzeitig eine Ausbreitung eines vielgestaltigen latenten Antisemitismus innerhalb der Bevölkerung angenommen werden.

Als Reaktion auf die abgeschlossene rechtliche Emanzipation der Juden erreichte die ihnen entgegengebrachte feindselige Einstellung im Kaiserreich ein neues Stadium, das im allgemeinen als »moderner« Antisemitismus bezeichnet wird. Der Begriff des Antisemitismus (eine deutsche Erfindung) läßt sich ab 1879 nachweisen und setzte sich im Laufe weniger Jahre, auch außerhalb des Reiches, durch. Bereits die pseudowissenschaftliche Begriffsbildung Antisemitismus (semitisch ist allenfalls als Sammelbegriff für eine Sprachgruppe tauglich) deutet den nun voll ausgebildeten modernen, scheinbar rational begründbaren Charakter dieser Einstellung an und verweist auf den starken Rückhalt der Judenfeindschaft in gebildeten und privilegierten Schichten. Der moderne Antisemitismus definierte die herkömmlichen Feindbilder aber keineswegs um, sondern setzte die Tendenz zur facettenreichen Erweiterung der überlieferten Judenfeindschaft fort und reicherte sie kontinuierlich mit neuen Inhalten an.

Ein »modernes« Phänomen wurde der Antisemitismus des Kaiserreiches vor allem aber infolge einer gezielten Instrumentalisierung durch Methoden der Massenbeeinflussung. Er erscheint als eine bewußt eingesetzte Manipulationsstrategie zur Ableitung von Krisenfolgen in einer sich rasant entwickelnden industrialisierten Massengesellschaft. Bemerkenswert ist vor allem die Abhängigkeit der antisemitischen Strömung von der Entwicklung der wirtschaftlichen Konjunktur: Die Höhepunkte der antisemitischen Agitation im Kaiserreich fallen mit den Phasen einer krisenhaften wirtschaftlichen Entwicklung zusammen.

Dieser massiven »modernen« antisemitischen Welle im Kaiserreich ging seit den frühen siebziger Jahren eine stark von katholischen Kreisen getragene »konventionelle« antijüdische Agitation voraus. Die Stoßrichtung dieser Kampagne war antiliberal. Sie muß zum einen als Reaktion auf die neue Situation der Katholiken als Minorität, die durch den Kulturkampf bedroht war, angesehen werden und war zum anderen Folge der Wirtschaftskrise, die mit dem Börsenkrach von 1873 einsetzte und damit dem Vorurteil vom spekulativen jüdischen Kapital Munition lieferte.

Die grundlegende politische Wende Ende der siebziger Jahre, also die Abkehr der Reichspolitik vom Liberalismus und ihrer Hinwendung zur konservativen Richtung, schuf die Voraussetzung, um den Antisemitismus auch in der Hand der konservativ-protestantischen Richtung zu einer Waffe gegen den Liberalismus werden zu lassen.

Der Hofprediger Adolf Stoecker unternahm in der von ihm gegründeten christlich-sozialen Partei erstmalig den Versuch, Antisemitismus als zentrales politisches Thema zu formulieren. Der Antisemitismus war für Stoecker eine instrumentell verstandene Integrationsparole, um eine Massenmobilisierung für den Aufbau einer konservativen Volkspartei zu erreichen. Seit der Mitte der achtziger Jahre ging der Einfluß Stoeckers zugunsten einer Reihe kleinerer antisemitischer Parteien und Gruppierungen zurück, deren noch wesentlich gesteigerte judenfeindliche Agitation seit etwa 1890 auf breite Resonanz in der Bevölkerung stieß. Bei den Reichstagswahlen von 1893 erhielten die Antisemiten 16 Sitze. Die radikalen Antisemiten forderten die Rücknahme der Emanzipation, teilweise auch schon die Vertreibung der Juden aus

15

Deutschland. Behindert wurde die politische Wirksamkeit dieser politischen Bewegung aber durch die innere Zerstrittenheit und das Sektierertum, die im antisemitischen Lager vorherrschten. Mit dem Beginn der Hochkonjunkturphase Mitte der neunziger Jahre begann sich jedoch der Niedergang der parteipolitisch organisierten Antisemiten abzuzeichnen.

Während der parteipolitische Antisemitismus letztlich keines seiner Ziele erreichen und die Innenpolitik des Kaiserreichs keinesfalls dominieren konnte, müssen jedoch die langfristigen massenpsychologischen Auswirkungen der antisemitischen Agitation in Rechnung gestellt werden. Der Antisemitismus im Kaiserreich machte sich vor allem auch in einer Vielzahl von Verbänden und Organisationen bemerkbar. Starke antisemitische Tendenzen prägten vor allem zahlreiche studentische Organisationen: Hier wurde der Samen gelegt, der in der nächsten Generation der akademischen Honoratiorenschicht aufgehen sollte. Ebenso antisemitisch gaben sich Handwerks- und Einzelhandelsverbände, über die Grenzen der einzelnen Wirtschaftsbereiche hinausgreifende »integrale« Mittelstandsorganisationen, der Deutschnationale Handlungsgehilfenverband sowie verschiedene nationale Verbände. Besonders hervorzuheben ist der ideologisch tief verwurzelte Antisemitismus des einflußreichen und schlagkräftigen Interessenverbandes »Bund der Landwirte«. Geradezu als Zentrale des Antisemitismus läßt sich der Alldeutsche Verband beschreiben, nachdem der Justizrat Heinrich Claß 1900 seine Leitung übernommen hatte: In seiner Grundrichtung scharf nationalistisch, betrieb der Verband durch eine weitgespannte propagandistische Tätigkeit eine Popularisierung imperialer Expansion. In der zunehmend auf rassistische Argumente abhebenden Agitation fungierten die Juden als die unbedingt zu bekämpfende Macht, die einer Verwirklichung teutonischer Weltmachtträume entgegenstand. Bemerkenswert erscheint vor allem auch die feste Verankerung der Alldeutschen in den meinungsführenden Kreisen des Bürgertums sowie die zunehmende Bereitschaft gemäßigter konservativer Kreise, die radikalen Vorschläge der Alldeutschen als ernst zu nehmende Diskussionsbeiträge aufzufassen. So fand etwa die von Claß im Jahre 1912 anonym verfaßte antisemitische Tendenzschrift »Wenn ich der Kaiser wär'« Zustimmung weit über den

Alldeutschen Verband hinaus. Sie erschien zu einem Zeitpunkt, als die rechtsstehenden Parteien in den Wahlen zum Reichstag eine vernichtende Wahlniederlage erlitten und die Sozialdemokraten einen Erfolg von fast 35 % erreicht hatten. Die starke Beachtung, die die Schrift fand, macht deutlich, wie sehr sich der Antisemitismus als Integrationsideologie für sich in ihrer Existenz bedroht fühlende bürgerliche und kleinbürgerliche Kreise eignete. Zahlreiche kleinere antisemitische Organisationen entstanden, die die Pflege des Vorurteils außerhalb des Parlaments eifrig betrieben.

Ideologisch fußte der radikale Antisemitismus auf sozialdarwinistischen Rassentheorien und deutschvölkischen Vorstellungen, wie sie sich etwa in den von Paul de Lagarde, Julius Langbehn oder Houston Stewart Chamberlain verfaßten Schriften niederschlugen. In der Rassentheorie wurden die bekannten antijüdischen Vorurteile auf unveränderbare biologische Ursachen zurückgeführt, und der ewige Kampf der Rassen untereinander wurde als naturnotwendige Erscheinung dargestellt. Der rassistische Antisemitismus war aus der Sicht der Judenfeinde eine adäquate Antwort auf die jüdische Assimilation, indem nicht mehr die religiöse Zugehörigkeit als die entscheidende Begründung für den Judenhaß angeführt wurde, sondern die »blutsmäßige« Zugehörigkeit, ein Makel, der selbst durch eine Konversion nicht zu beseitigen war. Gleichwohl blieb das religiös begründete Vorurteil auch in dieser modernisierten Form des Judenhasses eingekapselt. Das Schwergewicht der völkischen Ideologie lag hingegen auf der Betonung der Überlegenheit und historischen Sendung des Germanentums. Aus rassistischen und völkischen Elementen entstand in der Spätphase der Wilhelminischen Ära ein Ideenkonglomerat, das den »naturwissenschaftlich« wie »historisch« begründeten jüdisch-deutschen Antagonismus als das zentrale Problem der Zeit darstellte. Eine besondere Wirkung erhielt diese Form des Antisemitismus durch die Tatsache, daß seit den achtziger Jahren das Rassen-Axiom in den Humanwissenschaften zum Durchbruch kam und sich der rassisch begründete Antisemitismus somit in einem durchaus allgemein akzeptierten intellektuellen Umfeld befand.

Zusammenfassend läßt sich feststellen, daß die Judenfeindschaft im Kaiserreich eine erhebliche Steigerung und eine wichtige inhaltliche Erweiterung erfuhr. Wenn es auch selten zu antijüdischen Ausschreitungen kam und das Projekt einer antisemitischen Mehrheitsbildung im politischen Raum scheiterte, so erscheint jedoch die Durchdringung des Mittelstandes und des »national« gesinnten Bürgertums mit antisemitischen Ideen als historisch bedeutsam. Hinzu kam, daß die ausgesprochen hetzerische antisemitische Propaganda auf verhältnismäßig geringen Widerstand stieß: Sieht man einmal von der Sozialdemokratie und den jüdischen Aufklärungsbemühungen ab (hier ist vor allem der »Centralverein deutscher Staatsbürger jüdischen Glaubens« zu nennen), so blieb die Abwehr weitgehend auf den Linksliberalismus beschränkt, der die Aktivitäten des »Vereins zur Abwehr des Antisemitismus« trug.

Auffallend ist aber auch, daß parallel zur Ausbreitung des modernen Antisemitismus in Deutschland auch in anderen europäischen Staaten antijüdische Kampagnen abliefen. In Frankreich, einem Land, in dem der kleinen jüdischen Minderheit im Laufe des 19. Jahrhunderts ein enormer gesellschaftlicher Aufstieg gelungen war, kam es seit Mitte der achtziger Jahre zu wachsenden antisemitischen Tendenzen. Der 1897 beginnende Prozeß des drei Jahre zuvor unter dem fälschlich erhobenen Vorwurf der Spionage für Deutschland verhafteten Hauptmanns Dreyfus entfachte eine über Jahre andauernde, mit äußerster Heftigkeit geführte nationale Diskussion über die Rolle der Juden, die schlagartig die große Verbreitung antisemitischer Vorurteile in weiten Teilen der Bevölkerung deutlich machte. In Rußland, wo seit Ende des 18. Jahrhunderts starke Einschränkungen des jüdischen Lebensbereichs vorgenommen worden waren, kam es nach dem Attentat auf Alexander II. im Jahre 1881 zu einer Serie von Pogromen sowie in der Folgezeit zu zahlreichen gesetzlichen Maßnahmen, durch die die wirtschaftliche Tätigkeit und der gesellschaftliche Aufstieg der Juden weiter beschränkt werden sollten. Bemerkenswert an der russischen Entwicklung war vor allem, daß die Einstellung staatlicher Organe gegenüber offenen judenfeindlichen Ausschreitungen ambivalent blieb. Vor allem in den Jahren 1903 bis 1906 ereigneten sich zahlreiche weitere größere Pogrome. Seit den achtziger Jahren wurden auch in Rumänien viele rechtliche Beschränkungen für den jüdischen Bevölkerungsteil erlassen. In Ungarn erlebte der politische Antisemitismus seit Mitte der siebziger Jahre einen erheblichen Aufschwung, der sich im folgenden Jahrzehnt zu antijüdischen Ausschreitungen steigern sollte. In der Hauptstadt der österreichisch-ungarischen Monarchie wußte der seit 1897 amtierende Oberbürgermeister Lueger durch geschicktes Taktieren die vor allem im Kleinbürgertum wurzelnden antisemitischen Ressentiments für seine Politik zu nutzen. Der moderne Antisemitismus stellte demnach ein europäisches Phänomen in einem Zeitalter dar, das durch Hochindustrialisierung, imperialistische Tendenzen und durch das Wirken ideologisch bestimmter Massenorganisationen bestimmt wurde.

Demgegenüber ist aber hervorzuheben, daß gerade in Deutschland der Antisemitismus im Verlauf des Ersten Weltkrieges und infolge der katastrophalen Kriegsfolgen einen weiteren starken Schub erhielt. War der Antisemitismus im Kaiserreich regelmäßig als Folgeerscheinung wirtschaftlicher Krisen aufgetreten, so führte die Erschütterung der deutschen Gesellschaft im Krieg und in der Nachkriegszeit zu einer neuen Dimension der Judenfeindschaft.

Bereits seit 1915 ist innerhalb der Armee ein Aufbrechen der alten Animositäten feststellbar, die im Zuge des Siegestaumels von 1914 vorübergehend in den Hintergrund getreten waren. Vor allem in den militärischen Dienststellen sammelten sich zahlreiche Klagen über die angebliche Drückebergerei der Juden. Wohl vorgeblich zur Abwehr solcher Besorgnisse erfolgte im Oktober 1916 eine statistische Erhebung über die Kriegsleistung der Juden, die sogenannte »Judenzählung«, die – zumal ihre Ergebnisse militärische Geheimsache blieben – als ausgesprochene Diskriminierung der Juden empfunden werden mußte, die in großer Mehrheit den Kriegsdienst voller Enthusiasmus leisteten, da sie glaubten, eine Art letzte Probe für ihre vollständige gesellschaftliche Anerkennung abzulegen. Die zunehmenden wirtschaftlichen Probleme und sozialen Spannungen in der Heimat verschärften den Antisemitismus weiter. Die von breiten Volksschichten getragene Kritik an jüdischen Kriegsspekulanten hatte offensichtlich eine Ventilfunktion, da es in der regulierten und uniformierten Kriegsgesellschaft sehr viel schwieriger möglich war, Protest in andere Richtung zu äußern. Hinzu kam, daß der Verbreitung von judenfeindlichen Gerüchten und Parolen durch die gezielte Propaganda antisemitischer Organisationen Vorschub geleistet wurde. Besonders tat sich hier der Alldeutsche Verband hervor, der den Krieg als Auseinandersetzung der Rassen interpretierte und neben das außenpolitische Ziel einer Errichtung eines großgermanischen Reiches die Forderung nach innerer Säuberung des »Volkskörpers« stellte. Objekt der antisemitischen Agitation waren vor allem die sogenannten »Ostjuden«, deren Zahl sich im Weltkrieg durch die Internierungen und die als Arbeitskräfte ins Reich geholten Juden aus den besetzten russisch-polnischen Gebieten erhöhte. Ihr traditionelles Judentum, ihre in Kleidung und Sprache zum Ausdruck kommende Fremdheit und ihre durch Armut und Rückständigkeit geprägte Lebensweise ließ gerade sie zur Zielscheibe des antisemitischen Vorurteils werden.

2. Antisemitismus in der Weimarer Republik und der Aufstieg der NSDAP

Nach Kriegsende setzten sich die antisemitischen Tendenzen in Deutschland verstärkt fort. Die durch den Krieg ausgelöste Militarisierung der deutschen Gesellschaft, die Bildung von Bürgerkriegsfronten in der Nachkriegssituation und ganz allgemein die Brutalisierung der Lebensbedingungen in diesen Jahren begünstigten die Tendenz, gesellschaftliche Konflikte im Stile eines Freund-Feind-Schemas wahrzunehmen. Zielscheibe der antisemitischen Argumentation wurden zunächst die – als von Juden unterwandert dargestellten – »Novemberverbrecher«, die für den »Dolchstoß« und die militärische Niederlage verantwortlich gemacht wurden. In internationaler Perspektive gesehen wurden diese Ereignisse allerdings von den zahlreichen Pogromen überschattet, die in Sowjetrußland während des Bürgerkrieges durch konterrevolutionäre Kräfte begangen wurden: hierbei ist vor allem an die Massaker in der Ukraine zu denken.

Währenddessen begannen sich in Deutschland die Anfänge einer neuen antisemitischen Massenbewegung abzuzeichnen, die im Laufe ihrer Entwicklung ihren antijüdischen Haß zu einer historisch einmaligen Zielsetzung steigern sollte: Der systematischen Ermordung aller Menschen jüdischer Herkunft. Die Vorgeschichte dieser Bewegung reicht bis in die Wirren der Revolutionszeit zurück, als eine große Zahl »völkisch« orientierter Gruppen entstand. Der wiederum von den Alldeutschen im Jahre 1919 als antisemitische Kampforganisation ins Leben gerufene »Deutschvölkische Schutz- und Trutzbund« bildete die größte dieser Gruppierungen. Die vorwiegend bürgerlich geprägte Organisation betrieb eine aufwendige Propaganda, die von einer zum Teil äußerst brutalen Tonart gekennzeichnet war und schätzungsweise knapp 200 000 Mitglieder in ihre Reihen zusammenführen konnte, bevor sie wegen Verwicklung in den Rathenau-Mord 1922 verboten wurde. Als Nachfolgeorganisation fungierte die Deutsch-völkische Freiheitspartei, an deren Gründung sich auch aus der DNVP ausscheidende völkische Kräfte beteiligten.

Die Hyperinflation gab der Agitation gegen das »jüdische« Spekulantentum neuen Auftrieb. Der relativ starke Anteil von Juden in Handel und Geldgeschäft ließ sie (und nicht die Marktgesetze, nach denen sie arbeiteten) zu Objekten einer vielfach hemmungslosen Kritik werden.

Unter den zahlreichen völkischen Gruppierungen ist auch die 1919 in München gegründete Deutsche Arbeiter-Partei zu nennen, die sich später den Namenszusatz »nationalsozialistisch« zulegte. Die bayerische Hauptstadt, nach der Niederschlagung der Räterepublik Sammelplatz rechtsextremer Kräfte und Zentrum der gegen das »rote« Berlin errichteten bayerischen »Ordnungszelle«, entwickelte sich in der unmittelbaren Nachkriegszeit zu einem bedeutenden Umschlagplatz für antibolschewistisches, antirepublikanisches und antisemitisches Gedankengut und bot somit der NSDAP in ihrer Frühphase ausgezeichnete Entwicklungsmöglichkeiten.

Innerhalb weniger Jahre sollte sich die NSDAP in der rechtsradikalen Szene der bayerischen Hauptstadt zur führenden Kraft entwickeln. Im Gegensatz zu anderen völkischen Gruppierungen setzte die NSDAP konsequent auf die Gewinnung einer Massenbasis und entfaltete zu diesem Zweck eine pausenlose Agitation. Sie entwickelte hierbei einen eigenständigen, publikumswirksamen Stil, indem sie die gängigen Ressentiments der politischen Rechten bündelte und mit Hilfe moderner Werbemethoden verbreitete. Flankiert wurde diese Propaganda durch eine eigene schlagkräftige paramilitärische Truppe, die SA.

Es kann kein Zweifel darüber bestehen, daß Hitler, der die Partei seit Sommer 1921 als alleinverantwortlicher Vorsitzender führte und Programm wie öffentliches Auftreten entscheidend beeinflußte, wesentlichen Anteil am Aufstieg der NSDAP hatte. In Hitlers Denken nahm der geradezu pathologische Haß gegen die Juden zeitlebens eine hervorragende Stelle ein. In seinem Opus »Mein Kampf« entwickelte Hitler aus seinen Ressentiments ein in sich geschlossenes politisch-historisches Modell, in dem der Antisemitismus eine zentrale Funktion einnahm: Hitler sah den Sinn der Geschichte in einem Kampf der Rassen um Lebensraum. Die Juden, unfähig einen eigenen Staat zu gestalten und ohne jegliche »kulturbildende Kraft«, fungierten in diesem Modell als gefährliche Parasiten, die in die Kulturen und Staatsgebilde fremder Völker eindrangen, sie zersetzten und schließlich zerstörten. Ihr Ziel, so Hitler, sei die Erringung der Weltherrschaft. Zu diesem Zweck bedienten sie sich der verschiedenen Formen des Internationalismus: Juden beherrschten die »Weltfinanz«, den internationalen »Marxismus«, die Freimaurerei und die Weltpresse; auch die parlamentarische Demokratie sei ihre Erfindung. Die Rettung vor der so beschworenen Gefahr sah Hitler zu diesem Zeitpunkt in der »Entfernung« der Juden: Er scheint sich hierunter primär ihre Ausweisung vorgestellt zu haben, wobei sein Bedauern, daß während des Weltkrieges nicht »einmal zwölf- oder fünfzehntausend dieser hebräischen Volksverderber« durch Giftgas »beseitigt« worden waren, auf die blutige Dimension seiner Vorstellungen verweist. Zwar wäre es kurzschlüssig, von dieser grausigen Phantasie die Realität nationalsozialistischer Vernichtungslager ableiten zu wollen, doch zeigt dieses frühe Zitat deutlich eine Bereitschaft zur Brutalität, die ihm im Chor der zeitgenössischen Hetzer eine besondere Rolle verlieh.

Solche Gedankengänge schlugen sich jedoch in der von der Partei offiziell verbreiteten Programmatik nicht nieder. Das Programm der NSDAP von 1921 enthält zwar eine Reihe antisemitischer Punkte, die indes wenig originell waren, sondern im wesentlichen zentralen Forderungen der Alldeutschen entsprachen: Juden sollten aus der deutschen Staatsbürgerschaft entlassen und unter Fremdenrecht gestellt werden; ihnen sollten öffentliche Ämter sowie jede Betätigung innerhalb der Presse verschlossen sein; jede weitere jüdische Einwanderung sollte unterbunden werden.

Mit der Stabilisierung, die die Weimarer Republik seit 1924 erlebte, ging die Bedeutung der völkischen Gruppierungen, einschließlich der NSDAP, zurück. In den folgenden Jahren sollte der Antisemitismus in der Öffentlichkeit eine wesentlich geringere Rolle spielen. Allerdings erscheint es durchaus fraglich, ob dieser Rückzug der radikalen Judenfeindschaft aus Politik und öffentlicher Meinung auch bedeutete, daß die weitere Ausbreitung eines eher latenten Antisemitismus in den gesellschaftlichen Organisationen, wie sie sich für die Zeit des Kaiserreiches feststellen läßt, beendet worden wäre. Eine breit angelegte Analyse dieses weniger spektakulären, alltäglichen Antisemitismus der Weimarer Republik würde möglicherweise zu dem Ergebnis kommen, daß die Jahre zwischen 1924 und 1929 auch in diesem Bereich nur einem »Schein der Normalität« entsprachen und den Wahlerfolg einer antisemitischen Massenpartei erheblich plausibler erscheinen lassen.

Der Aufstieg der NSDAP von einer kleinen Splittergruppe zur stärksten politischen Kraft im Deutschen Reich vollzog sich in dem ungeheuer kurzen Zeitraum zwischen 1929 und 1932. Jede Erklärung dieser von der NSDAP erreichten beispiellosen Massenmobilisierung muß von dem Charakter der NSDAP als politische Bewegung ausgehen: Die NSDAP trat nicht nur als Partei auf, die Wählerstimmen zu erringen suchte, sondern betrieb eine viel umfassendere, permanente Werbung in allen gesellschaftlichen Bereichen. Hierzu gehört insbesondere das Eindringen der NSDAP in die mittelständischen Verbände bzw. die Bildung eigener ständisch orientierter Fach- und Sonderorganisationen durch die Partei sowie die Gründung eigener paramilitärischer Organisationen, die nicht nur die Parteipropaganda schlagkräftig absicherten, sondern anziehend auf das breite Feld der zahlreichen Wehr- und Kampfverbände wirken sollten. Ebenso umfassend angelegt waren Programmatik und Propaganda der NS-Bewegung, die zahlreiche Identifikationsmöglichkeiten für ideologische Überzeugungen und Ressentiments verschiedenster Art boten, andererseits aber bemüht waren, den verschiedenen sozialen Gruppierungen durchaus konkrete Versprechungen zu machen.

Diesen »synthetischen« Charakter der NS-Bewegung, sowohl in organisatorischer wie in programmatisch-propagandistischer Hinsicht, gilt es im Auge zu behalten, wenn die Frage nach der Rolle des Antisemitismus für den Aufstieg der Partei gestellt werden soll.

Der Antisemitismus hatte zum einen eine starke integrierende Kraft für die Mitglieder der Partei. Die programmatische Widersprüchlichkeit der NSDAP mußte durch das Negativ-Bild einer allgegenwärtigen jüdischen Verschwörung ersetzt werden; das immer wieder bestätigte Feindbild fungierte als nie versiegende Quelle eines fanatischen Hasses und eines gewalttätigen Aktionismus. Obwohl über die Bedeutung des Antisemitismus für die NS-Propaganda – eine angesichts der ihr gemeinhin zugeschriebenen Bedeutung überraschende Feststellung – keine detaillierten Forschungsergebnisse vorliegen, dürfte ihm dennoch eine hervorragende Bedeutung für die Massenmobilisierung der NSDAP-Anhängerschaft zuzuschreiben sein. Antisemitismus war nicht ein Thema unter anderen, sondern das zentrale Leitmotiv der NS-Propaganda. Hierbei muß man sich vor Augen halten, daß neben den blutrünstigen Parolen gegen die Machenschaften des »Weltjudentums«, die ein Topos nationalsozialistischer »Volksaufklärung« waren, antisemitische Argumente noch in einer wesentlich subtileren Form angewandt wurden. Ob es sich um das »internationale Finanzkapital«, den »Bolschewismus«, das »Bonzentum« der Sozialdemokratie, um die Verächtlichmachung der Verfassungsinstitutionen des Weimarer Staates, die Parolen gegen Warenhauskonzerne oder die Stimmungsmache gegen moderne Kunst handelte, der für antisemitische Argumente anfällige Konsument dieser Propaganda konnte stets aus den Untertönen die stereotype Vorstellung vom »ewigen Juden« heraushören.

Entscheidend für die Einschätzung der Bedeutung des Antisemitismus im Hinblick auf den Aufstieg der NSDAP erscheint jedoch nicht seine propagandistische Instrumentalisierung, sondern die Frage nach der Bereitschaft der Massenbasis der Partei sowie der sich ihr zuwendenden Elitegruppen, antisemitische Vorurteile zu akzeptieren. Bei diesem mentalitätsgeschichtlichem Phänomen handelt es sich ebenfalls um ein Forschungsdesiderat, wie allgemein die Diskrepanz zwischen der Erforschung des Antisemitismus im Kaiserreich und der der Katastrophe unmittelbar vorausgehenden Weimarer Jahre ins Auge fällt. Gesicherte Erkenntnis ist aber, daß im Bereich der politischen Parteien sich die DNVP des Antisemitismus als Instrument der Massenmobilisierung bediente, während die DVP hierbei eine »neutrale« Haltung einschlug. Unterschiedlich war das antisemitische Vorurteil in den verschiedenen sozialen Schichten verteilt: Bei den Handwerkern und Angestellten setzte sich die im Kaiserreich bekannte antisemitische Entwicklung fort, ohne jedoch eine spektakuläre Steigerung zu erfahren, während der Kleinhandel offensichtlich in einem erheblich größeren Umfang antisemitisch ausgerichtet war. Vor allem aber setzte sich die im Kaiserreich begründete antisemitische Tradition in den zahlreichen Studentenverbänden verstärkt fort. Die von der Proletarisierung bedrohten Nachwuchsakademiker verfolgten die wachsende Zahl jüdischer Studenten mit erheblicher Mißgunst. An den Universitäten stieß diese starke antisemitische Tendenz nur vereinzelt auf den Widerstand der Universitätslehrer; auch unter den etablierten Akademikern waren starke antisemitische Einstellungen vorhanden. So reagierten vor allem die Angehörigen der freien akademischen Berufe, insbesondere Anwälte und Ärzte, feindselig auf die »Konkurrenz« aus jüdischen Kreisen. Innerhalb der katholischen Kirche sowie der ihr nahestehenden Parteien Zentrum und BVP bestand ein gewisses konventionelles judenfeindliches Potential, während in deutschnational orientierten protestantischen Kreisen durchaus eine Affinität zum »gemäßigten« Antisemitismus vorhanden war.

Auffallend ist andererseits, daß außerhalb der sozialistischen Parteien und der – gegen Ende der Republik allerdings bedeutungslosen – linksliberalen DDP kaum gesellschaftliche Gegenwehr gegen den Antisemitismus bestand. Die seit dem Kaiserreich fortwährend gesteigerte antisemitische Agitation hatte offensichtlich zu einer recht weitgehenden Akzeptanz, zumindest aber zu einem Abstumpfungsprozeß geführt. Verstärkt wurden diese Tendenzen vor allem durch die verheerenden Folgen der Weltwirtschaftskrise. Die Parole von den verderblichen Machenschaften des »internationalen Finanzjudentums« fiel auf fruchtbaren Boden. Symptomatisch für das tiefe Eindringen des antisemitischen Vorurteils in die deutsche Gesellschaft erscheint die Weigerung des Reichskanzlers Brüning, der Aufforderung des Centralvereins zu entsprechen und die massive antisemitische Hetze öffentlich zu verurteilen. Das Entstehen eines recht umfassenden antisemitischen Kerns in der Gesellschaft, für den die Lösung der »Judenfrage« eine nationale Existenzfrage war, ein weit verbreiteter latenter Antisemitismus im Mittelstand und im gebildeten Bürgertum sowie die breite Bereitschaft zur Hinnahme antisemitischer Parolen (die auch kennzeichnend für die Einstellung der Bevölkerung gegenüber der späteren nationalsozialistischen »Judenpolitik« war) bestimmten die Lage an der Schwelle zum »Dritten Reich«.

3. Nationalsozialistische »Judenpolitik« 1933–1938

Über ein klar umrissenes Programm für die gegenüber den Juden einzuschlagende Politik verfügten die Nationalsozialisten im Jahre 1933 nicht. Die allgemeine Stoßrichtung war jedoch durch das Parteiprogramm, den antisemitischen Grundtenor der NS-Propaganda sowie durch verschiedene Teilplanungen der Parteileitung vorgegeben: Sie lief auf eine allgemeine Entrechtung der deutschen Juden in allen Lebensgebieten hinaus. Innerhalb dieser allgemeinen Vorgabe besaßen die verschiedenen nationalsozialistischen Organisationen und die durch die neuen Machthaber okkupierten staatlichen Dienststellen erhebliche Handlungsspielräume. Die rasche Verwirklichung antisemitischer Maßnahmen war in einer Bewegung, die wie die NSDAP ihre politischen Zielvorstellungen vorwiegend negativ formuliert hatte und in der Antisemitismus als der kleinste gemeinsame Nenner unterschiedlicher Strömungen fungierte, eine relativ sichere Möglichkeit, Anerkennung bei der Parteiführung zu finden und die Anhängerschaft von der konsequenten Durchführung nationalsozialistischer Politik zu überzeugen. Auf diese Art und Weise ergab sich geradezu ein Wettbewerb der verschiedenen, auf diesem Gebiet tätigen Dienststellen und Organisationen, der zu einer beständigen Verschärfung des antijüdischen Kurses führte.

Auf der anderen Seite aber sollte das Moment der durch solche Mechanismen ausgelösten Eigendynamik der nationalsozialistischen »Judenpolitik« nicht die Tatsache verdecken, daß hinter den verschiedenen Maßnahmen deutlich der entschlossene Wille der nationalsozialistischen Führung erkennbar ist, die Existenzbedingungen der Juden schrittweise einzuschnüren. Zwar war die »Endlösung« zu dieser Zeit noch nicht als verbindliches Programm formuliert, doch war es gerade die Unbestimmtheit der nationalsozialistischen Zielsetzung auf dem Gebiet der »Judenpolitik«, die den antisemitischen Maßnahmen keine Grenzen setzte. Ohne daß diese Maßnahmen in allen Einzelheiten durch Hitler angeordnet werden mußten, entsprachen sie seiner fanatischen antisemitischen Grundhaltung ohne Maß und Ziel.

Bereits im März 1933 kam es in zahlreichen Orten des Reiches zu antisemitischen Tumulten an Hochschulen, zu Übergriffen auf jüdische Geschäfte und zu tätlichen Angriffen auf jüdische Richter und Rechtsanwälte, wobei im Zuge dieser Aktionen einzelne Gerichte durch den Mob »im Sturm« genommen wurden. Möglicherweise war die nationalsozialistische Führung über das Ausmaß dieser von der Basis ausgehenden Ausschreitungen überrascht. Die unmittelbare Reaktion bestand in der Verhängung eines Boykotts für jüdische Geschäfte am 1. April 1933. Durch diese Aktion sollten die »wilden« Übergriffe der vergangenen Wochen in »geordnete« Bahnen gelenkt und weiteren Radikalisierungstendenzen der nationalsozialistischen Basis die Spitze genommen werden. In aller Eile wurde nun auch das Gesetz zur »Wiederherstellung des Berufsbeamtentums« verabschiedet, das u. a. die Handhabe schuf, jüdische Beamte zu entlassen.

Wilde Übergriffe der Parteibasis und im unmittelbaren Anschluß darauf folgende legalistische Maßnahmen stellten ein Handlungsmuster nationalsozialistischer »Judenpolitik« dar, das sich insbesondere in den Jahren 1935 und 1938 wiederholen sollte. Inwieweit es sich bei den »wilden Aktionen« um bewußte nationalsozialistische Inszenierungen handelte oder ob hier tatsächlich ein gewisser Unmut der Parteibasis über eine als inkonsequent angesehene nationalsozialistische Staatsführung zum Ausdruck kam, ist dabei schwer zu entscheiden und erscheint angesichts der erzielten Wirkungen auch zweitrangig. In jedem Fall werden in den Vorgängen vom März und April 1933 zwei Linien der nationalsozialistischen »Judenpolitik« sichtbar, zwischen denen zwar ein gewisses Spannungsverhältnis bestand, die sich aber funktional äußerst effizient ergänzten.

Im Anschluß an die Maßnahmen vom Anfang April 1933 folgten weitere diskriminierende Schritte, die insbesondere die Zulassung zu Ausbildung und Beruf zahlreichen Einschränkungen unterwarf. So wurde nach dem Vorbild des Berufsbeamtengesetzes auch der Ausschluß jüdischer Anwälte aus der Anwaltschaft ermöglicht, die Tätigkeit jüdischer Ärzte für Krankenkassen untersagt, und zahlreiche weitere Berufsbeschränkungen wurden erlassen, während jüdische Schüler und Studenten einer Quotenregelung unterworfen wurden. Neben Maßnahmen des Reiches erließen auch die Länder, zumeist aus eigener Initiative und ohne Koordination vorgehend, eine wahre Flut von Rechtsvorschriften, die in unterschiedlicher Weise den jüdischen Lebensbereich einengten. Dabei hatte die legislatorische Diskriminierung der Juden ihre Anfänge bereits unter der Regierung v. Papen genommen. So war beispielsweise bereits seitens des Reichsinnenministeriums im Oktober 1932 der Vorschlag gemacht worden, die Einbürgerung von »Angehörigen niederer Kultur«, insbesondere der Ostjuden, zu erschweren, während der Reichskommissar für das Preußische Innenministerium im November Richtlinien erlassen hatte, die für die Anträge auf Namensänderung den Nachweis der »arischen« Abstammung forderten, um den Juden, wie es in den Durchführungsanweisungen hierzu hieß, die »Verdunkelung« ihrer Abstammung zu verwehren.

Zwar lagen bereits 1933 der neuen Regierung konkrete gesetzgeberische Pläne für eine Rassegesetzgebung vor, diese wurden aber zunächst zurückgestellt: Die instabile wirtschaftliche Lage und die vor allem im Boykott deutscher Waren zum Ausdruck kommende Empörung des Auslands bildeten hier zunächst noch Hindernisse. Diese Stagnation in der nationalsozialistischen »Judenpolitik« führte 1934 scheinbar zu einer gewissen Entspannung, die sogar eine Rückwanderungsbewegung unter den im Vorjahr ausgewanderten insgesamt 37000 Juden zur Folge hatte.

Der Unmut der über die mangelhafte Einlösung judenfeindlicher Parolen enttäuschten Parteianhänger machte sich seit Anfang 1935 in verschiedenen Gauen in massiven antijüdischen Ausschreitungen und Kundgebungen Luft. Gleichzeitig kam es auch zu ähnlichen Übergriffen gegen kirchliche Kreise und andere »Querulanten« und »Volksschädlinge«. So wurde im Mai 1935 in München eine gewaltsame Schließung jüdischer Geschäfte durch nationalsozialistische Anhänger vorgenommen, bei der es auch zur Mißhandlung der Ladeninhaber kam. Im Hochsommer kulminierten die antisemitischen Tumulte; in zahlreichen Orten kam es zu tätlichen Angriffen auf Juden und zu Überfällen auf jüdische Geschäfte und Synagogen.

Auf diese Welle »wilder« Aktionen antwortete das Regime mit einem legalistischen antisemitischen Akt, indem es während des Reichsparteitages eine Reihe rassistischer Ausnahmegesetze verkündete: Das »Gesetz zum Schutz des deutschen Blutes und der deutschen Ehre« verbot insbesondere Eheschließung und Geschlechtsverkehr zwischen Juden und »Staatsangehörigen deutschen oder artverwandten Blutes«, während das »Reichsbürgergesetz« den privilegierten Status des »Reichsbürgers« schuf, der nur »Ariern« vorbehalten war.

Erst in den folgenden Wochen wurde der Judenbegriff dieser Gesetze nachträglich definiert. Jude war demnach derjenige, der von mindestens drei jüdischen Großeltern abstammte; jüdisch war ein Großelternteil wiederum dann, wenn es der jüdischen Religionsgemeinschaft angehört hatte. Diese Definition zeigte die Untauglichkeit des Versuchs, eine rassistische Definition des Judentums juristisch zu fixieren; statt dessen war man auf das Kriterium der Religionszugehörigkeit in der dritten Generation ausgewichen. Mit den »Volljuden« gleichgestellt (»Geltungsjuden«) waren diejenigen, die zwei jüdische Großelternteile hatten und zudem der jüdischen Religionsgemeinschaft angehörten, mit einem Juden verheiratet waren oder einer nach Erlaß des Gesetzes eingegangenen Verbindung mit einem Juden entstammten. Wer zwei jüdische Großeltern hatte, diese zusätzlichen Kriterien aber nicht erfüllte, galt als »jüdischer Mischling ersten Grades«, wer einen jüdischen Großelternteil hatte, war »Mischling zweiten Grades«.

Der Erlaß der Nürnberger Gesetze leitete zunächst eine Phase relativer Ruhe in der antisemitischen Politik des »Dritten Reiches« ein, die den Machthabern im Olympiajahr 1936 aus außenpolitischen Gründen sinnvoll zu sein schien.

Um die Jahreswende 1936/37 wurden innerhalb der Ministerialbürokratie drei gewichtige antisemitische Projekte erörtert, die allerdings sämtlich 1937 vorerst scheiterten: Es handelte sich um den Plan, eine Sonderabgabe für Juden einzurichten, um den Vorschlag, jüdische Geschäfte zu kennzeichnen, sowie um den Gesetzentwurf für einen nur an »Arier« zu verleihenden »Reichsbürgerbrief«.

Im weiteren Verlauf des Jahres wurden jedoch zahlreiche weitere antisemitische Maßnahmen erlassen: Diese kamen insbesondere in den rassegesetzlichen Bestimmungen zum Ausdruck, die nach der Wiedergewinnung der Reichshoheit über das oberschlesische Abstimmungsgebiet erlassen wurden. Im Bereich des öffentlichen Dienstes wurde der Unterhaltszuschuß für ehemalige jüdische Beamte abgebaut und damit begonnen, die »Mischlinge« in das gegen Juden gerichtete Berufsverbot einzubeziehen. Strenge Richtlinien für die Separierung jüdischer Kurgäste wurden erlassen, und die Rechtsstellung jüdischer Stiftungen verschlechterte sich. Ende des Jahres 1937 war die Schaffung eines Sonderrechts für Juden auf nahezu allen Gebieten weitgehend abgeschlossen. Daneben war, bevor die gesetzlichen Maßnahmen hierzu geschaffen wurden, ein erheblicher Teil der in jüdischer Hand befindlichen Betriebe, oft weit unter Wert und durch Anwendung erpresserischer Methoden, von »Ariern« aufgekauft worden.

Über die Reaktion der Bevölkerung auf den antisemitischen Kurs sind gesicherte Aussagen nur sehr schwer möglich. Es ist anzunehmen, daß eine genauere Beschäftigung mit dem Thema erhebliche Differenzierungen entsprechend der sozialen Zugehörigkeit, der konfessionellen Bindung und der geographischen Lage erbringen würde. Generell hat es den Anschein, daß die »Judenpolitik« für die nichtjüdischen Deutschen eine relativ geringe Rolle spielte. Es gelang dem Regime nicht, durch Propaganda und Indoktrination die Bevölkerung im Sinne eines antisemitischen Aktivismus zu mobilisieren. Andererseits stieß die Verbreitung eines primitiven antijüdischen Zerrbildes aber auch nicht auf Widerspruch. Vermutlich stellte die negative Karikierung der jüdischen Minderheit einen Faktor dar, der die Identifikation mit der deutschen »Volksgemeinschaft« und ihren – durch die Konfrontation mit dem jüdischen »Ungeist« plastisch dargestellten – Wertvorstellungen erleichterte. Dort, wo der Antisemitismus zur offenen Gewaltanwendung überging, lag im allgemeinen die Grenze der Zustimmung seitens der Bevölkerung. Ein Überschreiten dieser Grenze wurde aber mehr oder weniger schweigend hingenommen. Massive Unmutsäußerungen der Bevölkerung, die vom Regime stets aufmerksam registriert wurden und etwa im sozial- und kirchenpolitischen Bereich durchaus staatliches Handeln beeinflussen konnten, sind auch angesichts brutalster antijüdischer Maßnahmen im allgemeinen nicht zu verzeichnen.

Das westliche Ausland reagierte auf die antisemitische Politik des Dritten Reiches, insbesondere auf die offenen Ausschreitungen, betroffen und entsetzt. Antijüdische Maßnahmen waren stets dazu geeignet, die Handelsbeziehungen des »Dritten Reiches« mit dem Ausland zu stören, und sie waren eines der Hindernisse bei dem Versuch, die seit 1933 bestehende außenpolitische Isolation Deutschlands zu durchbrechen. Allerdings sollte die weitere Entwicklung zeigen, daß die antijüdische Politik des »Dritten Reiches« nicht zu dessen internationaler Ächtung führte, sondern im Gegenteil, das Reich wurde in zahlreichen Abkommen und Verträgen als Partner anerkannt. Generell läßt sich sagen, daß, je größer der außenpolitische Handlungsspielraum des »Dritten Reiches« wurde, desto mehr auch seine Souveränität im Umgang mit der jüdischen Minderheit zunahm. Außerdem bestand im Ausland nur eine geringe Bereitschaft zur Aufnahme jüdischer Flüchtlinge. Insbesondere weigerte sich Großbritannien, das Mandatsgebiet Palästina für eine massive jüdische Einwanderung zu öffnen. In der Regel beschränkte sich daher die Tätigkeit der ausländischen Missionen in Deutschland darauf, die Juden eigener Staatsangehörigkeit gegen die antisemitischen Maßnahmen zu schützen. Prinzipiell gelang dies auch, da die deutsche »Judenpolitik« bis in den Krieg hinein nur auf deutsche Juden angewandt wurde. Die zahlreichen Beschwerden ausländischer Missionen beim deutschen Auswärtigen Amt über die Ausdehnung »wilder« Übergriffe auch auf Juden nichtdeutscher Staatsangehörigkeit zeigen aber auch, daß dieser Grundsatz in vielen Einzelfällen durchbrochen wurde.

Die erste große Phase der nationalsozialistischen Judenpolitik, die man unter die Überschrift »rechtliche Diskriminierung und Absonderung« stellen könnte, hebt sich deutlich von den beiden folgenden Phasen, der 1938 einsetzenden »Austreibung und endgültigen Ausplünderung« und der Phase der »Endlösung« ab. Aber auch in der ersten Phase waren bereits Elemente der Austreibungspolitik enthalten, und es darf auch nicht übersehen werden, daß von Anfang an, seit dem Frühjahr 1933, die physische Bedrohung, die sich immer wieder in gewalttätigen Übergriffen bis hin zum Mord entlud, fester Bestandteil der nationalsozialistischen Judenverfolgung war.

I. VON DER AUSWANDERUNG ZUR »ENDLÖSUNG« 1938–1941

Die personellen Veränderungen, die im Februar 1938 an den Spitzen von Wehrmacht, Auswärtigem Amt und Reichswirtschaftsministerium vorgenommen wurden, bildeten nicht nur eine wesentliche Voraussetzung für den Übergang zu einem außenpolitischen Expansionskurs, sondern hatten auch eine Radikalisierung der »Judenpolitik« zur Folge: Die endgültige »Ausschaltung der Juden aus der Wirtschaft«, oder besser gesagt, ihre vollkommene wirtschaftliche Ausplünderung mit terroristischen Methoden.

Seit Beginn des Jahres 1938 wurde zu diesem Zweck eine Reihe wirtschaftlicher Maßnahmen gegen die Juden erlassen: Sie erfuhren in verschiedenen Bereichen steuerliche Nachteile; die jüdischen Kultusvereinigungen verloren ihren Status als Körperschaften des öffentlichen Rechts; Juden wurden aus der Organisation der gewerblichen Wirtschaft und von der Vergabe öffentlicher Aufträge ausgeschlossen. Im April wurde per Verordnung die »Anmeldung« jüdischer Vermögen beschlossen, die Göring in einer Ministerbesprechung als Voraussetzung für die völlige Ausschaltung der Juden aus der Wirtschaft bezeichnete.

Jedoch gelang es im Frühjahr und Sommer 1938 den beteiligten Dienststellen zunächst nicht, über die verschiedenen Einzelmaßnahmen hinaus ein Gesamtkonzept für eine umfassende »Arisierung« der jüdischen Betriebe zu erarbeiten. Statt dessen wurde eine weitere Welle von Berufsverboten erlassen, die sich u. a. gegen Ärzte und andere medizinische Berufe, gegen Rechtsanwälte und Patentanwälte richteten, aber beispielsweise auch Makler, Inhaber von Auskunfteien, Heiratsvermittler und Fremdenführer einschloß.

Im Herbst jedoch begann, auf Initiative Görings, die Politik einer vollkommenen wirtschaftlichen Ausschaltung der Juden Konturen zu gewinnen. Ausschlaggebend hierfür war vor allem die Überlegung, die bei der Finanzierung der forcierten Aufrüstung aufgetretenen Schwierigkeiten durch einen Zugriff auf die jüdischen Vermögen zu beheben. Volkswirtschaftlich gesehen hatte sich außerdem die durch verschiedene Einzelmaßnahmen begonnene Einschränkung der wirtschaftlichen Tätigkeit der Juden als Störfaktor erwiesen, da durch sie ein Teil des Produktivkapitals praktisch zur Untätigkeit verurteilt wurde.

Zu der wirtschaftlichen Ausplünderung kamen zahlreiche weitere Diskriminierungen, wie etwa das an vielen Parkbänken angebrachte Sitzverbot, die allgemeine Umbenennung von nach Juden benannten Straßen und Plätzen oder die Verschärfung des Namensrechts, die den jüdischen Trägern »deutscher« Vornamen auferlegte, die obligatorischen Zusatznamen »Israel« bzw. »Sara« zu führen.

Der Durchbruch zu einem wesentlich radikaleren Kurs in der »Judenpolitik« im November 1938 wurde aber nicht nur durch solche Maßnahmen vorbereitet. Zwei weitere Entwicklungen müssen dabei zusätzlich berücksichtigt werden:

Zum einen bot der »Anschluß« Österreichs den Nationalsozialisten ein hervorragendes Exerzierfeld für ihre antisemitischen Maßnahmen, verfügten sie doch über einen im Vergleich mit dem Reichsgebiet relativ großen Handlungsspielraum gegenüber einer starken, etwa 200 000 Menschen umfassenden Minderheit in einem Land, in dem ohnehin eine nicht unerhebliche antisemitische Grundströmung vorhanden war. In Österreich wurden in kurzer Zeit die im »Altreich« seit 1933 eingeführten antijüdischen Maßnahmen in Kraft gesetzt und darüber hinaus in größerem Umfang außergesetzliche »Arisierungen« jüdischen Besitzes vorgenommen. Gleichzeitig kam es zu mehreren Wellen antisemitischer Ausschreitungen der in einen Siegesrausch geratenen NS-Sympathisanten. Durch die Ereignisse in Österreich erfuhr auch die »Judenpolitik« im »Altreich« eine weitere Radikalisierung, die beispielsweise im Abriß der Hauptsynagogen in München und Nürnberg zum Ausdruck kam.

Zweitens hatte man innerhalb des SD damit begonnen, quasi im Windschatten der von anderen Dienststellen erarbeiteten Maßnahmen zur Entrechtung und Diskriminierung der Juden, ein eigenes umfassendes Konzept zur Lösung der »Judenfrage« zu entwickeln: Unter der Federführung Adolf Eichmanns wurde an

Planungen zu einer gezielten Auswanderung der Juden nach Palästina gearbeitet. Nach dem »Anschluß« Österreichs richtete Eichmann in Wien sogleich eine »Zentralstelle für jüdische Auswanderung« ein, die in der für die österreichischen Juden so bedrohlichen Situation eine erste organisierte Vertreibung einleitete. Nach der Bildung des Protektorats schuf Eichmann in Prag eine zweite »Zentralstelle« mit gleicher Aufgabenstellung. Koordiniert wurde die Arbeit beider Dienststellen durch Eichmanns Judenreferat (Dok. Nr. 1).

Die von Eichmann vorbereitete »Auswanderung« der Wiener Juden wurde zusätzlich durch gezielte gewalttätige Ausschreitungen des nationalsozialistischen Mobs vorangetrieben. So kam es im Oktober 1938 zu pogromähnlichen Vorgängen, in deren Verlauf Juden aus ihren Wohnungen geholt, Fensterscheiben eingeworfen und Synagogen geschändet wurden. Diese Ereignisse wiesen bereits ähnliche Züge wie die Ereignisse der sogenannten »Reichskristallnacht« auf.

Der Anlaß für den reichsweiten Pogrom vom 9. und 10. November, der Anschlag des Herschel Grünspan auf den deutschen Diplomaten vom Rath, war seinerseits wiederum eine individuelle, verzweifelte Reaktion auf eine andere antijüdische Aktion des nationalsozialistischen Staates: Im Oktober 1938 waren im Reichsgebiet ansässige polnische Juden, darunter die Eltern des Attentäters, unter unmenschlichen Begleitumständen über die polnische Grenze abgeschoben worden. Die Tat Grünspans lieferte der nationalsozialistischen Führung den willkommenen Vorwand, durch einen inszenierten Pogrom einen Radikalisierungsschub in der »Judenpolitik« vorzunehmen, der den Auftakt zur Entfernung der Juden aus der deutschen Gesellschaft markieren sollte.

Der Verlauf des Pogroms ist oft in allen Einzelheiten dargestellt worden. Die in dem offiziellen Untersuchungsbericht des Obersten Parteigerichts (Dok. Nr. 2) genannte, häufig übernommene Zahl von 91 Toten dürfte allerdings zu niedrig angesetzt sein, vor allem dann, wenn man die zahlreichen, durch den Terror in den Selbstmord hineingetriebenen Menschen und die zahlreichen Toten unter den in die Konzentrationslager verschleppten Zehntausenden »Aktionsjuden« zu den Pogromopfern rechnet. Der barbarische Akt des Pogroms, der sich in der Geschichte des deutschen

Antisemitismus nur mit antijüdischen Ausschreitungen des finstersten Mittelalters vergleichen läßt und sicher als ein wichtiger Schritt auf dem Weg nach Auschwitz anzusehen ist, war jedoch keineswegs der Auftakt zur Endlösung, sondern stand historisch in einem anderen Bedingungsgefüge: Ziel des Pogroms war die beschleunigte Ausplünderung und Vertreibung der deutschen Juden, von denen in der Tat bis zum Kriegsbeginn etwa weitere 80000 die Flucht ins Ausland antraten.

Der durch den Pogrom eingeleitete Kurs schärfster wirtschaftlicher Repression kam in einer am 12. November unter dem Vorsitz Görings abgehaltenen Besprechung in vollem Umfang zum Ausdruck (Dok. Nr. 3). Vor allem wurden drei Maßnahmen besprochen und anschließend in größter Eile durchgeführt: Den deutschen Juden wurde eine Kontribution von einer Milliarde Reichsmark aufgelegt, die eigentlich an sie zu zahlenden Versicherungsleistungen wurden durch das Reich konfisziert, und schließlich wurde die Zwangsveräußerung jüdischer Gewerbebetriebe beschlossen. Ferner wurden zahlreiche weitere einschränkende Direktiven erlassen: Den Juden wurde z. B. das Führen von Kraftfahrzeugen verboten, sie wurden automatisch in die höchste Steuerklasse der Einkommensteuer eingestuft, und ihnen konnten zeitlich oder räumlich begrenzte Aufenthaltsverbote auferlegt werden.

Bei der Besprechung vom 12. November waren auch, neben zahlreichen anderen Punkten, zwei unterschiedliche Motive der nationalsozialistischen »Judenpolitik« ausgesprochen worden: Während Heydrich die von ihm bereits eingeleitete Auswanderungspolitik lebhaft als Modell für die Zukunft empfohlen hatte, war von Göring ein möglicher wichtiger Hinderungsgrund für eine vollständige und rasche Auswanderung genannt worden: Die noch im Reich verbliebenen Juden konnten seiner Vorstellung nach bei weiteren außenpolitischen Krisen in einer Art Geiselrolle gegenüber dem Ausland eingesetzt werden.

Durch den Beginn des Krieges und die Besetzung Polens im September 1939 erhielt die deutsche »Judenpolitik« einen weiteren radikalisierenden Schub. Die etwa zwei Millionen polnischen Juden, die unter deutsche Herrschaft fielen und die dem von der NS-Propaganda genährten Feindbild des verhaßten »Ostjuden« entsprachen, sahen sich, recht- und schutzlos, einem Besatzungsregime ausgesetzt, das sich vor allem aus der NSDAP rekrutierte und, im Schatten der Kriegsmaßnahmen, den neu gewonnenen Raum als völkisches Experimentierfeld betrachtete. Hinzu kam die brutalisierende Wirkung, die die Kampfhandlungen innerhalb der auf ein rassisches Feindbild eingeschworenen SS-Verbände ausgelöst hatte. Bereits während der Besetzung des Landes und in den ersten Wochen danach begingen Einsatzgruppen und SS-Einheiten, Wehrmachtverbände und Kräfte der Ordnungspolizei eine größere Zahl schwerwiegender Übergriffe und Massenexekutionen, die sich zunächst vor allem gegen die polnische Führungsschicht, dann aber zunehmend auch gegen polnische Juden richteten (Dok. Nr. 4).

Polen sollte nun zum Schauplatz einer gigantischen bevölkerungspolitischen »Neuordnung« werden: Aus den in das Reich eingegliederten Gebieten sollten alle Juden, viele Polen und die Zigeuner in das aus Restpolen gebildete »Generalgouvernement« abgeschoben werden, während gleichzeitig Volksdeutsche aus den baltischen Staaten und aus Wolhynien und der Ukraine in den eingegliederten Ostgebieten angesiedelt werden sollten. Die dortige jüdische Bevölkerung sollte im Raum Lublin, also im östlichen Teil des Gebietes konzentriert werden, wobei man offensichtlich hoffte, sie zumindest teilweise über die Demarkationslinie in das sowjetisch besetzte Polen abdrängen zu können.

In einem Schnellbrief vom 21. September 1939 faßte SD-Chef Heydrich die am gleichen Tag auf einer Konferenz der Einsatzgruppenleiter beschlossenen Richtlinien für die »Judenpolitik« im besetzten Polen zusammen (Dok. Nr. 5). Hiernach war zunächst vorgesehen, alle Juden in größeren Städten zu konzentrieren, wobei möglichst die vom Reich unmittelbar annektierten Gebiete ganz von Juden »freigemacht« werden sollten. Weiter ordnete Heydrich an, in den jüdischen Gemeinden Ältestenräte zu bilden, die für die Durchführung der vorgesehenen Umsiedlungsmaßnahmen verantwortlich zu machen seien. Wenn Heydrich in diesem Schreiben von den »geplanten Gesamtmaßnahmen«, dem »Endziel« sprach, dann dürfte er damit noch, entsprechend dem Sprachgebrauch der frühen Kriegsphase, die räumliche Konzentration und die nach Beendigung des Krieges beabsichtigte Aussiedlung der Juden gemeint haben. Mit Rücksicht auf die

Wehrmacht konnte mit der allgemeinen Gettobildung jedoch nicht sofort, wie von Heydrich geplant, begonnen werden.

Im Oktober gingen die ersten Transporte aus Ostoberschlesien, dem Protektorat und Wien ab, wobei den zuerst Deportierten die Aufgabe zugewiesen wurde, in der Nähe des Ortes Nisko ein Durchgangslager aufzubauen (Dok. Nr. 6). Das Nisko-Vorhaben scheiterte jedoch, nicht zuletzt wegen der praktischen Schwierigkeiten, denen man sich kurz vor Einbruch des Winters gegenüber sah. Hingegen wurde von der Idee eines »Judenreservates« im Lubliner Raum zunächst noch nicht Abstand genommen.

So nahmen denn auch die Transporte aus den eingegliederten Ostgebieten in das Generalgouvernement ihren Fortgang. Die Deportation aller Juden aus dem Reichsgebiet (einschließlich des Protektorats) war als nächster Schritt vorgesehen (Dok. Nr. 7). Aus Wien, Prag, Mährisch-Ostrau und Stettin gingen erste Transporte ab. Im Februar 1940 war der neu errichtete Gau Danzig-Westpreußen fast »judenrein«. Diese Maßnahmen stießen jedoch auf erhebliche Widerstände, die mit dem Arbeitskräftemangel im Reichsgebiet und mit der durch den Generalgouverneur Frank beklagten Überfüllung seines Herrschaftsgebietes begründet wurden. Im Frühjahr 1940 kam es zu einer vorübergehenden Einstellung der Transporte.

Durch die Besetzung Frankreichs, der Niederlande, Belgiens und Luxemburgs kam ca. eine halbe Million jüdischer Menschen in den deutschen Machtbereich. In allen besetzten westlichen Staaten wurde auf legalem Wege der Rechtsstatus der Juden nach deutschem Vorbild eingeführt und eine umfangreiche »Arisierung« jüdischer Firmen unternommen. Vichy-Frankreich spielte hier insofern eine Sonderrolle, als die Maßnahmen durch die französische Verwaltung angeordnet und ausgeführt wurden. Im Waffenstillstandsabkommen wurde Frankreich u. a. dazu verpflichtet, deutsche Flüchtlinge, unter denen sich eine größere Zahl jüdischer Emigranten befand, auf Verlangen auszuliefern. Ferner begann die Vichy-Regierung im Oktober 1940, zwischen einheimischen und fremden Juden zu differenzieren, indem sie ein Gesetz erließ, das es jederzeit erlaubte, ausländische Juden zu internieren (Dok. Nr. 8).

Im Verlauf des Frankreichfeldzuges verfiel man auf eine neue

»Lösung« des »Judenproblems«, nämlich die geschlossene jüdische Aussiedlung auf die von Frankreich abzutretende Insel Madagaskar – eine Vorstellung, die schon in vergangenen Jahren durch die Phantasien auch nichtdeutscher Antisemiten gegeistert war und die nun durch Experten des AA und des Reichssicherheitshauptamtes in eine konkrete Planungsphase gebracht wurde (Dok. Nr. 9). Als aber die Verwirklichung dieser Idee, die auf ein langsames Aussterbenlassen in tropischen Breiten hinausgelaufen wäre, im Laufe des Sommers wegen der Fortsetzung des Krieges zurückgestellt werden mußte, wurden die Deportationen ins Generalgouvernement wiederaufgenommen, bis Frank schließlich im Frühjahr 1941 deren endgültige Beendigung durchsetzen konnte.

Währenddessen war man im Generalgouvernement daran gegangen, durch die Bildung von Gettos den vorgesehenen Konzentrationsprozeß durchzuführen. So setzten im Dezember 1939 die Vorbereitungen für die Errichtung eines Gettos in Lodz ein, das im Frühjahr 1940 seine endgültige Form erhielt (Dok. Nr. 10). Der für die Maßnahmen verantwortliche Regierungspräsident Übelhör stellte dabei ausdrücklich fest, daß es sich nur um eine Übergangsmaßnahme handele, eine endgültige »Säuberung« der Stadt behalte er sich ausdrücklich vor. Das Warschauer Getto entstand im Oktober 1940, nachdem sich die Vorbereitungen fast ein Jahr hingezogen hatten (Dok. Nr. 11). Im Frühjahr 1941 setzte im Generalgouvernement eine Gettoisierungswelle ein, eine zweite folgte, nachdem die Eingliederung der ehemals sowjetisch besetzten Gebiete in das Generalgouvernement erfolgt war. Die Funktion der »Judenräte« wurde nun erweitert: Sie erhielten einen bürokratischen Unterbau, der die Selbstverwaltung der Gettos ermöglichte und sie damit zu ausführenden Organen der weiteren deutschen Maßnahmen machte.

1 Bericht des Eichmann-Mitarbeiters Wisliceny über die Judenpolitik der Gestapo und des SD 1938–1941, 18.11.1946:

[...] Erst 1938 fand die Forderung nach einer Erleichterung der jüdischen Auswanderung ihren ersten Niederschlag bei der Besetzung Österreichs. Auf Vorschlag Eichmanns, der aus dem Judenreferat des SD-Hauptamtes hervorgegangen war, erfolgte in Wien unter starker persönlicher Einschaltung von Heydrich die Gründung der »Zentralstelle für jüdische Auswanderung«. Sie stellte eine Zusammenfassung aller an der Genehmigung der Auswanderung beteiligten Behörden in einem Amt dar. Auch die jüdischen Vereinigungen, in Wien die Kultusgemeinde und die zionistische Organisation, waren stärkstens eingeschaltet. Jüdische Persönlichkeiten wie Staffer, Löwenherz, Professor Neumann u. a. wurden ins Ausland geschickt, um Einwanderungsmöglichkeiten und Devisen aufzutreiben. Die Auswanderung nach Palästina wurde zu diesem Zeitpunkt noch als außerhalb deutscher Interessensphären liegend betrachtet und daher gefördert. Durch die Tätigkeit dieser Zentralstelle wanderten bis 1939 über 100000 Juden aus Österreich aus. Nach der Besetzung der ČSR gründete Eichmann im Auftrage Heydrichs in Prag eine ähnliche Dienststelle, das »Zentralamt zur Lösung der Judenfrage in Böhmen und Mähren«, dessen Tätigkeit sich in den wenigen Monaten bis zum Ausbruch des Krieges nicht in dem Maße auswirken konnte, wie die »Zentralstelle« in Wien. Die von Himmler und angeblich auch von Hitler gebilligte Linie hieß damals »Auswanderung der Juden um jeden Preis«. Die Einschaltung Heydrichs in die Judenfrage beschränkte sich bis zum Sommer 1939 auf Österreich und Böhmen/Mähren. Im Reichsgebiet blieb die alte Lage zunächst bestehen. Bei der Gründung des »Reichssicherheitshauptamtes«, der organisatorischen Zusammenfassung von SD und Staats- und Kriminalpolizei, berief Heydrich den bei ihm in höchster Gunst stehenden Eichmann nach Berlin und übergab ihm das »Judenreferat« IV B 4 im RSHA mit dem Auftrag, wie in Wien und Prag eine ähnliche Organisation für das gesamte Reichsgebiet aufzubauen. Der Ausbruch des Krieges, die schnelle Besetzung Polens und Hitlers

Entschluß, die polnischen Gebiete zu annektieren, schufen eine völlig neue Situation und brachten neue Konsequenzen.

[...] Durch die Besetzung Polens im September 1939 kamen über 3 Millionen Juden in die deutsche Machtsphäre. Eichmann, der gerade kurz vorher sein Amt in Berlin angetreten hatte, faßte den Plan, die Juden aus dem Reichsgebiet, dem »Protektorat« und Österreich ebenfalls nach Polen abzuschieben, in der Annahme, daß die polnischen Gebiete über kurz oder lang doch wieder ein selbständiges Staatswesen würden. So organisierte er rasch ein Durchgangslager in Nisko am San und begann Juden aus Wien, Brünn und Mährisch-Ostrau nach dorthin abzuschieben. Gleichzeitig organisierte er die Abschiebung der Juden aus Posen und Westpreußen nach Zentralpolen. Diesen Transporten schloß er stillschweigend auch Juden aus Stettin und Pommern an. Die Ausrufung des »Generalgouvernements« als Teil des Reichsgebietes und ein Protest-Schritt des Generalgouverneurs Frank bei Göring machte dieser Tätigkeit Eichmanns im Dezember 1939 ein Ende. Er wandte sich wieder den alten Auswanderungsplänen zu, wobei er jetzt in seine Berechnungen das polnische Judentum einbeziehen mußte. Es war klar, daß Palästina niemals in der Lage sein würde, die etwa 3½ Millionen Juden aus Deutschland, Polen, ČSR und Österreich aufzunehmen. Hinzu kam noch, daß auf italienischen Einfluß hin die Gründung des palästinensischen Judenstaates deutscherseits als unerwünscht mit Rücksicht auf arabische Forderungen betrachtet wurde. Trotzdem fand bis Ende 1940 noch eine Abwanderung nach Palästina aus dem Reichsgebiet statt, so z. B. September 1940 Transporte der Juden aus Danzig über Bratislava-Donau-Rumänien. Erst 1941 verbot Himmler die Palästinaauswanderung. Als Aufnahmeland für eine Massenauswanderung wurde von Eichmann die Insel Madagaskar in Betracht gezogen. Hierbei handelt es sich nicht um eine Erfindung von Eichmann. Madagaskar war als Auswanderungsziel häufig diskutiert worden. [...] Der rasche Sieg über Frankreich im Mai 1940 gab diesem Gedanken neuen Aufschwung. Ganz allgemein erwartete man ein baldiges Kriegsende. In einer ausführlichen Denkschrift schlug Eichmann, von Heydrich nachdrücklich unterstützt, Himmler die Insel Madagaskar als Umsiedlungsgebiet für das gesamte europäische Judentum vor. Dieser Vorschlag fand die Zustimmung Himmlers und Hitlers. Eichmann wurde beauftragt, einen genauen Plan auszuarbeiten.

Im Reichsgebiet, Böhmen und Mähren und Österreich hatte sich bis zum Sommer 1941 die Lage der Juden allgemein kaum gegenüber der Situation vor Ausbruch des Krieges verändert. Die wirtschaftlichen Maßnahmen (Arisierung) liefen weiter, die Auswanderung gelangte in Folge der fortschreitenden Kriegsereignisse allmählich ganz zum Stillstand. In Polen lag die Behandlung aller jüdischen Probleme in den Händen des »Höheren SS- und Polizeiführers« und den ihm unterstellten »SS- und Polizeiführern« bei den einzelnen Gouverneuren. Ganz allgemein war die Absperrung der Juden in Ghettos mit eigener Verwaltung durchgeführt worden. In diese Ghettos waren in immer stärkerem Maße Betriebe der Rüstungsindustrie, besonders der Heeresausrüstung, verlegt worden. Die Lage der Juden war, was Ernährung, Unterbringung usw. anbelangt, ganz unterschiedlich je nach der Haltung des zuständigen »SS- und Polizeiführer«. Eichmann hat sich bis zum Frühsommer 1941 relativ wenig um die Juden in Polen gekümmert. Er beschränkte sich, so weit mir bekannt ist, auf die Herausgabe allgemeiner Richtlinien über die Ghettobildung, Einsetzung jüdischer »Ältestenräte« und ähnliches. In den besetzten Gebieten und den mit Deutschland verbündeten Ländern, in denen Beauftragte Eichmanns tätig waren, lag das Hauptgewicht auf der Vorbereitung des »Madagaskar-Planes«. Von einzelnen Maßnahmen, die örtlicher Initiative der »Befehlshaber der SIPO und des SD« oder den Militärverwaltungen entsprangen, soll bei dieser Aufstellung bewußt abgesehen werden, da nur die »große Linie« der Entwicklung aufgezeigt werden soll. [...]

CDJC LXXXVIII-67;
   Léon Poliakov / Josef Wulf (Hg.), Das Dritte Reich und die Juden. München [u. a.] 1978, S. 87–98.

2 Bericht des Obersten Parteigerichts der NSDAP zu den Ausschreitungen während der »Kristallnacht«, [Februar 1939]:

[...] Am Abend des 9. November 1938 teilte der Reichspropagandaleiter Pg. Dr. *Goebbels* den zu einem Kameradschaftsabend im Alten Rathaus zu München versammelten Parteiführern mit, daß es in den Gauen Kurhessen und Magdeburg-Anhalt zu judenfeindlichen Kundgebungen gekommen sei, dabei seien jüdische Geschäfte zertrümmert und Synagogen in Brand gesteckt worden. Der *Führer* habe auf seinen Vortrag entschieden, daß derartige Demonstrationen von der Partei weder vorzubereiten noch zu organisieren seien, soweit sie spontan entstünden, sei ihnen aber auch nicht entgegenzutreten. Im übrigen führte Pg. Dr. Goebbels sinngemäß das aus, was in dem Fernschreiben der Reichspropagandaleitung vom 10. 11. 1938, 12 Uhr 30 bezw. 1 Uhr 40 niedergelegt ist (Anlage 2).

Die mündlich gegebenen Weisungen des Reichspropagandaleiters sind wohl von sämtlichen anwesenden Parteiführern so verstanden worden, daß die Partei nach außen nicht als Urheber der Demonstrationen in Erscheinung treten, sie in Wirklichkeit aber organisieren und durchführen sollte. Sie wurden in diesem Sinne sofort - also geraume Zeit vor Durchgabe des ersten Fernschreibens - von einem großen Teil der anwesenden Parteigenossen fernmündlich an die Dienststellen ihrer Gaue weitergegeben. [...]

Die Nachprüfung der Befehlsverhältnisse hat ergeben, daß in all diesen Fällen ein Mißverständnis in irgend einem Glied der Befehlskette entstanden ist, insbesondere dadurch, daß es den aktiven Nationalsozialisten aus der Kampfzeit selbstverständlich ist, daß Aktionen, bei denen die Partei nicht als Organisator in Erscheinung treten will, nicht mit letzter Klarheit und in allen Einzelheiten befohlen werden. Er ist infolgedessen gewohnt, aus einem solchen Befehl mehr herauszulesen, als wörtlich gesagt ist, wie es auch auf der Seite des Befehlsgebers vielfach Übung geworden ist, im Interesse der Partei – gerade wenn es sich um illegale politische Kundgebungen handelt – nicht alles zu sagen und nur anzudeuten, was er mit dem Befehl erreichen will. So hat wohl jeder der im Rathaussaal anwesenden Parteiführer die Weisung des Pg. Dr.

Goebbels, daß die Partei diese Demonstration nicht zu organisieren habe, so aufgefaßt, daß die Partei als Organisator nicht in Erscheinung treten solle; Pg. Dr. Goebbels wird sie auch so gemeint haben, denn die politisch interessierten und darüber hinaus aktiven Kreise, die für solche Demonstrationen in Frage kommen, stehen eben in der Partei und ihren Gliederungen. Sie konnten selbstverständlich auch nur durch Dienststellen der Partei und der Gliederungen mobilisiert werden. – So hat auch eine Reihe von Unterführern die an sie mündlich oder fernmündlich gelangten, nicht immer sehr glücklich formulierten Befehle – z. B.: Nicht der Jude Grünspan, das ganze Judentum trage die Schuld an dem Tod des Pg. vom Rath, das Deutsche Volk nehme infolgedessen Rache am gesamten Judentum, im ganzen Reiche brennten die Synagogen, jüdische Wohnungen und Geschäfte seien zu verwüsten, Leben und Eigentum der Arier müsse geschützt, ausländische Juden dürften nicht belästigt werden, die Aktion werde auf Befehl des Führers durchgeführt, die Polizei sei zurückgezogen, Pistole sei mitzubringen, bei geringstem Widerstand sei rücksichtslos von der Waffe Gebrauch zu machen, als SA-Mann müsse nun jeder wissen, was er zu tun habe usw. – so verstanden, daß nun für das Blut des Pg. vom Rath Judenblut fließen müsse, daß es jedenfalls nach dem Willen der Führung auf das Leben eines Juden nicht ankomme. [...]

Der Bericht über das bisherige Ergebnis der Verfahren wird vorgelegt einmal, weil die polizeilichen Ermittlungen in den übrigen (insgesamt 91) Fällen von Tötungen noch nicht abgeschlossen sind, zum anderen, weil das bisherige Ergebnis – was insbesondere Beweggründe und Zusammenhänge betrifft – einen Ausschnitt und Überblick geben dürfte, in Sonderheit aber, weil der Senat künftig davon absehen möchte, Verfahren wegen Tötungen von Juden im Rahmen der Aktion vom 9. 11. 38 überhaupt durchzuführen, wenn nicht aufgrund der polizeilichen Ermittlungen der Verdacht besteht, daß eigennützige oder verbrecherische Beweggründe vorliegen. [...]

BA NS 36/13;
Der Prozeß gegen die Hauptkriegsverbrecher vor dem Internationalen Militärgerichtshof, Nürnberg 14. November 1945–1. Oktober 1946. Nürnberg 1948, Band 32, S. 20–29.

3 Niederschrift der Chefbesprechung im Reichsluftfahrtministerium über die Judenfrage, 12.11.1938:

[...] *Heydrich:* Bei allem Herausnehmen des Juden aus dem Wirtschaftsleben bleibt das Grundproblem letzten Endes doch immer, daß der Jude aus Deutschland herauskommt. Darf ich dazu einige Vorschläge machen?

Wir haben in Wien auf Weisung des Reichskommissars eine Judenauswanderungszentrale eingerichtet, durch die wir in Österreich immerhin 50000 Juden herausgebracht haben, während im Altreich in der gleichen Zeit nur 19000 Juden herausgebracht werden konnten, und zwar ist uns das durch Zusammenarbeit mit dem zuständigen Wirtschaftsministerium und den ausländischen Hilfsorganisationen gelungen. [...]

Das Zweite, um die Juden herauszubekommen, müßte eine Auswanderungsaktion für das Judentum im übrigen Reich sein, die sich auf mindestens 8 bis 10 Jahre erstreckt. Wir kriegen im Jahr nicht mehr als höchstens 8000 bis 10000 Juden heraus. Es bleibt also eine Unzahl Juden drin. Durch die Arisierung und die sonstigen Beschränkungen wird natürlich das Judentum arbeitslos. Wir erleben eine Verproletarisierung des zurückbleibenden Judentums. [...]

Für die Isolierung möchte ich rein polizeilich einige Vorschläge kurz unterbreiten, die auch wegen ihres psychologischen Einflusses auf die öffentliche Meinung von Wert sind. Z. B. die persönliche Kennzeichnung des Juden, indem man sagt: Jeder Jude im Sinne der Nürnberger Gesetze muß ein bestimmtes Abzeichen tragen. Das ist eine Möglichkeit, die viele andere Dinge erleichtert – in bezug auf Ausschreitungen sehe ich keine Gefahr –, die uns auch das Verhältnis zum ausländischen Juden erleichtert.

Göring: Eine Uniform!

Heydrich: Ein Abzeichen. Dadurch könnte man auch die Schäden abstellen, die dadurch entstehen, daß die ausländischen Juden, die sich in ihrem Äußeren nicht von inländischen Juden unterscheiden, in Mitleidenschaft gezogen werden. [...]

Göring: Das zweite ist folgendes. Wenn das Deutsche Reich in irgendeiner absehbaren Zeit in außenpolitischen Konflikt kommt, so ist es selbstverständlich, daß auch wir in Deutschland in allererster Linie daran denken werden, eine große Abrechnung an den Juden zu vollziehen. [...]

IfZ PS-1816 (Kopie);
Der Prozeß gegen die Hauptkriegsverbrecher vor dem Internationalen Militärgerichtshof, Nürnberg 14. November 1945–1. Oktober 1946. Nürnberg 1948, Band 28, S. 499–540.

4 Vermerk Heydrichs über die Aufgaben der Einsatzgruppen in Polen, 2. 7. 1940:

[...] Bei allen bisherigen Einsätzen: Ostmark, Sudetenland, Böhmen und Mähren und Polen, waren gemäß Sonderbefehl des Führers besondere polizeiliche Einsatzgruppen (Sicherheitspolizei und Ordnungspolizei) mit den vorrückenden, in Polen mit den kämpfenden Truppen vorgegangen und hatten auf Grund der vorbereiteten Arbeit systematisch durch Verhaftung, Beschlagnahme und Sicherstellung wichtigsten politischen Materials heftige Schläge gegen die reichsfeindlichen Elemente in der Welt aus dem Lager von Emigration, Freimaurerei, Judentum und politisch-kirchlichem Gegnertum sowie der 2. und 3. Internationale geführt.

Das Zusammenarbeiten mit der Truppe unterhalb der Stäbe und in vielen Fällen auch mit den verschiedenen Stäben des Heeres war im allgemeinen gut; lediglich über grundsätzliche Fragen der Staatsfeindbekämpfung bestand in vielen Fällen bei den höheren Befehlshabern des Heeres eine grundsätzlich andere Auffassung. Diese Auffassung, die zum großen Teil aus Unkenntnis der weltanschaulichen Gegnerlage heraus entstand, verursachte dann Reibungen und Gegenweisungen gegen die vom Reichsführer-SS nach den Weisungen des Führers sowie des Generalfeldmarschalls durchgeführte politische Tätigkeit.

Während bis zum polnischen Einsatz diese Schwierigkeiten im allgemeinen durch persönliche Fühlungnahme und Aufklärung zu meistern waren, bestand diese Möglichkeit beim polnischen Einsatz nicht. Ursache lag jedoch hier darin, daß die Weisungen, nach denen der polizeiliche Einsatz handelte, außerordentlich radikal waren (z. B. Liquidierungsbefehl für zahlreiche polnische Führungskreise, der in die Tausende ging), daß den gesamten führenden Heeresbefehlsstellen und selbstverständlich auch ihren Stabsmitgliedern dieser Befehl nicht mitgeteilt werden konnte, so daß nach außen hin das Handeln der Polizei und SS als willkürliche, brutale Eigenmächtigkeit in Erscheinung trat.

Dazu kam, daß der Selbstschutz zu Anfang aus zwar verständlicher Erbitterung gegen die Polengreuel selbst zum Teil unmögliche, unkontrollierbare Racheakte ausführte, die dann wieder zu Lasten von SS und Polizei geschrieben wurden.

Stellt man Übergriffe, Plünderungsfälle, Ausschreitungen des Heeres und der SS und Polizei gegenüber, so kommt hierbei SS und Polizei bestimmt nicht schlecht weg. [...]

BA Sammlung Schumacher/457;
   Helmut Krausnick: Hitler und die Morde in Polen, in: Vierteljahrshefte für Zeitgeschichte 11 (1963) S. 196–209.

5   Schnellbrief des Chefs der Sicherheitspolizei Heydrich an die Chefs der Einsatzgruppen in Polen betr. die Judenfrage im besetzten Gebiet, 21. 9. 1939:

Ich nehme Bezug auf die heute in Berlin stattgefundene Besprechung und weise noch einmal darauf hin, daß die geplanten Gesamtmaßnahmen (also das Endziel) streng geheim zu halten sind.
   Es ist zu unterscheiden zwischen
1) dem Endziel (welches längere Fristen beansprucht) und
2) den Abschnitten der Erfüllung dieses Endzieles,
   (welche kurzfristig durchgeführt werden.)
   Die geplanten Maßnahmen erfordern gründlichste Vorbereitung sowohl in technischer, als auch in wirtschaftlicher Hinsicht.
   Es ist selbstverständlich, daß die heranstehenden Aufgaben von hier in allen Einzelheiten nicht festgelegt werden können. Die nachstehenden Anweisungen und Richtlinien dienen gleichzeitig dem Zwecke, die Chefs der Einsatzgruppen zu praktischen Überlegungen anzuhalten.

I.

Als erste Vorausnahme für das Endziel gilt zunächst die Konzentrierung der Juden vom Lande in die größeren Städte.

Sie ist mit Beschleunigung durchzuführen.

Es ist dabei zu unterscheiden:

1) zwischen den Gebieten Danzig und Westpreußen, Posen, Ostoberschlesien und

2) den übrigen besetzten Gebieten.

Nach Möglichkeit soll das unter Ziffer 1) erwähnte Gebiet von Juden freigemacht werden, zu mindestens aber dahin gezielt werden, nur wenige Konzentrierungsstädte zu bilden.

In den unter Ziffer 2) erwähnten Gebieten sind möglichst wenige Konzentrierungspunkte festzulegen, sodaß die späteren Maßnahmen erleichtert werden. Dabei ist zu beachten, daß nur solche Städte als Konzentrierungspunkte bestimmt werden, die entweder Eisenbahnknotenpunkte sind oder zum mindesten an Eisenbahnstrecken liegen.

Es gilt grundsätzlich, daß jüdische Gemeinden mit unter 500 Köpfen aufzulösen und der nächstliegenden Konzentrierungsstadt zuzuführen sind.

Dieser Erlaß gilt nicht für das Gebiet der Einsatzgruppe I, welches etwa, östlich von Krakau liegend, umgrenzt wird von Polanica, Jaroslaw, der neuen Demarkationslinie und der bisherigen slowakisch-polnischen Grenze. Innerhalb dieses Gebietes ist lediglich eine behelfsmäßige Judenzählung durchzuführen. Des weiteren sind die nachstehend behandelten jüdischen Ältestenräte aufzustellen.

II.
Jüdische Ältestenräte.

1) In jeder jüdischen Gemeinde ist ein jüdischer Ältestenrat aufzustellen, der, soweit möglich, aus den zurückgebliebenen maßgebenden Persönlichkeiten und Rabbinern zu bilden ist. Dem Ältestenrat haben bis zu 24 männliche Juden (je nach Größe der jüdischen Gemeinde) anzugehören.

Er ist im Sinne des Wortes voll verantwortlich zu machen für die exakte und termingemäße Durchführung aller ergangenen oder noch ergehenden Weisungen.

2) Im Falle der Sabotage solcher Weisungen sind den Räten die schärfsten Maßnahmen anzukündigen.

3) Die Judenräte haben eine behelfsmäßige Zählung der Juden – möglichst gegliedert nach Geschlecht (Altersklassen), a) bis 16 Jahren, b) von 16 bis 20 Jahren und c) darüber, und nach den hauptsächlichsten Berufsschichten – in ihren örtlichen Bereichen vorzunehmen und das Ergebnis in kürzester Frist zu melden.

4) Den Ältestenräten sind Termine und Fristen des Abzuges, die Abzugsmöglichkeiten und schließlich die Abzugsstraßen bekanntzugeben.

Sie sind sodann persönlich verantwortlich zu machen für den Abzug der Juden vom Lande.

Als Begründung für die Konzentrierung der Juden in die Städte hat zu gelten, daß sich Juden maßgeblichst an den Franktireurüberfällen und Plünderungsaktionen beteiligt haben.

5) Die Ältestenräte in den Konzentrierungsstädten sind verantwortlich zu machen für die geeignete Unterbringung der aus dem Lande zuziehenden Juden.

Die Konzentrierung der Juden in Städten wird wahrscheinlich aus allgemein sicherheitspolizeilichen Gründen Anordnungen in diesen Städten bedingen, daß den Juden bestimmte Stadtviertel überhaupt verboten werden, daß sie – stets jedoch unter Berücksichtigung der wirtschaftlichen Notwendigkeiten – z. B. das Getto nicht verlassen, zu einer bestimmten Abendstunde nicht mehr ausgehen dürfen, usw.

6) Die Ältestenräte sind auch verantwortlich zu machen für die entsprechende Verpflegung der Juden auf dem Transport in die Städte.

Es sind keine Bedenken geltend zu machen, wenn die abwandernden Juden ihr bewegliches Gut, soweit technisch überhaupt möglich, mitnehmen.

7) Juden, welche dem Befehl, in die Städte umzusiedeln, nicht nachkommen, ist in begründeten Fällen eine kurz bemessene Nachfrist zu gewähren. Es ist ihnen strengste Bestrafung anzukündigen, wenn sie auch dieser Frist nicht nachkommen sollten.

III.

Alle erforderlichen Maßnahmen sind grundsätzlich stets im engsten Benehmen und Zusammenwirken mit den deutschen Zivilverwaltungs- und örtlich zuständigen Militärbehörden zu treffen.

Bei der Durchführung ist zu berücksichtigen, daß die wirtschaftliche Sicherung der besetzten Gebiete keinen Schaden leidet.

1) Es ist vor allem Rücksicht zu nehmen auf die Bedürfnisse des Heeres; z. B. wird es sich kaum vermeiden lassen, zunächst da und dort Handelsjuden zurückzulassen, welche zur Verpflegung der Truppen mangels anderweitiger Möglichkeiten unbedingt zurückbleiben müssen. In diesen Fällen ist jedoch im Benehmen mit den örtlichen zuständigen deutschen Verwaltungsbehörden die alsbaldige Arisierung dieser Betriebe anzustreben und die Auswanderung der Juden nachzuholen.

2) Bei der Wahrung der deutschen Wirtschaftsinteressen in den besetzten Gebieten ist es selbstverständlich, daß jüdische Lebens-, Kriegs- oder für den Vierjahresplan wichtige Industriezweige und -betriebe zunächst aufrecht erhalten bleiben müssen.

Auch in diesen Fällen ist die alsbaldige Arisierung anzustreben und die Auswanderung der Juden nachzuholen.

3) Es ist schließlich Rücksicht zu nehmen auf die Ernährungslage in den besetzten Gebieten. So sind z. B. Grundstücke jüdischer Siedler nach Möglichkeit den benachbarten deutschen oder auch polnischen Bauern zur Mitbewirtschaftung kommissarisch in Pflege zu geben, sodaß die Einbringung der noch außenstehenden Ernte bzw. der Wiederanbau gewährleistet ist.

Hinsichtlich dieser wichtigen Frage ist mit dem landwirtschaftlichen Sachreferenten des C. d. Z. Verbindung aufzunehmen.

4) In allen Fällen, in denen eine Übereinstimmung der Interessen der Sicherheitspolizei einerseits und der deutschen Zivilverwaltung andererseits erzielt werden kann, ist mir vor Durchführung der in Frage stehenden Einzelmaßnahmen auf dem schnellsten Wege zu berichten und meine Entscheidung abzuwarten.

IV.

Die Chefs der Einsatzgruppen berichten mir laufend über die folgenden Sachverhalte:

1) Zahlenmäßige Übersicht über die in ihren Bereichen befindlichen Juden (möglichst in der oben angegebenen Gliederung). Es sind hierbei getrennt anzugeben die Zahlen der Juden, welche vom Lande zur Abwanderung gebracht werden, und jener, welche sich bereits in den Städten befinden.

2) Namen der Städte, welche als Konzentrierungspunkte bestimmt worden sind.

3) Die den Juden zur Abwanderung in die Städte gesetzten Termine.

4) Übersicht über alle jüdischen Lebens- und Kriegs- oder für den Vierjahresplan wichtigen Industriezweige und Betriebe ihres Bereiches.

Es sind möglichst folgende Feststellungen zu treffen:

a) Art der Betriebe (zugleich Angabe der möglichen Umstellung des Betriebes zu wirklich lebenswichtigen, bzw. kriegswichtigen oder für den Vierjahresplan wichtigen Betrieben),

b) welche von diesen Betrieben sind vordringlichst zu arisieren (um jedwede Schädigung auszuschalten)? Wie wird die Arisierung vorgeschlagen? Deutsche oder Polen (diese Entscheidung ist abhängig von der Wichtigkeit des Betriebes);

c) wie groß ist die Zahl der in diesen Betrieben beschäftigten Juden (darunter der leitenden Positionen).

Kann der Betrieb nach Abschub der Juden ohne weiteres aufrecht erhalten bleiben, oder bedarf diese Aufrechterhaltung der Zuteilung von deutschen bzw. polnischen Arbeitskräften? In welchem Umfange? Soweit polnische Arbeitskräfte herangezogen werden müssen, ist darauf Bedacht zu nehmen, daß diese vor allem aus den früheren deutschen Provinzen hereingeholt werden, sodaß das Polentum dort bereits eine Auflockerung erfährt. Diese Fragen können nur durch Einschaltung und Beteiligung der eingerichteten deutschen Arbeitsämter durchgeführt werden.

Zur Erreichung der gesteckten Ziele erwarte ich restlosen Einsatz aller Kräfte der Sicherheitspolizei und des Sicherheitsdienstes.

Die benachbarten Chefs der Einsatzgruppen haben miteinander sofort Fühlung aufzunehmen, damit die in Betracht kommenden Gebiete restlos erfaßt werden. [...]

BA R 58/954 (Kopie);
Faschismus-Getto-Massenmord. Dokumentation über Ausrottung und Widerstand der Juden in Polen während des 2. Weltkrieges. Hg. vom Jüdischen Historischen Institut in Warschau. Berlin 1961, S. 37–41.

6 Vermerk des Eichmann-Mitarbeiters Brunner: Umsiedlung aus der »Ostmark« nach Polen, 18.10.1939:

Als Ergänzung zum Vermerk über die Aussprache zwischen SS-H'Stuf. Eichmann, Herrn Dr. Ebner von der Geheimen Staatspolizei und dem Sonderbeauftragten des Reichskommissars Herrn Dr. Becker wird berichtet, daß die Umsiedlungsaktion nach Polen mit dem 1. Transport am 20.10.1939 um 22.00 Uhr mit 1000 arbeitsfähigen Juden von Wien-Aspangbahnhof beginnt.

Den Juden wurde durch die Israelitische Kultusgemeinde Werkzeug zum Aufbau eines Barackendorfes in Nisko mitgegeben, wohin bereits Transporte mit arbeitsfähigen Juden aus Mähr.Ostrau abgegangen sind. Gleichfalls werden den Juden mit dem Transport Lebensmittel für 4 Wochen mitgegeben.

Die weiteren Transporte gehen fortlaufend jede Woche Dienstag und Freitag mit je 1000 Juden, wo zum 2. und 3. Transport die derzeit in Wien in Haft befindlichen Juden und Juden, denen die Ausreise von der Geheimen Staatspolizei befristet ist, eingeteilt werden. Vom 4. Transport aufwärts werden bereits ganze Familien in die Transporte eingeteilt.

Nach Fertigstellung des Barackendorfes in Nisko werden die mit dem 1. Transport angekommenen Juden auf die im dortigen Gebiet befindlichen ehemaligen jüdischen Dörfer fortlaufend in das Landesinnere verteilt.

Die Transporte werden von der Israelitischen Kultusgemeinde

Wien zusammengestellt (solange dies noch möglich ist) und ist für den Transport eine jüdische Transportleitung verantwortlich [sic].

Außerdem begleiten jeden Transport 25 Schupo-Beamte unter Führung eines Polizeimeisters, die jede Fluchtgefahr mit der Waffe zu verhindern haben.

Mit der gesamten Umsiedlungsaktion werden auch die in der Ostmark befindlichen Zigeuner in Sonderwaggon angeschlossen. Die Stelligmachung der Zigeuner erfolgt durch die Kripoleitstelle Wien.

[Zentrales Staatsarchiv Prag]; BA R 70 Böhmen-Mähren/9 (Kopie).

7 Niederschrift einer Polizeibesprechung beim Generalgouverneur in Krakau betr. Umsiedlungen in Polen, 8. 11. 1939:

[...] Den Vorsitz in der Besprechung führte SS-Obergruppenführer *Krüger*. Nach einleitenden Worten erteilte er dem SS-Brigadeführer *Streckenbach*, der mit der Zentralplanung der Ansiedlung bzw. Evakuierung im Ostraum beauftragt worden ist, das Wort.

SS-Brigadeführer Streckenbach erläuterte als erstes die Abgrenzung der neuen Gebiete: Reichsgau Danzig, Reichsgau Posen, Ostoberschlesien, Süd-Ostpreußen und die Grenzen des Generalgouvernements Polen. An Hand einer Skizze, auf der die Stärken der voraussichtlich an- bezw. umzusiedelnden Volksdeutschen bezw. zu evakuierenden Polen angegeben waren, erklärte SS-Brigadeführer Streckenbach ferner, daß die Umsiedlung bezw. Evakuierung auf einer anderen Basis durchgeführt werden müsse, als sie vom Reichsführer SS und Chef der Deutschen Polizei zuerst vorgesehen war.

Nachdem sich herausgestellt hätte, daß die in das Generalgouvernement im Raume zwischen Bug und Weichsel evakuierten Polen und Juden bereits wieder in westlicher Richtung zurückwandern, müßten zuerst Maßnahmen für eine entsprechende Absperrung, die dieses Rückwandern unterbinden, geschaffen werden. Die Stadt Lodz, deren Verbleib beim Reichsgau Posen noch nicht endgültig sei, sei zunächst in der Evakuierung, selbst auch von Juden, noch nicht zu berücksichtigen.

SS-Brigadeführer Streckenbach gliederte die Planung in folgende vier Punkte:

1. Evakuierung der Juden und Polen aus dem Altreich,
2. Evakuierung der Juden und Polen aus den Reichsgauen Danzig, Posen, Ostoberschlesien sowie Süd-Ostpreußen,
3. Rückführung und Ansiedlung der Volksdeutschen aus dem Generalgouvernement,
4. Umsiedlung der Volksdeutschen aus der Ukraine, Wolhynien und den baltischen Staaten. Nach dem dem Reichsführer SS bereits vorgelegten Plan sollen zunächst:
   a) bis Ende Februar 1940 sämtliche Juden und Kongreßpolen aus den Reichsgauen Danzig und Posen, sowie aus Ostoberschlesien und Süd-Ostpreußen evakuiert werden, [...]

Die Reichsbahn wird ab Mitte November zunächst Transportzüge für den Abtransport der Juden und Polen bereitstellen, und zwar auf durchgehenden direkten Eisenbahnlinien. Die im Gau Danzig abzutransportierenden Juden und Polen werden auf bestimmten Eisenbahnlinien in den Bezirk Warschau abgeschoben. Nachdem einige Transporte vom Gau Danzig abgelassen sind und somit entsprechender Raum in Westpreußen für die Aufnahme von Volksdeutschen geschaffen worden ist, werden im Bezirk Warschau Gruppen von Volksdeutschen zusammengestellt und in den zurückfahrenden Transportzügen in die freigemachten Gebiete Westpreußens befördert.

Der Transport auf Landstraßen soll nicht in Frage kommen, da für die Bewachung solcher Transporte, ganz gleich ob mit Kraftfahrzeugen oder Fußmarsch, nicht genügend Bewachungsmannschaften zur Verfügung stehen und auch hinsichtlich der Verpflegung und zwischendurch erforderlichen Unterbringung auf dem Marsch weit mehr Schwierigkeiten auftreten würden.

Mit der Wehrmacht wird in den nächsten Tagen Verbindung aufgenommen werden, daß eine Abriegelung des Generalgouvernements gegenüber den Reichsgauen Danzig und Posen bezw. Ostoberschlesien und Süd-Ostpreußen erfolgt, um ein Zurückfluten der Evakuierten in die freigemachten Teile des Reiches auf alle Fälle zu unterbinden. Später wird diese Aufgabe dem

Grenzwachtdienst bezw. den Zollbehörden und der Polizei zufallen.

Aus dem Altreich bezw. aus den neubesetzten Ostgebieten sind zunächst bis Ende Februar 1940 rund 1 000 000 Juden und Polen zu evakuieren; davon aus Westpreußen 400 000 Polen einschließlich Juden. Die Zahl der rückwandernden Volksdeutschen aus der Ukraine und Wolhynien beträgt voraussichtlich 100 000, dazu kommen noch aus dem Raume zwischen Bug und Weichsel etwa 30 000 und sonst verstreute noch etwa 20 000. Die Zahl der bereits nach Westpreußen (Posen) zurückgekehrten Volksdeutschen aus Wolhynien beträgt etwa 7 000 bis 8 000.

Es soll angeordnet werden, daß die zu evakuierenden Polen und Juden nur Handgepäck mitführen dürfen. Die Mitnahme von Devisen, Edelmetallen, Kunstgegenständen und dergleichen ist grundsätzlich zu verbieten. [...]

[AGKBZHwP];
Szymon Datner/Janusz Gumkowski/Kazimierz Leszczynski: Wysiedlanie ludności z ziem polskich wcielonych do Rzeszy, in: BGKBZHwP 12 (1960) S. 11F–14F (Faks.)

8 Rundschreiben des Chefs der Sicherheitspolizei und des SD: Ausländer in den besetzten westlichen Gebieten, 30.10.1940:

[...]
II. Behandlung der deutschen bezw. der aus dem deutschen Hoheitsbereich stammenden Personen
Diese auf Grund der Ausländererfassung in den besetzten Gebieten weitestgehend zu ermittelnden Personen sind nach folgenden Richtlinien zu behandeln:
    [...]
3. Juden mit deutscher oder bisher österreichischer, tschechoslowakischer, polnischer Staatsangehörigkeit
    Bei der Behandlung der vorgenannten Juden soll den Planungen für die Regelung der Judenfrage in dem unter deutschem Einfluß stehenden Europa nach dem Friedensschluß nicht vor-

gegriffen werden. Sofortige Maßnahmen sind aber zu ergreifen, um die Gefahr eines Rückströmens der Juden deutscher (einschließlich bisher österreichischer, tschechoslowakischer und polnischer) Staatsangehörigkeit bezw. ehemals deutscher usw. Staatsangehörigkeit in das deutsche Hoheitsgebiet zu verhindern. Diese Juden sind einschließlich ihrer jüdischen Angehörigen sämtlich in Internierungslagern zusammenzufassen und unter Bewachung zu stellen. Die Internierung der Juden mit deutscher oder mit bisher österreichischer, tschechoslowakischer und polnischer Staatsangehörigkeit ermöglicht es, daß diese Juden bei einer etwaigen Gesamtevakuierung aus Europa als erste greifbar sind und abtransportiert werden können. Zweckmäßigerweise werden daher die Internierungslager für Juden an Stellen errichtet, von denen die spätere Evakuierung nach Übersee am günstigsten betrieben werden kann. Um Schwierigkeiten bei der Errichtung der Internierungslager zu vermeiden, können die Internierungslager auch mit den unter Ziffer II/1 genannten Zwischenlagern für deutschblütige Emigranten zusammengelegt werden, wobei die internierten Juden jedoch in streng abgeschlossenen Abteilungen unterzubringen wären. Für das Vermögen der Juden wird es sich empfehlen, Treuhänder zu bestellen. Es bestehen keine Bedenken, hierfür geeignete Franzosen bezw. Belgier (bei letzteren in erster Linie Flamen) auszuwählen. Das Vermögen der Juden wird zur Erstattung der Kosten der Errichtung und Belieferung der Internierungslager heranzuziehen sein.

Bei der Einweisung in Internierungslager sind die Juden anhand des Fahndungsmaterials zu überprüfen. Darüber hinaus ist aus den verschiedensten Gründen die karteimäßige Erfassung der in Internierungslagern zusammenzufassenden Juden beim Reichssicherheitshauptamt erforderlich. Von jedem Juden über 16 Jahre ist daher eine Karteikarte – Vordruck G. St. Nr. 15 – dem Reichssicherheitshauptamt – IV A 5 – zu übersenden. Auf der Karteikarte ist unter »Staatsangehörigkeit« sowohl die jetzige wie auch die frühere Staatsangehörigkeit, unter »Wohnung« die letzte Wohnung im Reichs- bezw. Heimatgebiet und unter »Sachverhalt« das Internierungslager, der Zeitpunkt der Internierung und eine kurze Sachdarstellung der persönlichen Verhältnisse und der Vermögenslage zu vermerken.

Zahlreiche Juden mit deutscher oder mit bisher österreichischer, tschechoslowakischer und polnischer Staatsangehörigkeit werden von deutschen Dienststellen in dem Fahndungsmaterial ausgeschrieben sein. Eine Überführung dieser ausgeschriebenen Juden in das Reich ist grundsätzlich unerwünscht, um spätere Schwierigkeiten bei einer erneuten Abschiebung bzw. Auswanderung zu vermeiden. Diese Schwierigkeiten können vor allem dann nicht in Kauf genommen werden, wenn die Rückführung der Juden in das Reich der Verfolgung verhältnismäßig geringfügiger Delikte oder der Anstellung unwesentlicher Ermittlungen dienen soll. Eine Überstellung von Juden in das Reichsgebiet darf ausnahmsweise nur in den Fällen erfolgen, in denen die betreffenden Juden im Zuge hier schwebender Ermittlungsverfahren zu weiteren Erörterungen dringend benötigt werden. Um zu verhindern, daß Juden ohne zwingenden Grund in das Reich überstellt werden, sind die Festnahmen nicht den ausschreibenden Dienststellen, sondern ausschließlich dem Reichssicherheitshauptamt – IV A 5 – zu melden, daß in den Fällen, in denen die Ausschreibung von den Dienststellen der Sicherheitspolizei und des SD erfolgt ist, selbst die Entscheidung über die weitere Behandlung der Juden treffen und sich in den übrigen Fällen dafür einsetzen wird [sic], daß eine Überstellung nur bei Vorliegen einer dringenden Notwendigkeit erfolgt.

Entsprechend sind diejenigen jüdischen Mischlinge mit jetziger oder ehemaliger deutscher (einschließlich bisher österreichischer, tschechoslowakischer und polnischer) Staatsangehörigkeit zu behandeln, die von zwei der Rasse nach volljüdischen Großelternteilen abstammen.

Gegen die Rückkehr minderjähriger Juden, die das 16. Lebensjahr noch nicht vollendet haben, und sich seinerzeit zum Zwecke des Schulbesuchs oder der Ausbildung für ihren späteren Beruf in das Ausland begeben hatten, in das Reichsgebiet, habe ich dann keine Bedenken zu erheben, wenn die Eltern oder sonstigen Erziehungsberechtigten des minderjährigen Juden sich noch im Reichsgebiet befinden. Die hierzu erforderlichen Feststellungen sind im Einvernehmen mit dem Referat IV A 5 des Reichssicherheitshauptamtes zu treffen. [...]

BA R 58/269;
Hanna Schramm: Menschen in Gurs. Erinnerungen an ein französisches Internierungslager (1940–1941). Worms 1977, S. 367–372.

9 Aufzeichnung des Legationssekretärs im AA Rademacher über den »Madagaskar-Plan«, 3.7.1940:

[...] Wegen der Aufnahme der Vorarbeiten ist das Referat D III über die Abteilung Deutschland bereits mit Vorschlägen an den Herrn Reichsaußenminister herangetreten und hat von ihm den Auftrag erhalten, diese Vorarbeiten unverzüglich in die Wege zu leiten. Besprechungen mit der Dienststelle des Reichsführers SS des Innenministeriums und einigen Parteidienststellen haben bereits stattgefunden. Diese Dienststellen billigen folgenden Plan des Referats D III:

Referat D III regt als Lösung der Judenfrage an: Frankreich muß im Friedensvertrag die Insel Madagaskar für die Lösung der Judenfrage zur Verfügung stellen und seine rund 25 000 dort ansässigen Franzosen aussiedeln und entschädigen. Die Insel wird Deutschland als Mandat übertragen. Die seestrategisch wichtige Diégo-Suarez-Bai sowie der Hafen von Antsirane werden deutsche Marinestützpunkte (diese Marinestützpunkte werden vielleicht noch je nach Wunsch der Kriegsmarine auch auf die Häfen – offene Reeden – Tamatave, Andevorante, Mananjara usw. ausgedehnt werden können). Neben diesen Marinestützpunkten werden geeignete Teile des Landes zur Anlage von Flugstützpunkten aus dem Judenterritorium herausgeschnitten. Der nicht militärisch erforderliche Teil der Insel wird unter die Verwaltung eines deutschen Polizeigouverneurs gestellt, der der Verwaltung des Reichsführers SS untersteht. In diesem Territorium bekommen die Juden im übrigen Selbstverwaltung: eigene Bürgermeister, eigene Polizei, eigene Post- und Bahnverwaltung usw. Für den Wert der Insel haften die Juden als Gesamtschuldner. Zu diesem Zweck wird ihr bisheriges europäisches Vermögen einer zu gründenden europäischen Bank zur Verwertung übertragen. Soweit dieses Vermögen zur Bezahlung der Landwerte, die sie in die Hand bekommen, und der zum Aufbau der Insel notwendigen Warenaufkäufe in Europa nicht ausreicht, werden den Juden von der gleichen Bank bankmäßige Kredite zur Verfügung gestellt.

Da Madagaskar nur Mandat wird, erwerben die dort ansässigen Juden nicht die deutsche Staatsangehörigkeit. Allen nach Madagaskar deportierten Juden wird dagegen vom Zeitpunkt der Deportation ab von den einzelnen europäischen Ländern die Staatsangehörigkeit dieser Länder aberkannt. Sie werden dafür Angehörige des Mandats Madagaskar.

Diese Regelung vermeidet, daß die Juden sich etwa in Palästina einen eigenen Vatikanstaat gründen und damit den symbolischen Wert, den Jerusalem für den christlichen und mohammedanischen Teil der Welt hat, für ihre Ziele einspannen können. Außerdem bleiben die Juden als Faustpfand in deutscher Hand für ein zukünftiges Wohlverhalten ihrer Rassegenossen in Amerika.

Propagandistisch kann man die Großmut verwerten, die Deutschland durch Gewährung der kulturellen, wirtschaftlichen, verwaltungsmäßigen und justizmäßigen Selbstverwaltung an den Juden übt, und dabei betonen, daß uns unser deutsches Verantwortungsbewußtsein der Welt gegenüber verbietet, einer Rasse, die Jahrtausende keine staatliche Selbständigkeit gehabt hat, sofort einen unabhängigen Staat zu schenken; dafür bedürfe es noch der geschichtlichen Bewährung.

PA AA Inland IIg Bd. 177;
    Akten zur deutschen auswärtigen Politik. Serie D, Band 10. Frankfurt a. M. 1963, S. 92–94.

10 Rundschreiben des Regierungspräsidenten von Kalisch, Übelhör: Bildung eines Gettos in der Stadt Lodz, 10.12.1939:

In der Großstadt Lodsch leben m. E. heute ca. 320000 Juden. Ihre sofortige Evakuierung ist nicht möglich. Eingehende Untersuchungen aller in Frage kommenden Dienststellen haben ergeben, daß eine Zusammenfassung sämtlicher Juden in einem geschlossenen Ghetto möglich ist. Die Judenfrage in der Stadt Lodsch muß vorläufig in folgender Weise gelöst werden:

1. Die nördlich der Linie Listopada (Novemberstraße, Freiheitsplatz, Pomorska) Pommerschestraße wohnenden Juden sind in
einem geschlossen Ghetto dergestalt unterzubringen, daß einmal der für die Bildung eines deutschen Kraftzentrums um den
Freiheitsplatz benötigte Raum von Juden gesäubert wird, und
zum anderen, daß der fast ausschließlich von Juden bewohnte
nördliche Stadtteil in dieses Ghetto einbezogen wird.
2. Die im übrigen Teil der Stadt Lodsch wohnenden arbeitsfähigen
Juden sind zu Arbeitsabteilungen zusammenzufassen und in
Kasernenblocks unterzubringen und zu bewachen. [...]
Die mir bisher vorliegenden Vorschläge hinsichtlich der Ausdehnung des Gettos halte ich nicht für ausreichend. Nach vorsich-
tigen Schätzungen wohnen in den nördlichen Stadtteilen bereits
etwa 220 000 Juden, während südlich der Linie Listopada (Novemberstraße, Freiheitsplatz, Pomorska) Pommersche Straße noch
etwa 100 000 Juden ihre Wohnungen haben. Aus der letzteren Zahl
sollen die nicht arbeitsfähigen Juden ebenfalls im Ghetto untergebracht werden. Die erste Aufgabe des Arbeitsstabes ist daher die
Festlegung der Grenzen des zu errichtenden Gettos und die Klärung der sich hieraus ergebenden Fragen, wie Verlegung der
Durchgangsstraßen, Straßenbahnlinien usw. Außerdem ist sofort
festzustellen, wieviel Deutsche und Polen in dem zu bildenden
Ghetto heute noch wohnen und umgesiedelt werden müssen. Dabei sind die neuen Wohnungen für diesen Personenkreis ebenfalls
zu erkunden und sicherzustellen, um eine reibungslose Umsiedlung zu gewährleisten, die vor der Errichtung des Ghettos, soweit
Deutsche in Frage kommen, durch die Partei und die Stadtverwaltung, soweit es sich um Polen handelt, allein durch die Stadtverwaltung vorgenommen werden muß. Weiterhin sind folgende Vorarbeiten zu leisten:
1. Festlegung der Abriegelungseinrichtungen (Anlage von Stra-
ßensperrungen, Verbarrikadierungen von Häuserfronten und
Ausgängen usw.).
2. Festlegung der Bewachungsmaßnahmen der Umgrenzungslinie
des Ghettos.
3. Beschaffung der erforderlichen Materialien für die Abriegelung
des Ghettos durch die Stadtverwaltung Lodsch.
4. Treffen von Vorkehrungen, daß die gesundheitliche Betreuung

der Juden innerhalb des Ghettos durch Überweisung von Arzneimitteln und ärztlichen Instrumenten (aus jüdischen Beständen), insbesondere von dem Standpunkte der Seuchenbekämpfung aus gewährleistet ist (Gesundheitsamt).

5. Vorbereitungen für die spätere Regelung der Fäkalienabfuhr aus dem Ghetto und Regelung des Abtransportes von Leichen zum jüdischen Friedhof, bezw. Errichtung eines Friedhofes innerhalb des Ghettos (Stadtverwaltung).

6. Sicherstellung der im Ghetto benötigten Mengen von Heizmaterial (Stadtverwaltung).

Nach Erledigung dieser Vorarbeiten und nach Bereitstellung der genügenden Bewachungskräfte soll an einem von mir zu bestimmenden Tag schlagartig die Errichtung des Ghettos erfolgen, das heißt, zu einer bestimmten Stunde wird die festgelegte Umgrenzungslinie des Ghettos durch die hierfür vorgesehenen Bewachungsmannschaften besetzt und die Straßen durch spanische Reiter und sonstige Absperrungsvorrichtungen geschlossen. Gleichzeitig wird mit der Zumauerung bzw. anderweitigen Sperrung der Häuserfronten durch jüdische Arbeitskräfte, die aus dem Ghetto zu nehmen sind, begonnen. Im Ghetto selbst wird sofort eine jüdische Selbstverwaltung eingesetzt, die aus dem Judenältesten und einem stark erweiterten Gemeindevorstand besteht. [...]

Durch das Ernährungsamt der Stadt Lodsch werden die erforderlichen Lebensmittel und Brennstoffe an zu bestimmenden Punkten des Ghettos angefahren und den Beauftragten der jüdischen Selbstverwaltung zur Verwertung übergeben. Grundsatz muß dabei sein, daß Lebensmittel und Brennstoffe nur durch Tauschware, wie Textilien usw. bezahlt werden dürfen. Es muß auf diese Weise gelingen, daß wir die von Juden gehamsterten und versteckten Sachwerte restlos herausholen.

Gleichzeitig bzw. kurz nach Erstellung des Ghettos sind die außerhalb des Ghettos wohnenden arbeitsunfähigen Juden in das Ghetto abzuschieben (Sicherheitspolizei, Ordnungspolizei, Stadtverwaltung). Die duch dieses Abschieben der Juden im übrigen Teil der Stadt freigewordenen Wohnungen sind gegen unbefugte Eingriffe zu sichern. Gegen Juden, die beim Vertreiben aus ihren Wohnungen böswillige Zerstörungen vornehmen, sind die schärfsten Mittel anzuwenden. Die Betreuung der verlassenen Wohnungen ist zunächst den einzelnen dafür verantwortlich zu machenden Hauswächtern bzw. Hausverwaltern unter Aufsicht der zuständigen Organe der Ordnungspolizei zu überlassen. Sobald als möglich übernimmt die Verwaltung dieser Wohnungen samt den in ihnen vorhandenen Einrichtungsgegenständen das städtische Wohnungs- und Grundstücksamt. Welche Häuser und Wohnungen überhaupt nicht mehr in Benutzung genommen werden, ergibt sich nach der Prüfung ihres Zustandes bezw. nach der Entscheidung hinsichtlich der Neuplanung der Stadt.

Bei der Abkämmung der übrigen Stadtteile nach arbeitsunfähigen Juden, die gleichzeitig bzw. kurz nach Erstellung des Ghettos in das Ghetto abgeschoben werden, sind auch die dort wohnenden arbeitsfähigen Juden sicherzustellen. Sie sollen zu Arbeitsabteilungen zusammengefaßt und in vorher durch die Stadtverwaltung und die Sicherheitspolizei festgelegten Kasernenblocks untergebracht und dort bewacht werden. Diese Juden sind für einen geschlossenen Arbeitseinsatz bestimmt. Dieser soll zunächst darin bestehen, daß abbruchreife Häuser im Stadtkern durch diese Abteilungen abgetragen werden. Die Stadtverwaltung macht mir Vorschläge hinsichtlich der abzubrechenden Häuser. Die Ernährung dieser Juden erfolgt aus Gemeinschaftsküchen innerhalb der einzelnen Kasernenblocks. Die Sicherstellung der Ernährung ist Aufgabe des Ernährungsamts der Stadt Lodsch. Dieses bestimmt die auf jeden einzelnen Juden entfallenden Essenrationen und stellt den Bedarf für eine Zeit von 3–4 Tagen sicher.

Aus Vorstehendem ergibt sich, daß zum Arbeitseinsatz zunächst die Juden genommen werden, die außerhalb des Ghettos ihren Wohnsitz haben. Die in den Arbeitskasernen arbeitsunfähigen oder krank werdenden Juden sind in das Ghetto zu überweisen. Die im Ghetto wohnenden noch arbeitsfähigen Juden sollen die innerhalb des Ghettos anfallenden Arbeiten erledigen. Ich werde später bestimmen, ob arbeitsfähige Juden aus dem Ghetto herausgeholt und in die Arbeitskasernen gebracht werden sollen.

Die Erstellung des Ghettos ist selbstverständlich nur eine Übergangsmaßnahme. Zu welchen Zeitpunkten und mit welchen Mitteln das Ghetto und damit die Stadt Lodsch von Juden gesäubert wird, behalte ich mir vor. Endziel muß jedenfalls sein, daß wir diese Pestbeule restlos ausbrennen.

[Archiv des Jüdischen Historischen Instituts Warschau, Akten Ghettoverwaltung Lodz III/53, S. 215];
Faschismus-Ghetto-Massenmord. Dokumentation über Ausrottung und Widerstand der Juden in Polen während des 2. Weltkrieges. Hg. vom Jüdischen Historischen Institut in Warschau. Berlin 1961, S. 78–81.

11 Tagebuchaufzeichnungen des Vorsitzenden des Warschauer Judenrats Czerniaków über die Bildung des Gettos, 12., 14., 27.10.1940:

12. X. 1940 – [...] Um 10:30 Sitzung bei Makowski. Anwesende: Schoen, Braun, Drost usw. Außerdem Czerniewski und ein Magistratsbeamter. Zuerst eine deutsche Konferenz, dann mit Czerniewski und Begleiter, und dann bat man mich dazu. Es wurde verkündet (Schoen), daß im Namen der Menschheit, auf Anordnung des Gouverneurs, des Generalgouverneurs und auf höheres Geheiß ein Getto geschaffen werde. Man überreichte mir einen Plan des deutschen Wohnbezirks und separat einen Plan des Gettos. Es stellte sich heraus, daß die das Getto begrenzenden Straßen den Polen zugedacht sind.

Man beauftragte mich, eine jüdische Miliz mit 1000 Personen aufzustellen. Bis zum 31. Oktober soll die Aussiedlung freiwillig sein, danach zwangsweise. Möbel mitzunehmen ist nicht gestattet. Auf meine Einwände finanzieller Natur erwiderte man, die Miliz könne aus Freiwilligen bestehen, und außerdem gebe es im Getto materielle Mittel genug.

In diesem Augenblick (3 Uhr n.m.) brennen Magistratsarbeiter die Eisenzäune der Gärten in der Barbara-Str. durch. [...]
14. X. 1940 – +4½ °C. Fischers Bekanntmachung über das Getto ist veröffentlicht worden. Die Straßen stimmen nicht mit dem Plan überein, der mir übergeben wurde. Am Morgen waren Abgesandte der Gemeinde bei Hanika. Er erklärte, der Kercel-Platz und das Gerichtsgebäude in der Leszno-Str. würden aus dem Getto herausgenommen. Die Świętojerska-Str. ist in der Diskussion.

Nach Mittag setzte ich eine Sitzung wegen der Direktiven für morgen an. Ich gehe in die Daniłowiczowska-Str.

Legionen von Juden haben sich von Praga nach Warschau aufgemacht. Auf den Wägelchen ärmliches Gerümpel.

Im Magistrat gab man an, der Magistrat werde im jüdischen Wohnbezirk 8 Meldebüros für den Tausch christlicher Wohnungen eröffnen. Desgleichen im Wohngebiet jenseits der Mauern für jüdische Wohnungen. [...]

27. X. 1940 – Morgens bei Mohns. Ich schilderte ihm das Umsiedlungstempo. 5400 Wohnungen sind mit Juden getauscht worden, bei 3200 werden die Formalitäten erledigt, das sind zusammen 8600 der insgesamt 11 567 arischen Wohnungen im Getto. Die restlichen 3000 Wohnungen setzen sich aus 2500 (Aufseher, Fabrikpersonal) nicht tauschbaren und 500 tauschbaren zusammen. 58 000 Juden sind umgezogen, und in die 3200 + 800 Wohnungen werden 22 000 Juden umziehen, das sind zusammen 80 000. Es bleiben 55 000 Juden ohne ein Dach über dem Kopf. Aufgrund des oben genannten begab sich Mohns zu Schoen und zum Gouverneur, bei dem er eine Fristverlängerung bis zum 15. November erwirkte. Danach schilderte ich Dr. Klein, Dr. Auerswald und Schubert die finanzielle Lage der Gemeinde. Ich bitte um ein 100 000-Zł-Darlehen aus Eigenmitteln, um ein Bankdarlehen, um die Genehmigung von 2 [Steuer-]Statuten (Immobilien und Unternehmungen) usw. Mohns beauftragte mich, ein Büro für die Ausgabe von Passierscheinen zum Ausgang aus dem Getto in andere Straßen einzurichten. [...]

[Archiv Yad Vashem];
   Adam Czerniaków: Im Warschauer Getto. Das Tagebuch des Adam Czerniaków, 1939–1942. München 1986, S. 121 f., 125 f. (© C. H. Beck Verlag)

II. VORBEREITUNG UND ORGANISIERUNG DER »ENDLÖSUNG«

Nachdem sämtliche territorialen Vorschläge zur Lösung des »Judenproblems«, also Auswanderung, »Reservat-« und »Madagaskarplan«, gescheitert waren bzw. sich während des Krieges als nicht mehr realisierbar herausgestellt hatten, befanden sich 1941 mehr als drei Millionen Juden unter deutscher Herrschaft. Die »Entfernung« der Juden, in welcher Form auch immer, war aber der absehbare nächste Schritt der deutschen »Judenpolitik«, nachdem diese bisher darauf ausgerichtet gewesen war, die Juden von der übrigen Bevölkerung zu trennen, sie zu enteignen und schließlich räumlich zu »konzentrieren«.

Dieser Prozeß war bis 1941 in unterschiedlicher Weise vorangeschritten. Hatte in den besetzten Westgebieten die Entrechtung und wirtschaftliche Ausplünderung der Juden erst eingesetzt, so war dieser Prozeß im Reichsgebiet schon abgeschlossen. Während im Reichsgebiet einzelne Deportationen ins Generalgouvernement erfolgt waren, waren die polnischen Juden bereits zu einem erheblichen Teil in der qualvollen Enge der Gettos zusammengepfercht. Im Gau Wartheland etwa erwog man im Juli 1941, angesichts des bevorstehenden Hungertods der nicht mehr arbeitsfähigen Juden, als »humanste Lösung« die Alternative, sie »durch irgendein schnellwirkendes Mittel zu erledigen« (Dok. Nr. 12).

Es kann kein Zweifel daran bestehen, daß, der Eigenlogik und Prozeßhaftigkeit der nationalsozialistischen »Judenpolitik« folgend, nun neue Lösungsansätze dieses selbst geschaffenen Problems gefunden werden mußten. Aber man darf auf der Suche nach solchen »strukturellen« Ursachen auch nicht den real existierenden, zur radikalen und umfassenden »Bereinigung der Judenfrage«, letztlich also zur physischen Vernichtung des »Erzfeindes« drängenden Willen unterschätzen, der das Handeln des von einem pathologischen Antisemitismus beherrschten Diktators, aber auch das der wichtigsten Akteure im SS- und Polizeiapparat und in der Partei bestimmte.

Von der ideologischen Fixierung des frühen Hitler läßt sich nur auf den ersten Blick eine direkte Linie zu seiner späteren »Judenpolitik« ziehen: Seine in »Mein Kampf« niedergelegten Drohungen gegen die Juden stehen nur vordergründig in einer direkten Beziehung zu seiner (später mehrfach wiederholten) Ankündigung vom 30. Januar 1939, im Falle eines Weltkrieges das Ende der Juden herbeizuführen, oder zu seinen in den »Tischgesprächen« enthaltenen Vernichtungstiraden (Dok. Nr. 13 a–c).

Eine nähere Beschäftigung mit den einzelnen Phasen der deutschen »Judenpolitik« zeigt nämlich, daß Hitler keineswegs konsequent einen Plan zur Vernichtung der Juden verfolgte: Wenn der Judenmord zu Hitlers »Endzielen« gehörte, erscheint die jahrelange Vertreibung der deutschen Juden ebenso widersinnig wie die nach der Besetzung Polens eingeleiteten Umsiedlungsmaßnahmen. Zu fragen ist auch, warum ein vom Völkermord besessener Hitler nicht die Eroberung Polens nutzte, um den in seine Hand gefallenen polnischen Juden systematisch das Leben zu nehmen, oder warum er im Zeitraum zwischen 1939 und Anfang 1941 nicht einmal die organisatorischen Vorbereitungen zu einer solchen Tat traf.

Der Antisemitismus Hitlers und der NS-Elite kann somit nicht der alles erklärende Schlüssel bei der Aufklärung des Entscheidungsprozesses sein, wohl bildete er aber einen konstanten Antrieb bei der Durchsetzung einer radikalen Lösung, auf den alle Beteiligten sich fortwährend berufen konnten. So erscheint vor allem die Frage von Interesse, wie dieser unzweifelhaft vorhandene Vernichtungswille sich innerhalb des nationalsozialistischen Herrschaftsapparates stufenweise durchsetzen konnte: Die Ingangsetzung der Vernichtung muß demnach als der entscheidende Vorgang gesehen werden.

Der historische Rahmen für die Entscheidung zur »Endlösung« wird durch die Ausweitung des Krieges und die durch den deutschen Angriff auf die Sowjetunion radikalisierte Kriegsführung gesetzt.

Die Aussicht, in einem Feldzug gegen die Sowjetunion auf eine weitere große Zahl jüdischer Menschen zu stoßen, mußte die Suche nach anderen radikaleren »Lösungsmöglichkeiten« begünstigen. In den rassenideologisch motivierten Vernichtungsfeldzug gegen den Erzfeind »Bolschewismus« sollte auch das einheimische Judentum einbezogen werden. In der Vorstellungswelt der für die Planung des Ostfeldzugs Verantwortlichen bildete der »jüdische Bolschewismus« ein Phänomen, das die beiden Hauptfeinde des »Dritten Reiches« vereinigte.

Allerdings läßt sich weder der genaue Wortlaut noch das Datum des Führerbefehls zur Ermordung der sowjetischen Juden ermitteln. Daß es eines solchen Befehls bedurfte, um die Mordmaschinerie in Gang zu setzen, erscheint angesichts der zentralen Rolle des Diktators im »Führerstaat« zwingend notwendig. Möglicherweise handelte es sich hierbei aber nicht um einen formellen Befehl, sondern lediglich um die Zustimmung zu Vorbereitungsmaßnahmen, die innerhalb des SS- und Polizeiapparates getroffen wurden. Einiges spricht dafür, daß die Entscheidung, sowjetische Juden von den hinter den Invasionstruppen vorrückenden Einsatzgruppen in großer Zahl erschießen zu lassen, im März 1941 gefällt wurde.

Mit diesem Massenmord war aber zugleich ein entscheidender Schritt auf dem Weg zur »Endlösung« der Judenfrage in ganz Europa getan. Allerdings ist auch die weitere Entschlußbildung der deutschen Führung nicht völlig zweifelsfrei zu klären; es fehlen die zentralen Dokumente, an deren Stelle indirekte Hinweise, Indizien und Nachkriegsaussagen herangezogen werden müssen. Es spricht einiges dafür, daß im Hochsommer 1941 eine zweite, grundsätzliche Entscheidung folgte, die diesmal alle europäischen Juden in den Vernichtungsprozeß miteinbezog, aber Zeitpunkt und Art der Durchführung noch unbestimmt ließ. Diese zweite Entscheidung dürfte auf dem Höhepunkt der ersten Erfolge gegen die Sowjetunion, die die Verwirklichung einer rassischen »Neuordnung« Europas in greifbare Nähe rücken ließ, getroffen worden sein.

Ein Indiz für die Annahme, daß im Sommer 1941 auf dem Gebiet der »Judenpolitik« weitreichende neue Überlegungen heranreiften, bietet ein Brief Görings an Heydrich vom 31. Juli 1941 (Dok. Nr. 14). In ihm beauftragt Göring den Chef der Sicherheitspolizei und des SD mit den umfassenden Vorbereitungen zur »Gesamtlösung der Judenfrage«. Allerdings ist darin wohl nicht ein formeller Auftrag an Heydrich zu sehen, die Mordaktion in Gang zu setzen, sondern es dürfte sich bei dieser Order um eine von Heydrich vorbereitete Blankovollmacht handeln, die er zur Absicherung seiner Maßnahmen gegenüber anderen nicht zu seinem Kompetenzbereich zählenden Dienststellen benötigte.

Der Spätsommertermin wird durch eine Aussage des Kommandanten des Konzentrationslagers Auschwitz, Höß, bestätigt (Dok. Nr. 15), wenn auch hier die genaue Datierung nicht völlig zweifelsfrei zu ersehen ist: Der Vernichtungsbefehl sei ihm in diesem Zeitraum durch Himmler als eine Entscheidung Hitlers eröffnet worden. Diese Aussage Höß' läßt sich mit den Angaben Eichmanns vereinbaren, der den Zeitpunkt, an dem er von Heydrich den Befehl zur physischen Vernichtung der europäischen Juden erhalten habe, zwei bis drei Monate nach Beginn des Rußlandfeldzuges ansetzt (Dok. Nr. 16).

Im Spätsommer und Herbst 1941 wurde eine Reihe von Rechtsvorschriften erlassen, die als Vorbereitung der Deportation der deutschen Juden gewertet werden können. Im September verfügte man die Kennzeichnung der deutschen Juden, im Oktober wurde grundsätzlich jede weitere Emigration verboten (Dok. Nr. 17), im November wurde die Elfte Verordnung zum Reichsbürgergesetz erlassen, die die Vermögensbeschlagnahme von Juden, die sich außerhalb der Reichsgrenzen aufhielten, regelte. Hinzu kommt eine Reihe von Hinweisen, die darauf hindeuten, daß seit Oktober 1941 innerhalb des SS- und Polizeiapparates Wege und Methoden zur Durchführung des Vernichtungsbefehls erörtert wurden. In diese Phase fallen auch die Konstruktion sogenannter Gaswagen durch das Kriminaltechnische Institut und die hierzu in der Kanzlei des Führers angestellten technischen Überlegungen.

Dabei waren sich die Beteiligten aufgrund der in den besetzten Ostgebieten gemachten Erfahrungen darüber im klaren, daß die bisher angewandte Methode, durch mobile Exekutionskommandos Massenerschießungen vornehmen zu lassen, nicht in einem noch größeren Maßstab angewandt werden konnte. Die Lösung, auf die man schließlich verfiel, bestand aus der Kombination dreier bereits »bewährter« Methoden, nämlich a) der Erfassung und Deportation der Juden mit Hilfe des von Eichmann aufgebauten Netzwerks, b) der Zusammenfassung der Opfer in Lagern und c) der Anwendung des bereits im Zuge der »Euthanasie« erprobten Tötungsmittels Gas.

Die Vorbereitungen zum Aufbau der Vernichtungslager Chelmno (im Warthegau) und Belzec (im Generalgouvernement) setzten vermutlich im Oktober 1941 ein. Gleichzeitig begann im November 1941 die systematische Ermordung von Juden aus dem Reichsgebiet, die seit Oktober 1941 in größerem Umfang deportiert und unmittelbar nach ihrer Ankunft in den besetzten Ostgebieten erschossen wurden. Dieses Verfahren wurde auch dann noch beibehalten, nachdem die ersten Gasmorde an polnischen Juden in Chelmno am 8. Dezember 1941 und in Auschwitz im Januar 1942 begonnen hatten.

Die ursprünglich für den 9. Dezember 1941 vorgesehene, dann jedoch auf den 20. Januar 1942 verschobene Wannsee-Konferenz fand also zu einem Zeitpunkt statt, zu dem die massenhafte Ermordung der deutschen und der polnischen Juden (ganz abgesehen von den sowjetischen) bereits angelaufen war (Dok. Nr. 18). Am Wannsee wurde nicht, wie so häufig behauptet, der Judenmord beschlossen; vielmehr diente die Konferenz vor allem dazu, die vorgesehenen Maßnahmen mit den beteiligten Dienststellen, die außerhalb Heydrichs Machtbereich lagen, zu koordinieren.

Nach einem längeren Rückblick auf die ursprünglich avisierte Auswanderungslösung schilderte Heydrich den anwesenden Behördenvertretern das nun geplante, neue Verfahren: Die Juden seien nach »Osten« zu bringen, wo ein erheblicher Teil infolge der allgemeinen Bedingungen zugrunde gehen würde und die Widerstandsfähigsten unter ihnen, so Eichmanns Formulierung in der von ihm angefertigten Niederschrift, »entsprechend behandelt« werden sollten. Im übrigen wurde die Ermordung der Juden keineswegs in jener Tarnsprache erörtert, der sich Eichmann bei der Anfertigung seiner Niederschrift bediente: Eichmann selbst wies in seiner Aussage in Jerusalem darauf hin, daß die vorgesehenen Maßnahmen recht offen ausgesprochen wurden (Dok. Nr. 19).

Während die in Chelmno und Auschwitz bereits in Angriff genommenen Mordaktionen zunächst polnische Juden aus der jeweiligen Region betrafen und somit möglicherweise als räumlich begrenzte Maßnahmen aufgrund lokaler Initiative anzusehen sind, begannen im März 1942 in Auschwitz und in Belzec Transporte aus verschiedenen europäischen Ländern einzutreffen: Die »Endlösung« wurde nun in vollem Umfang in Gang gesetzt. Möglicherweise bedurfte es für die schrittweise Ausdehnung der Judenvernichtung auf den gesamten europäischen Raum weiterer ausdrücklicher Genehmigungen von höchster Stelle. Setzt man diese, wiederum aus indirekten Hinweisen erschlossene Annahme voraus, würde sich die Entscheidung zur Ermordung der europäischen Juden als ein stufenförmiger Prozeß darstellen, der im Frühjahr 1941 mit dem Entschluß zur Liquidierung der sowjetischen Juden begann und im Frühjahr 1942 mit der endgültigen (vielleicht auch nur stillschweigenden) Zustimmung zur millionenfachen Vernichtung mittels Gas abgeschlossen wurde (Dok. Nr. 20).

Die zentrale Lenkung des gesamten Deportationsprozesses in die Lager erfolgte durch das Judenreferat IV b 4 des Reichssicherheitshauptamts, das von Eichmann geleitet wurde. Ausgenommen waren allerdings das Generalgouvernement Polen und die Sowjetunion, wo andere Kompetenzverhältnisse herrschten.

Strafrechtlich gesehen bewegte sich der Vorgang der »Endlösung« aus nationalsozialistischer Sicht weitgehend in einem rechtsfreien Raum. Wie weit dieser Raum ausgedehnt wurde, zeigt plastisch eine Anordnung Himmlers vom Oktober 1942: Demnach sollte auch bei »Judenerschießungen ohne Befehl und Befugnis« keine Bestrafung erfolgen, sofern von »rein politischen Motiven« auszugehen sei (Dok. Nr. 21). Andererseits waren die Zwangsmittel, mit denen die Mitwirkung der ausführenden Organe an den Mordaktionen sichergestellt werden sollten, keineswegs absolut: Die nachweisbar vorhandenen Möglichkeiten, sich der Mittäterschaft zu entziehen, lassen einen häufig unterstellten generellen »Befehlsnotstand« als eine fragwürdige Konstruktion erscheinen.

Unerläßlich für die Durchführung der Deportationen war, vor allem angesichts der angespannten Transportlage, die Kooperationsbereitschaft der Reichsbahn. Deutlich wird dies in dem Brief, den Himmler 1943 an den Staatssekretär im Verkehrsministerium, Ganzenmüller, richtete: »Helfen Sie mir und verschaffen Sie mir mehr Züge« (Dok. Nr. 22). Die meist aus Güterwaggons zusammengestellten Transporte wurden von der Reichsbahn als Sonderzüge geführt. Sie wurden vom Reichssicherheitshauptamt angefordert und durch das Sonderzugreferat im Reichsverkehrsministerium bereitgestellt. Die Reichsbahn stellte für jeden transportierten Juden den einfachen Dritter Klasse-Fahrpreis in Rechnung.

Ebenso unverzichtbar für die »Endlösung« der Judenfrage im europäischen Maßstab war die Zusammenarbeit mit dem Auswärtigen Amt, das ganz allgemein die »Judenpolitik« gegenüber dem Ausland zu vertreten und abzusichern hatte. Insbesondere war es die Aufgabe des AA, in den verbündeten Staaten und in den vom »Dritten Reich« abhängigen Satelliten die entsprechenden Deportationsmaßnahmen zu veranlassen (Dok. Nr. 23). Darüber hinaus oblag es dem AA z. B. auch, Proteste neutraler Staaten entgegenzunehmen und zu beantworten, die Berichterstattung der ausländischen Presse über die deutschen Maßnahmen zu überwachen und die deutsche Auslandspropaganda, auch im Hinblick auf die Behandlung der »Judenfrage«, zu koordinieren. Federführend im AA war das Judenreferat innerhalb der Abteilung Deutschland (D III).

In die Kompetenzen des Auswärtigen Amts fielen auch die im Reichsgebiet ansässigen ausländischen Juden. Die in Deutschland lebenden Juden aus den besetzten Ländern wurden als Staatenlose behandelt und konnten daher ohne weiteres in die Deportationen einbezogen werden. Die wenigen internierten Juden aus »Feindstaaten« wurden – mit Rücksicht auf die deutschen Internierten – in der Regel nicht angetastet. Die im Reich ansässigen Juden aus Rumänien, der Slowakei und Kroatien wurden in die Deportation einbezogen, wobei die Tatsache, daß man vorher die offizielle Zustimmung der jeweiligen Regierung einholte, weniger die Achtung vor der Souveränität dieser Länder widerspiegelt, sondern den Versuch, für die spätere Herausgabe der dort ansässigen einheimischen Juden ein erstes Präjudiz zu schaffen (Dok. Nr. 24). Ebenso führte man später das Einverständnis der bulgarischen Regierung herbei. Die übrigen Verbündeten und eine Reihe von neutralen Staaten wurden um die Jahreswende 1942/43 dazu aufgefordert, Juden ihrer Staatsangehörigkeit aus Deutschland »heimzuschaffen«; bei einem Verbleib in Deutschland würden sie ebenfalls in die Deportationsmaßnahmen einbezogen werden (Dok. Nr. 25). Die im Zuge dieser Aktion angegangenen Regierungen Ungarns und Italien weigerten sich jedoch hartnäckig, ihre jüdischen Staatsangehörigen preiszugeben; nach der Besetzung beider Länder durch deutsche Truppen wurden jedoch auch diese in Deutschland ansässigen Juden deportiert.

Zu dem Apparat, der den Prozeß der »Endlösung« durchführte, zählten noch zahlreiche weitere Dienststellen und Institutionen. Der ungeheuerliche Vorgang, Millionen Menschen nach »rassischen« Kriterien zu identifizieren, zu isolieren, zu deportieren, sie zu töten und gleichzeitig ihren Besitzstand ökonomisch zu verwerten, war nur durch die arbeitsteilige Kooperation spezialisierter Fachbehörden möglich.

So leistete insbesondere die Wehrmacht mit ihrem weitverzweigten Apparat in den besetzten Gebieten vielfältige Hilfestellungen. Die Justiz versuchte nach Kräften, flankierende Maßnahmen auf rechtlichem Gebiet bereitzustellen. So traf man z. B. im Reichsjustizministerium im September 1942 die Entscheidung, alle Juden, die Gefängnisstrafen über drei Jahre zu verbüßen hatten, an die SS auszuliefern; im April 1943 wurde diese Frist auf sechs Monate verkürzt. Andere, parallel zur »Endlösung« im Reichsjustizministerium geplante gesetzgeberische Schritte litten häufig daran, daß die hier vorgesehene Minderung des Rechtsstatus der Juden bereits durch die Realität überholt war. Das Propagandaministerium und die von ihm kommandierte Presse übernahmen ihren Teil, indem sie die judenfeindlichen Maßnahmen massenpsychologisch wirksam unterstützten und das wahre Ausmaß der »Endlösung« verschleierten. Aber auch an einen Behördenzweig wie die Finanzverwaltung ist zu denken, die oft federführend bei der Beschlagnahme der Vermögen der Deportierten war. In der Kanzlei des Führers schließlich, deren ursprüngliche Aufgabe vor allem in der Weiterleitung von Petitionen und in der Zensur von Literatur bestanden hatte, wurde die technologische Grundlage für den Massenmord mittels Giftgas gelegt. Namhafte Firmen der chemischen Industrie, die auf dem Spezialgebiet »Schädlingsbekämpfung« tätig waren, stellten das zur Tötung benötigte Zyklon B her, andere Unternehmen produzierten Verbrennungsöfen oder lieferten Barackenteile. Jedes dieser Produkte mußte selbstverständlich zunächst von der Kriegswirtschaftsbürokratie genehmigt werden.

Die Beteiligung bzw. Komplizenschaft all dieser Dienststellen, Organisationen und Firmen, die im Rahmen der »Endlösung« ihre jeweilige begrenzte Funktion bereitwillig und zuverlässig erfüllten, sollte es dem SS- und Polizeiapparat erst ermöglichen, den millionenfachen Mord auszuführen.

12   Aktenvermerk des Leiters des SD-Abschnitts Posen Höppner betr. Überlegungen zu einer »Lösung der Judenfrage« im Warthegau mit Anschreiben an Eichmann, 16.7.1941:

a) In der Anlage übersende ich einen Aktenvermerk, in dem verschiedene Besprechungen in der hiesigen Reichsstatthalterei zusammengefaßt sind. Ich wäre Ihnen gelegentlich für eine Stellungnahme dazu dankbar. Die Dinge klingen teilweise phantastisch, wären aber meiner Ansicht nach durchaus durchzuführen.

b) Bei Besprechungen in der Reichsstatthalterei wurde von verschiedenen Stellen die Lösung der Judenfrage im Reichsgau Wartheland angeschnitten. Man schlägt dort folgende Lösung vor:

1. Sämtliche Juden des Warthegaues werden in ein Lager für 300 000 Juden genommen, das in möglichster Nähe der Kohlenmagistrale in Barackenform errichtet wird, und in dem barackenmäßige Einrichtungen für Wirtschaftsbetriebe, Schneidereien, Schustereien usw. enthalten sind.

2. In dieses Lager werden sämtliche Juden des Warthegaues verbracht. Arbeitsfähige Juden können nach Bedarf zu Arbeitskommandos zusammengestellt und aus dem Lager herausgezogen werden.

3. Ein derartiges Lager läßt sich nach Meinung von SS-Brigadeführer *Albert* mit bedeutend weniger Polizeikräften bewachen, als dies jetzt der Fall ist. Außerdem ist die Seuchengefahr, die in Litzmannstadt und in anderen Ghettos für die umliegende Bevölkerung immer wieder besteht, auf ein Mindestmaß beschränkt.

4. Es besteht in diesem Winter die Gefahr, daß die Juden nicht mehr sämtlich ernährt werden können. Es ist ernsthaft zu erwägen, ob es nicht die humanste Lösung ist, die Juden, soweit sie nicht arbeitseinsatzfähig sind, durch irgendein schnellwirkendes Mittel zu erledigen. Auf jeden Fall wäre dies angenehmer, als sie verhungern zu lassen.

5. Im übrigen wurde der Vorschlag gemacht, in diesem Lager

sämtliche Jüdinnen, von denen noch Kinder zu erwarten sind, zu sterilisieren, damit mit dieser Generation tatsächlich das Judenproblem restlos gelöst wird.

6. Der Reichsstatthalter hat sich zu dieser Angelegenheit noch nicht geäußert. Es besteht der Eindruck, daß Regierungspräsident *Übelhör* nicht wünscht, daß das Ghetto in Litzmannstadt verschwindet, da er mit ihm ganz gut zu verdienen scheint. Als Beispiel, wie man an Juden verdienen kann, wurde mir mitgeteilt, daß das Reichsarbeitsministerium aus einem Sonderfonds für jeden in der Arbeit eingesetzten Juden RM 6,- bezahlt, der Jude aber nur 80 Pfg. kostet.

[AGKBZHwP Prozeß Greiser Bd. 36, Bl. 576f.]; BA R 58/954 (Kopie);
Szymon Datner/Janusz Gumkowski/Kazimierz Leszczynski: Zagłada Żydów w obozach na ziemiach polskich, in: BGKBZHwP 13 (1960) S. 27F–29F (Faks.)

13 Hitler zur »Judenfrage« 1941/42
a Tagebuchaufzeichnung[1] von Hitlers Heeresadjutanten Engel, 2.2.1941:

Wieder einmal wird eingehend, von Ley angeschnitten, die Judenfrage zu erörten [sic] F[ührer] trägt in längeren Ausführungen vor, wie er sich alles denkt. Erstens würde der Krieg die Lösung dieser Frage beschleunigen, andererseits träten aber auch viele zusätzliche Schwierigkeiten auf. Habe ursprünglich nur in seiner Macht gelegen, die jüdische Macht höchstens in Deutschland zu brechen, müsse jetzt das Ziel sein, den jüdischen Einfluß im gesamten Machtbereich der Achse auszuschalten. In einigen Ländern, wie in Polen, in der Slowakei, könne er das mit seinen Organen allein machen. In Frankreich sei das nach dem Waffenstillstand schon bedeutend schwieriger, und gerade dort sei es besonders wichtig. Wenn er nur wüßte, wo man die paar Millionen Juden hintun könnte; so viel seien es ja gar nicht. Er werde an Frankreich herantreten und die Franzosen auffordern, auf der Insel Madagaskar Raum für eine Umsiedlung zur Verfügung zu stellen... [...]

IfZ ED 53;
Heeresadjutant bei Hitler 1938–1943. Aufzeichnungen des Majors Engel.
Hg. von Hildegard von Kotze. Stuttgart 1974, S. 94f.

[1]Es handelt sich um nachträgliche Aufzeichnungen mit unsicherer Datierung.

b   Tagebuchaufzeichnung von Hitlers Verbindungsmann zum AA Hewel, 10.7.1941:

Abends beim F[ührer] im sehr heißen Bunker bis 3 Uhr. Sehr er-
müdend trotz interessanter Unterhaltung.
Er sagt: Ich fühle mich wie Robert Koch in der Politik. Der fand
den Bazillus ~~der Tuberkulose~~ und wies damit der ärztlichen Wissenschaft neue Wege. Ich entdeckte den Juden
als den Bazillus und das Ferment aller ~~menschl.~~ gesell-
schaftl[ichen] Dekomposition. Ihr Ferment. Und eines
habe ich bewiesen, daß ein Staat ohne Juden leben kann.
Daß Wirtschaft, Kultur, Kunst etc etc ohne Juden bestehen kann und zwar besser. Das ist der schlimmste Schlag,
den ich den Juden versetzt habe.

IfZ Archiv [Streichungen wie in der Vorlage].

c   Aufzeichnungen des im Führerhauptquartier anwesenden Heinrich Heim, 1941/42:

21.10.1941
[...] Heute hatte der Jude geglaubt, das Experiment von damals
wiederholen zu können: damals wie heute Zerstörung der Rassen-
gesetze als der Volksgrundlage. Es ist bezeichnend, daß der Jude
in Rußland Hunderttausende von Männern aus einem Gebiet weg-
nahm und in ein anderes verpflanzte; daß er den zurückgelassenen
Frauen Männer aus anderen Gebieten gab; die Rassenmischung
wurde in Rußland in größtem Umfange betrieben. [...]
Wenn wir diese Pest ausrotten, so vollbringen wir eine Tat für die
Menschheit, von deren Bedeutung sich unsere Männer draußen
noch gar keine Vorstellung machen können. [...]

25.10.1941

[...] Vor dem Reichstag habe ich dem Judentum prophezeit, der Jude werde aus Europa verschwinden, wenn der Krieg nicht vermieden bleibt. Diese Verbrecherrasse hat die zwei Millionen Toten des Weltkrieges auf dem Gewissen, jetzt wieder Hunderttausende. Sage mir keiner: Wir können sie doch nicht in den Morast schicken! Wer kümmert sich denn um unsere Menschen? Es ist gut, wenn uns der Schrecken vorangeht, daß wir das Judentum ausrotten. Der Versuch, einen Judenstaat zu gründen, wird ein Fehlschlag sein. [...]

1.12.1941

[...] Viele Juden sind sich auch des destruktiven Charakters ihres Daseins nicht bewußt gewesen. Aber, wer Leben zerstört, setzt sich dem Tod aus, und etwas anderes geschieht auch ihnen nicht. Wer hat die Schuld, die Katze oder die Maus, wenn die Katze die Maus frißt? Die Maus, die keiner Katze je etwas zu Leid getan hat? Wir wissen nicht, welchen Sinn die Einrichtung hat, wenn wir den Juden Völker zerstören sehen. Ist es so, daß ihn die Natur geschaffen hat, damit er durch seine Dekomposition andere Völker in Bewegung bringt, dann sind die Paulus und die Trotzki die achtungswürdigsten Juden, weil sie dazu am meisten beigetragen haben. Mit ihrer Tätigkeit erzeugen sie die Abwehr, diese folgt ihrer Tat, wie der Bazillus dem Körper folgt, den er zum Erliegen bringt. [...]

25.1.1942

[...] Wenn ich heute den Juden herausnehme, dann wird unser Bürgertum unglücklich: Was geschieht denn mit ihm? Aber haben sich die gleichen darum gekümmert, was aus den Deutschen werden würde, die auswandern mußten? Man muß es schnell machen, es ist nicht besser, wenn ich einen Zahn alle drei Monate um ein paar Zentimeter herausziehen lasse – wenn er heraußen ist, ist der Schmerz vorbei. Der Jude muß aus Europa heraus. Wir kriegen sonst keine europäische Verständigung. Er hetzt am meisten überall. Letzten Endes: Ich weiß nicht, ich bin kolossal human. Zur Zeit der päpstlichen Herrschaft in Rom sind die Juden mißhandelt worden. Bis 1830 wurden acht Juden jedes Jahr durch die Stadt getrieben, mit Eseln. Ich sage nur, er muß weg. Wenn er dabei kaputtgeht, da kann ich nicht helfen. Ich sehe nur eines: die absolute Ausrottung, wenn sie nicht freiwillig gehen.

22.2.1942

[...] Es ist das eine der größten Revolutionen, die es je gegeben hat in der Welt. Der Jude wird erkannt werden! Der gleiche Kampf, den Pasteur und Koch haben kämpfen müssen, muß heute von uns geführt werden. Zahllose Erkrankungen haben die Ursache in einem Bazillus: dem Juden! Japan würde ihn auch bekommen haben, wenn es dem Juden weiter offen gestanden hätte. Wir werden gesunden, wenn wir den Juden eliminieren. [...]

Monologe im Führerhauptquartier 1941–1944. Die Aufzeichnungen Heinrich Heims. Hg. von Werner Jochmann. Hamburg 1980, S. 99, 106, 148, 228f., 293. (© Albrecht Knaus Verlag.)

14 Brief Görings an Heydrich mit dem Auftrag zur Vorbereitung einer »Gesamtlösung der Judenfrage«, [31.] 7. 1941:

In Ergänzung der Ihnen bereits mit Erlaß vom 24. 1. 39 übertragenen Aufgabe, die Judenfrage in Form der Auswanderung oder Evakuierung einer den Zeitverhältnissen entsprechend möglichst günstigen Lösung zuzuführen, beauftrage ich Sie hiermit, alle erforderlichen Vorbereitungen in organisatorischer, sachlicher und materieller Hinsicht zu treffen für eine Gesamtlösung der Judenfrage im deutschen Einflußgebiet in Europa.

Sofern hierbei die Zuständigkeiten anderer Zentralinstanzen berührt werden, sind diese zu beteiligen.

Ich beauftrage Sie weiter, mir in Bälde einen Gesamtentwurf über die organisatorischen, sachlichen und materiellen Vorausmaßnahmen zur Durchführung der angestrebten Endlösung der Judenfrage vorzulegen.

PA AA Inland IIg Bd. 177 (Kopie);
Der Prozeß gegen die Hauptkriegsverbrecher vor dem Internationalen Militärgerichtshof, Nürnberg 14. November 1945–1. Oktober 1946. Nürnberg 1948, Band 26, S. 266f.

15 Aufzeichnung des Kommandanten von Auschwitz Höß: Die »Endlösung der Judenfrage« im KL Auschwitz, [1947]:

Im Sommer 1941, den genauen Zeitpunkt vermag ich z. Zt. nicht anzugeben, wurde ich plötzlich zum Reichsführer SS nach Berlin befohlen, und zwar direkt durch seine Adjutantur. Entgegen seiner sonstigen Gepflogenheit eröffnete er mir, ohne Beisein eines Adjutanten, dem Sinne nach folgendes: Der Führer hat die Endlösung der Judenfrage befohlen, wir – die SS – haben diesen Befehl durchzuführen.

Die bestehenden Vernichtungsstellen im Osten sind nicht in der Lage, die beabsichtigten großen Aktionen durchzuführen. Ich habe daher Auschwitz dafür bestimmt, einmal wegen der günstigen verkehrstechnischen Lage und zweitens läßt sich das dafür dort zu bestimmende Gebiet leicht absperren und tarnen. Ich hatte erst einen höheren SS-Führer für diese Aufgabe ausgesucht; um aber Kompetenzschwierigkeiten von vornherein zu begegnen, unterbleibt das, und Sie haben nun diese Aufgabe durchzuführen. Es ist eine harte und schwere Arbeit, die den Einsatz der ganzen Person erfordert, ohne Rücksicht auf etwa entstehende Schwierigkeiten. Nähere Einzelheiten erfahren Sie durch Stubaf. Eichmann vom RSHA, der in nächster Zeit zu Ihnen kommt.

Die beteiligten Dienststellen werden von mir zu gegebener Zeit benachrichtigt. Sie haben über diesen Befehl strengstes Stillschweigen, selbst Ihren Vorgesetzten gegenüber, zu bewahren. Nach der Unterredung mit Eichmann schicken Sie mir sofort die Pläne der beabsichtigten Anlage zu.

Die Juden sind die ewigen Feinde des deutschen Volkes und müssen ausgerottet werden. Alle für uns erreichbaren Juden sind jetzt während des Krieges ohne Ausnahme zu vernichten. Gelingt es uns jetzt nicht, die biologischen Grundlagen des Judentums zu zerstören, so werden einst die Juden das deutsche Volk vernichten.

Nach Erhalt dieses schwerwiegenden Befehles fuhr ich sofort nach Auschwitz zurück, ohne mich bei meiner vorgesetzten Dienststelle in Oranienburg gemeldet zu haben.

Kurze Zeit danach kam Eichmann zu mir nach Auschwitz. Er weihte mich in die Pläne der Aktionen in den einzelnen Ländern ein. Die Reihenfolge vermag ich nicht mehr genau anzugeben. Zuerst sollte für Auschwitz Ostoberschlesien und die daran angrenzenden Teile des General-Gouvernements in Frage kommen. Gleichzeitig, und dann je nach Lage fortgesetzt, die Juden aus Deutschland und der Tschecho-Slowakei. Anschließend der Westen, Frankreich, Belgien, Holland. Er nannte mir auch ungefähre Zahlen der zu erwartenden Transporte, die ich aber nicht mehr nennen kann. Wir besprachen weiter die Durchführung der Vernichtung. Es käme nur Gas in Frage, denn durch Erschießen die zu erwartenden Massen zu beseitigen, wäre schlechterdings unmöglich und auch eine zu große Belastung für die SS-Männer, die dies durchführen müßten im Hinblick auf die Frauen und Kinder.

Eichmann machte mich bekannt mit der Tötung durch die Motoren-Abgase in Lastwagen, wie sie bisher im Osten durchgeführt wurde. Dies käme aber für die zu erwartenden Massen-Transporte in Auschwitz nicht in Frage. Die Tötung durch Kohlenoxyd-Gas, durch Brausen in einem Baderaum, wie die Vernichtung der Geisteskranken an einigen Stellen im Reich durchgeführt wurde, erfordere zuviel Baulichkeiten, auch wäre die Beschaffung des Gases für die großen Massen sehr problematisch. Wir kamen in dieser Frage zu keinem Entscheid. Eichmann wollte sich nach einem Gas, das leicht zu beschaffen wäre und keine besonderen Anlagen erfordere, erkundigen und mir dann berichten. Wir fuhren ins Gelände, um den geeigneten Platz festzulegen. Wir hielten das Bauerngehöft an der Nord-West-Ecke des späteren Bau-Abschnittes III Birkenau für geeignet. Es war abgelegen, gegen Einsicht durch umliegende Waldstücke und Hecken geschützt und nicht zu weit von der Bahn entfernt. Die Leichen sollten auf dem angrenzenden Wiesenplan in tiefen langen Gruben untergebracht werden. An ein Verbrennen dachten wir zu diesem Zeitpunkt noch nicht. Wir errechneten, daß man in den dort vorhandenen Räumlichkeiten ungefähr 800 Menschen gleichzeitig nach Gasdichtmachung durch ein geeignetes Gas töten könne. Dies entsprach auch der späteren Kapazität. Den Zeitpunkt des Beginnes der Aktionen konnte mir Eichmann noch nicht sagen, da alles noch in Vorbereitung wäre und der RFSS noch nicht den Anfang befohlen hätte.

Eichmann fuhr nach Berlin zurück, um dem RFSS über unsere Besprechung zu berichten. Einige Tage später schickte ich durch

Kurier einen genauen Lageplan und eine genaue Beschreibung der Anlage an den RFSS. Eine Antwort bzw. einen Entscheid hierüber habe ich nie bekommen. Späterhin sagte mir Eichmann einmal, daß der RFSS damit einverstanden sei.

Ende November war in Berlin bei der Dienststelle Eichmann eine Dienstbesprechung des gesamten Judenreferates, zu der auch ich hinzugezogen wurde. Die Beauftragten Eichmanns in den einzelnen Ländern berichteten über den Stand der Aktionen und über die Schwierigkeiten, die der Durchführung der Aktionen entgegenstanden, wie Unterbringung der Verhafteten, Bereitstellung der Transport-Züge, Fahrplankonferenz u. ä. Den Beginn der Aktionen konnte ich noch nicht erfahren. Auch hatte Eichmann noch kein geeignetes Gas aufgetrieben. [...]

[AGKBZHwP]; IfZ F 13/5 (Kopie);
    Rudolf Höß: Kommandant in Auschwitz. Autobiographische Aufzeichnungen. Hg. von Martin Broszat. Stuttgart 1958, S. 153 f.

16 Polizeivernehmung Eichmanns zum Führerbefehl, [1960]:

Eichmann: Im Juni [1941], glaube ich, war der Kriegsbeginn, Juni oder Juli, sagen wir Juli, war der Kriegsbeginn. Und glaub ich 2 Monate später mag es wohl gewesen sein, es kann auch 3 Monate später gewesen sein. Es war jedenfalls Spätsommer. Ich werde gleich sagen, warum ich weiß, daß es Spätsommer war, als Heydrich mich zu sich befahl. Meldete mich, und er sagte mir:

Der Führer, also das mit der Auswanderung usw. usw. mit einem kleinen speech vorher: »Der Führer hat die physische Vernichtung der Juden befohlen.«

Diesen Satz sagte er mir. Und als ob er jetzt nun die Wirkung seiner Worte prüfen wolle, machte er, ganz gegen seine Gewohnheit, eine lange Pause. Ich weiß es heute noch.
[...]
    Mir ist noch in Erinnerung, daß er [Heydrich] Globocnik, der in Lublin diese Tötungsanstalt hatte, nachträglich ermächtigte, die Juden zu töten, es war dies der einzige Fall, den ich hörte, obwohl

Globocnik längst schon töten ließ, und sicher schon sehr viele hat töten lassen, ließ sich Globocnik hierüber nachträglich eine von Heydrich unterzeichnete Genehmigung ausstellen. [...]

[Vernehmungsoffz.] Less: Wurde dieser Befehl von Ihnen oder durch Ihre Abteilung weitergeleitet?

Eichmann: Jawohl. Ich bekam damals Befehl von Heydrich, Globocnik folgendes, für Globocnik folgenden Brief fertig zu machen:

Heydrich hat mir diktiert:

Ich ermächte Sie, weitere 150 000 Juden der Endlösung zuzuführen. [...]

IfZ G 01, Polizeivernehmungen, Bd. 1, S. 169, 239 f.;
  Jochen von Lang (Hg.), Das Eichmann-Protokoll. Tonbandaufzeichnungen der israelischen Verhöre. Berlin 1982. S. 69, 85.

17 Schreiben des Gestapo-Chefs Müller an den Beauftragten des Chefs der Sicherheitspolizei und des SD in Belgien und Frankreich: Auswanderungsverbot für Juden, 23.10.1941:

Reichsführer-SS und Chef der Deutschen Polizei hat angeordnet, daß die Auswanderung von Juden mit sofortiger Wirkung zu verhindern ist. (Die Evakuierungsaktionen bleiben hiervon unberührt).

Ich bitte, die in Frage kommenden innerdeutschen Behörden des dortigen Dienstbereiches von dieser Anordnung zu unterrichten.

Lediglich in ganz besonders gelagerten Einzelfällen, z. B. bei Vorliegen eines positiven Reichsinteresses, kann nach vorheriger Herbeiführung der Entscheidung des Reichssicherheitshauptamtes der Auswanderung einzelner Juden stattgegeben werden.

CDJC XXV b–7;
  Wolfgang Scheffler: Judenverfolgung im Dritten Reich 1933 bis 1945. Frankfurt a. M., Wien, Zürich 1965, S. 163 f.

18 Niederschrift über die »Wannsee-Konferenz«, [20.1.1942]:

[...] II. Chef der Sicherheitspolizei und des SD, SS-Obergruppenführer Heydrich, teilte eingangs seine Bestellung zum Beauftragten für die Vorbereitung der Endlösung der europäischen Judenfrage durch den Reichsmarschall mit und wies darauf hin, daß zu dieser Besprechung geladen wurde, um Klarheit in grundsätzlichen Fragen zu schaffen. Der Wunsch des Reichsmarschalls, ihm einen Entwurf über die organisatorischen, sachlichen und materiellen Belange im Hinblick auf die Endlösung der europäischen Judenfrage zu übersenden, erfordert die vorherige gemeinsame Behandlung aller an diesen Fragen unmittelbar beteiligten Zentralinstanzen im Hinblick auf die Parallelisierung der Linienführung.

Die Federführung bei der Bearbeitung der Endlösung der Judenfrage liege ohne Rücksicht auf geographische Grenzen zentral beim Reichsführer SS und Chef der Deutschen Polizei (Chef der Sicherheitspolizei und des SD).

Der Chef der Sicherheitspolizei und des SD gab sodann einen kurzen Rückblick über den bisher geführten Kampf gegen diesen Gegner. Die wesentlichsten Momente bilden

a) die Zurückdrängung der Juden aus den einzelnen Lebensgebieten des deutschen Volkes,

b) die Zurückdrängung der Juden aus dem Lebensraum des deutschen Volkes.

Im Vollzug dieser Bestrebungen wurde als einzige vorläufige Lösungsmöglichkeit die Beschleunigung der Auswanderung der Juden aus dem Reichsgebiet verstärkt und planmäßig in Angriff genommen.

Auf Anordnung des Reichsmarschalls wurde im Januar 1939 eine Reichszentrale für jüdische Auswanderung errichtet, mit deren Leitung der Chef der Sicherheitspolizei und des SD betraut wurde. Sie hatte insbesondere die Aufgabe

a) alle Maßnahmen zur Vorbereitung einer verstärkten Auswanderung der Juden zu treffen,

b) den Auswanderungsstrom zu lenken,

c) die Durchführung der Auswanderung im Einzelfall zu beschleunigen.

Das Aufgabenziel war, auf legale Weise den deutschen Lebensraum von Juden zu säubern.

Über die Nachteile, die eine solche Auswanderungsforcierung mit sich brachte, waren sich alle Stellen im klaren. Sie mußten jedoch angesichts des Fehlens anderer Lösungsmöglichkeiten vorerst in Kauf genommen werden.

Die Auswanderungsarbeiten waren in der Folgezeit nicht nur ein deutsches Problem, sondern auch ein Problem, mit dem sich die Behörden der Ziel- bzw. Einwandererländer zu befassen hatten. Die finanziellen Schwierigkeiten, wie Erhöhung der Vorzeige- und Landungsgelder seitens der verschiedenen ausländischen Regierungen, fehlende Schiffsplätze, laufend verschärfte Einwanderungsbeschränkungen oder -sperren, erschwerten die Auswanderungsbestrebungen außerordentlich. Trotz dieser Schwierigkeiten wurden seit der Machtübernahme bis zum Stichtag 31. 10. 1941 insgesamt rund 537 000 Juden zur Auswanderung gebracht. Davon

vom 30. 1. 1933 aus dem Altreich	rd. 360 000
vom 15. 3. 1938 aus der Ostmark	rd. 147 000
vom 15. 3. 1939 aus dem Protektorat Böhmen und Mähren	rd. 30 000

Die Finanzierung der Auswanderung erfolgte durch die Juden bzw. jüdisch-politischen Organisationen selbst. Um den Verbleib der verproletarisierten Juden zu vermeiden, wurde nach dem Grundsatz verfahren, daß die vermögenden Juden die Abwanderung der vermögenslosen Juden zu finanzieren haben; hier wurde, je nach Vermögen gestaffelt, eine entsprechende Umlage bzw. Auswandererabgabe vorgeschrieben, die zur Bestreitung der finanziellen Obliegenheiten im Zuge der Abwanderung vermögensloser Juden verwandt wurde.

Neben dem Reichsmark-Aufkommen sind Devisen für Vorzeige- und Landungsgelder erforderlich gewesen. Um den deutschen Devisenschatz zu schonen, wurden die jüdischen Finanzinstitutionen des Auslandes durch die jüdischen Organisationen des Inlandes verhalten, für die Beitreibung entsprechender Devisenaufkommen Sorge zu tragen. Hier wurden durch diese ausländischen Juden im Schenkungswege bis zum 30. 10. 1941 insgesamt rund 9 500 000 Dollar zur Verfügung gestellt.

Inzwischen hat der Reichsführer SS und Chef der Deutschen Polizei im Hinblick auf die Gefahren einer Auswanderung im

Kriege und im Hinblick auf die Möglichkeiten des Ostens die Auswanderung von Juden verboten.

III. Anstelle der Auswanderung ist nunmehr als weitere Lösungsmöglichkeit nach entsprechender vorheriger Genehmigung durch den Führer die Evakuierung der Juden nach dem Osten getreten.

Diese Aktionen sind jedoch lediglich als Ausweichmöglichkeiten anzusprechen, doch werden hier bereits jene praktischen Erfahrungen gesammelt, die im Hinblick auf die kommende Endlösung der Judenfrage von wichtiger Bedeutung sind.

Im Zuge dieser Endlösung der europäischen Judenfrage kommen rund 11 Millionen Juden in Betracht, die sich wie folgt auf die einzelnen Länder verteilen [s. Seite 86].

Bei den angegebenen Judenzahlen der verschiedenen ausländischen Staaten handelt es sich jedoch nur um Glaubensjuden, da die Begriffsbestimmungen der Juden nach rassischen Grundsätzen teilweise dort noch fehlen. Die Behandlung des Problems in den einzelnen Ländern wird im Hinblick auf die allgemeine Haltung und Auffassung auf gewisse Schwierigkeiten stoßen, besonders in Ungarn und Rumänien. So kann sich z. B. heute noch in Rumänien der Jude gegen Geld entsprechende Dokumente, die ihm eine fremde Staatsangehörigkeit amtlich bescheinigen, beschaffen.

Der Einfluß der Juden auf alle Gebiete in der UdSSR ist bekannt. Im europäischen Gebiet leben etwa 5 Millionen, im asiatischen Raum knapp ¼ Millionen Juden.

Die berufsständische Aufgliederung der im europäischen Gebiet der UdSSR ansässigen Juden war etwa folgende:

In der Landwirtschaft	9,1 %
als städtische Arbeiter	14,8 %
im Handel	20,0 %
als Staatsarbeiter angestellt	23,4 %
in den privaten Berufen – Heilkunde, Presse, Theater, usw.	32,7 %

Unter entsprechender Leitung sollen nun im Zuge der Endlösung die Juden in geeigneter Weise im Osten zum Arbeitseinsatz kommen. In großen Arbeitskolonnen, unter Trennung der Geschlechter, werden die arbeitsfähigen Juden straßenbauend in

A.	Altreich	131 800
	Ostmark	43 700
	Ostgebiete	420 000
	Generalgouvernement	2 284 000
	Bialystok	400 000
	Protektorat Böhmen und Mähren	74 200
	Estland – judenfrei –	
	Lettland	3 500
	Litauen	34 000
	Belgien	43 000
	Dänemark	5 600
	Frankreich / Besetztes Gebiet	165 000
	Unbesetztes Gebiet	700 000
	Griechenland	69 600
	Niederlande	160 800
	Norwegen	1 300
B.	Bulgarien	48 000
	England	330 000
	Finnland	2 300
	Irland	4 000
	Italien einschl. Sardinien	58 000
	Albanien	200
	Kroatien	40 000
	Portugal	3 000
	Rumänien einschl. Bessarabien	342 000
	Schweden	8 000
	Schweiz	18 000
	Serbien	10 000
	Slowakei	88 000
	Spanien	6 000
	Türkei (europ. Teil)	55 500
	Ungarn	742 800
	UdSSR	5 000 000

Ukraine	2 994 684	
Weißrußland ausschl. Bialystok	446 484	
zusammen über	11 000 000	

diese Gebiete geführt, wobei zweifellos ein Großteil durch natürliche Verminderung ausfallen wird.

Der allfällig endlich verbleibende Restbestand wird, da es sich bei diesen zweifellos um den widerstandsfähigsten Teil handelt, entsprechend behandelt werden müssen, da dieser, eine natürliche Auslese darstellend, bei Freilassung als Keimzelle eines neuen jüdischen Aufbaues anzusprechen ist. (Siehe die Erfahrung der Geschichte.)

Im Zuge der praktischen Durchführung der Endlösung wird Europa vom Westen nach Osten durchgekämmt. Das Reichsgebiet einschließlich Protektorat Böhmen und Mähren wird, allein schon aus Gründen der Wohnungsfrage und sonstigen sozial-politischen Notwendigkeiten, vorweggenommen werden müssen.

Die evakuierten Juden werden zunächst Zug um Zug in sogenannte Durchgangsghettos verbracht, um von dort aus weiter nach dem Osten transportiert zu werden.

Wichtige Voraussetzung, so führte SS-Obergruppenführer Heydrich weiter aus, für die Durchführung der Evakuierung überhaupt, ist die genaue Festlegung des in Betracht kommenden Personenkreises.

Es ist beabsichtigt, Juden im Alter von über 65 Jahren nicht zu evakuieren, sondern sie einem Altersghetto – vorgesehen ist Theresienstadt – zu überstellen.

Neben diesen Altersklassen – von den am 31. 10. 1941 sich im Altreich und der Ostmark befindlichen etwa 280 000 Juden sind etwa 30 % über 65 Jahre alt – finden in den jüdischen Altersghettos weiterhin die schwerkriegsbeschädigten Juden und Juden mit Kriegsauszeichnungen (EK I) Aufnahme. Mit dieser zweckmäßigen Lösung werden mit einem Schlag die vielen Interventionen ausgeschaltet.

Der Beginn der einzelnen größeren Evakuierungsaktionen wird weitgehend von der militärischen Entwicklung abhängig sein. Bezüglich der Behandlung der Endlösung in den von uns besetzten und beeinflußten europäischen Gebieten wurde vorgeschlagen, daß die in Betracht kommenden Sachbearbeiter des Auswärtigen Amtes sich mit dem zuständigen Referenten der Sicherheitspolizei und des SD besprechen.

In der Slowakei und Kroatien ist die Angelegenheit nicht mehr allzu schwer, da die wesentlichsten Kernfragen in dieser Hinsicht dort bereits einer Lösung zugeführt wurden. In Rumänien hat die Regierung inzwischen ebenfalls einen Judenbeauftragten eingesetzt. Zur Regelung der Frage in Ungarn ist es erforderlich, in Zeitkürze einen Berater für Judenfragen der Ungarischen Regierung aufzuoktroyieren.

Hinsichtlich der Aufnahme der Vorbereitungen zur Regelung des Problems in Italien hält SS-Obergruppenführer Heydrich eine Verbindung mit Polizei-Chef in diesen Belangen für angebracht.

Im besetzten und unbesetzten Frankreich wird die Erfassung der Juden zur Evakuierung aller Wahrscheinlichkeit nach ohne große Schwierigkeiten vor sich gehen können.

Unterstaatssekretär Luther teilte hierzu mit, daß bei tiefgehender Behandlung dieses Problems in einigen Ländern, so in den nordischen Staaten, Schwierigkeiten auftauchen werden, und es sich daher empfiehlt, diese Länder vorerst noch zurückzustellen. In Anbetracht der hier in Frage kommenden geringen Judenzahlen bildet diese Zurückstellung ohnedies keine wesentliche Einschränkung.

Dafür sieht das Auswärtige Amt für den Südosten und Westen Europas keine großen Schwierigkeiten.

SS-Gruppenführer Hofmann beabsichtigt, einen Sachbearbeiter des Rasse- und Siedlungshauptamtes zur allgemeinen Orientierung dann nach Ungarn mitsenden zu wollen, wenn seitens des Chefs der Sicherheitspolizei und des SD die Angelegenheit dort in Angriff genommen wird. Es wurde festgelegt, diesen Sachbearbeiter des Rasse- und Siedlungshauptamtes, der nicht aktiv werden soll, vorübergehend offiziell als Gehilfen zum Polizei-Attaché abzustellen.

IV. Im Zuge der Endlösungsvorhaben sollen die Nürnberger Gesetze gewissermaßen die Grundlage bilden, wobei Voraussetzung für die restlose Bereinigung des Problems auch die Lösung der Mischehen- und Mischlingsfragen ist.

Chef der Sicherheitspolizei und des SD erörtert im Hinblick auf ein Schreiben des Chefs der Reichskanzlei zunächst theoretisch die nachstehenden Punkte:

1) Behandlung der Mischlinge 1. Grades.

Mischlinge 1. Grades sind im Hinblick auf die Endlösung der Judenfrage den Juden gleichgestellt.

Von dieser Behandlung werden ausgenommen:

a) Mischlinge 1. Grades verheiratet mit Deutschblütigen, aus deren Ehe Kinder (Mischlinge 2. Grades) hervorgegangen sind. Diese Mischlinge 2. Grades sind im wesentlichen den Deutschen gleichgestellt.

b) Mischlinge 1. Grades, für die von den höchsten Instanzen der Partei und des Staates bisher auf irgendwelchen Lebensgebieten Ausnahmegenehmigungen erteilt worden sind. Jeder Einzelfall muß überprüft werden, wobei nicht ausgeschlossen wird, daß die Entscheidung nochmals zu Ungunsten des Mischlings ausfällt.

Voraussetzungen einer Ausnahmebewilligung müssen stets grundsätzliche Verdienste des in Frage stehenden Mischlings selbst sein. (Nicht Verdienste des deutschblütigen Eltern- oder Eheteiles.)

Der von der Evakuierung auszunehmende Mischling 1. Grades wird – um jede Nachkommenschaft zu verhindern und das Mischlingsproblem endgültig zu bereinigen – sterilisiert. Die Sterilisierung erfolgt freiwillig. Sie ist aber Voraussetzung des Verbleibens im Reich. Der sterilisierte »Mischling« ist in der Folgezeit von allen einengenden Bestimmungen, denen er bislang unterworfen ist, befreit.

2) Behandlung der Mischlinge 2. Grades.

Die Mischlinge 2. Grades werden grundsätzlich den Deutschblütigen zugeschlagen, mit Ausnahme folgender Fälle, in denen die Mischlinge 2. Grades den Juden gleichgestellt werden:

a) Herkunft des Mischlings 2. Grades aus einer Bastardehe (beide Teile Mischlinge).

b) Rassisch besonders ungünstiges Erscheinungsbild des Mischlings 2. Grades, das ihn schon äußerlich zu den Juden rechnet.

c) Besonders schlechte polizeiliche und politische Beurteilung des Mischlings 2. Grades, die erkennen läßt, daß er sich wie ein Jude fühlt und benimmt.

Auch in diesen Fällen sollen aber dann Ausnahmen nicht gemacht werden, wenn der Mischling 2. Grades deutschblütig verheiratet ist.

3) Ehen zwischen Volljuden und Deutschblütigen.

Von Einzelfall zu Einzelfall muß hier entschieden werden, ob der jüdische Teil evakuiert wird, oder ob er unter Berücksichtigung auf die Auswirkungen einer solchen Maßnahme auf die deutschen Verwandten dieser Mischehe einem Altersghetto überstellt wird.

4) Ehen zwischen Mischlingen 1. Grades und Deutschblütigen.

a) Ohne Kinder.

Sind aus der Ehe keine Kinder hervorgegangen, wird der Mischling 1. Grades evakuiert bzw. einem Altersghetto überstellt. (Gleiche Behandlung wie bei Ehen zwischen Volljuden und Deutschblütigen, Punkt 3.)

b) Mit Kindern.

Sind Kinder aus der Ehe hervorgegangen (Mischlinge 2. Grades), werden sie, wenn sie den Juden gleichgestellt werden, zusammen mit dem Mischling 1. Grades evakuiert bzw. einem Ghetto überstellt. Soweit diese Kinder Deutschen gleichgestellt werden (Regelfälle), sind sie von der Evakuierung auszunehmen und damit auch der Mischling 1. Grades.

5) Ehen zwischen Mischlingen 1. Grades und Mischlingen 1. Grades oder Juden.

Bei diesen Ehen (einschließlich der Kinder) werden alle Teile wie Juden behandelt und daher evakuiert bzw. einem Altersghetto überstellt.

6) Ehen zwischen Mischlingen 1. Grades und Mischlingen 2. Grades.

Beide Eheteile werden ohne Rücksicht darauf, ob Kinder vorhanden sind oder nicht, evakuiert bzw. einem Altersghetto überstellt, da etwaige Kinder rassenmäßig in der Regel einen stärkeren jüdischen Bluteinschlag aufweisen, als die jüdischen Mischlinge 2. Grades.

SS-Gruppenführer Hofmann steht auf dem Standpunkt, daß von der Sterilisierung weitgehend Gebrauch gemacht werden muß; zumal der Mischling, vor die Wahl gestellt, ob er evakuiert oder sterilisiert werden soll, sich lieber der Sterilisierung unterziehen würde.

Staatssekretär Dr. Stuckart stellt fest, daß die praktische Durchführung der eben mitgeteilten Lösungsmöglichkeiten zur Bereinigung der Mischehen- und Mischlingsfragen in dieser Form eine unendliche Verwaltungsarbeit mit sich bringen würde. Um zum anderen auf alle Fälle auch den biologischen Tatsachen Rechnung zu tragen, schlug Staatssekretär Dr. Stuckart vor, zur Zwangssterilisierung zu schreiten.

Zur Vereinfachung des Mischehenproblems müßten ferner Möglichkeiten überlegt werden mit dem Ziel, daß der Gesetzgeber etwa sagt: »Diese Ehen sind geschieden«.

Bezüglich der Frage der Auswirkung der Judenevakuierung auf das Wirtschaftsleben erklärte Staatssekretär Neumann, daß die in kriegswichtigen Betrieben im Arbeitseinsatz stehenden Juden derzeit, solange noch kein Ersatz zur Verfügung steht, nicht evakuiert werden könnten.

SS-Obergruppenführer Heydrich wies darauf hin, daß diese Juden nach den von ihm genehmigten Richtlinien zur Durchführung der derzeit laufenden Evakuierungsaktionen ohnedies nicht evakuiert würden.

Staatssekretär Dr. Bühler stellte fest, daß das Generalgouvernement es begrüßen würde, wenn mit der Endlösung dieser Frage im Generalgouvernement begonnen würde, weil einmal hier das Transportproblem keine übergeordnete Rolle spielt und arbeitseinsatzmäßige Gründe den Lauf dieser Aktion nicht behindern würden. Juden müßten so schnell wie möglich aus dem Gebiet des Generalgouvernements entfernt werden, weil gerade hier der Jude als Seuchenträger eine eminente Gefahr bedeutet und er zum anderen durch fortgesetzten Schleichhandel die wirtschaftliche Struktur des Landes dauernd in Unordnung bringt. Von den in Frage kommenden etwa 2½ Millionen Juden sei überdies die Mehrzahl der Fälle arbeitsunfähig.

Staatssekretär Dr. Bühler stellt weiterhin fest, daß die Lösung der Judenfrage im Generalgouvernement federführend beim Chef der Sicherheitspolizei und des SD liegt und seine Arbeiten durch die Behörden des Generalgouvernements unterstützt würden. Er hätte nur eine Bitte, die Judenfrage in diesem Gebiet so schnell wie möglich zu lösen.

Abschließend wurden die verschiedenen Arten der Lösungsmöglichkeiten besprochen, wobei sowohl seitens des Gauleiters Dr. Meyer als auch seitens des Staatssekretärs Dr. Bühler der Standpunkt vertreten wurde, gewisse vorbereitende Arbeiten im

Zuge der Endlösung gleich in den betreffenden Gebieten selbst durchzuführen, wobei jedoch eine Beunruhigung der Bevölkerung vermieden werden müsse.

Mit der Bitte des Chefs der Sicherheitspolizei und des SD an die Besprechungsteilnehmer, ihm bei der Durchführung der Lösungsarbeiten entsprechende Unterstützung zu gewähren, wurde die Besprechung geschlossen.

PA AA Inland II g Bd. 177;
  John Mendelsohn (Hg.), The Holocaust. Selected Documents. New York 1982, Band 11, S. 3–17 (Faks.)

19 Prozeßvernehmung Eichmanns zur »Wannsee-Konferenz«, 24. 7. 1961:

[. . .]

F[rage] Jetzt wegen des Wannseeprotokolls – wegen der Wannseetagung – haben Sie meinem Kollegen, dem Richter Raven, geantwortet, daß in dem Teil, der nicht im Protokoll erwähnt ist – über Tötungsmethoden gesprochen wurde.

A[ntwort] Jawohl.

F. Wer hat über dieses Thema gesprochen? Da?

A. Im einzelnen ist mir diese Sache heute nicht mehr gegenwärtig, Herr Präsident, aber ich weiß, daß die Herren beisammen gespannt und beisammen gesessen sind und da haben sie eben in sehr unverblümten Worten – nicht in den Worten, wie ich sie dann ins Protokoll geben mußte, sondern in sehr unverblümten Worten die Sache genannt – ohne sie zu kleiden. Ich könnte mich dessen auch bestimmt nicht mehr erinnern, wenn ich nicht wüßte, daß ich mir damals gesagt hätte: schau, schau der Stuckart, den man immer als einen sehr genauen und sehr heiklen Gesetzesonkel betrachtete und da hier wars eben der Ton und die ganzen Formulierungen waren hier sehr unparagraphenmäßig gewesen. Das einzige, möchte ich sagen, das mir noch effektiv dieserhalb im Gedächtnis haften geblieben ist.

Vorsitzender: Was hat er über dieses Thema gesagt?

A. Im einzelnen, Herr Präsident, möchte ich...

F. Nicht im einzelnen – im allgemeinen!

A. Es wurde von Töten und Eliminieren und Vernichten gesprochen. Ich selber hatte ja meine Vorbereitungen zu machen für die Protokollangelegenheit – ich konnte nicht dastehen und einfach zuhorchen – aber die Worte drangen eben zu mir herein – zu mir ran, denn das Zimmer war ja nicht zu groß gewesen, als daß man in dem Wortschwall nicht einzelne Worte hätte aufgeschnappt...

Vorsitzender: Ich dachte, das war im offiziellen Teil der Tagung?

A. Der offizielle Teil – der hat nicht sehr lange gedauert, das war der...

F. War das in dem offiziellen Teil oder nicht – ich dachte mir, das war in dem offiziellen Teil, weil das im Protokoll erscheint und...

A. Es war auch im offiziellen Teil, Herr Präsident, aber der offizielle Teil, wenn man so will, der setzte sich wieder aus zwei Teilen zusammen – nämlich der Anfang – wo alles ruhig gewesen ist und zu gehorchen hat und dann gegen das Ende zu, wo die Sache durcheinandergesprochen wurde und wo die Ordonnanzen überreichten die ganze Zeit Cognac oder andere Getränke und es ist nicht, daß etwa eine alkoholische Wirkung zustandegekommen wäre – ich will damit nur sagen, es war eine offizielle Angelegenheit – aber doch wieder keine chefoffizielle Angelegenheit, wo jeder ruhig war und jeder jeden ruhig aussprechen ließ, sondern wo am Ende alles durcheinander gesprochen wurde.

Vorsitzender: Aber auch diese Sachen wurden von den Stenographen oder der Stenographin aufgenommen?

Angeklagter: Von den Stenographen. Jawohl.

Vorsitzender: Und Sie haben anscheinend dann den Auftrag bekommen, das nicht in das offizielle Protokoll hineinzuschreiben.

Angeklagter: Jawohl, das war so gewesen. Die Stenotypistin saß neben mir und ich hatte dafür zu sorgen, daß das alles aufgenommen wird. Und nachher hatte dann die Stenotypistin das abgeschrieben und Heydrich hat dann bestimmt, was in das Protokoll hineinkommen soll und was nicht. Und dann hatte er es gewissermaßen noch abgeschliffen und damit war die Sache fertig.

Vorsitzender: Und was über dieses wichtige Thema gesprochen wurde, daran erinnern Sie sich überhaupt nicht.

Angeklagter: Herr Präsident, wenn ich das wüßte, was das Wichtigste ist...

Vorsitzender: Entschuldigen Sie, ich habe nicht gesagt das Wichtigste, ich sagte ›ein wichtiges Thema‹, so wichtig, daß man es......kann [sic].

Angeklagter: Nein, im Gegenteil, Herr Präsident, das Wesentliche wollte Heydrich in das Protokoll verankert wissen, weil er die Staatssekretäre ›annageln‹ wollte und im Protokoll verhaften wollte. Wie soll ich das nennen, gerade um Hitler, das Wesentliche ist im Protokoll drin und das Unwesentliche das hat er ausgelassen, weil er sich hier gewissermaßen die – wie soll ich das sagen – eine Art Rückversicherung geschaffen hat, indem er die Staatssekretäre einzeln festgenagelt hat. [...]

IfZ G 01 Prozeßprotokoll, Sitzung 107, S. E1–F1.

20 Bericht des Eichmann-Mitarbeiters Wisliceny über die Judenpolitik Eichmanns im Reichssicherheitshauptamt, 18.11.1946:

[...] Um jedoch die kommende Zuständigkeit des »Chefs der SIPO und des SD« für alle diese Probleme der Umsiedlung festzulegen, gab Göring in seiner Eigenschaft als Vorsitzender des »Reichsverteidigungsrates« einen Erlaß im Frühsommer 1941 heraus, der mit der Vorbereitung aller Umsiedlungsangelegenheiten der Juden den »Chef der SIPO und der SD« beauftragte. Damit besaß Eichmann auch das rechtliche Instrument, alle Einmischungen anderer Behörden in seine Maßnahmen auszuschalten. In diesem Erlaß kommt das Wort »Endlösung« vor. Der Madagaskar-Plan lief unter diesem Stichwort, erst später hat der Begriff »Endlösung« eine völlig andere Bedeutung bekommen und wurde als Tarnwort für die biologische Vernichtung des europäischen Judentums von Himmler und Eichmann benutzt. Dies wurde von Eichmann bewußt gemacht, um andere Behörden, die in die Umsiedlungspläne eingeweiht waren, mit der Anwendung des für die Umsiedlungsaktion bisher gebrauchten Kennwortes zu täuschen.

Vom Zeitpunkt des Ausbruches des Krieges mit Rußland und dem

Kriegseintritt der USA begann sich eine grundlegende Wandlung in der Behandlung des jüdischen Problems zu vollziehen. Diese Wandlung erfolgte nicht von heut auf morgen, sondern stufenweise und fand ihren endgültigen Höhepunkt erst im Frühjahr 1942. [...]

Der Befehl Hitlers, alle Kommissare und kommunistischen Parteifunktionäre zu beseitigen, der zu Beginn des Krieges mit der Sowjet-Union gegeben wurde, kennzeichnet eine neue Phase der Brutalisierung des Krieges. Der Sowjetunion gegenüber glaubte Hitler keine Rücksicht nehmen zu müssen wie den Westmächten gegenüber, die die Genfer Konvention und Haager Landkriegsordnung anerkannten. Dieser »Kommissarerlaß« wurde von Himmler und Heydrich auf alle russischen Juden ausgedehnt, in denen sie aus ihrer oben aufgezeigten Ideologie die Träger der kommunistischen Weltanschauung sahen. Die Vernichtung des russischen Judentums wurde durch Massenerschießungen durchgeführt, mit deren Ausführung die sogenannten »Einsatzgruppen« der Sicherheitspolizei beauftragt waren. Es erübrigt sich auf diese Dinge näher einzugehen, da sie durch Ohlendorfs Aussage in Nürnberg bekannt sind.

In diesem »Kommissarerlaß« sah Eichmann eine Möglichkeit, auch das übrige Judentum zu vernichten. Im Einverständnis mit Müller und Heydrich begann er im Herbst 1941, Juden aus dem Reichsgebiet, Österreich und Böhmen/Mähren nach Gebieten zu deportieren, in denen der »Kommissarerlaß« Gültigkeit hatte, besonders nach Riga und Minsk. In Riga war Eichmanns Freund Stahlecker Chef der »Einsatzgruppe«. Diese Deportation entsprang Eichmanns privater Initiative, wie er selbst zugegeben hat, andrerseits wurde in dieser Zeit Theresienstadt als »Musterghetto« aufgebaut. Schon hieraus – aus diesem Widerspruch ist die ganze Entwicklung als stufenweiser Ablauf gekennzeichnet. [...]

Seit März/April 1942 begann Eichmann im Besitze der entsprechenden Befehle die Deportation und Vernichtung des europäischen Judentums zu organisieren. Als Vernichtungslager wurden Auschwitz und einige Lager bei Lublin eingerichtet. Die Reihenfolge der einzelnen Länder war von Eichmann nicht besonders festgelegt worden. Er ließ sich Zeit für die Aktion, da ihm offenbar die Vernichtung des polnischen Judentums und die Deportierung aus dem Reichsgebiet vordringlich erschien.

Die Deportation und Vernichtung der Juden lief unter der Bezeichnung »Endlösung«, unter der bisher der Madagaskar-Plan gelaufen war. Die Deportierung aus dem Reichsgebiet und den besetzten Gebieten, ja selbst in Polen, lief nicht sehr schnell ab, da die Juden vielfach im Wirtschaftsprozeß eingeschaltet waren und zum Teil im großen Maßstab in der Rüstungsindustrie arbeitete. Das Lager Theresienstadt, ursprünglich als Ghetto für die tschechischen Juden gedacht und dann in ein sogenanntes »Altersghetto« für bevorzugte jüdische Familien umgewandelt, blieb zunächst bestehen. Auf Theresienstadt und den Kampf seiner Erhaltung bis Kriegsende wird weiter unten eingegangen. [...]

CDJC LXXXVIII–67;
Léon Poliakov/Josef Wulf (Hg.), Das Dritte Reich und die Juden. München [u. a.] 1978, S. 87–98.

21 Schreiben des SS-Richters beim RFSS Bender an das Hauptamt SS-Gericht: Strafbarkeit von Judenerschießungen, 26.10.1942:

In der obengenannten grundsätzlichen Angelegenheit habe ich dem Reichsführer-SS Vortrag gehalten. Der Reichsführer-SS hat wie folgt entschieden:

Maßgebend für die Frage, ob und welche Bestrafung bei Judenerschießungen ohne Befehl und Befugnis zu erfolgen hat, sind die Beweggründe.

1.) Bei rein politischen Motiven erfolgt keine Bestrafung, es sei denn, daß die Aufrechterhaltung der Ordnung eine solche erfordert. Ist letzteres der Fall, dann kann je nach Lage des Falles gerichtliche Verurteilung aus § 92 oder 149 MStGB. oder aber disziplinare Ahndung stattfinden.

2.) Bei eigensüchtigen oder sadistischen bzw. sexuellen Motiven erfolgt gerichtliche Ahndung, und zwar gegebenenfalls auch wegen Mordes bzw. Totschlages.

Ich bitte um entsprechende Verständigung der in Frage kommenden Gerichtsherrn und Gerichte.

BA NS 7/247;
Helmut Heiber (Hg.), Reichsführer!... Briefe an und von Himmler. München 1970, S. 206 f.

22 Schreiben Himmlers an den Staatssekretär im Reichsverkehrsministerium Ganzenmüller: Bitte um mehr Züge für Judendeportation, 20.1.1943:

Die zwei Sabotagefälle, die ich Ihnen nannte, sind die ersten, die wir auf diese Art nachweisen können. Die Anzeichen verdichten sich jedoch, daß neben den eigentlichen Banden eine besondere Sabotage-Organisation für die Bahn da ist. Ich darf Sie bitten, diese von mir mit vollem Bewußtsein Ihnen übermittelten Angaben nicht auf die leichte Schulter zu nehmen.

Ich bin selbstverständlich einverstanden, wenn ich monatlich ein Exemplar der Übersichten bekomme. Lediglich die Übersendung an SS-Obergruppenführer von dem *Bach*, der draußen der wichtigste Mann ist, wird von hier aus meines Erachtens zu viel Zeit beanspruchen, sodaß er die Statistiken immer zu spät bekommt.

Nun komme ich noch mit einer wichtigen Frage: Eine Voraussetzung für die Befriedung des Generalgouvernements, von Bialystok und von den russischen Gebieten ist der Abtransport der ganzen Bandenhelfer und Bandenverdächtigen. Dazu gehört auch in erster Linie der Abtransport der Juden. Ebenso gehört der Abtransport der Juden aus dem Westen dazu, da wir sonst in diesen Gebieten ebenfalls mit einer Erhöhung der Anschläge zu rechnen haben.

Hier brauche ich Ihre Hilfe und Ihre Unterstützung. Ich muß, wenn ich die Dinge rasch erledigen will, mehr Transportzüge bekommen. Ich weiß sehr wohl, wie angespannt die Lage für die Bahn ist und welche Forderungen an Sie immer gestellt werden. Trotzdem muß ich an Sie die Bitte richten: Helfen Sie mir und verschaffen Sie mir mehr Züge.

BA NS 19/2774;
Raul Hilberg: Sonderzüge nach Auschwitz. Mainz 1981, S. 213 f. (Faks.)

23 Aufzeichnung aus dem AA zur Vorbereitung der »Wannsee-Konferenz«: »Wünsche und Ideen des Auswärtigen Amtes zu der vorgesehenen Gesamtlösung der Judenfrage in Europa«, ohne Datum[1]:

1. Abschiebung aller im Deutschen Reich ansässigen Juden deutscher Staatsangehörigkeit unter Einbeziehung der kroatischen, slovakischen und rumänischen Juden nach dem Osten.
2. Abschiebung aller in den von uns besetzten Gebieten lebenden durch die jüngste Verordnung zum Reichsbürgergesetz staatenlos gewordenen Juden früherer deutscher Staatsangehörigkeit.
3. Abschiebung aller serbischen Juden.
4. Abschiebung der uns von der ungarischen Regierung übergebenen Juden.
5. Erklärung der Bereitwilligkeit gegenüber der rumänischen, slovakischen, kroatischen, bulgarischen und ungarischen Regierung, die in diesen Ländern lebenden Juden ebenfalls nach dem Osten abzuschieben.
6. Einflußnahme auf die bulgarische und ungarische Regierung, Judengesetze nach Nürnberger Vorbild einzuführen.
7. Einwirkung auf die übrigen Regierungen Europas zur Einführung von Judengesetzen.
8. Durchführung dieser Maßnahmen wie bisher im guten Einvernehmen mit dem Geheimen Staatspolizeiamt.

PA AA Inland IIg Bd. 177;
   Randolph L. Braham (Hg.), The destruction of Hungarian Jewry. A documentary account. New York 1963, Band 2, S. 127f. (Faks.)

[1] Am 8. 12. 1941 dem Unterstaatssekretär Luther vorgelegt.

24 Telegramm des Unterstaatssekretärs im AA Luther an das Feldquartier Feldmark des Reichsaußenministers: Entwicklung der »Endlösung« und Beteiligung des AA, 21.8.1942:

[...] Aus dieser Erkenntnis heraus beauftragte Reichsmarschall Göring am 31.7.1941 Gruppenführer Heydrich, unter Beteiligung der in Frage kommenden deutschen Zentralinstanzen, alle erforderlichen Vorbereitungen für eine Gesamtlösung der Judenfrage im deutschen Einflußgebiet in Europa zu treffen (vgl. D III 709 g.). Auf Grund dieser Weisung beraumte Gruppenführer Heydrich am 20.1.1942 eine Sitzung aller beteiligten deutschen Dienststellen an, zu der von den übrigen Ministerien die Staatssekretäre und vom Auswärtigen Amt ich selbst erschienen waren. In der Sitzung erklärte Gruppenführer Heydrich, daß der Auftrag Reichsmarschall Görings an ihn auf Weisung des Führers erfolgt sei und daß der Führer anstelle der Auswanderung nunmehr die Evakuierung der Juden nach dem Osten als Lösung genehmigt habe (vgl. Seite 5 der Anlage zu D III 29/42 g). Über die Sitzung ist Staatssekretär von Weizsäcker unterrichtet worden; eine Unterrichtung des Herrn RAM ist zunächst unterblieben, weil Gruppenführer Heydrich in Kürze eine neue Sitzung zusagte, in der genauere Einzelheiten der Gesamtlösung besprochen werden sollten. Zu dieser Sitzung ist es infolge der Beauftragung des Gruppenführers Heydrich mit den Geschäften des Reichsprotektors in Böhmen und Mähren und infolge seines Todes nicht mehr gekommen.

In der Sitzung am 20.1.1942 habe ich gefordert, daß alle das Ausland betreffenden Fragen vorher mit dem Auswärtigen Amt abgestimmt werden müßten, was Gruppenführer Heydrich zusagte und auch loyal gehalten hat, wie überhaupt die für Judensachen zuständige Dienststelle des Reichssicherheitshauptamtes von Anfang an alle Maßnahmen in reibungsloser Zusammenarbeit mit dem Auswärtigen Amt durchgeführt hat. Das Reichssicherheitshauptamt ist auf diesem Sektor in nahezu übervorsichtiger Form vorgegangen.

5.) Auf Grund der zu 4.) erwähnten Führerweisung wurde mit der Evakuierung der Juden aus Deutschland begonnen. Es lag nahe, gleich die jüdischen Staatsangehörigen der Länder mitzuerfassen, die ebenfalls Judenmaßnahmen ergriffen hatten. Das Reichssicherheitshauptamt richtete eine entsprechende Anfrage an das Auswärtige Amt. Aus Gründen der Courtoisie wurde über die deutschen Gesandtschaften in Preßburg, Agram und Bukarest bei den dortigen Regierungen angefragt, ob sie ihre Juden in angemessener Frist aus Deutschland abberufen oder ihrer Abschiebung in die Ghettos im Osten zustimmen wollten. Dem Erlaß dieser Weisung haben vor Abgang zugestimmt: St.S, U.St.S. Pol., Dir. HaPol., Dir. Recht (vgl. D III 536 g).

Die deutsche Gesandtschaft Bukarest berichtet zu D III 602 g., die rumänische Regierung überlasse es der Reichsregierung, ihre Juden gemeinsam mit den deutschen in die Ghettos nach dem Osten abzuschieben. Sie habe kein Interesse daran, daß rumänische Juden nach Rumänien zurückkehrten.

Die Gesandtschaft Agram teilte mit, die kroatische Regierung danke für die Geste der deutschen Regierung; sie wäre aber für Abschiebung der Juden nach dem Osten dankbar (vgl. D III 624 g.).

Die Gesandtschaft Preßburg berichtete zu D III 661 g., die slowakische Regierung sei mit der Abschiebung in die östlichen Ghettos grundsätzlich einverstanden. Die slowakischen berechtigten Ansprüche auf das Vermögen dieser Juden sollten aber nicht gefährdet werden. Die Drahtberichte sind auch dem Büro RAM wie üblich zugegangen.

Auf Grund der Berichte der Gesandten habe ich dem Reichssicherheitshauptamt zu D III 661 g. mitgeteilt, die Juden rumänischer, kroatischer und slowakischer Staatsangehörigkeit könnten mit abgeschoben werden; ihr Vermögen sei sicherzustellen. Dir. Pol, Pol. IV, R. IX, HaPol. IV haben das Schreiben mitgezeichnet.

Entsprechend wurden die Abschiebungen der Juden aus den besetzten Gebieten gehandhabt. [...]

PA AA Inland II A/B: Einstellung des Auslands zum Judentum;
    John Mendelsohn (Hg.), The Holocaust. Selected Documents. New York 1982, Band 11, S. 148–166 (Faks.)

25   Vortragsnotiz des Vortragenden Legationsrats im AA Wagner: Juden der Verbündeten demnächst wie deutsche Juden zu behandeln, 12. 7. 1943:

Im Zuge der Lösung der Judenfrage in Europa ist Ende vorigen bezw. Anfang dieses Jahres allen verbündeten und neutralen Staaten mit Ausnahme Argentiniens und der Staaten, die sich für das Schicksal ihrer Juden ausdrücklich desinteressiert hatten, mitgeteilt worden, daß ihnen bis zum 1. Februar bzw. 1. April die Möglichkeit gegeben werde, Juden ihrer Staatsangehörigkeit aus dem deutschen Machtbereich heimzuschaffen. Diese Frist ist sodann mehrfach ausdrücklich oder stillschweigend, letztmalig bis zum 1. Juli verlängert worden.

Lediglich für die Rumänen und für die im Raum von Saloniki ansässigen Juden galt eine Sonderregelung, doch läuft auch insoweit die letzte gesetzte Frist am 15. Juli d. Js. ab.

Nunmehr hat der Chef der Sicherheitspolizei und des SD darauf hingewiesen, daß die Lösung der Judenfrage im deutschen Machtbereich so weit fortgeschritten sei, daß sich lediglich noch die in Mischehe lebenden Juden und eine geringe Anzahl ausländischer Juden in diesem Gebiet befänden.

Er hat unter Hinweis hierauf gebeten, das Auswärtige Amt möge nunmehr den in Betracht kommenden Staaten,

1. Italien,
2. Schweiz,
3. Spanien,
4. Portugal,
5. Dänemark,
6. Schweden,
7. Finnland,
8. Ungarn,
9. Rumänien,
10. Türkei,

für die Heimschaffung ihrer Juden aus dem deutschen Machtbereich endgültige Schlußfrist bis zum 31. Juli setzen und sich damit einverstanden erklären, daß nach Ablauf dieser Frist die allgemeinen Judenmaßnahmen auch auf alle ausländischen Juden, die sich dann noch im deutschen Machtbereich befinden, mit

Ausnahme der Feindstaatjuden und Argentinier Anwendung finden.

Gruppe Inl. II schlägt vor, daß der Herr Reichsaußenminister ein Vorgehen in folgendem Sinne genehmigt:

Das Auswärtige Amt teilt den 10 genannten Staaten mit,

1. daß die Heimschaffung ausländischer Juden einen Monat nach dieser Mitteilung abgeschlossen sein müsse;

2. daß dem Auswärtigen Amt alle Fälle, in denen eine Heimschaffung beabsichtigt, aber aus schwerwiegenden Gründen, z. B. mangelnder Transportfähigkeit wegen schwerer Erkrankung, nicht durchführbar ist, genauer Mitteilung der Personalien und der Gründe vor Ablauf dieser Frist mitgeteilt werden müssen;

3. daß nach Ablauf der Frist noch im deutschen Machtbereich befindliche ausländische Juden mit Ausnahme der zu 2. Genannten hinsichtlich der allgemeinen Judenmaßnahmen wie deutsche Juden behandelt werden würden.

PA AA Inland II g Bd. 177;
Akten zur deutschen auswärtigen Politik. Aus dem Archiv des Auswärtigen Amts. Serie E, Band 6. Göttingen 1979, S. 243 f.

III. SOWJETUNION

Die Errichtung der Sowjetunion bedeutete für die einheimischen Juden zunächst das Ende jahrhundertelanger Unterdrückung sowie den Schutz vor Pogromen, wie sie erneut im großen Umfang während des Bürgerkrieges durch die »weiße« Partei durchgeführt worden waren. Das neue Gesellschaftssystem bot Gleichberechtigung und neue Aufstiegsmöglichkeiten insbesondere für die jüdische Intelligenz. Andererseits drängte der kommunistische Staat auf vollständige Assimilation: Religionsausübung und eigenständiges jüdisches Kulturleben wurden zunehmend eingeschränkt und Juden waren häufig Opfer der stalinistischen Unterdrückung.

Die Hauptsiedlungsgebiete der jüdischen Minderheit lagen vor allem in der Ukraine und in Weißrußland. Die 1939 von der Sowjetunion annektierten baltischen und polnischen Gebiete wiesen ebenfalls einen hohen jüdischen Bevölkerungsanteil auf. Für diesen war ebenso wie für die sowjetischen Juden ein hoher Urbanisierungsgrad charakteristisch: Ihr Bevölkerungsanteil betrug in einzelnen Klein- und Mittelstädten über 50 %.

In dem Zerrbild, das sich das nationalsozialistische Regime über die Sowjetunion gemacht hatte, waren die beiden Erzfeinde des »Dritten Reiches«, Juden und Kommunisten, eine Allianz eingegangen, die das Land beherrschte. Diese Führungsschicht galt es zu beseitigen, um den riesigen Raum des Ostens als deutsches Kolonialgebiet nutzen zu können. In den Vorbereitungsmaßnahmen für den »Fall Barbarossa« wird bereits deutlich, daß dieser Waffengang den Charakter eines rassistischen Vernichtungskrieges erhalten sollte: Während die Liquidierung sowjetischer Kommissare angeordnet und der Truppe bei Übergriffen auf die sowjetische Zivilbevölkerung Straffreiheit zugesichert wurde, bestimmten die »Richtlinien auf Sondergebieten zur Weisung Barbarossa« vom 13. März 1941, daß der Reichsführer SS zur »Vorbereitung der politischen Verwaltung« selbständig und in eigener Verantwortung

»Sonderaufgaben im Auftrage des Führers« durchzuführen hätte, die sich »aus dem endgültig auszutragenden Kampf zweier entgegengesetzter politischer Systeme« ergäben (Dok. Nr. 26).

Zur Erledigung dieses Auftrages wurden vom Reichssicherheitshauptamt vier besondere »Einsatzgruppen« aufgestellt (Dok. Nr. 27). Die Angehörigen dieser Spezialformationen – insgesamt etwa 3000 Mann – rekrutierten sich aus dem SD, aus dem Polizeiapparat und der Waffen-SS. Sie hatten die Aufgaben, unmittelbar hinter der vorrückenden Wehrmacht das feindliche Gebiet zu »befrieden«, daß heißt alle tatsächlichen oder vermeintlichen Gegner an Ort und Stelle zu liquidieren.

Umstritten ist der Zeitpunkt, zu dem das Führungspersonal der Einsatzgruppen darüber informiert wurde, daß ihr Auftrag die Tötung sämtlicher Juden, einschließlich der Frauen und Kinder, umfassen sollte. Während einige Kommandoführer kurz nach dem Krieg aussagten, bereits unmittelbar vor Beginn des Feldzuges mündlich durch Heydrich über diesen umfassenden Mordplan informiert worden zu sein (Dok. Nr. 28), gaben andere später an, ihre Aufgabe zunächst als Schlag gegen die (wehrfähige) männliche Bevölkerung verstanden zu haben und erst später, nach dem Beginn der Exekutionen, auf die gesamte jüdische Bevölkerung angesetzt worden zu sein (Dok. Nr. 29 a–c). Bei der Wertung beider Versionen ist zu berücksichtigen, daß die Beschuldigten sich sämtlich als rein ausführende Organe eines »von oben« gelenkten Vernichtungsprozesses darstellen wollten. Stellt man hingegen eine relativ große Eigeninitiative der Einsatzgruppen in Rechnung und vergegenwärtigt sich die häufig auf Interaktion angelegte nationalsozialistische Befehlstechnik, so müssen sich beide Varianten nicht von vorneherein ausschließen: Heydrich könnte sich auch zunächst allgemeiner Weisungen bedient haben, um dem Einsatzgruppenpersonal die Gelegenheit zu geben, sich intuitiv an die eigentliche Absicht heranzutasten; wo diese nach einiger Zeit, unter dem Eindruck der enthemmenden Wirkung des blutigen Mordhandwerks, trotz allem nicht verstanden worden war, mußte mit weiteren direkten Befehlen nachgeholfen werden. Auch in diesem Falle wäre, wie bei der bereits erörterten Entscheidung zur »Endlösung« im europäischen Rahmen, die Prozeßhaftigkeit der Entschlußbildung die Erklärung für widersprüchliche Quellenangaben.

Auch die schriftlichen Befehle, die Heydrich den Einsatzgruppen mit auf den Weg gab, zeichnen sich durch eine gewisse Ambivalenz aus. In dem Einsatzgruppenbefehl vom 2. Juli 1941 ordnete Heydrich an, neben kommunistischen Funktionären und »sonstigen radikalen Elementen« Juden nur soweit zu erschießen, als sie sich in »Partei- und Staatsstellungen« befänden (Dok. Nr. 30). In einem wenige Tage zuvor erlassenen Befehl hatte er allerdings dazu aufgefordert, »Selbstreinigungsbestrebungen« antikommunistischer oder antijüdischer Kreise zu fördern, also nach Möglichkeit Pogrome (die nicht mehr auf die oben charakterisierte Gruppe hätte beschränkt werden können) durch die einheimische Bevölkerung auszulösen (Dok. Nr. 31).

Die Methode, nach der die Einsatzgruppen operierten, sah in der Regel etwa so aus: Ein Kommando erschien überraschend in einem Ort, der vor kurzem von Wehrmachtseinheiten erobert worden war, und forderte die jüdische Bevölkerung auf, sich an einem bestimmten Platz einzufinden, da eine »Umsiedlungsaktion« vorgesehen sei. Diejenigen, die sich in ihren Häusern versteckten, wurden in einer Art Razzia aufgespürt und in der Regel an Ort und Stelle erschossen. Die Personen, die sich wie befohlen eingefunden hatten, wurden zu Massengräbern geführt, die meist in unmittelbarer Nähe vorbereitet worden waren und dort, in teilweise sich über Stunden und Tage erstreckenden Exekutionen, erschossen (Dok. Nr. 32). Das vermutlich größte Massaker dieser Art fand Anfang Oktober 1941 in Babyj Jar bei Kiew statt. Hier wurden mehr als 33000 Menschen ermordet (Dok. Nr. 33a–e). Man traf meistens auf ahnungslose, zum Widerstand unfähige Opfer und auf eine nichtjüdische Bevölkerung, die sich zumindest in der ersten Phase ganz überwiegend passiv verhielt. Mit dem weiteren Vordringen der Einsatzgruppen nach Osten wurden schließlich die Exekutionen bekannt, und eine Massenflucht sowjetischer Juden setzte ein. Zahlreiche Juden verbargen sich in den Wäldern oder schlossen sich Partisanengruppen an. In der nichtjüdischen Bevölkerung machte sich zunehmend Unruhe über die nicht verborgen gebliebenen Exekutionen breit, ohne daß jedoch hierdurch der Ablauf der Aktionen gestört worden wäre.

Zusätzlich zu den Einsatzgruppen nahmen weitere SS- und Polizeieinheiten umfangreiche Erschießungen vor. So stellte etwa die

Gestapo in Ostpreußen und der Befehlshaber der Sicherheitspolizei und des SD im Generalgouvernement Kommandos zusammen, die die Demarkationslinie überschritten und tausende von Juden erschossen. Auch die drei Höheren SS- und Polizeiführer, die Himmler in den besetzten Ostgebieten eingesetzt hatte, verfügten über eigene Einheiten, mit denen sie die Einsatzgruppen unterstützten oder eigenständige »Aktionen« durchführten. Zu diesem Zweck unterstanden ihnen Dienststellen der Sicherheitspolizei (Dok. Nr. 34), je ein Regiment Ordnungspolizei (Dok. Nr. 35) und weitere Polizeibataillone (Dok. Nr. 36). Zeitweise wurden sie zusätzlich durch die SS-Brigaden, eine Art Verfügungstruppe Himmlers, und andere Einheiten der Waffen-SS unterstützt (Dok. Nr. 37 u. 38).

Außerdem stellte man in den besetzten Gebieten einheimische Hilfsverbände auf, so insbesondere in den baltischen Staaten und in der Ukraine. Diese Miliz- und Polizeiverbände beteiligten sich maßgeblich an den Massenerschießungen.

Ein erheblicher Teil des Massenmordes spielte sich in einem Territorium ab, das unter Kontrolle der Wehrmacht stand: Während im westlichen Besatzungsgebiet eine Zivilverwaltung (Reichskommissare Ostland und Ukraine, Bezirk Bialystok sowie die an das Generalgouvernement abgetretenen Gebiete) eingerichtet wurde, unterstand ein bis zu 500 km breiter Kordon militärischer Verwaltung. Den Tötungseinheiten war hier durch Absprache mit der Wehrmacht weitgehende Handlungsfreiheit gelassen worden.

Generell läßt sich sagen, daß die Erschießungsaktionen in erheblichem Umfang durch die Wehrmacht unterstützt wurden. In der Armee wurde das nationalsozialistische Feindbild von der »jüdisch-bolschewistischen« Sowjetunion weitgehend geteilt. Die »Besonderen Anordnungen Nr. 1« für die Operation gegen die Sowjetunion hatte bereits ohne Differenzierung »bolschewistische Hetzer, Freischärler, Saboteure, Juden« als Gegner genannt, gegen die »rücksichtsloses und energisches Durchgreifen« am Platz sei (Dok. Nr. 39). Der Oberbefehlshaber der 6. Armee, von Reichenau, hatte die Soldaten in einem Befehl vom Oktober 1941 dazu aufgefordert, »für die Notwendigkeit der harten, aber gerechten Sühne am jüdischen Untermenschentum volles Verständnis« zu haben und die »erbarmungslose Ausrottung artfremder Heimtücke und Grausamkeit und damit die Sicherung des Lebens der deutschen Wehrmacht in Rußland« verlangt (Dok. Nr. 40). Liest man die entsprechenden Befehle der im Osten eingesetzten Wehrmachtstäbe, so stößt man häufig auf die Vorstellung, einem undurchsichtigen Konglomorat von Kommunisten, Juden, Partisanen und Kriminellen gegenüberzustehen, die Sabotageakte vornahmen, aus dem Hinterhalt angriffen, die Bevölkerung aufwiegelten, Krankheiten verbreiteten und Wehrmachtsgut plünderten. Umfangreiche »Säuberungen« fanden daher seitens der Wehrmacht vollstes Verständnis.

In der Praxis ging die Wehrmacht daher häufig dazu über, Juden von vorneherein als verdächtig anzusehen und sie den Einsatzgruppen zu übergeben oder ihr »Verschwinden« zu fordern (Dok. Nr. 41). Auch unterstützte sie die Einsatzgruppen durch Bereitstellung von Fahrzeugen und Benzin (Dok. Nr. 42). Neben solchen Hilfeleistungen nahmen Wehrmachteinheiten aber auch Erschießungen von Juden vor (Dok. Nr. 43). Hierzu reichte häufig der allgemeine Verdacht aus, die Juden hätten die Partisanenbewegung unterstützt, während gleichzeitig »Vergeltungsmaßnahmen« bevorzugt den jüdischen Bevölkerungsteil trafen. Die Wehrmacht hatte sich zudem damit einverstanden erklärt, in ihren Kriegsgefangenenlagern jüdische, kommunistische und sonstige mißliebige Gefangene systematisch durch SD-Mitarbeiter aussondern zu lassen (Dok. Nr. 44 u. 45). Die Selektierten wurden im allgemeinen liquidiert.

Aber es gibt auch eine Reihe von Hinweisen, daß neben der umfangreichen Unterstützung, die die Wehrmacht leistete, sich innerhalb der Truppe ein gewisses Unbehagen gegen die pauschalen Tötungsaktionen breitmachte und einzelne Offiziere sich solchen Anordnungen zu entziehen suchten (Dok. Nr. 46 u. 47). Neben wirklicher moralischer Empörung über die Massenmorde spielte dabei auch eine Rolle, daß die Erschießungen, die nicht zu verbergen waren, häufig von sensationslüsternen Wehrmachtangehörigen beobachtet wurden und sich auf diese Weise Gerüchte bis in die Heimat hinein verbreiteten. Örtlich war es ferner zur spontanen Teilnahme von Wehrmachtangehörigen an Erschießungen und Pogromen gekommen. All dies waren aus der Sicht der militärischen Kommandeure empfindliche Störungen der Disziplin.

Die Einsatzgruppen verrichteten ihr blutiges Handwerk auch in den Gebieten, die von ungarischen und rumänischen Streitkräften kontrolliert wurden. Während sich die Ungarn als relativ unwillig zur Zusammenarbeit erwiesen, kam es unter den rumänischen Truppen häufiger zu spontanen Mordaktionen in jüdischen Wohnvierteln. Das größte Massaker auf rumänischer Seite wurde im Oktober 1941 in Odessa angerichtet: Als der sowjetische Widerstand, der sich im Kanalsystem der Stadt versteckt hatte, das rumänische Hauptquartier in die Luft sprengte, wurden zur Vergeltung zehntausende jüdische Einwohner der Stadt erschossen (Dok. Nr. 48).

Während die Massentötungen in der zweiten Jahreshälfte weitgehend »ungestört durchgeführt werden« konnten, ließ sich die Absicht, die einheimische Bevölkerung zu Pogromen aufzuhetzen, nur ansatzweise durchführen. Derartige »Erfolge« waren vor allem aus den baltischen Staaten, namentlich aus Litauen zu vermelden. Im allgemeinen gelang es den Einsatzgruppen aber nicht, an einzelnen Orten ausgelöste Pogrome in Flächenbrände zu verwandeln.

Diejenigen Juden, die nicht der ersten Liquidierungswelle zum Opfer fielen, wurden zunächst durch die Einsatzgruppen, später durch die militärischen bzw. zivilen Besatzungsbehörden in Gettos konzentriert. Sie wurden gekennzeichnet, umfangreichen Beschränkungen unterworfen und zu Zwangsarbeiten herangezogen.

Die Juden in Minsk, Riga und Kowno gerieten als erste in den Strudel der sich auf den gesamten europäischen Raum ausbreitenden Vernichtungsmaßnahmen. Sie wurden im November und Dezember 1941 systematisch erschossen, um Platz für deportierte deutsche Juden zu machen (Dok. Nr. 49).

Diese Gettosäuberungen bildeten den Auftakt für die zweite Tötungswelle in den besetzten Ostgebieten. Sie wurde ebenfalls in Form von Massenexekutionen durchgeführt, daneben kam es zusätzlich zum Einsatz von Gaswagen (Dok. Nr. 50). Die Durchführung lag in den Händen der Höheren SS- und Polizeiführer. Im Zuge umfangreicher Aktionen zur »Bandenbekämpfung« wurden diesen auch Waffen-SS und Wehrmachteinheiten unterstellt. Die aus Einheimischen zusammengestellten Hilfskräfte wurden in dieser Phase erheblich erweitert. Auch in dem rumänisch besetzten

Gebiet führte man solche Massentötungen durch. Ende 1942 waren die meisten Gettos liquidiert. Im Sommer 1943 wurde damit begonnen, die noch verbliebenen Gettos in Konzentrationslager umzuwandeln (Dok. Nr. 51).

Bereits im Juni 1942 wurde auf Anweisung Himmlers ein Sonderkommando aufgestellt, das unter der Bezeichnung »1005« die Spuren der Tötungsaktionen verwischen sollte (Dok. Nr. 52). Zu diesem Zweck wurden die Massengräber geöffnet, die Leichname der erschossenen Juden herausgeholt und verbrannt (Dok. Nr. 53). Diese Aktion, die auch auf polnisches Gebiet ausgedehnt wurde, konnte aber nicht mehr zum Abschluß gebracht werden.

Die Gesamtzahl der ermordeten sowjetischen Juden dürfte sich auf etwa eine Million belaufen.

26 **»Richtlinien auf Sondergebieten zur Weisung**
    Barbarossa« der Abteilung Landesverteidigung des
    OKW: Sonderaufgaben des RFSS im Operationsgebiet,
    13.3.1941:

[...]
2.) Das im Zuge der Operationen zu besetzende russische Gebiet
soll, sobald der Ablauf der Kampfhandlungen es erlaubt, nach
besonderen Richtlinien in Staaten mit eigenen Regierungen
aufgelöst werden.

Hieraus folgert:

a) Das mit dem Vorgehen des Heeres über die Grenzen des
Reiches und der Nachbarstaaten gebildete Operationsgebiet
des Heeres ist der Tiefe nach soweit als möglich zu beschränken. Der Ob. d. H. hat die Befugnis, in diesem Gebiet die
vollziehende Gewalt auszuüben mit der Ermächtigung, sie
auf die Oberbefehlshaber der Heeresgruppen und Armeen
zu übertragen.

b) Im Operationsgebiet des Heeres erhält der Reichsführer SS
zur Vorbereitung der politischen Verwaltung Sonderaufgaben
im Auftrage des Führers, die sich aus dem endgültig auszutragenden Kampf zweier entgegengesetzter politischer Systeme
ergeben. Im Rahmen dieser Aufgaben handelt der Reichsführer SS selbständig und in eigener Verantwortung. Im übrigen
wird die dem Ob. d. H. und den von ihm beauftragten Dienststellen übertragene vollziehende Gewalt hierdurch nicht berührt. Der Reichsführer SS sorgt dafür, daß bei Durchführung
seiner Aufgaben die Operationen nicht gestört werden. Nähe-
res regelt das OKH mit dem Reichsführer SS unmittelbar.

c) Sobald das Operationsgebiet eine ausreichende Tiefe erreicht hat, wird es rückwärts begrenzt. Das neubesetzte Gebiet rückwärts des Operationsgebietes erhält eine eigene politische Verwaltung. Es wird entsprechend den volkstums-
mäßigen Grundlagen und in Anlehnung an die Grenzen der
Heeresgruppen zunächst in Nord (Baltikum), Mitte (Weißrußland) und Süd (Ukraine) unterteilt. In diesen Gebieten
geht die politische Verwaltung auf Reichskommissare über,
die ihre Richtlinien vom Führer empfangen. [...]

BA/MA RW 4/v. 522 (Kopie);
Der Prozeß gegen die Hauptkriegsverbrecher vor dem Internationalen Militärgerichtshof, Nürnberg 14. November 1945 – 1. Oktober 1946. Nürnberg 1947, Band 26, S. 53–58.

27 Befehl des Oberkommando des Heeres/ Generalquartiermeister: Einsatz von Sonderkommandos der Sicherheitspolizei (SD), 26.3. bzw. 28.4.1941:

Die Durchführung besonderer sicherheitspolizeilicher Aufgaben außerhalb der Truppe macht den Einsatz von Sonderkommandos der Sicherheitspolizei (SD) im Operationsgebiet erforderlich. Mit Zustimmung des Chefs der Sicherheitspolizei und des SD wird der Einsatz der Sicherheitspolizei und des SD im Operationsgebiet wie folgt geregelt:

1. Aufgaben:
   a) im rückwärtigen Armeegebiet:
   Sicherstellung vor Beginn von Operationen festgelegter Objekte (Material, Archive, Karteien von reichs- und staatsfeindlichen Organisationen, Verbänden, Gruppen usw.), sowie besonders wichtiger Einzelpersonen (führende Emigranten, Saboteure, Terroristen usw.). Der Oberbefehlshaber der Armee kann den Einsatz der Sonderkommandos in Teilen des Operationsgebiets ausschließen, in denen durch den Einsatz Störungen der Organisationen eintreten können.
   b) im rückwärtigen Heeresgebiet:
   Erforschung und Bekämpfung der staats- und reichsfeindlichen Bestrebungen, soweit sie nicht der feindlichen Wehrmacht eingegliedert sind, sowie allgemeine Unterrichtung der Befehlshaber der rückwärtigen Heeresgebiete über die politische Lage. Für die Zusammenarbeit mit den Abwehroffizieren bzw. Abwehrstellen gelten sinngemäß die mit der Abwehrabteilung des Reichsministeriums am 1. Januar 1937 gemeinsam aufgestellten »Grundsätze für die Zusammenarbeit zwischen der Geheimen Staatspolizei und den Abwehrstellen der Wehrmacht«.
2. Zusammenarbeit zwischen den Sonderkommandos und den

militärischen Kommandobehörden im rückwärtigen Armeegebiet (zu 1 a).

Die Sonderkommandos der Sicherheitspolizei und des SD führen ihre Aufgaben in eigener Verantwortlichkeit durch. Sie sind den Armeen hinsichtlich Marsch, Versorgung und Unterbringung unterstellt. Disziplinäre und gerichtliche Unterstellung unter den Chef der Sicherheitspolizei und des SD werden hierdurch nicht berührt.

Sie erhalten ihre fachlichen Weisungen vom Chef der Sicherheitspolizei und des SD und sind hinsichtlich ihrer Tätigkeit gegebenenfalls einschränkenden Anordnungen der Armee (s. Ziffer 1 a) unterworfen.

Für die zentrale Steuerung dieser Kommandos wird im Bereich jeder Armee ein Beauftragter des Chefs der Sicherheitspolizei und des SD eingesetzt.

Dieser ist verpflichtet, die ihm vom Chef der Sicherheitspolizei und des SD zugegangenen Weisungen dem Oberbefehlshaber der Armee rechtzeitig zur Kenntnis zu bringen. Der militärische Befehlshaber ist berechtigt, an den Beauftragten Weisungen zu geben, die zur Vermeidung von Störungen der Operationen erforderlich sind; sie gehen allen übrigen Weisungen vor. Die Beauftragten sind auf ständige enge Zusammenarbeit mit dem Ic angewiesen. Abstellung eines Verbindungsbeamten des Beauftragten zum Ic kann von den Kommandobehörden gefordert werden.

Der Ic hat die Aufgaben der Sonderkommandos mit der militärischen Abwehr, der Tätigkeit der Geh. Feldpolizei und den Notwendigkeiten der Operation in Einklang zu bringen.

Die Sonderkommandos sind berechtigt, im Rahmen ihres Auftrages in eigener Verantwortung gegenüber der Zivilbevölkerung Exekutivmaßnahmen zu treffen.

Sie sind hierbei zu engster Zusammenarbeit mit der Abwehr verpflichtet. Maßnahmen, die sich auf die Operationen auswirken können, bedürfen der Genehmigung des Oberbefehlshabers der Armee.

3. Zusammenarbeit zwischen den Einsatzgruppen bzw. -kommandos der Sicherheitspolizei und des SD und dem Befehlshaber im rückwärtigen Heeresgebiet (zu 1 b).

[Gleicher Wortlaut wie unter Ziffer 2. Bezeichnung der Dienststellen entsprechend geändert.][...]

4. Abgrenzung der Befugnisse zwischen Sonderkommandos, Einsatzkommandos und Einsatzgruppen und der Geheimen Feldpolizei.

Die abwehrpolizeilichen Aufgaben innerhalb der Truppe und der unmittelbare Schutz der Truppe bleiben alleinige Aufgabe der Geheimen Feldpolizei. Alle Angelegenheiten dieser Art sind von den Sonderkommandos bzw. Einsatzgruppen und -kommandos sofort an die Geheime Feldpolizei abzugeben, wie umgekehrt diese alle Vorgänge aus dem Aufgabenbereich der Sonderkommandos ungesäumt an die Sonderkommandos bzw. Einsatzgruppen und -kommandos abzugeben hat.

Im übrigen gilt auch hierfür das Abkommen vom 1. Januar 1937 (s. Ziffer I).

BA/MA RW 4/v. 575.
Hans-Adolf Jacobsen: Kommissarbefehl und Massenexekutionen sowjetischer Kriegsgefangener, in: Hans Buchheim [u. a.]: Anatomie des SS-Staates. München [2]1979, Band 2, S. 170–173.

28   Affidavit des Führers des Sonderkommandos 7 a Blume: Befehl zur umfassenden Ermordung aller Juden schon vor Abmarsch, 26. 6. 1947:

[...] 3.) Während der Aufstellung der Einsatzgruppen und -kommandos in den Monaten Mai/Juni 1941 war ich in Düben anwesend. Im Laufe des Monats Juni hielten Heydrich, Chef der Sicherheitspolizei und das SD, und Streckenbach, Amtschef I des RSHA, Vorträge über die Aufgaben der Einsatzgruppen und -kommandos. Zu dieser Zeit wurden wir bereits über die Aufgaben der Judenvernichtung unterrichtet. Es wurde ausgeführt, daß das Ostjudentum das intellektuelle Reservoir des Bolschewismus sei und deshalb, nach Ansicht des Führers, vernichtet werden muß. Diese Rede wurde in kleinem Kreise gehalten. Obwohl ich mich an die einzelnen Hörer nicht erinnern kann, nehme ich an, daß viele Einsatzgruppenchefs und die Chefs der Einsatz- und Sonderkommandos anwesend waren. Ich hörte eine weitere Rede Heydrichs im Prinz-Albrecht-Palais in Berlin, wo er nochmals diese Punkte unterstrich. [...]

IfZ NO-4145 (Kopie);
John Mendelsohn (Hg.), The Holocaust. Selected Documents. New York 1982, Band 10, S. 156–158 (Faks.)

29 Aussagen der Einsatzkommandoführer Erwin Schulz, Günther Herrmann und Gustav Noßke vor der Staatsanwaltschaft: Befehlserhalt erst im Juli/August 1941, 22. 3., 20. 4., 21. 4. 1971:

a) [...] Zum Inhalt der Ansprache Heydrichs möchte ich auch wieder auf meine Angaben in Nürnberg verweisen, wo ich mich noch gut an die Rede erinnerte. Nach meiner heutigen Erinnerung hat Heydrich im Verlauf seiner vielleicht halbstündigen Ansprache zunächst offiziell davon Kenntnis gegeben, daß es sich um einen Einsatz in Rußland handele. Dieser Einsatz werde nicht in der bisherigen Form verlaufen, sondern es handele sich um einen besonders harten Einsatz unter schwierigen Umständen. Es sei ein Einsatz in einem Krieg, in dem »Volk gegen Volk« kämpfe und in dem sich zwei Weltanschauungen gegenüberständen. Zudem sei mit dem Einsatz von Partisanen zu rechnen. Erstmals werde auch zum persönlichen Schutz der Einsatzgruppen und -kommandos als Unterstützung der Einsatz bewaffneter Angehöriger der SS und der Schutzpolizei vorgesehen. Heydrich wies dann noch darauf hin, daß auch schärfer gegen die Juden vorgegangen werden müsse. Das hätten die Erfahrungen in Polen gelehrt. Welche Erfahrungen er damit gemeint hat, habe ich weder damals gewußt, noch ist es mir heute bekannt. [...]
Nach meiner Erinnerung gab Rasch dann noch im Juli in Shitomir den Befehl bekannt, wonach alle männlichen Juden, die nicht im Arbeitseinsatz stünden, zu erschießen [sic] [...]
Etwa 3 bis 4 Wochen später ergänzte er dann den Befehl dahin, daß auch alle jüdischen Frauen und Kinder zu erschießen seien, damit aus ihnen keine ›Rächer‹ entstünden. Dieser Befehl war auf

die Frauen und Kinder derjenigen begrenzt, die nicht im Arbeitseinsatz standen.

Rasch erklärte, daß der Befehl zur Tötung der Juden von Jeckeln überbracht worden sei. Wenn ich mich recht erinnere, sprach er davon, Jeckeln habe erklärt, es handle sich um einen Befehl des Reichsführers. [...]

b) [...] Erst am Tag nach der Einnahme Lembergs – das war meiner Erinnerung nach in den ersten Tagen des Juli – hat er mir allein gegenüber den Führerbefehl bekannt gemacht, wonach die Kriegsgerichtsbarkeit aufgehoben und mit aller Härte gegen Gegner vorzugehen sei, d. h. Saboteure, Funktionäre, und die Träger des Bolschewismus – worunter auch die Juden fielen – seien zu erschießen. Ich habe seinerzeit darunter nur die männlichen Angehörigen der betreffenden Gruppen verstanden. Dr. Rasch hat den Befehl zwar nicht ausdrücklich auf die Männer beschränkt, ich habe seine Worte aber in diesem Sinne aufgefaßt. Erst später, ohne daß ich heute noch sagen könnte, wo und wann genau das geschehen ist, hat er erklärt, daß auch Frauen und Kinder der genannten Gruppen zu erschießen seien. [...]

c) [...] Ich erinnere heute noch, daß eines Abends etwa zwei Monate nach Beginn des Rußlandfeldzuges Ohlendorf zusammen mit Dr. Rasch auf der Rückreise von Berlin in meinem Quartier in Transnistrien Station machte. Ohlendorf erklärte mir in Gegenwart von Dr. Rasch – eine weitere Person war nicht zugegen –, daß er mich mit einem Führerbefehl bekannt machen müsse. Er las mir dann etwas aus einer »Geheimen Reichssache« vor, wonach alle Juden, und zwar einschließlich der Frauen und Kinder, unterschiedslos zu töten seien. Ich erinnere noch, daß in bezug auf die Frauen und Kinder von »potentiellen Gegnern der Zukunft« die Rede war. Von wem er diesen Befehl erhalten hatte, hat er mir nicht gesagt. [...]

ZStL 201 AR-Z 76/59 Bd. 6, Bl. 6924–6934, Bd. 7, Bl. 7041–7047, 7048–7059.

30 Einsatzbefehl Heydrichs an die HSSPF in der Sowjetunion: Weisungen an die Einsatzgruppen und -kommandos, 2. 7. 1941:

[...] In Nachstehendem gebe ich in gedrängter Form Kenntnis von den von mir den Einsatzgruppen und -kommandos der Sicherheitspolizei und des SD gegebenen wichtigsten Weisungen mit der Bitte, sich dieselben zu eigen zu machen.

Vorbemerkung:

Nahziel des Gesamteinsatzes ist die politische, d. h. im wesentlichsten die sicherheitspolizeiliche Befriedung der neu zu besetzenden Gebiete.

Endziel ist die wirtschaftliche Befriedung.

Wenn auch alle zu treffenden Maßnahmen schließlich auf das Endziel, auf welchem das Schwergewicht zu liegen hat, abzustellen sind, so sind sie doch im Hinblick auf die jahrzehntelang anhaltende bolschewistische Gestaltung des Landes mit rücksichtsloser Schärfe auf umfassendstem Gebiet durchzuführen.

Dabei sind selbstverständlich die Unterschiede zwischen den einzelnen Völkerstämmen (insbesondere Balten, Ruthenen, Ukrainer, Georgier, Armenier, Aserbeidschaner usw.) zugrunde zu legen und wo irgendmöglich für die Zielsetzung auszunützen.

Die politische Befriedung ist die erste Voraussetzung für die wirtschaftliche Befriedung.

1) Verhältnis zur Wehrmacht:

Zur Vermeidung möglicher Unklarheiten im Hinblick auf den organisatorischen Einsatz und den sachlichen Aufgabenbereich der Einsatzgruppen und -kommandos der SP (SD) im Rahmen des gesamten Osteinsatzes verweise ich nochmals auf die Befehle des OKH. vom 26. III. 41.

2) Berichterstattung:

Der RFSS und Chef der Deutschen Polizei muß laufend über alle Einsatzergebnisse der Sicherheitspolizei und des SD unterrichtet sein.

Auf Befehl des RFSS habe ich, um diese ständige Berichterstattung zu gewährleisten, für den Geschäftsbereich der Sicherheitspolizei und des SD im Rahmen des Reichssicherheitshauptamtes eine zentrale Nachrichtenübermittlungsstelle (ZNÜ) eingerichtet, die mir unmittelbar untersteht.

An diese ZNÜ sind im Verfolg des ausdrücklichen Befehls des RFSS alle Berichte, Anfragen und Meldungen usw. durchzugeben.

Hiervon hat der RFSS lediglich solche Berichte oder Meldungen ausgenommen, die vom RFSS persönlich und unmittelbar angefordert werden.

Aber auch diese unmittelbaren Berichte und Meldungen sind, da für den Gesamtüberblick erforderlich, gleichzeitig sofort an die ZNÜ durchzugeben.

Auf die besondere Wichtigkeit der absoluten Einhaltung dieses Befehls des RFSS ist im Hinblick auf die noch bevorstehenden Raumerweiterungen von vorneherein ganz besonders Wert zu legen.

3) Fahndungsmaßnahmen:
An Hand der vom Reichssicherheitshauptamt herausgegebenen Sonderfahndungsliste *Ost* haben die EK der Sipo und des SD die erforderlichen Fahndungsmaßnahmen zu treffen.

Da es naturgemäß nicht möglich war, alle gefährlichen Personen in der SU zu erfassen, sind über diese Fahndungsliste hinaus alle diejenigen Fahndungs- und Exekutivmaßnahmen zu treffen, die zur politischen Befriedung der besetzten Gebiete erforderlich sind.

4) Exekutionen:
Zu exekutieren sind alle

Funktionäre der Komintern (wie überhaupt die kommunistischen Berufspolitiker schlechthin)

die höheren, mittleren und radikalen unteren Funktionäre der Partei, der Zentralkomitees, der Gau- und Gebietskomitees

Volkskommissare

Juden in Partei- und Staatsstellungen

sonstigen radikalen Elemente (Saboteure, Propagandeure, Heckenschützen, Attentäter, Hetzer usw.)

soweit sie nicht im Einzelfall nicht oder nicht mehr benötigt werden, um Auskünfte in politischer oder wirtschaftlicher Hinsicht zu geben, die für die weiteren sicherheitspolizeilichen Maßnahmen oder für den wirtschaftlichen Wiederaufbau der besetzten Gebiete besonders wichtig sind.

Insbesondere ist Bedacht zu nehmen, daß Wirtschafts-, Gewerkschafts- und Handelsgremien nicht restlos liquidiert werden, sodaß keine geeigneten Auskunftspersonen mehr vorhanden sind.

Den Selbstreinigungsversuchen antikommunistischer oder antijüdischer Kreise in den neu zu besetzenden Gebieten sind keine Hindernisse zu bereiten. Sie sind im Gegenteil, allerdings <u>spurenlos</u>, zu fördern, ohne daß sich diese örtlichen »Selbstschutz«-Kreise später auf Anordnungen oder gegebene politische Zusicherungen berufen können.

Da aus naheliegenden Gründen ein solches Vorgehen nur innerhalb der ersten Zeit der militärischen Besetzung möglich ist, haben die Einsatzgruppen der SP (SD) möglichst im Benehmen mit den militärischen Dienststellen bestrebt zu sein, in den betreffenden neu besetzten Gebieten raschestens, wenigstens mit einem Vorkommando, einzurücken.

Besonders sorgfältig ist bei Erschießungen von Ärzten und sonstigen in der Heilkunde tätigen Personen vorzugehen. Da auf dem Lande auf etwa 10 000 Einwohner an sich nur ein Arzt fällt, würde bei etwa auftretenden Epidemien durch die Erschießung von zahlreichen Ärzten ein kaum auszufüllendes Vakuum entstehen.

Wenn im Einzelfalle eine Exekution erforderlich ist, ist sie selbstverständlich durchzuführen, doch muß eine genaue Überprüfung des Falles vorausgehen.

BA R 70 Sowjetunion/32, Bl. 384–390.

31 Fernschreiben Heydrichs an die Einsatzgruppenchefs: »Selbstreinigungsaktionen« in der Sowjetunion, 29. 6. 1941:

Unter Bezug auf meine bereits am 17. VI. in Berlin gemachten mündlichen Ausführungen bringe ich in Erinnerung:
1) den Selbstreinigungsbestrebungen antikommunistischer oder antijüdischer Kreise in den neu zu besetzenden Gebieten ist kein Hindernis zu bereiten. Sie sind im Gegenteil, allerdings spurenlos auszulösen, zu intensivieren wenn erforderlich und in die richtigen Bahnen zu lenken, ohne daß sich diese örtlichen

»Selbstschutzkreise« später auf Anordnungen oder auf gegebene politische Zusicherungen berufen können.

Da ein solches Vorgehen nur innerhalb der ersten Zeit der militärischen Besetzung aus naheliegenden Gründen möglich ist, haben die Einsatzgruppen und -kommandos der SP und des SD im Benehmen mit den militärischen Dienststellen möglichst bestrebt zu sein, raschestens in die neu besetzten Gebiete wenigstens mit einem Vorkommando einzurücken, damit sie das Erforderliche veranlassen können.

Zu Leitern solcher Vorkommandos sind nur solche Angehörige der SP und des SD auszusuchen, die über das erforderliche politische Fingerspitzengefühl verfügen.

Die Bildung ständiger Selbstschutzverbände mit zentraler Führung ist zunächst zu vermeiden; an ihrer Stelle sind zweckmäßig örtliche Volkspogrome wie oben dargelegt, auszulösen. [...]

BA R 70 Sowjetunion/32, Bl. 391 f.

32 Vernehmung Rivka Yosselevska im Eichmann-Prozeß: Erschießungsaktion bei Pinsk überlebt, 8.5.1961:

[...] Zeugin: Wir wurden gehetzt zu dieser Grube, wir waren bereits nackt ausgezogen, mein Vater wollte sich nicht ausziehen, er blieb in seinen Unterhosen –

Gen. Staatsanw.: Und da rissen ihm die Deutschen die Kleider ab, ja?

Zeugin: Nachdem er an die Reihe kam erschossen zu werden... man sagte ihm er solle sich ausziehen, er wollte sich aber nicht ausziehen, er blieb in seinen Unterhosen, er wurde schwer verprügelt, trotzdem blieb er und da riß man ihm die Kleider vom Leib und ich sah mit eigenen Augen wie er erschossen wurde. Dann kam die Mutter an die Reihe, sie wollte nur nicht die Erste sein, dann wurde sie trotzdem vorgeschleppt, man erschoß sie, nachher kam meine Großmutter, eine alte 80-jährige Frau, dann kam die Schwester meines Vaters dran, auch sie stand bereits da mit den kleinen Kindern noch an der Hand –

Gen. Staatsanw.: Und endlich kamen nun Sie an die Reihe, nicht?

Zeugin: Und das war meine jüngere Schwester, so sehr sie auch im Ghetto gelitten hatte, wollte sie trotzdem am Leben bleiben, sie stand dort nackt und schrie, man solle sie und ihre Freundin am Leben lassen, aber sie beide wurden erschossen und beide fielen auch zusammen.

F[rage]: Also was geschah nun mit Ihnen?

A[ntwort]: Noch eine Schwester und dann kam ich dran. Ich hatte den Kopf umgewandt, denn wir gingen ja mit dem Gesicht zur Grube, und fragte wen soll ich zuerst erschießen, ich habe nicht weiter geantwortet, ich merkte nur wie die Tochter von mir weggerissen wird und ich hörte ihren letzten Schrei und die Kugel. Dann wandte er sich an mich, ich drehte den Kopf um, er faßte mich bei den Haaren und wollte auch mich erschießen. Ich hörte auch einen Schuß, aber ich blieb stehen. Er drehte mich wieder um, den Revolver geladen, er schoß und ich fiel.

F.: Und da fielen Sie in die Grube, nicht wahr?

A.: Ja, ich fiel in die Grube, aber ich fühlte überhaupt nichts und ich merkte nur, daß irgendetwas Schweres auf mir liegt, ich war überzeugt, daß ich nicht mehr am Leben geblieben war, daß ich tot war, aber irgendwie merkte ich trotzdem irgendetwas. Ich merkte, daß ich ersticke, Leute fielen immer weiter auf mich. Ich fing an mich zu rühren, ich merkte, daß ich mich rühren kann, daß ich am Leben geblieben bin. Ich fühlte daß ich unter der Last der Menschen, die auf mich herauffielen, ersticke, aber ich kämpfte darum, daß ich nicht ersticke, ich hatte überhaupt keine Kraft mehr und plötzlich fühlte ich trotzdem, daß ich langsam aber sicher emporkomme und aus der Grube mich über die Menschenmenge, die auf mir war, hinwegsetze.

[...]... oben herauf zu ziehen... Als ich aus der Grube heraus habe ich nichts mehr erkannt, die ganze Umgebung war voll mit Leuten, die da auf der Erde lagen, ausgebreitet, gespreizt, Kinder, ich hörte nur Kinder schreien, die nackt umherliefen, ohne Schuhe, barfuß, riefen nach Vater, Mutter...

Staatsanw.: Waren die Deutschen zu jener Zeit noch da?

Zeugin: Nein, es waren keine Deutschen mehr da. Kein einziger war mehr da. [...]

IfZ G 01, Prozeßprotokoll, Sitzung 30, S. Q1–T1.

33 Das Massaker von Babyj Jar bei Kiew

Ereignismeldungen UdSSR des Chefs der
Sicherheitspolizei und des SD Nr. 101 u. 106, 2.10. u.
7.10.1941:

a) [...] Einsatzgruppe C.

Standort *Kiew*.

Das Sonderkommando 4a hat in Zusammenarbeit mit Gruppenstab und zwei Kommandos des Polizei-Regiments Süd am 29. und 30.9.41 in Kiew 33771 Juden exekutiert. [...]

b) [...] Exekutionen und sonstige Maßnahmen

Einmal auf Grund der wirtschaftlichen Besserstellung der Juden unter bolschewistischer Herrschaft und ihrer Zuträger- und Agentendienste für das NKWD, zum anderen wegen der in Kiew erfolgten Sprengungen und der daraus entstandenen Großfeuer, war die Erregung der Bevölkerung gegen die Juden außerordentlich groß. Hinzu kommt, daß Juden sich nachweislich an der Brandlegung beteiligt hatten. Die Bevölkerung erwartete deshalb von den deutschen Behörden entsprechende Vergeltungsmaßnahmen. Aus diesem Grunde wurden in Vereinbarung mit dem Stadtkommandanten sämtliche Juden Kiews aufgefordert, sich am Montag, dem 29.9. bis 6.00 Uhr an einem bestimmten Platz einzufinden. Diese Aufrufe wurden durch die Angehörigen der aufgestellten ukrainischen Miliz in der ganzen Stadt angeschlagen. Gleichzeitig wurde mündlich bekanntgegeben, daß sämtliche Juden umgesiedelt würden. In Zusammenarbeit mit dem Gruppenstabe und 2 Kommandos des Polizei-Regiments *Süd* hat das Sonderkommando 4a am 29. und 30.9. 33771 Juden exekutiert. Geld, Wertsachen, Wäsche und Kleidungsstücke wurden sichergestellt und zum der Teil der NSV zur Ausrüstung der Volksdeutschen, zum Teil der kommissarischen Stadtverwaltung zur Überlassung an bedürftige Bevölkerung übergeben. Die Aktion selbst ist reibungslos verlaufen. Irgendwelche Zwischenfälle haben sich nicht ergeben. Die gegen die Juden durchgeführte »Umsiedlungsmaßnahme« hat durchaus die Zustimmung der Bevölkerung gefunden. Daß die Juden tatsächlich liquidiert wurden, ist bisher kaum bekanntgeworden, würde auch nach den bisherigen Erfahrungen kaum auf Ablehnung stoßen. Von der Wehrmacht wurden die durchgeführten Maßnahmen ebenfalls gutgeheißen. Die noch nicht erfaßten bzw. nach und nach in die Stadt zurückkehrenden geflüchteten Juden werden von Fall zu Fall entsprechend behandelt.

Gleichzeitig konnten eine Reihe NKWD-Beamter, politischer Kommissare und Partisanenführer erfaßt und erledigt werden. Die Bandera-Männer hatten durch die vor Kiew seitens der Kommandos erfolgten Maßnahmen an Stoßkraft verloren und wurde eine Betätigung bisher nur im Verteilen von Flugblättern und Ankleben von Plakaten festgestellt [sic]. 3 Festnahmen sind erfolgt, weitere eingeleitet.

Seitens des Gruppenstabes sowie des Sonderkommandos 4a und des ebenfalls in Kiew eingerückten Einsatzkommandos 5 wurde sofort die Verbindung mit den zuständigen Stellen aufgenommen. Mit diesen Stellen wurde eine laufende Zusammenarbeit erzielt und in täglichen Besprechungen die aktuellen Probleme durchgesprochen. [...]

BA R 58/218;
John Mendelsohn (Hg.), The Holocaust. Selected Documents. New York 1982, Band 10, S. 45–48, 51–61 (Faks.)

c) Bericht der Abt. VII der 454. Sicherungsdivision, 2.10.1941:

[...] Die Obdachlosen sollen größtenteils in frei gewordenen Judenwohnungen untergebracht worden sein. Der Rest konnte am 1.10. gegen Abend nach Aufhebung der im weiteren Umkreise des Brandherdes durchgeführten Absperrung in seine Wohnungen zurückkehren, soweit diese noch brauchbar waren.

Die Einwohnerzahl wird auf etwa die Hälfte des Normalstandes, also auf rund 400000, geschätzt. – Die Juden der Stadt waren aufgefordert worden, sich zwecks zahlenmäßiger Erfassung und zur Unterbringung in einem Lager an bestimmter Stelle einzufinden. Es meldeten sich etwa 34000 einschließlich der Frauen und

Kinder. Alle wurden, nachdem sie ihre Wertsachen und Kleidungsstücke hatten abgeben müssen, getötet, was mehrere Tage in Anspruch nahm.

Die Zahl der Arbeitslosen wird zur Zeit gemäß Anweisung der FK 195 (Militärverw. Gruppe) durch das neu eingerichtete Arbeitsamt der ukr[ainischen] Stadtverwaltung festgestellt. Soweit sich Bedarf nach Arbeitskräften ergibt, werden sie in Arbeit gebracht.

BA/MA RH 26–454/28.

d) Vernehmung eines Zugwachtmeisters einer Polizeikompanie, die das Erschießungsgelände absperrte, 19.11.1965:

[...] In Kiew waren Plakate erschienen, auf denen in russischer Sprache zu lesen stand, daß sich die Juden zur Umsiedlung an einem bestimmten Punkt der Stadt sammeln sollten. Wir alle mußten im Hof der Unterkunft, ich glaube es war Ende Sept. 1941, antreten. Es war alles da, was zum Kommando gehörte, selbst die Schreibstubenleute und die Leute aus dem Revier. Auch alle Offiziere waren da. Blobel hielt eine Ansprache, die zum Inhalt hatte, daß die an diesem Tag durchzuführenden Befehle in jedem Falle von uns zu befolgen seien, andernfalls wir selbst mit den schärfsten Maßnahmen, insbesondere der Erschießung wegen Feigheit und mit Sippenhaftung zu rechnen hätten. Wir wurden dann mit LKW's durch die Stadt Kiew gefahren zu einer großen Pappelallee. Auf unserer Fahrt sahen wir schon, daß sich lange Kolonnen Juden jeglichen Alters und jeglichen Geschlechts zu dieser Allee bewegten. Dieser Allee schloß sich ein Hochplateau an. Auf diesem Plateau mußten sich die Juden ausziehen. Die Juden wurden bewacht von Wehrmachtseinheiten und von einem Hamburger Pol.Bat., das, soweit ich mich erinnern kann, die Nr. 303 hatte. Blobel hatte die Oberleitung über die gesamte Organisation und Durchführung der Exekution. Die Juden mußten ihre Kleider ablegen, es türmten sich große Haufen auf. Anschließend mußten sie zum Grubenrand gehen und sich hinlegen. Sie wurden dann erschossen. Beim Erschießen wurde abgewechselt. Die Erschießung erstreckte sich über die Länge der gesamten Schlucht. Die jeweiligen Schützen bekamen von anderen Einheitsangehörigen die fertig geladenen Magazine der M. P. jeweils gereicht.

Die Erschießung dauerte 2 Tage. Es wurden 1000e und Abertausende von Juden erschossen.

Sie gingen alle gefaßt in den Tod. Es wurde nicht geschrien und nicht gejammert. Soweit ich mich erinnern kann, waren damals alle bei der Einheit befindlichen Führer in diese große Tötungsaktion mit irgendwelchen Aufgaben eingeordnet.

Ich bin allerdings überfragt, wenn ich im Einzelfall angeben soll, welche Befehle etwa die Führer Callsen, Hans, Häfner und Janßen gegeben haben.

Ich kann auch nicht mehr sagen, an welcher Stelle des Exekutionsgeländes ich diese Führer gesehen habe. Die Schlucht war sehr tief. Wer von den Führern in der Schlucht stand, kann ich heute nicht mehr sagen.

Wir bekamen damals Schnaps in großen Mengen, damit wir besser die ganze abscheuliche Sache überstehen konnten.

Nach Abschluß der Exekution hörte man, daß ein Teil der Führer ausgewechselt worden sei. Welche Führer dies waren, kann ich nicht sagen, weil ich dies nicht weiß. Blobel soll sogar ausgezeichnet worden sein wegen dieser Massaker. [...]

IfZ Gd 01.54/49, Bl. 1203 f.

e) Vernehmung einer Überlebenden des Massakers, Dina M. Proničeva, 9.2.1967:

[...] Am 28. September 1941 wurde in der ganzen Stadt ein Befehl der deutschen Behörden angeschlagen, der alle jüdischen Bewohner Kiews verpflichtete, – unter Androhung der Erschießung – am 29. September 1941 gegen 8 Uhr morgens im Bezirk der Djechtjarewskaer- und Melinik-Straße zu erscheinen und warme Sachen und Wertgegenstände mitzunehmen.

Meine Eltern und ich, auch die Nachbarn und Bekannten nahmen an, daß die Deutschen die jüdischen Bürger aus Kiew fort und an einen anderen Ort bringen würden. Am 29. September frühmorgens begaben sich meine Eltern und meine Schwester zu dem Sammelpunkt, der in dem Befehl genannt war. Ich begleitete sie und hatte die Absicht, dann zu meiner Familie zurückzukehren. Durch die Straßen der Stadt bewegten sich große Gruppen von Menschen, darunter waren auch alte Leute und Kinder aller Altersstufen, hauptsächlich trugen sie Handgepäck und Lebensmittel. Sie wurden begleitet von Verwandten und Bekannten, – von Ukrainern, Russen und Bürgern anderer Nationalitäten –. Die Straßen, die zum Sammelplatz führten – zum Friedhofsbezirk – waren völlig mit Menschen überfüllt. Ich, meine Eltern und meine Schwester kamen gegen Mittag in diesen Bezirk. Als wir uns dem Sammelplatz näherten, erblickten wir die Umzingelung aus deutschen Soldaten und Offizieren. Mit diesen befanden sich auch Polizisten dort. Auf dem Friedhofsgelände nahmen die Deutschen uns und den anderen Bürgern das Gepäck und die Wertsachen ab und leiteten uns in Gruppen zu je 40–50 Menschen in einen sogenannten »Korridor« von etwa drei Metern Breite, der von Deutschen gebildet wurde, die zu beiden Seiten mit Stöcken, Gummiknüppeln und Hunden dicht beieinander standen.

Meinen Vater, meine Mutter und meine Schwester hatte man abgedrängt, sie gingen schon viel weiter vorn und ich konnte sie nicht mehr sehen. Alle diejenigen, die den »Korridor« passierten, wurden von den Deutschen grausam verprügelt, sie drängten auf den Platz am Ende des »Korridors« und dort wurden sie von Polizisten ausgezogen, sie wurden gezwungen, die ganze Kleidung abzunehmen, bis auf die Unterwäsche. Dabei wurden die Leute auch geschlagen. Beim Durchgang durch den »Korridor« wurden schon viele Leute getötet. Dann wurden die Verprügelten und Ausgezogenen gruppenweise an die Schlucht Babyj Jar gebracht, an die Stätte der Erschießung.

Auf dem Platz, wo man uns auszog, wandte ich mich an einen der Polizisten und erklärte ihm, daß ich keine Jüdin sei, sondern angeblich ukrainischer Nationalität, und daß ich nur meine Bekannten begleitet hätte. Danach brachte man mich zu einer Gruppe von etwa 30–40 Menschen, die auf einem Hügelchen saßen, abseits von dem Platz, wo man die Leute auszog.

Ich sah selbst, wie die Deutschen den Müttern die Kinder fortnahmen und sie lebendig in die Schlucht warfen, ich sah geschlagene und erschlagene Frauen, Alte und Kranke. Vor meinen Augen wurden junge Menschen grau. Ich hörte endloses Schießen aus Maschinenpistolen und Maschinengewehren, ich war Augenzeugin des furchtbarsten Gewaltaktes an völlig unschuldigen Menschen.

Gegen Ende des Tages kam ein deutscher Offizier mit einem Dolmetscher zu unserer Gruppe und auf seine Frage antworteten die Polizisten, daß wir als Begleitpersonen hierher gekommen seien und zufällig an diese Stelle gelangt wären und freigelassen werden sollten. Der Offizier jedoch schrie herum und befahl, daß wir auch erschossen werden sollten, niemand dürfe freigelassen werden, weil wir alles gesehen hätten, was am Babyj Jar geschehen sei.

Und so führte man uns alle zur Erschießung. Ich ging fast als letzte der Gruppe in der Reihe. Man führte uns zu einem Vorsprung über der Schlucht und begann, uns mit Maschinenpistolen zu erschießen. Die vorn Stehenden fielen in die Schlucht, und als die Reihe an mich kam, stürzte ich mich lebendig in die Schlucht. Es kam mir so vor, als ob ich in die Ewigkeit fliegen würde. Ich fiel auf menschliche Leichen, die sich dort in blutiger Masse befanden. Von diesen Opfern erklang Stöhnen, viele Menschen bewegten sich noch, sie waren nur verwundet. Hier gingen auch Deutsche und Polizisten umher, die die noch Lebenden erschossen oder totschlugen. Dieses Schicksal erwartete auch mich. Irgendeiner von den Polizisten oder Deutschen drehte mich mit dem Fuß um, so daß ich mit dem Gesicht nach oben lag, er trat mir auf die Hand und auf die Brust, danach gingen sie weiter und schossen irgendwo weiter hinten.

Danach begannen sie, die Leichen von oben mit Erde und Sand zuzuschütten. Ich bekam keine Luft mehr, befreite mich mit einer Hand von der Erde und kroch zum Rand der Schlucht. In der Nacht kroch ich aus der Schlucht heraus, dort traf ich einen Jungen namens Motja, etwa 14 Jahre alt, der mir erzählte, daß er zusammen mit seinem Vater erschossen werden sollte. Als der Vater in die Schlucht fiel, deckte er ihn mit seinem Körper und so war er am Leben geblieben und aus der Schlucht herausgeklettert.

Zusammen mit diesem Jungen kroch ich ganz leise zu einem Platz, es stellte sich heraus, daß sich unterhalb dieses Platzes die Stelle befand, wo man uns vor der Erschießung ausgezogen hatte. Darauf krochen wir weiter in die entgegengesetzte Richtung. Am zweiten Tag sah ich, wie die Deutschen eine alte Frau und einen etwa 5–6jährigen Jungen jagten, die aus der Schlucht geflohen waren. Die alte Frau wurde erschossen, den Jungen erstachen sie mit einem Messer. Etwa zehn Meter von diesem Platz entfernt kamen sieben Deutsche, die zwei junge Mädchen mit sich führten. Sie vergewaltigten sie dort und erstachen sie dann.

Bei Anbruch des dritten Tages entdeckten die Deutschen den Jungen Motja, der in diesem Moment gerade auf den Weg herausgegangen war, und erschossen ihn. Ich befand mich nicht weit davon entfernt in einem Versteck. Bis zum Abend saß ich in einer Müllgrube, bei Anbruch der Dunkelheit kam ich in eine Scheune irgendeines Grundstücks. [...]

IfZ Gd 01.54/59, s. p. [Übersetzung aus dem Russ.]

34 Schreiben der Sicherheitspolizei-Außenstelle Libau an den SSPF Libau: Ermordung der Libauer Juden, 31.12.1941:

[...] Vom 14. bis 16.12.41 wurden in Libau 2754 Personen exekutiert, u. zw. 23 Kommunisten und 2731 Juden. Die Gesamtzahl der noch hier lebenden Juden kann erst nach einer in den Polizeirevieren demnächst stattfindenden Registrierung angegeben werden.

Diese Exekution der Libauer Juden bildet immer noch das Gesprächsthema der hiesigen Bevölkerung. Vielfach wird das Los der Juden bedauert und es sind zunächst wenig positive Stimmen zur Beseitigung der Juden zu hören. U. a. ist das Gerücht im Umlauf, daß die Exekution gefilmt worden sei, um dadurch Material gegen die lettischen Schutzmannschaften in Händen zu haben. Dieses Material solle beweisen, daß nicht Deutsche, sondern Letten die Erschießungen vorgenommen hätten. Es ist zu erwarten, daß über die erfolgte Regelung der Judenfrage in Libau in der Bevölkerung demnächst wieder Beruhigung eintreten wird. [...]

BA R 70 Sowjetunion/2, Bl. 93–95 (Kopie).

35 Bericht 9./III. Polizeiregiment Mitte über »Judenaktion« in Mogilev, 3.10.1941:

Die 9./III. Pol.-Rgt. Mitte hatte den Auftrag, sich am 2.10.1941, 15.30 Uhr, beim Höheren SS- und Polizeiführer, Rußland Mitte, zur Durchführung einer Judenaktion zu melden. Gegen 14.15 Uhr traf ich dort mit den Offizieren, Zugführern und Gruppenführern der 9./III. Pol.-Rgt. Mitte zur Einweisung des Aufgabengebietes ein. Die Einweisung erfolgte durch Oberleutnant d. Sch. Horn. Die Aktion wurde in dem neu eingerichteten Ghetto in *Mogilew* durchgeführt. Dabei wurden 2208 Juden beiderlei Geschlechts festgenommen und mittels Lastkraftwagen zu einer Gefangenen-sammelstelle verbracht.

Bei der Durchführung der Aktion konnte sehr häufig die Feststellung gemacht werden, daß sich Juden in feiger und hinterhältiger Angst in allen nur möglichen Winkeln versteckt hielten, so daß es oftmals sehr schwer war, diese vor Schmutz starrenden Elemente aus ihren Winkeln herauszuholen. Diesem Umstande ist es zuzuschreiben, daß an Ort und Stelle von der 9./III. Pol.-Rgt. Mitte 65 Juden erschossen wurden.

Zur Unterstützung waren der 9./III. Pol.-Rgt. Mitte 23 Offiziere und Männer der ukrainischen Polizei sowie Offiziere und Männer des Stabes »Höhere SS- und Polizeiführer Rußland Mitte« beigegeben.

Die Aktion fand am 2.10.1941 gegen 19.30 Uhr ihren Abschluß.

Die Exekution der am 2.10.1941 Festgenommenen wurde am 3.10.1941 vormittags durchgeführt.

Von der 9./III. Pol.-Rgt. Mitte wurden insgesamt 555 Juden beiderlei Geschlechts erschossen.

Die Aktion war um 12.30 Uhr beendet.

[Zentrales Staatsarchiv Prag]; ZStL Dok. Slg. CSSR Bd. 147, Bl. 150 (Kopie).

[...]

31. August 1941

Unterkunft des Batls unverändert, 8. Komp. trifft vom Einsatz in Bereza-Kartuska kommend, in Minsk ein, u. bezieht in Minsk (Panzerkaserne). Somit ist das Batl. wieder geschlossen untergebracht.

7. und 9. Komp. führen Judenaktionen in Minsk durch. Hierbei wurden etwa 700 Ju, darunter 64 Frauen, festgenommen u. in das Gefängnis von Minsk eingeliefert. 8. Komp. trifft um 20.00 Uhr vom Sondereinsatz aus Bereza-Kartuska kommend, in Minsk ein.

Durch Verfg. des Befehlshabers des rückw. Heeresgebietes Mitte ist die bis zum heutigen Tage festgesetzte Frist über die Behandlung von versprengten russischen Soldaten westl. der Beresina abgelaufen.

Es ist dementsprechend zu handeln.

Alle versprengten russischen Soldaten, die ab 1.9.1941 westl. der Beresina aufgegriffen werden, sind als Freischärler zu behandeln.

bedeckt, Regenschauer, schlechte Sichtverhältnisse, etwas wärmer.

Krankenstand am 31.8.1941

a) Lazarettkrank   2
b) Revierkrank   10
c) Hauskrank   23
d) Seuchenkrank 36
e) Zahnkrank   8

Auffallende Zunahme der infektiösen Darmerkrankungen infolge der Fliegenplage, im Verlaufe des Monats August. Großes Augenmerk wird auf die Latrinen u. Abfallstätten gerichtet.

<u>1. September 1941</u>
Unterkunft unverändert.

Feierliche Übergabe des rückw. Heeresgebietes Mitte an den Reichskommissar Ost, Gauleiter *Kube*, durch den Befehlshaber des rückw. Heeresgebietes Mitte, General von Schenckendorff.

    7. Komp. nimmt als Ehrenformation teil.

    8. Komp. Instandsetzen der Fahrzeuge, Bekleidung u. Ausrüstung.

    9. Komp. Zusammen mit SD. u. NSKK. nimmt außerhalb Minsk die Erschießung von 914 Juden, darunter 64 Jüdinnen, vor. Unter diesen befinden sich etwa 700 Juden u. Jüdinnen, welche bei der gestern von der 7. u. 9. Komp. Ghetto von Minsk durchgeführten Aktion aufgegriffen u. ins Gefängnis eingeliefert worden sind. Die Erschießungen erfolgten ohne Zwischenfälle. Zu Fluchtversuchen ist es Dank des sehr günstigen Geländes, der umsichtigen Leitung u. der bereits [Satz bricht hier ab]
[...]

bedeckt, kühl, zeitweise aufheiternd, schlechte Sichtverhältnisse.

Munitionslage per 1. 9. 1941 lt. Kriegstagebuch <u>Anlage 71 a.</u>

[Zentrales Staatsarchiv Prag]; ZStL Dok.Slg. CSSR Bd. 396, Bl. 83 f. (Kopie).

37 Tätigkeitsberichte 1. SS-Brigade: »Säuberungsaktionen«, 30.7.–10.8.1941:

30.7.1941:

1. 1. SS-Brigade erhielt am 26.7.41 den Befehl, am 28.7. 7.00 Uhr beginnend, eine Säuberungsaktion im Raume Zwiahel, Slucz-Tal, Nw. Niropol, Szepetowka, Zaslaw, Ostrog, Horyn-Tal, Hoszcza durchzuführen.

2. <u>Auftrag</u>: Festnahme bezw. Vernichtung von
   a) Restteilen der 124. sowjetischen Schützen-Div.,
   b) bewaffneten Banden,
   c) Freischärlern,
   d) Personen, die dem bolschewistischen System Vorschub geleistet haben. [...]

8. Verluste sind bisher nicht eingetreten. Feindliche Gegenwehr ist bislang nicht aufgetreten.

9. Als vorläufiger Erfolg wird gemeldet, daß ehemalige russische Soldaten ukrainischer Volkszugehörigkeit (etwa 40), die auf Grund deutscher Flugblätter desertiert waren und sich in ihre Heimatdörfer begeben hatten, als Gefangene der Wehrmacht übergeben wurden.

Soldaten russischer Volkszugehörigkeit (9) wurden in Zivil festgenommen und als Freischärler erschossen. Ferner wurden wegen Begünstigung des Bolschewismus und bolschewistischer Freischärler bis zum Ende der Berichtszeit rund 800 Juden und Jüdinnen im Alter von 16–60 Jahren erschossen. [...]

6.8.1941:

1.) SS-I.R. 10 führte am 4.8.41 mit III. SS-I.R. 10 in *Ostrog*, mit I./SS-I.R. 10 in *Hrycow*, mit Kr.-Erk.-Zug u. Kr.-Sch.-Zug in *Kuniow* und *Radohoszcz*-Ml. eine Säuberungsaktion durch. In diesen Orten haben insbesondere die Juden bolschewistischen Banden Vorschub geleistet.

Die Aktionen verliefen ohne besondere Vorkommnisse. Die Aktionen begannen am 4.8.41/4.45 Uhr und wurden um 20.00 Uhr beendet.

Ergebnis:

erschossene Juden	Ostrog	Hrycow	Kuniow-Rado-hoszcz-Ml.
1. Männer	732	268	109
2. Frauen	225	–	50
ehemalige russ. Soldaten (Freischärler)	–	–	1
Insgesamt also:	1 385 Personen.		[...]

10.8.1941:

1.) Gesamtauftrag für die 1. SS-Brigade war in der Berichtszeit – Verhinderung, daß feindliche Banden die Rollbahn Nord im Raume Shitomir – Fasowa – Emilczyn – Zwiahel bedrohen, Säuberung des angegebenen Raumes von versprengten Truppenabteilungen und Banden sowie Sicherung des äußersten linken Flügel des XVII. Armee-Korps in Gegend Emilczyn und westlich davon. [...]

Säuberungsaktion des III./SS-I. R. 10 im Raume Tonorischtsche – Terinzy – Dworischtsche – Tschernjachow.

Beginn: 7.8.41, 10.00 Uhr

Beendigung: 7.8.41, 18.00 Uhr.

Ergebnis: In Goroschki befindet sich III/375 und hat seit 8 Tagen die Gegend gesäubert, Juden und Bolschewisten sind erschossen worden.

Aufklärung der 11./SS-I. R. 10 von Tonorischtsche – Woroff – Rudnja Worowskaja – Brashinka – Wydybor – Shadki – Sselez nach Tonorischtsche.

Beginn: 8.8.41, 10.00 Uhr

Beendigung: 8.8.41, 17.00 Uhr.

Ergebnis: Frei von Bolschewisten, Funktionären und Juden.

Säuberungsaktion der Regiments-Einheiten SS-I. R. 10 in Tschernjachow.

Beginn: 7.8.41, 15.00 Uhr

Beendigung: 8.8.41, 11.00 Uhr.

Ergebnis: Erschossen: 232 Juden, die bolschewistischen

Banden Vorschub geleistet haben, 17 russische Soldaten in Zivilkleidern, die sich am Tage in Wäldern und auf Feldern aufhielten, bei Nacht in Dörfer kamen und die Bevölkerung beunruhigten.

Säuberungsaktion des II./SS-I. R. 10 am 7.8.41 Kol. Federowka 15 km nordwestlich Tschernjachow.

Beginn: 7.8.41, 15.00 Uhr

Beendigung: 8.8.41, 14.00 Uhr.

Ergebnis: 5 bolschewistische Agitatoren wurden erschossen.

Säuberungsaktion des III./SS-I. R. 10 im Raume Tonorischtsche – Terinzy – Dworischtsche – Tschernjachow.

Beginn: 7.8.41, 10.00 Uhr

Beendigung: 7.8.41, 18.00 Uhr.

Ergebnis: Der Raum ist befriedet, weder Juden, noch Bolschewisten angetroffen.

Erschossen: 9 bolschewistische Juden in Mal-Goroschki.

Gefangene: 21 bolschewistische Soldaten am 9.8.41, 7.30 Uhr der Gefangenensammelstelle zugeführt.

Aufklärung I./SS-I. R. 10 in die Waldstücke hart nördlich der Straße Fasowa, Kwawerow.

Beginn: 9.8.41, 6.00 Uhr

Beendigung: 9.8.41, 19.00 Uhr.

Ergebnis: Die angesetzte Aktion in den Ortschaften Kamenj Brod, Rossowka, K. Janowka, Saruwinka, Krajewschtschina, S. Alekssendtija, S. Andrejewka, S. Ostronj, sowie die Aufklärung nach Kowali, Scherchi, Sabrannoje, Rudnja Berowaja, Guta-Dobrynskaja erbrachte 8 ukrainische und russische Überläufer. 3 bolschewistische Juden wurden erschossen. 2,5 km nordwestl. Fasowa wurden 2 deutsche Soldaten, die vor ungefähr 12 Tagen gefallen sind, beerdigt. Meldung an A. O. K. 6.

Säuberungsaktion des II./SS-I. R. 10 im Raume Tschernjachow – Shitomir – K. Boljarka – Wilsk.

Beginn: 9.8.41, 5.15 Uhr

Beendigung: 9.8.41, 18.10 Uhr.

Ergebnis: 59 Juden erschossen, 8 Russen gefangen. Waffensuche ohne Erfolg.

Aufklärung des III./SS-I. R. 10 von Goroschki aus in Richtung Westen.

Beginn: 9. 8. 41, 6.00 Uhr

Beendigung: 9. 8. 41, 19.30 Uhr.

Ergebnis: Straßen um Goroschki in westlicher Richtung schlecht, nur z. T. für Pkw befahrbar, für Lkw unbefahrbar.

Die Linie Daschinka – Sl. Kurgany – Kol. Czelnowa – Kol. Ostrowka erreicht. Ortschaften feindfrei. 36 bolschewistische Juden wurden in den Ortschaften erschossen. [...]

[Zentrales Staatsarchiv Prag]; ZStL Dok. Slg. CSSR Bd. 322, Bl. 16–25 (Kopie).

38 Tätigkeitsbericht »Außenstelle Wilejka«: Judenerschießungen durch Waffen-SS im Raum Wilejka, 27. 5. 1942:

Die Tätigkeit der Gruppe der Waffen-SS erstreckt sich immer noch auf Aktionen gegen Partisanen und Juden. Die Tage, an denen wir nicht ausrücken, werden durch mannigfachen Arbeitsdienst ausgefüllt. Dazu gehören Waffenreinigung, Kleiderinstandsetzen usw. Auch landwirtschaftliche Arbeiten werden von unseren Männern ausgeführt, soweit solche bei unserem Kommando nötig sind. Auf dem Gelände der Außenstelle Wilejka wurden Hafer und Kartoffeln angebaut. Die Arbeiten selbst werden zwar größtenteils von Häftlingen ausgeführt, doch müssen diese bewacht und die Arbeiten von SS-Männern, welche zuhause Landwirte sind, fachmännisch geleitet werden. Vorkommnisse, welche zu beanstanden wären, gab es in den letzten Wochen innerhalb der SS-Gruppe keine. SS-Mann G. kommt am 31. Mai vom Urlaub zurück. Mit SS-Mann G. ist der letzte Mann der hiesigen Gruppe in Urlaub gefahren, der zu Weihnachten nicht zuhause war. Da die Angehörigen vom SD z. Zt. in Urlaub fahren, sind auch SS-Männer wegen Urlaub an mich herangetreten. Ich habe diese abgelehnt mit dem Hinweis, daß ich dafür nicht zuständig bin und ihre Entscheidungen abwarten müßte...

Bei Aktionen gegen Partisanen und Juden war unsere Gruppe

134

wiederholt eingesetzt. Die alarmierenden Berichte über Partisanen erwiesen sich meist als übertrieben. Oft war es ein blinder Alarm. So waren unsere Erfolge auf diesem Gebiete nicht sehr groß. Am 20. April waren wir in Rabun, wo wir Kriegsgefangene, die partisanenverdächtig waren, sicherstellten. – Rabun liegt etwa 15 km ostwärts Wilejka. – [...]

Mit Panjewagen fuhren wir tags darauf weiter über Dolhinow nach Krzywice. Hier führten wir am 28. 4. eine Judenaktion durch. Am 29. und 30. 4. führten wir dann in Dolhinow unsere zweite Judenaktion durch. Bei unserer ersten Judenaktion in Dolhinow war es uns nur gelungen, einen Teil der Juden zu erfassen. Unterdessen hatte man in Dolhinow ein Ghetto eingerichtet. Die Aktion in Dolhinow war insofern bemerkenswert, als sich die Juden hier regelrechte Bunker als Verstecke ausgebaut hatten. Zwei Tage mußten wir suchen und ausräumen, z. T. unter Zuhilfenahme von Handgranaten. Es gab Verstecke, die unter der Erde dreistöckig angelegt waren. Am 30. April kehrten wir nach Wilejka zurück. Erst am 9. Mai starteten wir zu einer neuen Aktion. Diesmal ging es in die Gegend von Wolozyn und Wolozyn selbst. Dort waren am Tage zuvor vier Forstschutzleute erschossen worden. In der Nähe von Wolozyn gelang es uns, die Partisanen in einem Walde zu stellen. Wir waren verstärkt durch das Forstschutzkommando. Es kam zu einer kurzen Schießerei. Ein Oberförster mußte dabei sein Leben lassen. Einen Toten und drei Verwundete ließen die Partisanen zurück. Zwei weitere Mann von der Bande schoß die Schutzmannschaft ab. Am 10. 5. führten wir dann die Judenaktion in Wolozyn durch. Hier waren die Juden nicht so eingerichtet wie in Dolhinow. Die nächsten Tage widmeten wir wieder den Partisanen in Plerazaye und Umgebung. Der Erfolg blieb jedoch aus. Am 14. 5. Rückkehr nach Wilejka. In der Nacht vom 20. zum 21. 5. waren wir wieder in Dolhinow. Hier hatte eine in der Nähe liegende Partisanentruppe den Entstörungstrupp der Luftwaffe angegriffen. Wir wachten vergebens. Am Morgen führten wir dann unsere dritte Aktion gegen die Juden in Dolhinow durch. Damit war die Judenfrage in dieser Stadt endgültig gelöst. Am Pfingstsonntag morgens wurden wir wieder alarmiert. Wir mußten nach dem Gut Luban, das angeblich von Partisanen überfallen wurde. Unser Kommen erwies sich als völlig unnötig.

Damit schließe ich meinen heutigen Bericht, in dem ich alles Wesentliche aus der Zeit vom 20. April bis heute angeführt habe.

[Zentrales Staatsarchiv Prag]; ZStL Dok. Slg. CSSR Bd. 322, Bl. 40–42 (Kopie).

39 Besondere Anordnungen Nr. 1 zur Weisung Nr. 21 (Fall Barbarossa) des OKW / Abteilung Landesverteidigung / Anlage 3: Richtlinien für das Verhalten der Truppe in Rußland, 19. 5. 1941:

I.

1.) Der Bolschewismus ist der Todfeind des nationalsozialistischen deutschen Volkes. Dieser zersetzenden Weltanschauung und ihren Trägern gilt Deutschlands Kampf.

2.) Dieser Kampf verlangt rücksichtsloses und energisches Durchgreifen gegen bolschewistische Hetzer, Freischärler, Saboteure, Juden und restlose Beseitigung jedes aktiven oder passiven Widerstandes.

II.

3.) Gegenüber allen Angehörigen der Roten Armee – auch den Gefangenen – ist äußerste Zurückhaltung und schärfste Achtsamkeit geboten, da mit heimtückischer Kampfesweise zu rechnen ist. Besonders die asiatischen Soldaten der Roten Armee sind undurchsichtig, unberechenbar, hinterhältig und gefühllos.

4.) Bei der Gefangennahme von Truppeneinheiten sind die Führer sofort von den Mannschaften abzusondern.

III.

5.) Der deutsche Soldat sieht sich in der Union der Sozialistischen Sowjetrepubliken (U. d. S. S. R.) nicht einer einheitlichen Bevölkerung gegenüber. Die U. d. S. S. R. ist ein Staatengebilde, das eine Vielzahl von slawischen, kaukasischen und asiatischen Völkern in sich vereinigt und das zusammengehalten wird durch die Gewalt der bolschewistischen Machthaber. Das Judentum ist in der U. d. S. S. R. stark vertreten. [...]

BA / MA RW 4 / v. 524.

**40 Armeebefehl des Oberfehlshabers der 6. Armee, von
Reichenau: Verhalten der Truppe im Ostraum,
10.10.1941:**

Hinsichtlich des Verhaltens der Truppe gegenüber dem bolschewistischen System bestehen vielfach noch unklare Vorstellungen.

Das wesentlichste Ziel des Feldzuges gegen das jüdisch-bolschewistische System ist die völlige Zerschlagung der Machtmittel und die Ausrottung des asiatischen Einflusses im europäischen Kulturkreis.

Hierdurch entstehen auch für die Truppe Aufgaben, die über das hergebrachte einseitige Soldatentum hinausgehen. Der Soldat ist im Ostraum nicht nur ein Kämpfer nach den Regeln der Kriegskunst, sondern auch Träger einer unerbittlichen völkischen Idee und der Rächer für alle Bestialitäten, die deutschem und artverwandtem Volkstum zugefügt wurden.

Deshalb muß der Soldat für die Notwendigkeit der harten, aber gerechten Sühne am jüdischen Untermenschentum volles Verständnis haben. Sie hat den weiteren Zweck, Erhebungen im Rükken der Wehrmacht, die erfahrungsgemäß stets von Juden angezettelt wurden, im Keime zu ersticken. [...]

Fern von allen politischen Erwägungen der Zukunft hat der Soldat zweierlei zu erfüllen:

1.) die völlige Vernichtung der bolschewistischen Irrlehre, des Sowjetstaates und seiner Wehrmacht,

2.) die erbarmungslose Ausrottung artfremder Heimtücke und Grausamkeit und damit die Sicherung des Lebens der deutschen Wehrmacht in Rußland.

Nur so werden wir unserer geschichtlichen Aufgabe gerecht, das deutsche Volk von der asiatisch-jüdischen Gefahr ein für allemal zu befreien.

BA/MA RH 21–2/v. 237.
    Léon Poliakov/Josef Wulf (Hg.), Das Dritte Reich und die Juden. München [u. a.] 1978, S. 206.

**41 Fernschreiben des I a-Offiziers Wöhler an die
Heeresgruppe Südukraine: Juden in Jassy, 31. 5. 1944:**

[...]
3.) Nach Jassy täglich Rückkehr von Juden. Die Stadt müßte evakuiert werden. Vermutlich nicht erreichbar, da die Juden dieser
Stadt angeblich hohe Sondersteuern gezahlt haben. Nachprüfung war mir bisher nicht möglich.
In Barlad versuchen Juden, den Soldaten Bekleidungsstücke,
Konserven abzukaufen. Ich habe Festnahme dieser Kreaturen
befohlen.
    Zusammenfassung: Juden müssen verschwinden.

BA/MA RH 20–8/149.

**42 Affidavit des Führers des Einsatzkommandos 11 b
Braune: Zusammenarbeit mit der Wehrmacht bei
Erschießungen in Simferopol, 8. 7. 1947:**

[...] Während meiner Dienstzeit als Chef des Einsatzkommandos
11 b wurde eine Anzahl Exekutionen von Juden[1] durchgeführt.
Ich entsinne mich noch genau an eine Exekution, die wenige Tage
vor Weihnachten in Simferopol stattfand. Die 11. Armee hatte befohlen, daß die Exekution in Simferopol noch vor Weihnachten
beendigt sein sollte. Wir erhielten aus diesem Grunde von der Armee Lastwagen, Benzin und Personal zur Verfügung gestellt. Ich
fuhr mit dem Chef der Einsatzgruppe »D« Otto OHLENDORF
persönlich zur Exekutionsstätte, die außerhalb der Stadt lag. Die
Exekutionsstätte war abgesperrt, um der Zivilbevölkerung kein
unnötiges Schauspiel zu geben. Bereits vorher, ich weiß nicht mehr,
ob direkt vor der Exekution oder bereits im Internierungslager, war
das Geld und die Wertsachen von den hinzurichtenden Personen
abgenommen worden. Direkt vor der Exekution wurde dem Hinzurichtenden die äußere Kleidung, daß heißt schwere Wintermän-
tel und ähnliches abgenommen. Weitere Kleidung behielten die
Leute an. Die hinzurichtenden Leute wurden nun in der Wache
der Exekutionsstelle gesammelt und in kleinen Gruppen an einem

Panzer-Abwehr-Graben, mit dem Gesicht vom Graben abgewendet aufgestellt. Die Exekutionskommandos, die jeweils aus 8 oder 10 Mann von der Polizei-Kompanie, die uns zugeteilt war, bestand [sic], nahm auf der anderen Seite des Panzer-Abwehr-Grabens Aufstellung, und die Leute, die zur Hinrichtung bestimmt waren, wurden so schnell wie möglich von hinten erschossen. [...]

IfZ NO-4234 (Kopie).

[1] Im Original gestrichen »und anderen rassisch minderwertigen Elementen«

43 Aus dem Kriegstagebuch des Befehlshabers rückwärtiges Heeresgebiet Süd: Judenerschießung der Wehrmacht, 3.11.1941:

[...] 62. I. Div. befriedet ihr Gebiet, sichert die Bahnen und schiebt der 6. Armee Teilkräfte zum Schutz der Bahn und Straße Poltawa-Charkow nach. Sie löst die – in Lubny und Chorolj befindlichen Teile der 24. I. D. und Sich. Div. 213 ab.

202. Ers. Brigade übergibt die Sicherung ihres jetzigen Gebietes an Kgl. ung. 105. und 108. Brigade nach Maßgabe ihres Eintreffens. Sie tritt alsdann unter Befehl der 62. I. Div.

Kgl. ungarische Besatzungstruppe wird gebeten, die 105. und 108. Brigade beschleunigt über Kiew vorzuziehen und mit ihnen die Sicherung und Befriedung des bisherigen Gebietes der Ers. Div. 202 zu übernehmen.

Höh. SS und Pol. Fhr. Süd befriedet sein bisheriges Gebiet und bereitet sich auf Übernahme pol. Aufgaben in Poltawa und später in Charkow vor. [...]

62. I. Div. setzt ihre Säuberungsaktion bei Mirgorod fort. 45 Partisanen werden erschossen, 1 Verpflegungs- und Munitionslager vernichtet. Die jüdische Bevölkerung in Mirgorod (168 Köpfe) wurde wegen Verbindung mit Partisanen erschossen. [...]

BA/MA RH 22/3.

44 Einsatzbefehl Nr. 8 des Chefs der Sicherheitspolizei und des SD / Anlage II: Aussonderung von sowjetischen Kriegsgefangenen aus den Stammlagern für »weitere Maßnahmen«, 17. 7. 1941:

[...] Aufgabe der Kommandos ist die politische Überprüfung aller Lagerinsassen und die Aussonderung und weitere Behandlung

a) der in politischer, krimineller oder in sonstiger Hinsicht untragbaren Elemente unter diesen,

b) jener Personen, die für den Wiederaufbau der besetzten Gebiete verwendet werden können.

[...]

Vor allem gilt es ausfindig zu machen: alle bedeutenden Funktionäre des Staates und der Partei, insbesondere

Berufsrevolutionäre,

die Funktionäre der Komintern,

alle maßgebenden Parteifunktionäre der KPdSU. und ihrer Nebenorganisationen in den Zentralkomitees, den Gau- und Gebietskomitees,

alle Volkskommissare und ihre Stellvertreter,

alle ehemaligen Polit-Kommissare in der Roten Armee,

die leitenden Persönlichkeiten der Zentral- und Mittelinstanzen bei den staatlichen Behörden,

die führenden Persönlichkeiten des Wirtschaftslebens,

die sowjetrussischen Intelligenzler,

alle Juden,

alle Personen, die als Aufwiegler oder fanatische Kommunisten festgestellt werden.

[...]

Aufgrund dieser Tätigkeitsberichte werden sodann vom Reichssicherheitshauptamt die zu treffenden weiteren Maßnahmen umgehendst mitgeteilt.

Für die aufgrund dieser Weisung sodann sukzessiv zu treffenden Maßnahmen haben die Kommandos bei der Lagerleitung die Herausgabe der betreffenden Gefangenen zu beantragen.

Die Lagerkommandanturen sind vom OKW. angewiesen, derartigen Anträgen stattzugeben (siehe Anlage 1).

Exekutionen dürfen nicht im Lager oder in unmittelbarer Umgebung des Lagers durchgeführt werden. Befinden sich die Lager im Generalgouvernement in unmittelbarer Nähe der Grenze, so sind die Gefangenen zur Sonderbehandlung möglichst auf ehemals sowjetrussisches Gebiet zu verbringen. [...]

BA R 58/272;
Alfred Streim: Die Behandlung sowjetischer Kriegsgefangener im »Fall Barbarossa«. Eine Dokumentation. Heidelberg, Karlsruhe 1981, S. 315–321 (Faks.)

45 Einsatzbefehl Nr. 14 des Chefs der Sicherheitspolizei und des SD/Anlage I: Aussonderung von sowjetischen Kriegsgefangenen aus den Lagern hinter der Front, 29.10.1941:

[...] Vor allem sind ausfindig zu machen:
1) Alle bedeutenden Funktionäre des Staates und der Partei, insbesondere Berufsrevolutionäre,
2) Funktionäre der Komintern,
3) alle maßgebenden Parteifunktionäre der KPD SU und ihrer Nebenorganisationen in den Zentralkomitees, den Gau- und Gebietskomitees,
4) alle Volkskommissare und ihre Stellvertreter,
5) alle ehem. Polit.-Kommissare der Roten Armee,
6) die leitenden Persönlichkeiten der Zentral- und Mittelinstanzen bei den Staatl. Behörden,
7) die führenden Persönlichkeiten des Wirtschaftslebens,
8) die sowjetrussischen Intelligenzler und Juden, soweit es sich um Berufsrevolutionäre oder Politiker, Schriftsteller, Redakteure, Komintern-Angestellte usw. handelt,
9) alle Personen, die als Aufwiegler oder fanatische Kommunisten festgestellt werden.

Wegen des bestehenden Mangels an Ärzten und Sanitätspersonal in den Lagern, sind diese, auch wenn es sich um Juden handelt, außer in ganz besonders begründeten Fällen, von der Aussonderung auszunehmen und in den Gefangenenlagern zu belassen.

Die Aussonderung der Kriegsgefangenen nach ihrer Volkstumsangehörigkeit erfolgt durch die Lagerleitung. [...]

Die Chefs der Einsatzgruppen entscheiden über die Exekutionsvorschläge in eigener Verantwortlichkeit und erteilen den Sonderkommandos entsprechende Weisungen.

Für die auf Grund dieser Weisungen sodann zu treffenden Maßnahmen haben die Sonderkommandos die Herausgabe der Gefangenen bei der Lagerleitung zu beantragen.

Die Lagerkommandanturen sind vom OKH angewiesen, derartigen Anträgen stattzugeben.

Exekutionen sind unauffällig an geeigneten, abgelegenen Orten durchzuführen und dürfen vor allem nicht im oder in unmittelbarer Nähe der Lager vollzogen werden. Für sofortige und ordnungsgemäße Bestattung der Leichen ist Sorge zu tragen. [...]

IfZ NO-3422 (Kopie);
Alfred Streim: Die Behandlung sowjetischer Kriegsgefangener im »Fall Barbarossa«. Eine Dokumentation. Heidelberg, Karlsruhe 1981, S. 324–327 (Faks.)

46 Anlage zum Kriegstagebuch Nr. 1 des Heeresgruppenkommandos Mitte: Bericht des Majors i. G. von Gersdorff über Stimmung in der Truppe, 9. 12. 1941:

[...]

III. Geistige Betreuung.

Erwünscht sind vor allem Bücher und Spiele. Vorbedingung hierfür ist die Lösung der Beleuchtungsfrage.

IV. Bei allen längeren Gesprächen mit Offizieren wurde ich, ohne darauf hingedeutet zu haben, nach den Judenerschießungen gefragt. Ich habe den Eindruck gewonnen, daß die Erschießungen der Juden, der Gefangenen und auch der Kommissare fast allgemein im Offizierkorps abgelehnt wird, die Erschießung der Kommissare vor allem auch deswegen, weil dadurch der Feindwiderstand besonders gestärkt wird. Die Erschießungen werden als eine Verletzung der Ehre der Deutschen Armee, in Sonderheit des Deutschen Offizierkorps betrachtet. Je nach Temperament und Veranlagung der

Betreffenden wurde in mehr oder weniger starker Form die Frage der Verantwortung hierfür zur Sprache gebracht. Es ist hierzu festzustellen, daß die vorhandenen Tatsachen in vollem Umfang bekannt geworden sind und daß im Offizierkorps der Front weit mehr darüber gesprochen wird, als anzunehmen war.

V. Der Besuch von Offizieren höherer Stäbe wird von der Truppe sehr begrüßt. Hierbei wird allerdings besonders der Besuch von Generalstabsoffizieren, die einmal mehr bekannt sind und andrerseits besser über die allgemeine Lage orientieren können, gewünscht.

BA/MA RH 19 II/127;
Helmut Krausnick/Hans-Heinrich Wilhelm: Die Truppe des Weltanschauungskrieges. Die Einsatzgruppen der Sicherheitspolizei und des SD 1938–1942. Stuttgart 1981, S. 257f.

47 Schreiben des Einsatzkommandos 8 an HSSPF Rußland-Mitte: Widerstand der Wehrmacht im Durchgangslager 185 gegen Auslieferung jüdischer Kriegsgefangener, 3.11.1941:

Am 3.11.41 um 10.00 Uhr fand eine Besprechung auf der Feldkommandantur 191 unter Leitung des Kommandanten, Oberstleutnant von J., statt, an der u. a. die Kommandoführer der GFP., der Feldgendarmerie, Landrat R., Ortskommandant Major M., Lagerkommandant Major Witmer und Hauptmann N. vom Polizeiregiment Mitte teilnahmen.

Nach den von mir auf Antrag des Feldkommandanten gemachten Ausführungen über die Notwendigkeit des rücksichtslosen Vorgehens bei der angestrebten restlosen Lösung des Judenproblems äußerte Major Witmer in der allgemeinen Aussprache darüber und aus Anlaß der in Verbindung damit vom Feldkommandanten aufgeworfenen Frage, was mit jenen fragwürdigen Elementen im Zivilgefangenenlager aus Gründen ihrer zweckmäßigsten Behandlung geschehen müsse, fast wörtlich:

»Ich habe auch eine Anzahl jüdischer Gefangener in meinem

Lager, doch denke ich nicht daran, diese für eine Sonderbehandlung herauszugeben, da hierfür kein Befehl der zuständigen Wehrmachtsdienststelle vorliegt und diese ist für mich allein maßgebend.«

Auch in der Frage der Bekämpfung des Partisanenunwesens nahm Major Witmer eine mit der sicherheitspolizeilichen Auffassung zuwiderlaufende, völlig abwegige und unverständliche Haltung ein, was in Verfolg dieser Angelegenheit durch seinen nachfolgend wiedergegebenen Einwurf beleuchtet wird.

Vom Feldkommandanten wurde die Frage aufgeworfen, wie man am zweckmäßigsten das Vagabundenunwesen auf den Landstraßen bekämpfen könne. Die von mir geforderte Stellungnahme faßte ich dahin zusammen, daß allen im wehrfähigen Alter stehenden Männern, die sich über ihre Person den Polizeiorganen gegenüber bei den Straßenkontrollen nicht genügend auszuweisen vermögen und in der Zeit nach der Besetzung des neuen Ortsraumes durch deutsche Einheiten nur umhergewandert seien, zwangsläufig Partisanentätigkeit unterstellt werden müsse und sie daher wegen fortgesetzter Gefährdung der öffentlichen Sicherheit und als Asoziale zu liquidieren seien. Major Witmer äußerte einwerfend: »Na, na nicht so happich, man kann doch keinen glatten Mord begehen.«

Diese Äußerungen, für deren Richtigkeit ich mich verbürge, stellen unter Beweis, daß Major Witmer

a) die seitens der Reichsregierung vertretene bezw. angestrebte Lösung der Judenfrage nicht nur nicht den Erfordernissen entsprechend unterstützt, sondern seine eigenen völlig abwegigen Gesichtspunkte durch kleinliche Auslegung vielleicht militärischerseits bestehender Bestimmungen und Verwaltungsanordnungen zur Anwendung bringt und

b) in der Bekämpfung des Partisanenunwesens und Vagabundentums eine Haltung einnimmt, die mit seinen Aufgaben und Pflichten als Kommandant eines Gefangenenlagers vom sicherheitspolizeilichen Standpunkt aus nicht vertretbar sind.

Abschließend darf ich hervorheben, daß die Bekanntgabe einer derartigen Einstellung auch vor einem bestimmten und mit dieser Materie befaßten Personenkreise Hemmungen auszulösen geeignet ist und somit die praktische Lösung dieser Fragen recht ungünstig beeinflussen muß, besonders dann, wenn ein oder der andere daran Beteiligte weltanschaulich nicht genügend aufgeschlossen oder gefestigt ist. [...]

BA R 70 Sowjetunion/26, Bl. 1–3.

48   Rundschreiben des Leiters der Abwehrstelle Rumänien: Bericht über Erschießungen in Odessa, 4.11.1941:

[...] Mehr als die Hälfte der Einwohnerschaft der Stadt sind Juden (etwa 300 000). In den ersten Tagen ist mit verhältnismäßiger Loyalität gegen die jüdischen Elemente vorgegangen worden. Es kam nirgends zu besonderen Ausschreitungen. Dessen ungeachtet gab es bis zu meiner Ankunft Nacht für Nacht in der Stadt Brände und kleinere Explosionen. [...]

Am Dienstag, den 21. 10. wurde vorübergehend auf Grund eines alarmierenden Gerüchtes das Gebäude der rumänischen Kommandantur geräumt. Am 22. 10. nachmittags um 15.30 Uhr, sollen sich 2 Kommunisten gemeldet haben, die wieder angaben, daß das Gebäude in der nächsten halben Stunde in die Luft fliegen würde. Dieser Nachricht wurde auf Grund der Ereignisse des Vortages keine genügende Beachtung geschenkt. Um 17.50 Uhr flog das Gebäude dann tatsächlich in die Luft. [...]

Es steht außer jedem Zweifel, daß die Sprengung durch elektrische Fernzündung vor sich gegangen ist. Man hat in den Morgenstunden des 23. 10. in unmittelbarer Umgebung des gesprengten Gebäudes bei einem Juden unter dem Bett eine vollständige Telefonanlage gefunden, die unmittelbare Verbindung mit den N. K. V. D.isten in den Katakomben haben sollte. Der gefaßte Jude erklärte, daß die Leitung der Partisanenkämpfe von den Katakomben aus erfolge.

Als Vergeltung für den Anschlag wurden in der Nacht vom 22. auf den 23. Massenerschießungen vorgenommen. Am Morgen des 23. wurden auf einem in den Hafenanlagen liegenden, von einem Bretterzaun eingefaßten Platz rund 19 000 Juden erschossen und deren Leichen mit Benzin übergossen und verbrannt. Der Leiter der Überwachung der rumänischen Telefone erzählte mir, daß man am Freitag weitere 40000 Juden aus Odessa heraus nach Dalnic geschafft habe. Dort seien diese in die Tankgraben gestellt und erschossen worden.

BA/MA RH 31 I/108.

49 Vernehmung von Julia A. Persika: Judenmord in Riga, 24. 11. 1944:

[...] Bereits in den ersten Tagen nach dem Einmarsch der Faschisten begann in der Stadt Riga die Ausrottung der Juden. Ich habe wiederholt gesehen, wie die deutschen Faschisten mit blauen Omnibussen und offenen Fahrzeugen durch unsere Straße fuhren und Juden in den Wald von Bikernki schafften. An der Ecke Bikernki-Straße/Kegum-Straße befindet sich ein Transformatorenhäuschen. Hinter diesem Transformatorenhäuschen steht, in Richtung des Waldes von Bikernki, linker Hand ein Forsthäuschen, etwa 500 bis 600 Meter von der Kegum-Straße entfernt. Die Omnibusse und die offenen Fahrzeuge, die mit Juden überfüllt waren, hielten neben diesem Häuschen und wurden entladen. Dann fuhren die Omnibusse und die offenen Fahrzeuge zurück in die Stadt und brachten noch einmal Menschen in den Wald. Nach Verlassen der Fahrzeuge mußten sich die Juden zu Fuß zu einem trigonometrischen Punkt begeben, wo sich eine sandige Anhöhe mit einer Schlucht befindet. In der kleinen Schlucht haben die Erschießungen stattgefunden. Als im Juli 1941 wieder einmal eine Gruppe von Juden erschossen worden war, ging ich in den Wald. Im Wald sah ich viele Gräber, in denen man die toten Juden begraben hatte. In der Nähe eines frischen Grabes sah ich einzelne Schädelteile, menschliches Gehirn und viel Blut. Offenbar hatte die Erschießung an dieser Stelle stattgefunden. Die Erschossenen waren alle hier in diesem Grab begraben worden. In diesem Augenblick kam ein junger Mann auf mich zu und fragte, wo die letzten Juden erschossen worden seien. Ich wies auf das Grab, neben dem ich stand. »Jetzt weiß ich, wo sich meine Frau befindet«, sagte der Mann. Und dann fügte er hinzu, daß die Deutschen seine Frau erschossen haben, obwohl sie in einem Monat sein Kind hätte bekommen sollen. Ich begriff, die Deutschen hatten eine schwangere Frau unmittelbar vor der Geburt erschossen.

In denselben Omnibussen brachten die Deutschen auch die jüdische Jugend zur Erschießung in den Wald. Ich habe in den Omnibussen junge Menschen, junge Männer und Frauen gesehen. Nach Verlassen der Omnibusse trieben die Deutschen alle in den Wald hinein, und wenig später war das Kommando »Ausziehen« zu hören. Alle mußten sich ausziehen. Dann hörte ich Schreien und Stöhnen. Einmal ging ich den Weg entlang, über den die Deutschen die Juden zur Erschießungsstätte brachten. In einer Entfernung von nur wenigen Schritten sah ich ein Schild mit der Aufschrift »Ausziehen«. Ich verstand, daß sich nach Erreichen dieses Schildes die Juden ausziehen mußten, worauf sie dann den Weg zum Ort der Erschießung zu Fuß fortsetzten.

Viele Male habe ich gesehen, wie drei oder vier mit Kleidungsstücken beladene Omnibusse aus dem Wald zurück in die Stadt fuhren. Ich habe auch gesehen, daß die deutschen Faschisten, die an den Erschießungen teilgenommen hatten, mit Kleidungsstücken und Gegenständen beladen aus dem Wald kamen und in die Stadt zurückfuhren. Auch die Wachposten, die an den Erschießungen teilgenommen hatten, nahmen einen Teil der Gegenstände an sich, die den Toten gehörten. Im Juli 1941 zählte ich einmal 25 Omnibusse, die mit Juden in den Wald fuhren. Immer wenn eine Fahrzeugkolonne vorbei war, hörte man Schüsse und die Hilferufe der Menschen. Einmal hörte ich eine Kinderstimme um Hilfe rufen, unmittelbar danach ertönte ein Schuß.

Ende 1941 wurden die Judenerschießungen am trigonometrischen Punkt eingestellt; in der Folgezeit fuhren die Omnibusse zu den sogenannten Sandbergen, die rechter Hand von der Chaussee etwa 200 Meter hinter dem Forsthaus gelegen sind.

In den Jahren 1942 und 1943 wurden die Erschießungen fortgesetzt. Am (großen Freitag)[1] 1943 haben massenweise Erschießungen von Juden stattgefunden. An diesem Tag sind auch nachts ununterbrochen Fahrzeuge und die blauen Omnibusse eingetroffen, die mit Juden überfüllt waren. Ich habe an diesem Tage viele Kinder verschiedenen Alters gesehen. Die Erschießungen dauerten bis in den Morgen hinein. Unter den Erschossenen befanden sich viele Kinder und Frauen. Ich ging am nächsten Tag in den Wald, doch alle Gräber waren bereits zugeschaufelt. Am (großen Freitag)[1] habe ich aus großer Entfernung die Erschießungen beobachten können. Die einen nahmen die Erschießung vor, andere hoben die Gruben aus. [...]

IfZ Fb 101/16 [Übers. aus. d. Russ.].

[1] vermutlich Karfreitag

50 Telegramm des Befehlshabers der Sicherheitspolizei und des SD im Ostland an RSHA II D 3 A: Gaswagen reichen nicht aus, 15.6.1942:

– Beim Kommandeur der Sipo u. d. SD. Weißruthenien trifft wöchentlich ein Judentransport ein, der einer Sonderbehandlung zu unterziehen ist.

Die 3 dort vorhandenen S-Wagen reichen für diesen Zweck nicht aus! Ich bitte um Zuweisung eines weiteren S-Wagen (5 Tonner). Gleichzeitig wird gebeten, für die vorhandenen 3 S-Wagen (2 Diamond, 1 Saurer) noch 20 Abgasschläuche mitzusenden, da die vorhandenen bereits undicht sind. – –

IfZ PS-501 (Kopie);
Der Prozeß gegen die Hauptkriegsverbrecher vor dem Internationalen Militärgerichtshof, Nürnberg 14. November 1945–1. Oktober 1946. Nürnberg 1947, Band 26, S. 108.

51 Befehl Himmlers an den HSSPF Ostland: Restliche sowjetische Juden in Konzentrationslager oder »zu evakuieren«, 21.6.1943:

1. Ich ordne an, daß alle im Gebiet Ostland noch in Ghettos vorhandenen Juden in Konzentrationslager zusammmen zu fassen sind.

2. Ich verbiete ab 1.8.1943 jedes Herausbringen von Juden aus den Konzentrationslagern zu Arbeiten.

3. In der Nähe von Riga ist ein Konzentrationslager zu errichten, in das die ganzen Bekleidungs- und Ausrüstungsfertigungen,

die die Wehrmacht heute außerhalb hat, zu verlegen sind. Alle privaten Firmen sind auszuschalten. Die Betriebe werden reine Konzentrationslager-Betriebe. Der Chef des SS-Wirtschafts-Verwaltungshauptamtes wolle dafür sorgen, daß durch die Umorganisation keinerlei Rückgang in den für die Wehrmacht notwendigen Fertigungen eintritt.

4. Ein möglichst großer Teil der männlichen Juden ist in das Konzentrationslager im Ölschiefer-Gebiet zum Ölschiefer-Abbau zu verbringen.

5. Die nicht benötigten Angehörigen der jüdischen Ghettos sind nach dem Osten zu evakuieren.

6. Termin für die Umorganisation der Konzentrationslager ist der 1.8.1943.

BA NS 19/1740;
Helmut Heiber (Hg.), Reichsführer! ... Briefe an und von Himmler. München 1970, S. 270.

52 Schreiben Himmlers an Gestapo-Chef Müller: Beseitigung der Leichen von Juden, 20.11.1942:

In der Anlage übersende ich Ihnen eine sehr interessante Meldung über eine Denkschrift des Dr. Wise vom September 1942.

1. Daß derartige Gerüchte in der Welt einmal in Umlauf kommen, wundert mich bei der großen Auswanderungsbewegung der Juden nicht. Wir wissen beide, daß bei den Juden, die zur Arbeit eingesetzt werden, eine erhöhte Sterblichkeit vorhanden ist.

2. Sie haben mir dafür zu garantieren, daß an jeder Stelle die Leichname dieser verstorbenen Juden entweder verbrannt oder vergraben werden, und daß an keiner Stelle mit den Leichnamen irgend etwas anderes geschehen kann.

3. Lassen Sie sofort überall nachforschen, ob irgendwo ein solcher Mißbrauch, wie der in dem Punkt 1) wohl als Lüge in die Welt hinausgestreute, stattgefunden hat. Jeder derartige Mißbrauch ist mir auf SS-Eid zu melden.

BA NS 19/1686;

Helmut Heiber (Hg.) Reichsführer! ...Briefe an und von Himmler. München 1970, S. 212.

53 Vernehmung zweier Angehöriger einer volksdeutschen Kompanie, die die Verbrennungsaktionen des Enterdungskommandos »1005« bei Minsk absperrte, 13. 2., 9. 8. 1962:

a) [...] Die Polizeieinheit unter Führung von Oberleutnant Goldapp war etwa 6 Wochen bereits in Trostinetz, als von der volksdeutschen Komp. zur Unterstützung des Sonderkommandos als Absperrung bei der Arbeitsstelle täglich etwa 15 bis 20 Mann abgestellt wurden. Zu dieser Zeit war die Polizeieinheit bereits an den Massengräbern zur Beseitigung dieser Gräber bei der Arbeit. Ich meine, daß K. und N. zu diesem Zeitpunkt auch schon längere Zeit bei der Polizeieinheit abgestellt waren. Ob weitere Angehörige der volksdeutschen Komp. zu diesem Zeitpunkt bereits längere Zeit bei diesem Kommando mitmachten, weiß ich nicht. Ich selbst war mit den Unterführern H., B., B. im Wechsel als Kommandoführer eingesetzt. Dieses Absperrkommando war am Rande eines Kesselgeländes, das sich in einiger Entfernung von mindestens 100 [m] von den Gräbern entfernt hinzog, aufgestellt. Auch die Mannschaften dieses Kommandos waren in regelmäßigem Wechsel eingesetzt, jedesmal etwa 15 bis 20. 24 Stunden Dienst müssen mit 48 Stunden Freizeit abgewechselt haben. Ich meine, daß 4 Wachkommandos aber gestanden haben müssen, weil ich mich zu erinnern glaube, daß wir uns mit 4 Unterführern regelmäßig ablösten.

An der Arbeitsstelle selbst, d. h. an den Massengräbern, bin ich niemals gewesen. Dorthin kamen auch die von mir geführten Posten nicht.

Ich habe aber deutlich in Erinnerung, daß K. und N. sich in unmittelbarer Nähe der Arbeitsstelle aufgehalten haben.

Ich konnte von der Postenkette aus an verschiedenen Stellen die Arbeitsstelle einsehen. Dort war eine Anzahl von Gräbern, die ich nicht mehr genau angeben kann. Zwischen der Postenkette und den Gräbern zog sich ein Feldweg hin, der von der Rollbahn kam. Die Entfernung zur Rollbahn betrug mindestens 1000 m. Die Massengräber waren erheblich lang und lagen in 2 Reihen parallel zueinander. Der Komplex dieser Gräber bildete ein großes Rechteck, dessen Ausdehnung ich aber nicht mehr angeben kann. Etwa 100 m nach meiner Schätzung von dem Gräberfeld entfernt, befand sich der Unterkunftsbunker für die Arbeitskräfte. Er befand sich, von der Rollbahn aus gesehen, hinter den Gräbern. Zwischen den Gräbern und den Bunkern stand ein Wohnwagen. In diesem hielt sich die Wache für den Bunker auf und war gleichzeitig Unterkunftsraum für das Kommando.

Die Räumung der Massengräber vollzog sich nach meiner Erinnerung wie folgt:

Es wurden nacheinander die Gräber geöffnet und die Leichen unmittelbar neben einem Grab zu einem Scheiterhaufen aufgeschichtet. Angefangen wurde bei den Gräbern, die der Rollbahn zunächst lagen. Die Scheiterhaufen wurden bei Fertigstellung in Brand gesetzt. Ich kann mich daran erinnern, daß sie tagelang jeweils brannten. [...]

b) [...] Von der Postenkette aus konnte ich die Vorgänge an der Arbeitsstelle beobachten. Nach der Ablösung konnten wir auch dichter herangehen. Ich meine, daß wir auf etwa 15 m herankamen. Wir sahen, daß russische männliche Zivilpersonen aus Gruben mit Tragbahren Leichen heraustrugen und aus ihnen einen Scheiterhaufen errichteten. Es waren mehrere Scheiterhaufen dort. Einer brannte. Der Geruch an dieser Arbeitsstelle war unerträglich. Ich mußte mich übergeben und blieb deswegen nur eine ganz kurze Zeit dort. Unmittelbar um die Arbeitsstelle herum stand die innere Postenkette. Ich weiß nicht, ob es Schutzpolizisten waren.

Ich konnte nicht viele Einzeleindrücke in mich aufnehmen, weil mich mehr und mehr das Grauen packte. Ich habe nur den Feuerschein und den Geruch als wesentlichen Eindruck noch in Erinnerung. Irgendwie war ich entsetzt, feststellen zu müssen, daß von deutscher Seite offensichtlich dieselben Verbrechen begangen worden waren, wie die Russen sie begangen haben sollen.

Über diesem Gesamteindruck war ich praktisch unfähig, Einzelheiten zu bemerken. Ich könnte daher nicht einmal sagen, ob dieser oder jener Kamerad an den Gruben war, selbst wenn er in unmittelbarer Nähe von mir gestanden haben sollte. [...]

ZStL 202 AR-Z 22/60, Bd. 2, Bl. 565–571; Bd. 3, Bl. 935–945.

IV. DEUTSCHES REICH

Die Zahl der reichsdeutschen Juden hatte sich bis zum Kriegsbeginn auf etwa eine Viertelmillion vermindert. Zurückgeblieben waren vor allem die Angehörigen der unteren sozialen Schicht des deutschen Judentums, wobei allerdings gesehen werden muß, daß die schrittweise wirtschaftliche Diskriminierung zu einer allgemeinen Verarmung auch der ehemals Wohlhabenden geführt hatte.

Nach dem Beginn des Zweiten Weltkrieges wurde die bereits weitgehend vollzogene Ausgliederung der deutschen Juden aus Wirtschaft und Gesellschaft durch verschiedene Maßnahmen zu einer vollständigen Isolation und weitgehenden Konzentration weiterentwickelt.

So wurde wenige Tage nach Kriegsbeginn eine nächtliche Ausgangssperre verhängt, die im Mai 1940 zu einer allgemeinen Ausgangsbeschränkung erweitert wurde. Alle Rundfunkgeräte wurden eingezogen. 1941 schaltete man alle Privattelefone ab, später verbot man auch die Benutzung öffentlicher Fernsprecher. Juden wurde der Erwerb bestimmter bezugsscheinpflichtiger Waren verboten, sie hatten ihre Einkäufe zu bestimmten Zeiten, örtlich auch in bestimmten Geschäften, zu erledigen. Im September 1941 erfolgte die Kennzeichnung aller Juden durch den obligatorischen »Judenstern«, seit 1942 waren auch jüdische Wohnungen besonders zu markieren. War man bereits vor Kriegsbeginn dazu übergegangen, die jüdische Bevölkerung in »Judenhäusern« zu konzentrieren, so wurden diese Maßnahmen nun beschleunigt durchgeführt. Jüdische Arbeitslose konnten außerdem vom Arbeitsamt zu Dienstleistungen zwangsverpflichtet werden.

Die im November 1941 erlassene Elfte Verordnung zum Reichsbürgergesetz regelte bereits die vermögensrechtlichen Folgen der Deportation. Sie bestimmte, daß Juden, die sich im Ausland aufhielten, nicht deutsche Staatsbürger sein konnten. Ihr Vermögen sollte dem Reich zufallen, Versorgungs- und Rentenansprüche hatten zu ruhen. Eine wenige Tage später erlassene, nicht veröffentlichte Anordnung machte die dieser Verordnung zugrundeliegende Zielsetzung klar: Erstens wurde hier festgelegt, daß unter Ausland alle besetzten Gebiete, insbesondere auch das Generalgouvernement und die Reichskommissariate Ostland und Ukraine zu verstehen seien; zweitens wurden die Bestimmungen der Elften Verordnung auch auf diejenigen Juden ausgedehnt, die ihren Aufenthaltsort in diesen Gebieten »in Zukunft nehmen werden«. Den eigentlichen Schlußstein der Judengesetzgebung bildete die Dreizehnte Verordnung zum Reichsbürgergesetz vom Juli 1943: Strafbare Handlungen von Juden sollten demnach von der Polizei geahndet werden, ihr Vermögen verfiel im Todesfalle dem Reich, soweit nicht nichtjüdische Erben vorhanden waren.

Bereits seit Herbst 1939 war es zu verschiedenen Deportationen deutscher Juden gekommen, so etwa aus Wien, Berlin und Stettin, während im Oktober 1940 die Gauleiter der Saarpfalz und Badens »ihre« Juden in den unbesetzten Teil Frankreichs abgeschoben hatten. Im November 1940 drängte der Wiener Gauleiter Schirach in einem Gespräch mit Hitler auf die Deportation der Wiener Juden, da er sich von dieser Maßnahme eine Verbesserung der Wohnungssituation versprach. So wurden im Februar und März 1941 5000 Wiener Juden abgeschoben. Der vielfach vorhandene Wunsch, in eine der meist großbürgerlich zugeschnittenen »Judenwohnungen« zu ziehen, beschleunigte auch in anderen Städten das Tempo des Deportationsprozesses. Im August 1941 drängte Goebbels auf den Abtransport der Berliner Juden, die er offensichtlich in die Liquidationsmaßnahmen der Einsatzgruppen einbeziehen wollte. Offensichtlich wurden vor allem auf Druck örtlicher Parteiinstanzen, die in den Wettlauf eingetreten waren, ihre Städte bzw. Gebiete »judenfrei« zu bekommen, die Deportationen in größerem Maßstab im Oktober 1941 aufgenommen, ohne daß die notwendigen Auffangeinrichtungen für die Deportierten vorhanden waren. Im Oktober 1941 wurden etwa 20000 deutsche Juden in das Getto von Lodz transportiert, das von Himmler trotz totaler Überfüllung für »aufnahmefähig« erklärt wurde (Dok. Nr. 54). Dieser Deportation folgte kurz darauf ein weiterer Transport von 50000 Menschen in den besetzten Teil der Sowjetunion, nach Riga, Minsk und Kowno. Die dort ankommenden Juden wurden seit November systematisch durch Einsatzkommandos der SS erschossen (Dok. Nr. 55 u. 56).

Die Zusammenstellung der Deportationslisten erfolgte in jedem Ort durch die Gestapo, die sich der Mithilfe der jüdischen Gemeindeorgane bediente. Die Juden wurden entweder aus ihren Wohnungen geholt oder hatten sich zu bestimmten Terminen in Sammellagern einzufinden (Dok. Nr. 57 u. 58). Aufgrund des Mangels an Transportraum – oft standen nur Güterwagen zur Verfügung – wurden die Deportationstermine häufig kurzfristig bestimmt. Die Deportationen vollzogen sich keineswegs im Verborgenen; die rüden Methoden, mit denen die Juden durch Polizeiorgane regelrecht zusammengetrieben wurden, erregte die Aufmerksamkeit deutscher Augenzeugen (Dok. Nr. 59).

Hauptziel der im Frühjahr einsetzenden Deportationen, die den Stapostellen im Reich durch einen Schnellbrief Eichmanns vom 31. Januar 1942 angekündigt worden (Dok. Nr. 60) und am 9. März Gegenstand einer Besprechung im Reichssicherheitshauptamt waren (Dok. Nr. 61), war neben den sowjetischen Gebieten zunächst der Distrikt Lublin. Die reichsdeutschen Juden wurden zum Teil aber auch direkt in die Vernichtungslager deportiert, so nach Belzec und Sobibor und im späteren Verlauf des Jahres 1942 unmittelbar nach Auschwitz. Daneben standen die Theresienstadt-Transporte. Die Deportation wurde nicht zuletzt durch örtliche Parteiorgane beschleunigt, die »ihre« Juden loswerden wollten, wie sich am Beispiel des Berliner Gauleiters Goebbels zeigen läßt (Dok. Nr. 61). Weitgehend abgeschlossen war die Deportation der deutschen Juden im Frühjahr 1943, nachdem die in der Rüstungswirtschaft Arbeitenden einbezogen worden waren. Zu diesem Zweck wurde in Berlin die sogenannte »Fabrik-Aktion« durchgeführt: Um die erhebliche Zahl der in kriegswichtigen Betrieben tätigen Juden, deren »Herausgabe« Betriebe und Rüstungsbehörden zu verhindern suchten, zu deportieren, fuhren SS-Kommandos vor den Betrieben auf und verhafteten alle Juden, deren sie habhaft werden konnten.

Für verschiedene Gruppen der deutschen Juden wurde eine Sonderregelung getroffen: Alte, Kriegsveteranen und sogenannte »Prominente« wurden in das Getto Theresienstadt verbracht. Diese Ausnahmeregelung geschah im Hinblick auf mögliche

Nachfragen und Interventionen. Die Existenz eines besonderen »Altersgettos« sollte zudem die offizielle Sprachregelung vom »Einsatz« der arbeitsfähigen Juden im »Osten« plausibel erscheinen lassen. Im weiteren Verlauf des Krieges sollte es auch als eine Art Vorzeige-KZ angesichts ausländischer Inspektionswünsche dienen. Zur Finanzierung des Gettos bediente man sich der »Reichsvereinigung der Juden in Deutschland«, der zentralen Selbstverwaltungs- und Selbsthilfeorganisation der deutschen Juden, der die nach Theresienstadt Deportierten ihre flüssigen Mittel zu übergeben hatten, um sich auf diese Weise im Altersgetto »einzukaufen« (Dok. Nr. 63). Theresienstadt war zugleich zentrales Sammellager für die Juden des Protektorats; seitens der Sicherheitspolizei ging man von vornherein davon aus, daß die Zahl der dort inhaftierten Juden »stark dezimiert« werde (Dok. Nr. 64). Tatsächlich fungierte das »Altersgetto« Theresienstadt aber nur als eine Zwischenstation: Die weitaus meisten der tschechischen und deutschen Juden wurden von hier aus nach Auschwitz transportiert. (Dok. Nr. 65 u. 66).

Ein Sonderproblem bildeten die etwa 100 000 im Gebiet des Reiches lebenden »jüdischen Mischlinge«. Grundsätzlich standen sich hier zwei unterschiedliche Auffassungen gegenüber: Während die Ministerialbürokratie, die diese Kategorie durch ihre im Jahre 1935 erstellte Definition überhaupt erst geschaffen hatte, »Mischlinge ersten Grades« sterilisieren und diejenigen »zweiten Grades« durch Vermischung mit »Deutschblütigen« aus dem »Volkskörper« allmählich »ausmendeln« wollte, strebte man seitens der maßgeblichen Partei- und SS-Dienststellen ein Ausleseverfahren an, in dem die erste Gruppe grundsätzlich, die zweite ausnahmsweise mit »Volljuden« gleichgestellt werden sollte. Beide Alternativen wurden über einen längeren Zeitraum diskutiert, ohne daß eine Lösung gefunden werden konnte. Die »Mischlinge«, denen während des Krieges zahlreiche weitere Beschränkungen auferlegt wurden, sollten diese Erörterungen überleben. Ebenso blieben die in »Mischehen« lebenden Juden weitgehend von der Deportation verschont, da keine Einigung über die Frage erzielt werden konnte, ob und in welcher Form solche Ehen zu scheiden waren und man durch eine gewaltsame Trennung solcher Ehen unliebsames öffentliches Aufsehen befürchtete.

54 Schreiben Himmlers an den Gauleiter im Wartheland Greiser: Ankündigung von Judentransporten aus dem Reich nach Lodz, 18.9.1941:

Der Führer wünscht, daß möglichst bald das Altreich und das Protektorat vom Westen nach dem Osten von Juden geleert und befreit werden. Ich bin daher bestrebt, möglichst noch in diesem Jahr die Juden des Altreichs und des Protektorats zunächst einmal als erste Stufe in die vor zwei Jahren neu zum Reich gekommenen Ostgebiete zu transportieren, um sie im nächsten Frühjahr noch weiter nach dem Osten abzuschieben.

Ich beabsichtige, in das Litzmannstätter Ghetto, das, wie ich hörte, an Raum aufnahmefähig ist, rund 60000 Juden des Altreichs und des Protektorats für den Winter zu verbringen. Ich bitte Sie, diese Maßnahme, die sicherlich für Ihren Gau Schwierigkeiten und Lasten mit sich bringt, nicht nur zu verstehen, sondern im Interesse des Gesamtreiches mit allen Kräften zu unterstützen.

SS-Gruppenführer Heydrich, der diese Judenwanderung vorzunehmen hat, wird sich rechtzeitig unmittelbar oder über SS-Gruppenführer Koppe an Sie wenden.

BA NS 19/2655;
 Peter Märtesheimer/Ivo Frenzel (Hg.), Im Kreuzfeuer: Der Fernsehfilm ›Holocaust‹. Frankfurt a. M. 1979, S. 87.

55 Affidavit von Alfred Winter: Deportiert von Düsseldorf nach Riga, 15.10.1947:

[...] Im November 1938 wurde ich zwangsweise zum Straßenbau eingesetzt. Von 1941 bis Ende 1941 [!] arbeitete ich zwangsweise als Schlosser in einem Rüstungsbetrieb. Im Dezember 1941 wurde ich mit noch 1000 anderen Juden aus der Düsseldorfer Gegend nach Riga deportiert. Wir kamen dort in ein Ghetto.

2. Wir kamen am 14. Dezember 1941 in Riga an. Bei meiner Ankunft im Ghetto fiel mir auf, daß die Wohnungen zertrümmert und teilweise mit Blut besprengt waren. Schon beim Ausladen aus dem Zuge wurde uns von einem lettischen SS-Mann gesagt, daß

wir alles liegen lassen könnten, da wir unser Gepäck doch nicht mehr lange gebrauchen würden. Es war bei Todesstrafe verboten, mit lettischen Juden in Verbindung zu treten. Das deutsche und das lettische Juden-Ghetto waren durch Stacheldraht getrennt. Am Tage unserer Ankunft wurde eine einzelne Jüdin, die auf der linken Straßenseite ging, was verboten war, ohne Warnung von einem lettischen SS-Mann totgeschossen. Die Ghetto-Bewachung bestand aus lettischer SS, unter deutschen Offizieren. [...]

3. Am 22. Dezember 1941 wurde ich mit einer Gruppe von 500 Juden, alles jungen Leuten, die aus dem Juden-Transport von Hannover, Kassel und Düsseldorf waren, zum Bau eines Konzentrationslagers nach Salaspils, 19 km von Riga entfernt, gebracht. Dort warteten bereits 500 Juden aus Süddeutschland, die schon etwas früher aus dem Lager Jungfernhof nach Salaspils gebracht wurden. Das Lager Jungfernhof war 5 km von Riga entfernt. Unsere Verpflegung bestand aus 200 g Brot und einem Liter Wassersuppe täglich. Ich wurde dem Beerdigungskommando zugeteilt. Da später die Todesfälle unter den Lagerinsassen so häufig wurden, daß man die Leichen nicht mehr in Einzelgräbern beerdigen konnte, mußte das Beerdigungskommando Gruben sprengen, die als Massengräber benutzt wurden. Später wurden diese Gruben ausgeweitet, bis ein großes Grab von den Ausmaßen 40 × 40 und einer Tiefe von ungefähr 5 m entstand. In diesem Grab wurden im Laufe der Zeit 900 Leichen beigesetzt. Am 2. Januar 1942 wurden die ungefähr 1500 Lagerinsassen in einem Karree aufgestellt. Lettische SS, unter dem Befehl des Sturmbannführers LANGE, führte die Erschießung von zwei Juden durch. [...]

Zwei Tage nach meiner Überführung vom Lager Salaspils ins Ghetto in Riga wurde ich zur Arbeit im Einsatzkommando 2 in der Moltkestraße eingesetzt. Bei der Ankunft im Ghetto machte ich die Feststellung, daß ein Teil meiner Familie nicht mehr da war. Sie wurden, wie mir mitgeteilt wurde, Ende März angeblich nach Dünamünde verschickt. Durch die lettische Zivil-Bevölkerung erfuhr ich, daß in Dünamünde nie Juden-Transporte angekommen sind. Von Juden, die in der Kleiderkammer beim General-Kommissar arbeiteten, wurde mir erzählt, daß die gekennzeichnete Kleidung mehrerer der angeblich nach Dünamünde Verschickten in der Kleiderkammer zum Sortieren angekommen wäre. Von meiner Mutter erfuhr ich, daß bei der Selektion für die Dünamünder Aktion JOST, LANGE, KRAUSE, MAIWALD und zwei höhere SS-Führer anwesend waren.

5. Am 13. Januar 1942 kamen 70 Juden, die ein Teil eines Transportes von 1050 Juden aus der Tschechoslowakei waren, im Lager Salaspils an. Drei Tage später mußten wir drei (3) Waggons mit Gepäck und Kleidungsstücken ausladen. Diese wurden von den tschechischen Juden als Kleidungsstücke von Transportangehörigen erkannt. Es war auch ein Waggon mit Schuhen und Kleidungsstücken angefüllt, die planlos dahineingeworfen waren und zum Teil mit Erde beschmutzt waren. Die meisten Erschießungen von Juden haben im Zeitraum vom 20. Februar 1942 bis Ende Juli 1942 im Bickernicker Wald stattgefunden. Von den überlebenden lettischen Juden erfuhr ich, daß 27000 lettische Juden bereits im November 1941 liquidiert wurden. Im September und Oktober 1942 kamen Juden-Transporte aus Frankfurt am Main, Königsberg und Berlin an. Ein lettischer SS-Mann namens P. sagte mir, daß sie vom Bahnhof in Skirotawa bei Riga nach Salaspils in den Wald gebracht und dort erschossen wurden. Nach den Kleidungsstücken zu urteilen, die wir später im Ghetto ausluden, dürfte es sich dabei um ca. 2000 Personen gehandelt haben. Die Kleidung war mit Erde beschmutzt. [...]

7. Am 30. Oktober 1942 wurden 182 lettische Juden erschossen, und zwar waren es 32 Angehörige der lettisch-jüdischen Ghetto-Wachen und 150 ältere lettische Juden. Die Auswählung erfolgte damals durch das Einsatzkommando. Bei der Selektion waren anwesend: LANGE, GYMNICH, KRAUSE, REESE und MAIWALD. Am 2. November 1943 wurde das Rigaer Ghetto endgültig aufgelöst, und die überlebenden Juden wurden in das Konzentrationslager Riga überführt. 2000 ältere und kranke Juden und die restlichen am Leben gebliebenen Kinder wurden nach Auschwitz überführt. In diesem Transport war auch meine Mutter, die in Auschwitz vergast wurde. Im Juli 1944 wurde ich von Libau nach Stutthof bei Danzig gebracht, wo ich sieben (7) Wochen blieb und von wo ich dann nach Buchenwald kam. Zehn (10) Wochen war ich im Lager Buchenwald und kam dann in das Lager Tröglitz bei Zeitz. Am 12. April 1945 wurde ich nach Theresienstadt überführt. [...]

IfZ NO-5448 (Kopie);
    John Mendelsohn (Hg.), The Holocaust. Selected Documents. New York
1982, Band 10, S. 223–229 (Faks.)

56 Tätigkeitsbericht des II. Zuges der Gruppe Arlt der 1. / Waffen-SS-Batl. z. b. V.: Erschießung Wiener Juden bei Minsk, 17. 5. 42:

Die Tätigkeit des Zuges, d. h. 1 Unterführer und 10 Mann, bestand, nachdem Sie abgereist waren, zunächst darin, die Aushebung von Gruben, 22 km vor Minsk zu leiten bezw. zu beaufsichtigen. Die Arbeiten dauerten acht Tage und endeten mit einer Aktion am 30. 5. 42, an der der gesamte Zug teilnahm. (Ausräumung des Gefängnisses.)

Am 4. 5. gingen wir bereits wieder daran, neue Gruben in der Nähe des Gutes vom Kdr., selbst auszuheben. Auch diese Arbeiten nahmen 4 Tage in Anspruch.

Bald darauf traf ein Transport mit Juden (1000 Stück) aus Wien in Minsk ein und wurden gleich vom Bahnhof zur obengenannten Grube geschafft. Dazu war der Zug direkt an der Grube eingesetzt. Am 13. 5. beaufsichtigten 8 Mann die Ausgrabung einer weiteren Grube, da in nächster Zeit abermals ein Transport mit Juden aus dem Reich hier eintreffen soll.

Am 16. 5. begleitete ich mit neun Mann einen Felltransport der Handelsgesellschaft »Ost«, von Minsk nach Unzden und zurück. Der SS-Rttf. P. und der SS-Strm. H. wurden auf Ersuchen von SS-Ostuf. *Heuser*, zur Betreuung des neuen Hausgefängnisses abkommandiert.

Der S. D. übernahm von einer Einheit der Waffen-SS einen 16jährigen Russen mit Namen L. und übergab ihn uns zur Betreuung. L. ist völlig ausgerüstet und versieht mit uns den Dienst. Der SS-Strm. H. übernahm für drei Wochen die Sanitätsstelle des Kommandos, da Strm. L. sich auf Urlaub befindet.

SS-Strm. H. wird am 18. 5. auf Befehl von Ostuf. Störtz nach Reval in Marsch gesetzt.

Damit endet mein heutiger Bericht.

[Zentrales Staatsarchiv Prag]; ZStL Dok. Slg. CSSR Bd. 332, Bl. 41 (Kopie).

57   Aussage von Josef Grünberg, Deportation aus Osnabrück, 24. 3. 1965:

[...] Vor dem Kriege lebten in Osnabrück ca. 500 Juden (einschl. Frauen und Kinder). Wir hatten in Osnabrück die Gemeinde-Vorstände K. (vor dem Krieg) und Hermann H. (während des Krieges). Letzterer ist mit einem der letzten Transporte vermutlich nach Auschwitz gekommen, wo er umgebracht wurde. Nach der Machtübernahme durch Adolf Hitler und der Kristallnacht sind schätzungsweise ca. 200 Osnabrücker Juden und aus der Umgebung nach Übersee ausgewandert.

Während des II. Weltkrieges waren in Osnabrück noch ca. 200 Juden ansässig. Meines Wissens wohnten im gesamten Reg. Bez. Osnabrück ca. 800 jüdische Personen.

Am 11. Dezember 1941 wurde ich von der Gestapo Osnabrück aufgefordert, mich unverzüglich unter Mitnahme von 100 kg Gepäck in der Turnhalle der Volksschule Osnabrück, Am Pottgraben, einzufinden. Als ich dort ankam, waren zur gleichen Zeit weitere ca. 150 bis 200 jüdische Personen aus Osnabrück und Umgebung dort eingetroffen. In der Turnhalle – Am Pottgraben – wurden wir 2 Tage festgesetzt und mußten uns am 13. 12. 41 geschlossen unter Bewachung von Polizei- und SS-Beamten zum Bahnhof Osnabrück begeben. Am Bahnhof angekommen, mußten wir zunächst unser Gepäck in einem Gepäckwagen unterbringen. Unser Gepäck haben wir nie wiedergesehen. Anschließend mußten wir in die leeren Personenwagen steigen. Auf Befragen kann ich angeben, daß die anderen Wagen bereits von jüdischen Glaubensbrüdern besetzt waren. Der Zug kam aus Münster. In Bielefeld stiegen weitere jüdische Personen zu. Einige Tage später kamen wir im Ghetto Riga an. [...]

In Riga angekommen, wurde ich zunächst im Ghetto untergebracht und nach ca. 3 Wochen kam ich mit mehreren jüdischen Männern nach dem KL Salaspils. Dieses Lager war ein Vernichtungslager. Wir mußten Baracken aufbauen, damit neue Häftlinge untergebracht werden konnten. Im Lager selbst habe ich viele Tötungsaktionen mit eigenen Augen gesehen, Namen von den Getöteten bzw. von den Tätern kann ich aber heute nicht mehr angeben. Ich habe gesehen, wie meine Glaubensbrüder erhängt (öffentlich) und erschossen wurden. Viele hat man auch einfach verhungern lassen. Da immer wieder neue Häftlinge ins Lager gebracht wurden, mußten entsprechend viele sterben. Die Zahl der dort systematisch getöteten Juden beläuft sich auf mehrere Hunderte.

Die überlebenden Juden wurden später wieder zum Ghetto Riga zurückgebracht und dort in Arbeitskommandos eingeteilt. [...]

ZStL 415 AR 846/64, Bd. 1, Bl. 170-175.

58 Niederschrift Stapo Mährisch-Ostrau: Abtransport der Juden, 2.9.1942:

Die Juden von Mähr.-Ostrau werden in 4 Transporten u. zw. am 18., 22., 26. und 30. September ds. Js. abtransportiert.

Für jeden Transport wird vorher ein Lager (4 Tage) errichtet, das erste beginnt am 14. September.

Es kommen 3610 Juden zum Abtransport, zurück bleiben arisch Versippte, über die später entschieden wird, und Transportunfähige. Feststellung über Fähigkeit übernimmt der jüdische Arzt, in Zweifelsfällen Revision durch deutschen Arzt. Das Sammellager wird in der Schule Kopernikusgasse errichtet. Räume sind sichergestellt. Die Vorbereitungsarbeiten für die Lager werden wahrscheinlich 1 Woche vorher begonnen.

Zugsgarnitur und Bewachung des Sammellagers wird von Prag aus geregelt. SD und Gestapo werden vom 13. bis 30. 9. je einen Mann zu Bewachungszwecken zur Verfügung stellen.

Zulässig 50 kg Gepäck, welches am Bestimmungsort revidiert wird. Mitnahme von Schmuck (außer Ehering), Wertpapieren usw. unzulässig.

Um die benötigten 10 Speditionswagen am 12. 9. wird der Kreiswirtschaftsberater besorgt bleiben. In Frage kommen nur Holzgaswagen.

Bericht an Hauptscharführer F., Lagerleitung Kopernikusgasse, Schule.

Von Prag aus werden 40–50 Juden zur Hilfe für alte Juden hergeschickt.

162

Bei der Vergabe der freiwerdenden Judenwohnungen soll die Partei nicht in Erscheinung treten. Einvernehmen Dr. B. mit zuständigen Referenten in Prag und Bericht an Kreisleiter. Zu berücksichtigen sind kinderreiche Familien und Leute, die infolge Abkommandierung jahrelang getrennt leben. [...]

[Zentrales Staatsarchiv Prag]; BA R 70 Böhmen-Mähren/10 (Kopie).

59 Schreiben Alvenslebens (»Das Schwarze Korps«) an Brandt (Persönlicher Stab RFSS): Mißhandlung von Juden in Berlin vor ihrem Abtransport, 4.3.1943:

Ich möchte Ihnen heute einen Vorfall schildern, dem m. E. grundsätzliche Bedeutung zukommt.

Seit einigen Tagen sitzen hier bei uns in der Zimmerstraße im »Clou« – ehemals eine bürgerliche Unterhaltungsstätte – scharenweise die Juden, die auf ihren Weitertransport warten. Der »Clou« hat nun einen Notausgang, der zwischen den Gebäuden des Eher-Verlages mündet und zwar auf einen Hof hinaus. Dieser Ausgang wurde für An- und Abtransport benutzt. Während die Heranbringung durch Lastwagen ordnungsgemäß vor sich ging, wurde ich am gestrigen Mittwoch von meinen schreckensbleichen Sekretärinnen gebeten, doch einmal schnell ins Zimmer unseres Registrators zu kommen (von wo aus man den Abtransport genau beobachten kann). Die Juden würden ohne ersichtlichen Grund sinnlos von einem Mann mit Hundepeitsche verprügelt.

Ich stellte durch Augenschein folgendes fest: ein Lastwagen war gerade heraus. Es kam ein neuer. Die augenscheinlich abgezählten Juden stürmten beim Ankommen des Wagens im Eilschritt aus dem »Clou« und versuchten, so schnell wie möglich über besondere Hocker, die jüdische Ordner aufgestellt hatten, auf den Wagen zu kommen. Als ungefähr die Hälfte der Juden auf dem Wagen war (schneller ging es wirklich nicht), kam ein Zivilist, mit der Zigarette im Mund, eine große Hundepeitsche schwingend, ebenfalls aus dem »Clou« gelaufen und schlug wie ein Wildgewordener auf die zum Einsteigen drängenden Juden ein. Ich muß bemerken, daß sich unter diesen Jüdinnen mit kleinen Kindern auf dem Arm

163

befanden. – Der Anblick war entwürdigend und beschämend zugleich.

Ich darf dazu bemerken, daß währenddessen an allen Fenstern und Türen der hohen umliegenden Gebäude des Eher-Verlages Arbeiter und Angestellte standen, die diese Vorgänge beobachteten. Direkt am Rand des Hofes ist die Druckerei des Eher-Verlages und überhaupt der technische Betrieb, in dem zahllose Ausländer aller Schattierungen und vor allem auch Frauen beschäftigt werden.

Als die Aufladung unter den eben geschilderten Formen erledigt war, spielte sich zum zweiten Mal genau der gleiche Vorgang ab. – Es kann also keine Rede davon sein, daß es sich vielleicht um einen Wutanfall aus besonderem Anlaß gehandelt haben könnte. Der Mann mit der Hundepeitsche war offensichtlich der Leiter des gesamten Unternehmens »Clou«, augenscheinlich ein Assessor der Geheimen Staatspolizei. – Als ich aus dem Zimmer ging, um wegen dieser unmöglichen und politisch geradezu irrsinnigen Handlungsweise mit Sturmbannführer Dr. Fitzner zu sprechen, berichteten mir meine Sekretärinnen, daß der Mann beim nächsten Transport wiederum und vor allem auf Frauen eingeschlagen hätte und zwar so, daß es ein großes Geschrei gab, worauf der Mann zu den umliegenden Häusern heraufbrüllte, die Fenster seien zu schließen.

Sturmbannführer Dr. Fitzner verwies mich gleich an den Hauptsturmführer Fälschlein(?), mit dem ich auch gesprochen habe, der sofort die Unmöglichkeit dieses Vorgangs einsah und auch umgehend für Abhilfe sorgte. Zwischendurch konnte ich dann allerdings feststellen, daß diese Methode um sich gegriffen hatte: ein Mann der Waffen-SS hatte anscheinend einem Juden einen dicken Spazierstock weggenommen und schlug nun seinerseits genauso blödsinnig auf Juden ein, die sogar an der Wagenseite standen, also überhaupt nicht aufsteigen konnten. Das Gleiche tat ein Polizeibeamter mit einem kleineren Stock.

Sturmbannführer Dr. Fitzner kam nachher noch zu mir rüber, um sich die Sache anzusehen. Da ging jedoch bereits alles vorschriftsmäßig und ruhig vonstatten. – Nachher erhielt ich noch einen Anruf von der Stapo, in dem man mir mitteilte, es sei auch von dort direkt jemand dagewesen, um die Angelegenheit zu kon-

trollieren, man habe jedoch nichts gesehen, sondern nur festgestellt, daß auf einem Tisch eine Hundepeitsche lag. Nach der Herkunft befragt, habe man erklärt, die sei nur dahingelegt worden,
um den Juden Angst zu machen! Die jüdischen Ordner selbst befragt, ob alles ruhig vonstatten ginge, hätten das bejaht. – Man
sagte mir jedoch zu, daß der Fall noch eingehend untersucht und
der Verantwortliche zur Rechenschaft gezogen werden sollte.

Wenn ich Ihnen diesen Vorgang trotzdem so ausführlich schil-
dere, lieber Kamerad Dr. Brandt, so deshalb, weil ich glaube, daß
es vielleicht einmal gut wäre, intern alle zuständigen Stellen darauf
aufmerksam zu machen, daß das mit Humanität oder Gefühlsdu-
selei aber auch nicht das Geringste zu tun hat, wenn verlangt wird,
daß jede Amtshandlung, ganz gleich, was geschieht, unter strengster Wahrung der Form zu geschehen hat, gerade in solchen Fällen. Denn ich glaube, auch Sie sind der Auffassung, lieber Kamerad Dr. Brandt, daß etwas anderes sich mit germanischer Haltung
nicht vereinbaren läßt. Schließlich wollen wir ja nicht den Anschein blindwütiger Sadisten erwecken, die vielleicht noch persönliche Befriedigung bei solchen Szenen empfinden, und die beste
Verhütung derartiger Auswüchse ist m. E. neben einer entsprechenden charakterlichen Auslese die unbedingte Wahrung der
Form, was selbstverständlich nicht ausschließt, daß man, wenn es
am Platz ist, bei aller Form auch mal einen Juden in den Hintern
treten kann, aber selbst dazu gehört m. E. Anstand. – Auf die politische Seite – nämlich die Nahrungsquelle für übelste Greuelbe-
richte – brauche ich wohl nicht einzugehen.

BA NS 19/3492; H.-G. Adler! Der verwaltete Mensch. Studien zur Deportation der Juden aus Deutschland. Tübingen 1974, S. 227 f.

60   Schnellbrief Eichmanns an die Stapostellen im Reich: Beginn der Deportationen aus dem Reich, 31. 1. 1942:

Die in der letzten Zeit in einzelnen Gebieten durchgeführte Evakuierung von Juden nach dem Osten stellen den Beginn der Endlösung der Judenfrage im Altreich, der Ostmark und im Protektorat
Böhmen und Mähren dar.

Diese Evakuierungsmaßnahmen erstreckten sich zunächst auf besonders vordringliche Vorhaben, so daß nur ein Teil der Staatspolizei(leit)stellen bei den abgewickelten Teilaktionen angesichts der beschränkten Aufnahmemöglichkeiten im Osten und der Transportschwierigkeiten berücksichtigt werden konnte.

Zur Zeit werden neue Aufnahmemöglichkeiten bearbeitet mit dem Ziel, weitere Kontingente von Juden aus dem Altreich, der Ostmark und dem Protektorat Böhmen und Mähren abzuschieben. Die genaue Planung von Vorbereitung dieser weiteren Evakuierungsaktion macht zunächst eine gewissenhafte Feststellung der noch im Reichsgebiet ansässigen Juden nach folgenden, den Richtlinien für die Evakuierung entsprechenden Gesichtspunkten erforderlich:

Erfaßt werden können im Zuge dieser Evakuierungsaktion alle Juden (§ 5 der 1. Verordnung zum Reichsbürgergesetz vom 14. 11. 1935, RGBl. I, S. 1333) abgesehen von folgenden Ausnahmen:

1) In deutsch-jüdischer Mischehe lebende Juden.

2) Juden ausländischer Staatsangehörigkeit (ausgenommen staatenlose Juden sowie Juden mit ehemals polnischer und luxemburgischer Staatsangehörigkeit).

3) Im geschlossenen kriegswichtigen Arbeitseinsatz befindliche Juden, für die eine Zustimmung zur Evakuierung seitens der zuständigen Rüstungskommandos (Rüstungsinspektionen) sowie der Landeswirtschaftsämter und Arbeitsämter aus wehrwirtschaftlichen Gründen z. Zt. nicht gegeben werden kann. (Die sich daraus ergebenden vorläufigen Zurückstellungen sind jedoch im Einvernehmen mit diesen Stellen auf ein tragbares Mindestmaß zu beschränken).

4) Juden
   a) im Alter von über 65 Jahren,
   b) sowie Juden im Alter von 55–65 Jahren, die besonders gebrechlich und daher transportunfähig sind.

Bei jüdischen Ehen, in denen ein Eheteil unter 65 Jahren und der andere über 65 Jahre alt ist, können beide Teile dann evakuiert werden, wenn der in Frage kommende Eheteil nicht älter als 67 Jahre ist und ein amtsärztliches Zeugnis für die Arbeitsfähigkeit dieses Eheteiles erbracht werden kann. Weitere Ausnahmen sind auf keinen Fall zulässig. (Für die auf Grund des Alters nicht zu evakuierenden Juden ist später gesonderte Regelung vorgesehen.)

5) Jüdische Rechtskonsulenten sind in einem entsprechenden Verhältnis zur Zahl der zunächst verbleibenden Juden zu erfassen.

6) Ehetrennung sowie Trennung von Kindern bis zu 14 Jahren von den Eltern ist zu vermeiden.

[...]

Auf eine genaue und gewissenhafte Feststellung ist besonderer Wert zu legen, damit von vornherein Verschiebungen oder Änderungen im Transportprogramm vermieden werden.

Von weiteren, über diese Feststellungen hinausgehenden Maßnahmen ist bis zum Eingang weiterer Weisung abzusehen.

IfZ PS-1063 (Kopie);
Szymon Datner/Janusz Gumkowski/Kazimierz Leszczynski: Zagłada Żydów w obozach na ziemiach polskich, in: BGKBZHwP 13 (1960) S. 30 F–33 F (Faks.)

61 Bericht über eine Besprechung im RSHA: Deportation der Juden aus dem Reich, 9. 3. 1942:

SS-O'Stuf. Eichmann sprach zunächst einleitend über die weitere Evakuierung von 55 000 Juden aus dem Altreich sowie der Ostmark und dem Protektorat.

U. a. werden hierbei Prag mit 20 000 und Wien mit 18 000 zu evakuierenden Juden am stärksten beteiligt. Die Stärke der übrigen Transporte richtet sich anteilmäßig je nach der Höhe der in jedem Stapo(leit)stellenbezirk noch vorhandenen Juden. <u>Düsseldorf</u> ist hierbei wieder ein Transport von 1000 Juden zugewiesen.

In diesem Zusammenhang machte SS-O'Stuf. Eichmann darauf aufmerksam, daß die gegebenen Richtlinien, vor allem hinsichtlich des Alters, der Gebrechlichkeit usw. genaustens einzuhalten seien, da beim Transport nach Riga ca. 40–45 Fälle durch den Judenältesten in Riga über die Gauleiter Lohse und Meyer dem SS-Obergruppenführer Heydrich als zu Unrecht evakuiert reklamiert wurden. Obgleich sich die Mehrzahl dieser Fälle bei näherer Prüfung als durchaus berechtigte Evakuierungen herausstellten, ist die Vermeidung derartiger Beschwerden unter allen Umständen anzustreben. SS-Obergruppenführer Heydrich macht daher für die Durchführung der Richtlinien in dieser Hinsicht die Stapoleiter persönlich verantwortlich.

Damit einzelnen Stapostellen »der Versuchung, ihnen unbequeme ältere Juden mit abzuschieben, nicht weiter ausgesetzt sind«, führte SS-O'Stuf. Eichmann aus, sei zur Beruhigung gesagt, daß diese im Altreich verbleibenden Juden höchstwahrscheinlich schon im Laufe dieses Sommers bezw. Herbstes nach Theresienstadt abgeschoben würden, das als »Altersghetto« vorgesehen sei. Diese Stadt würde jetzt geräumt und es könnten vorläufig schon 15–20000 Juden aus dem Protektorat dorthin übersiedeln. Dies geschieht, um »nach außen das Gesicht zu wahren«.

Von den Evakuierungen sind die Gau- bzw. Kreisleiter zu unterrichten, da sich mehrere Gauleiter beschwert hätten, daß sie über derartige einschneidende Maßnahmen keine Kenntnis erhielten.

SS-O'Stuf. Eichmann erteilte hierauf das Wort den einzelnen Referenten; zunächst folgte ein Vortrag über die vermögensrechtliche Angelegenheit.

Die Erfassung des Vermögens hätte sich durch die 11. V.O. erheblich vereinfacht. Die Vordrucke zur Vermögensanmeldung wären dementsprechend geändert worden und gehen den einzelnen Stapostellen umgehend zu. Die alten Formulare sind nicht mehr zu verwenden. Die Formulare sind genauestens auszufüllen, da die Juden doch wieder viele »Winkelzüge« versucht hätten. Die Anzahl der zu evakuierenden Juden sowie deren Wohnorte sind den Finanzämtern anzugeben.

Von den Vorbereitungen zur Evakuierung dürfen die Juden unter keinen Umständen Kenntnis erhalten, daher ist absolute Geheimhaltung erforderlich.

Das sogenannte »Sonderkonto W« steht dem Referat IV B 4 des Reichssicherheitshauptamtes zur Verfügung, da nach der 11. V.O. das RSHA an die Vermögen der Juden nicht mehr herankann. Um diesem Fonds ausreichend Gelder zur Verfügung zu stellen, wird gebeten, die Juden in nächster Zeit zu erheblichen »Spenden« für das Konto »W« anzuhalten. Bisher seien, anscheinend durch das Mißverständnis, daß den Juden der Fonds unmittelbar zu Gute komme, wenig Beträge eingegangen.

Der mitzunehmende Geldbetrag von 50,– RM pro Jude sei im

Einvernehmen mit der Devisenstelle zur Mitnahme bereit zu stellen.

Der weitere Vortrag behandelte die technische Durchführung der Transporte. – Hier ist zunächst wichtig, daß die Transporte nicht zeitlich genau festgelegt werden können. Es stehen nur leere Russenzüge / Arbeitertransporte in das Altreich zur Verfügung, die leer in das Generalgouvernement zurückrollen sollen und nun vom RSHA. im Einvernehmen mit dem OKH ausgenutzt werden.

Der Abfahrtstag wird 6 Tage vorher den Stapostellen, der schnelleren Übermittlung und Geheimhaltung wegen fernmündlich, unter dem Kennwort DA bekannt gegeben. Das Gespräch ist durch Fernschreiben an das Ref. IV B 4 sofort zu bestätigen.

Die Abfahrtsstunden sind dem genau einzuhaltenden Fahrplan zu entnehmen.

Die Züge fassen nur 700 Personen, jedoch sind 1000 Juden darin unterzubringen. Es empfiehlt sich daher, rechtzeitig Güterwagen für Gepäck in ausreichender Zahl bei der Reichsbahn zu bestellen. Ebenfalls ein Personenwagen für das Begleitkdo. Im Notfall müßte dieses aber mit einem Wagen des Russenzuges vorlieb nehmen.

Der Führer des Begleitkdos. ist zu instruieren, daß er dafür sorgt, daß die Gepäckwagen aus dem Altreich nach Ankunft am Bestimmungsort umgehend zurückrollen.

Es folgte ein Erfahrungsaustausch zwischen solchen Stapostellen, die bereits Evakuierungen durchführten und anderen, die vor dieser für sie neuen Aufgabe stehen.

Gegen 16.30 Uhr war die Besprechung beendet.

IfZ Eich 119 (Kopie);
   H.-G. Adler (Hg.), Die verheimlichte Wahrheit. Theresienstädter Dokumente. Tübingen 1958, S. 9 f.

62 Vorlage des Verbindungsmanns der Partei-Kanzlei zur Reichspropagandaleitung, Tießler: Goebbels über die Berliner Juden, 23. 4. 1942:

Die Terror-Gruppe, die den Sabotageakt in der Ausstellung »Das Sowjet-Paradies« verübt hat, konnte nunmehr festgenommen werden. Von den 13 Mann sind 6 Juden, 1 Jude hatte die Führung.

Dr. *Goebbels* erklärte, dies sei ein neuer Beweis dafür, daß die Juden unbedingt aus Berlin herausmüßten. Wie selbstverständlich dies wäre, zeige folgendes Beispiel:

Wenn man 300 zum Tode Verurteilte davon unterrichten würde, sie könnten noch für längere Zeit in Berlin frei herumlaufen, so wüßten diese, eines Tages werden sie auf jeden Fall ihre Strafe auf sich nehmen müssen, d. h., sie haben nichts mehr zu verlieren. Sie werden daher die Zeit benutzen, weitere Verbrechen durchzuführen. Genau so sei es mit den Juden, die sich alle darüber klar seien, daß sie eines Tages abtransportiert werden würden und hierbei evtl. um die Ecke gehen. Wir hätten es also hier mit 40 000 Menschen, von denen 25 000 noch gesund und kräftig sind, zu tun, die nichts zu verlieren hätten. Daß diese in der Hauptstadt Berlin gefährlicher seien als 25 000 frei herumlaufende Engländer, sei deswegen klar, weil die Engländer wüßten, ihre Gefährdung sei mit Beendigung des Krieges zu Ende, während die Juden wüßten, daß es für sie kein Entrinnen mehr gibt.

Dr. *Goebbels* will sich daher in dieser Frage an den FÜHRER wenden.

BA NS 18/254.

63 Vermerk aus dem Reichsfinanzministerium: Finanzierung des »Altersgettos« Theresienstadt, 14. 12. 1942:

Der Reichsmarschall hat den Reichsführer-SS und Chef der Deutschen Polizei vor längerer Zeit beauftragt, die Maßnahmen vorzubereiten, die der Endlösung der europäischen Judenfrage dienen. Der Reichsführer-SS hat mit der Durchführung der Aufgaben den Chef der Sicherheitspolizei und des SD betraut. Dieser hat zunächst durch besondere Maßnahmen die legale Auswanderung der Juden nach Übersee gefördert. Als bei Ausbruch des Kriegs die Auswanderung nach Übersee nicht mehr möglich war, hat er die allmähliche Freimachung des Reichsgebiets von Juden durch deren Abschiebung nach dem Osten in die Wege geleitet. In der letzten Zeit sind außerdem innerhalb des Reichsgebiets Altersheime (Altersghettos) zur Aufnahme der Juden z. B. in Theresienstadt errichtet worden. Wegen der Einzelheiten Hinweis auf den Vermerk vom 21. August 1942. Die Errichtung weiterer Altersheime in den Ostgebieten steht bevor. Der Chef der Sicherheitspolizei und des SD bedient sich zur Durchführung seiner Maßnahmen im wesentlichen der »Reichsvereinigung der Juden in Deutschland«, die durch die Zehnte Verordnung zum Reichsbürgergesetz vom 4. Juli 1939 (RGBl I S. 1097) geschaffen worden ist. Die Reichsvereinigung untersteht gemäß § 4 dieser Verordnung der Aufsicht des Reichsministers des Innern. Praktisch wird jedoch die Aufsicht ausschließlich durch den Chef der Sicherheitspolizei und des SD ausgeübt.

Die Finanzierung der zum Teil außerordentlich kostspieligen Maßnahmen ist bisher ohne Inanspruchnahme von Haushaltsmitteln durchgeführt worden. Die Mittel sind auf verschiedene Weise beschafft worden.

a) Altreich

Die Reichsvereinigung hat durch Rundschreiben vom 3. Dezember 1941 ihre für die Abschiebung nach dem Osten vorgesehenen Mitglieder aufgefordert, mindestens 25 v. H. ihrer flüssigen Mittel vor der Abschiebung als Spende an die Reichsvereinigung abzutreten. [...]

Die auf diese Weise aufgekommenen Mittel reichen offenbar in den letzten Monaten angesichts der wachsenden Zahl der abzuschiebenden Juden nicht mehr aus. Der Aufbau des Altersghettos Theresienstadt erfordert außerdem hohe Aufwendungen. Theresienstadt ist von der tschechischen Bevölkerung völlig geräumt und zur Aufnahme von etwa 80 000 Juden hergerichtet worden. Für den Lebensunterhalt der Juden im Altersghetto sind erhebliche Mittel erforderlich, umsomehr, als auch Juden aufgenommen werden, die völlig mittellos sind. Die Reichsvereinigung hat deshalb auf Weisung des Chefs der Sicherheitspolizei und des SD neue Wege der Finanzierung beschritten. Es wird das folgende Verfahren angewendet:

Der für die Umsiedlung nach Theresienstadt bestimmte Jude schließt mit der Reichsvereinigung der Juden einen Vertrag über seine Aufnahme in das Altersghetto Theresienstadt (Heimeinkaufsvertrag). Abschrift eines solchen Heimeinkaufsvertrags ist beigefügt. Durch diesen Vertrag verpflichtet sich die Reichsvereinigung, den Juden bis an sein Lebensende in Theresienstadt zu unterhalten. Der Jude überweist als Gegenleistung der Reichsvereinigung sein aus Bargeld, Bankguthaben, Wertpapieren und Forderungen bestehendes Vermögen. Die der Reichsvereinigung auf diese Weise zufließenden Mittel werden an den Judenältesten in Theresienstadt überwiesen. [...]

BA R 2 / 12222, Bl. 226–229;
H.-G. Adler (Hg.), Die verheimlichte Wahrheit. Theresienstädter Dokumente. Tübingen 1958, S. 87–89.

64 Niederschrift über eine Sicherheitspolizei-Besprechung in Prag über die »Lösung der Judenfrage« im Protektorat, 10.10.1941:

[...] Die Besprechung war angesetzt, um Maßnahmen zu erörtern, die zunächst für Lösung der Judenfragen im Protektorat und teilweise im Altreich notwendig wurden, und um die Linie festzusetzen, die der Presse des Protektorats anzugeben ist für Publikationen in den nächsten Tagen. (Für den Presse-Empfang am 10.10. soll nicht nur das Thema der Judenfrage, sondern auch das der Widerstandsbewegungen im Protektorat zusammenfassend behandelt werden.)

Im ganzen Protektorat leben z. Zt. etwa 88000 Juden, davon sind in Prag 48000. Der Schwerpunkt liegt außerdem noch in Brünn mit 10000 und Mährisch-Ostrau mit 10000. Die übrigen Juden verteilen sich auf die Oberlandratsbezirke.

Wegen der Evakuierung entstanden Schwierigkeiten. Es war vorgesehen, damit am 15. Oktober etwa zu beginnen, um die Transporte nach und nach bis zum 15. November abrollen zu lassen bis zur Höhe von etwa 5000 Juden – nur aus Prag.

Vorläufig muß noch viel Rücksicht auf die Litzmannstädter Behörden genommen werden.

Es sollen die lästigsten Juden herausgesucht werden. Minsk und Riga sollen 50000 bekommen.

Im Altreich muß bei der Auswahl der Juden überprüft werden, ob nicht dieser oder jener Jude dabei ist, der von hohen Reichsstellen protegiert wird, um keinen zu großen Anlauf von Schreiben wegen solcher Juden zu erhalten.

Es soll keine Rücksicht auf Juden mit Kriegsauszeichnungen genommen werden. Sofern ein Jude im Altreich eine Kriegsauszeichnung besitzt, treffen auf ihn die Einschränkungen zu, die mit dem OKW derzeit vereinbart werden sollten. Diese Juden sollen auf keinen Fall etwa alle im Reich behalten werden, sondern im Gegenteil im entsprechenden Prozentsatz mit evakuiert werden.

In den nächsten Wochen sollen die 5000 Juden aus Prag nun evakuiert werden.

SS-Brif. Nebe und Rasch könnten in die Lager für kommunistische Häftlinge im Operationsgebiet Juden mit hineinnehmen. Dies ist bereits nach Angabe von SS-Stubaf. Eichmann eingeleitet.

Über die Möglichkeit der Ghettoisierung im Protektorat. In Frage kommt nur ein etwas abgelegener Vorort (nie ein Teil einer Innenstadt, das hat sich nicht bewährt), oder ein kleines Dorf oder eine kleinere Stadt mit möglichst geringer Industrie.

Die Zusammenziehung beginnt in den drei großen Städten, die verstreut auf dem Lande lebenden Juden werden zwangsweise hereingezogen.

Da es zweckmäßiger ist wegen der Überwachung und Belieferung mit Lebensmitteln usw., sollen nur zwei Ghettos eingerichtet werden: ein Ghetto in Böhmen, eines in Mähren, die zu unterteilen sind in ein »Arbeits-« und ein »Versorgungslager«.

Die Juden können gut mit Arbeitsmöglichkeiten versorgt werden (im Lager durch Anfertigung von kleinen Gegenständen ohne maschinellen Aufwand, z.B. Holzschuhe, Strohgeflechte für die Wehrmachtsteile im Norden, usw.). Der »Ältestenrat« hat diese Gegenstände einzusammeln und bekommt dafür das geringste Maß an Lebensmitteln mit dem errechneten Minimum an Vitaminen usw. (unter Kontrolle der Sicherheitspolizei). – Teilweise können auch kleine Kommandos außerhalb des Ghettos unter Bewachung arbeiten, dies gilt insbesondere für benötigte Spezialkräfte.

In Mähren ist eine Ausweitung eines bereits vorhandenen jüdischen Dorfes zu einem Ghetto für Mähren durchaus möglich und würde keine großen Schwierigkeiten bereiten.

In Böhmen käme in Frage: eventuell die alte Hussitenburg Alt-Ratibor, aber am besten wäre die Übernahme von Theresienstadt durch die Zentralstelle für jüdische Auswanderung. Nach Evakuierung aus diesem vorübergehenden Sammellager (wobei die Juden ja schon stark dezimiert wurden) in die östlichen Gebiete könnte dann das gesamte Gelände zu einer vorbildlichen deutschen Siedlung ausgebaut werden. Die finanziellen Mittel für den Ankauf des gesamten Geländes usw. sind vorhanden und wären auch gut angelegt, da der Boden vorzüglich für den Gemüsebau geeignet ist. – Hierzu Vorschlag an Reichsführer-SS.

Bei Besprechung mit dem neuen Militärbefehlshaber im Protektorat *Toussaint* wäre zu besprechen und durchzusetzen (durch C. persönlich), daß die in Theresienstadt liegenden Wehrmachtsteile (es handelt sich nur um geringere Einheiten) in andere Garnisonen abgerufen werden. Auf diese Weise wird die tschechische Bevölkerung – die sich in dieser alten Festungsstadt fast auschließlich auf Arbeitsmöglichkeit durch die Wehrmachtsteile eingestellt hat – gezwungen, anderweit Beschäftigung zu suchen.

Es wäre zu überlegen, ob der Wegzug der tschechischen Bevölkerung aus Theresienstadt nicht durch teilweise Übernahme der Umzugskosten gefördert werden könnte. Das Geld dafür ließe sich aus dem zu verkaufenden überflüssigen Hausrat der Juden jederzeit reichlich aufbringen. Bei freiwilligem Umzug der tschechischen Bevölkerung aus Theresienstadt könnten – durch frei werdende Judenwohnungen – die erforderlichen neuen Wohnungen in der Größe zur Verfügung gestellt werden, die die Familie in Theresienstadt besaß. Diese Zugeständnisse müssen wegen der Mentalität der Tschechen im Protektorat gemacht werden – im Gegensatz zum Gouvernement.

Die nicht gutwillig ausziehenden Familien könnten evtl. dort belassen werden, aber unter der Maßgabe, daß sie sich den Belangen des Ghettos zu fügen hätten.

Durchführung der Ghettoisierung.

Kurz vor dem Transport wird eine Razzia auf Kleidungsstücke usw., eine regelrechte »Spinnstoffsammlung«, durchzuführen sein, da vor allem die Prager Juden stets tadellos gekleidet waren.

Die tschechische Bevölkerung soll rechtzeitig gewarnt werden, von den Juden keinerlei Geschenke in Form von Kleidungsstükken, Geld, Grundbesitz u. a. anzunehmen oder diese Dinge käuflich zu erwerben, da nach den Bestimmungen solche Werte sofort wieder eingezogen würden.

Sofern eine Deutsche, die mit einem Juden verheiratet ist, bereit ist, sich freiwillig von ihrem Manne zu trennen, hat sie eine entsprechende Erklärung abzugeben, anderenfalls sie auch ins Ghetto gehen muß. Diese Regelung gilt aber nicht für die Tschechen.

Der Transport ins Ghetto würde keine lange Zeit in Anspruch nehmen; jeden Tag könnten 2–3 Züge nach Theresienstadt gehen mit je 1000 Personen. Die Umsiedlung erfolgt nach den Grundsätzen der Evakuierungen.

Nach bewährter Methode kann der Jude bis zu 50 kg nicht sperrendes Gepäck mitnehmen und – im Interesse der Erleichterung für uns – Lebensmittel für 14 Tage bis zu 4 Wochen. In die leeren Wohnungen wird Stroh verteilt, da durch das Aufstellen von Betten zu viel Platz weggenommen wird.

Die vorhandenen größeren Wohnungen in guten Häusern stehen lediglich der »Außenstelle der Zentralstelle im Ghetto« zur Verfügung, dem Ältestenrat, dem Lebensmittelbüro und nicht zuletzt den Bewachungsmannschaften. Die Juden haben sich Wohnungen in die Erde hinab zu schaffen.

Die in Theresienstadt befindliche Mühle soll möglichst den Betrieb aufrechterhalten, da hier für die Ghettoinsassen das Mehl gemahlen werden kann und dadurch die Belieferung seitens des Protektorats aufs äußerste beschränkt wird.

Es ist Vorsorge zu treffen, daß im Ghetto entstehende Seuchen nicht den Umkreis gefährden. Besonderes Augenmerk ist auf die Kanalisation zu legen, damit nicht durch Abwässer zur Eger das Sudetenland gefährdet ist.

Die Juden dürfen auf keinen Fall beerdigt werden, sondern es ist örtlich eine Verbrennung in einem Krematorium kleinsten Stils im Ghetto vorzunehmen, das der Öffentlichkeit nicht zugänglich ist.

Die Bewachung könnte von der Protektoratspolizei, also Tschechen, unter sicherheitspolizeilicher Kontrolle, übernommen werden. Es würden je Ghetto etwa 600 Mann zur dreimaligen Ablösung benötigt.

Es müssen auch jüdische Ärzte beigegeben werden.

Die zu evakuierenden Zigeuner könnten nach Riga zu Stahlecker gebracht werden, dessen Lager nach dem Muster von Sachsenhausen eingerichtet ist.

Da der Führer wünscht, daß noch Ende d. J. möglichst die Juden aus dem deutschen Raum herausgebracht sind, müssen die schwebenden Fragen umgehend gelöst werden. Auch die Transportfrage darf dabei keine Schwierigkeit bedeuten.

[Staatliches Zentralarchiv Prag I 3b 5860, Karton 390]; IfZ Eich 1193 (Kopie);
   H.-G. Adler: Theresienstadt 1941–1945. Das Antlitz einer Zwangsgemeinschaft. Geschichte, Soziologie, Psychologie. Tübingen [2]1960, S. 792 f.

65 Fernschreiben des Gestapochefs Müller an Himmler: Transporte aus Theresienstadt nach Auschwitz, 16.12.1942:

Im Zuge der bis 30. 1. 1943 befohlenen verstärkten Zuführung von Arbeitskräften in die KL. kann auf dem Gebiet des Judensektors wie folgt verfahren werden

1./ Gesamtzahl: 45000 Juden –

2./ Transportbeginn: 11. 1. 1943 –

Transportende: 31. 1. 1943 – (Die Reichsbahn ist nicht in der Lage, in der Zeit vom 15. 12. 1942 bis 10. 1. 1943 infolge des verstärkten Wehrmachtsurlauberverkehrs Sonderzüge für die Evakuierung bereitzustellen.) –

3./ Aufgliederung: Die 45000 Juden verteilen sich auf 30000 Juden aus dem Bezirk Bialystok – 10000 Juden aus dem Ghetto Theresienstadt. Davon 5000 arbeitsfähige Juden, die bisher für im Ghetto erforderliche kleinere Arbeiten eingesetzt waren und 5000 im allgemeinen arbeitsunfähige, auch über 60 Jahre alte Juden, um bei dieser Gelegenheit den im Interesse des Ausbaues des Ghettos zu hohen Lagerstand von 48000 etwas herunterzudrücken. Hierfür bitte ich Sondergenehmigung zu erteilen. Es würden, wie bisher, für den Abtransport nur Juden, die über keine besonderen Beziehungen und Verbindungen verfügen und keine hohen Auszeichnungen besitzen, erfaßt. – 3000 Juden aus den besetzten niederländischen Gebieten. – 2000 Juden aus Berlin = 45 000. In der Zahl von 45 000 ist der arbeitsunfähige (unterstrichen) Anhang (alte Juden und Kinder) mit inbegriffen. Bei Anlegung eines zweckmäßigen Maßstabes fallen bei der Ausmusterung der ankommenden Juden in Auschwitz – mindestens 10 000 bis 15 000 Arbeitskräfte (unterstrichen).

IfZ PS-1472 (Kopie);
  Der Prozeß gegen die Hauptkriegsverbrecher vor dem Internationalen Militärgerichtshof, Nürnberg 14. November 1945–1. Oktober 1946. Nürnberg 1948, Band 27, S. 251–253.

66 Memoiren der Ruth Elias: Ankunft in Theresienstadt, Verhältnisse im Lager und Deportation:

[...] Bohušovice, der Bahnhof von Theresienstadt, lag außerhalb des Ghettos, vielleicht zwei, vielleicht drei Kilometer oder mehr vom Ghetto entfernt. Für uns waren es nicht einige Kilometer, sondern eine Ewigkeit. Es empfingen uns am Bahnhof junge Männer, welche Regenmäntel mit einem in der Taille gebundenen Gürtel, Schildmützen und Stiefel anhatten. Diese Gruppe, »Spedition« genannt, war bei jedem Transport, welcher ankam oder auch abfuhr, anwesend und hatte auch alle ins Ghetto kommenden Waren abzuladen und ins Ghetto zu schaffen. Außer der Speditions-Gruppe waren noch tschechische Gendarmen, welche auch den Zug begleitet hatten, und deutsche SS-Männer anwesend. Wir mußten eine Schlange bilden, zu dritt oder zu viert nebeneinander gehen, und jeder mußte selbst sein Gepäck tragen. Im Transport waren Alte, welche unter der Last zusammenbrachen, nicht mit uns Schritt halten konnten und, wenn sie zurückblieben, von den SS-Leuten mit Gewehrkolben geschlagen wurden. Um dies zu vermeiden, halfen wir Jüngeren diesen armen Menschen und hatten so außer unserem Gepäck auch noch deren

Gepäck zu tragen. Am ärgsten aber war es mit den Kindern. Diese weinten unaufhörlich, wurden von den Eltern auf die Arme genommen, und der andere Elternteil half dann mit dem Gepäck aus. Wir selbst halfen in diesem traurigen Zug wie wir nur konnten mit, doch brach uns das Herz, dies alles mit ansehen zu müssen. Wir näherten uns einem Wall, besser gesagt einer Steinmauer, vor welcher ein großer Wassergraben gezogen war. Über eine Brücke gelangten wir zu einer Öffnung, einem Tor in diesem Wall. Wir waren eine ganze Schlange von Menschen, alle mit unserer Nummer, welche sichtbar um den Hals hing, und dem gelben Fleck auf unserer Herzseite am Mantel angebracht. An unseren Seiten gingen SS-Männer und Gendarmen. Wir hatten unser Gepäck in der Hand, den Rucksack auf dem Rücken und noch eine zusammengebundene Decke, welche auch auf dem Rücken baumelte.

Wir kamen alle in die Hohenelbe-Kaserne, eine von den elf Kasernen des Ghettos, und unser Wohnraum wurde uns angewiesen. Zwei Matratzen, welche nicht auf einer Bettstelle, sondern auf der Erde lagen, das war von nun an unser Wohnraum. Ein Zwischenraum von etwa 20 cm trennte uns von unserem Nachbarn auf der Erde. Es war dies ein ganz großer Raum, in welchem 50 bis 60 Menschen untergebracht wurden. [...]

Die Kasernen, welche meistens nach Städten benannt waren, Dresdner-, Hamburger-, Hohenelbe-, Magdeburger-, Sudeten- etc. Kaserne, hatten ein großes Eingangstor, welches von der Ghettowache bewacht wurde. In jeder Kaserne befand sich mindestens ein Innenhof, welcher wahrscheinlich früher als Exerzier-Platz gedient hatte. Die meisten Kasernen waren zwei bis drei Stock hoch. Das Innere bildeten große Bogengänge, von welchen aus man in die Ubikationen gelangte. Es gab ganz große Räume, welche früher wahrscheinlich für die Mannschaft bestimmt gewesen waren, und auch kleine Wohnungen, welche aus zwei Zimmern und Küche mit Kochherd bestanden. Nirgends waren Betten, alle Insassen hatten nur die zwei Matratzen auf der Erde und das Gepäck darunter als Kopfkissen. Am Ende eines jeden Ganges befand sich eine Toilette mit zwei bis drei Kabinen, welche sich bei dieser Menschenüberlastung als viel zu klein erwies. Besonders wenn schwere Durchfälle, hervorgerufen durch das ungewohnte Essen, die Insassen befielen, spielten sich ganz menschenunwürdige Szenen dort ab. Auf jeder Etage war nur ein Waschraum mit trogartigen Behältern, über welchen zwei Reihen von Wasserhähnen liefen. Selbstverständlich rann dort nur kaltes Wasser, was im Winter besonders unangenehm war. Wollte ich mich selbst und meine Wäsche waschen, war ich gezwungen, ganz zeitig früh aufzustehen, damit ich nicht so lange in der Reihe warten mußte.

Für meine persönliche Sauberkeit sorgte ich selbst, aber ansonsten gab es für die allgemeine Sauberkeit und Ordnung einen ganz durchdachten Plan. Für die Sauberkeit der Zimmer war der Zimmerälteste verantwortlich, welcher dem Gruppenältesten, und dieser dem Gebäudeältesten unterstand. Dieser wieder war dem Leiter der Raumwirtschaft unterstellt. Hoch lebe die Bürokratie! Doch bei diesem aufeinandergedrängten Leben war es ganz unmöglich, auf Sauberkeit zu achten. Die auf dem Boden liegenden Matratzen mit den Koffern darunter konnten nicht jeden Tag gesäubert und gelüftet werden, so daß bald nach der Ankunft der Menschen auch Flöhe, Wanzen und Läuse ihren Einzug ins Ghetto hielten. Dieses Ungeziefer war eine unbeschreibliche Plage, denn sofort nach dem Einschlafen wurde man durch deren ununterbrochene Bisse geweckt. Wir alle lernten bald sehr geschickt, die springenden Flöhe zu fangen und sie zu knacken. Doch dieses Ungeziefer vermehrte sich so rasch, daß wir nicht nachkommen konnten. [...]

Wieder stand der Zug bereit. Eine große Anzahl von Viehwaggons. Die Jungen von der Transportleitung luden wieder die diversen Koffer auf, die SS patrouillierte vor diesem Zug, Gewehre mit aufgesetztem Bajonett über die Schulter geworfen. Ein Laufsteg wurde an die Öffnung des Waggons gebracht und das Aufladen der Menschenfracht begann. Für Viehtransporte schüttete man im allgemeinen Stroh auf den Boden, aber für Menschen, noch dazu für Juden, war das überflüssig. Diese Juden konnten doch auf den rohen Brettern ohne Unterlage liegen. Liegen? Wo war denn Platz zum Liegen? Wir wurden in die Waggons gejagt. »Schneller, schneller, ihr Saujuden!« Das waren die feinen Worte des Herrenvolkes. Langsam füllte sich der Waggon. Waren es fünfzig, sechzig, oder siebzig Menschen? Endlich war er vollgeladen. Die große

Schiebetür wurde von außen geschlossen und wahrscheinlich gut verkettet, damit wir von innen diese Tür nicht aufmachen konnten. Langsam gewöhnte sich das Auge an das Halbdunkel. Im Waggon waren zwei Eimer. Einer davon war mit Wasser gefüllt, der zweite sollte uns als Toilette dienen. Im Waggon befanden sich Alte, Kranke, Kinder und wir jüngeren Menschen. Wir fingen an, uns zu organisieren. Es war kaum Platz zu einem gedrängten Sitzen, geschweige denn zum Liegen. An den vier oberen Ecken des Waggons waren kleine Fensteröffnungen, von draußen mit Stacheldraht versehen, damit ja niemand hinausspringen konnte. Wer hätte schon durch so eine Öffnung kommen können? Doch diese Öffnungen erwiesen sich als sehr nützlich, aus zwei Gründen: Erstens mußte der Toiletteneimer, wenn er voll war, entleert werden. Wir Bewohner dieses Viehwaggons standen auf, drängten uns in die eine Hälfte des Wagens, und einer der jungen Männer versuchte, den Eimer durch das obere Fenster zu leeren. Wieviel von dessen Inhalt sich dabei in den Waggon ergoß, weiß ich nicht, jedenfalls stank es dort entsetzlich. Der zweite Nutzen dieses kleinen Fensters war, daß sich ein junger Mann einem anderen auf die Schulter schwingen und hinausblicken konnte, um sich und uns zu informieren, wo wir uns befanden. Ja, wir fuhren nach Osten. [...]

War es eine Nacht? Oder vielleicht zwei Nächte, welche wir in diesem Viehwaggon zubrachten? Oder war es ein Jahr? Oder eine Ewigkeit? Unendlich zog sich die Zeit dahin. Der Zug kam irgendwann zum Stillstand. Es war ein Spätnachmittag. Die Türen wurden aufgerissen, und wir standen einem fürchterlichen Inferno gegenüber. Schreien. Hundegebell. Bei einem flüchtigen Blick hinaus sah ich unzählige Lichter in regelmäßigen Abständen, doch zu irgendwelchen näheren Betrachtungen war keine Zeit. Ein unaufhörliches Gebrüll:

»Hinaus, hinaus, alles liegenlassen! Hinaus, hinaus, schneller, ihr Schweinehunde! Aufstellen zu fünft! Aufstellen zu fünft! Schneller, schneller, hinaus!« Dazwischen das schreckliche Hundegebell, immer lauter und lauter. Blindlings gehorchten wir. Wir konnten nur reagieren, zum Denken blieb keine Zeit. Wir sprangen von den hohen Waggons herunter. Alte und Kranke fielen hin, wurden von den SS-Männern, welche schrien und Hunde an der

Leine führten, mit Knüppeln geschlagen. Kinder schrien und weinten. Zwischen den SS-Männern gingen so komische Gestalten in so komischen blaugrau gestreiften Anzügen und einer ebenso gestreiften Tellerkappe umher. Die Anzüge sahen wie Pyjamas aus. Diese Menschen schauten dem Schauspiel schweigend zu, wahrscheinlich war ihnen verboten, mit uns zu sprechen. Ich faßte Mut und fragte eine dieser Gestalten:

»Wo befinden wir uns?« Und er antwortete, ohne aufzublicken: »Auschwitz.« [...]

Ruth Elias: Die Hoffnung erhielt mich am Leben. Mein Weg von Theresienstadt und Auschwitz nach Israel. München, Zürich 1988, S. 82 f., S. 86 f., S. 131–133 (© Piper Verlag).

V. POLEN

In Polen stießen die deutschen Invasoren auf eine sehr starke jüdische Minderheit: Zehn Prozent der polnischen Bevölkerung der Vorkriegszeit, 3,3 Millionen Menschen, waren jüdisch; von ihnen gerieten etwa zwei Millionen 1939 unter deutsche Herrschaft. Das polnische Judentum war weit weniger assimiliert als die Juden in anderen europäischen Staaten; seine besondere Stellung innerhalb der polnischen Gesellschaft erleichterte die von den deutschen Besatzern angestrebte Isolation. Während der dreißiger Jahre hatte es antisemitische Tendenzen in der polnischen Innenpolitik gegeben, die darauf gerichtet gewesen waren, die wirtschaftliche Position der Juden zu schwächen und ihre Auswanderung voranzutreiben.

Die deutsche Besatzungspolitik stand von Anfang an unter »volkstumspolitischen« Prämissen: Ausgangspunkt der deutschen Überlegungen war die »Minderwertigkeit« des Polentums, während die »Ostjuden« noch tiefer eingestuft wurden. Generell gesehen war die »Judenpolitik« in eine rassistische »Polenpolitik« eingebettet. Umfangreiche »rassenpolitische« Planungen, wie sie sich etwa im »Generalplan Ost« niederschlugen, sahen langfristig eine Verschiebung des polnischen Siedlungsgebiets nach Osten vor.

Bereits während der Besetzung und der sich unmittelbar hieran anschließenden Phase war es in Polen zu massiven Übergriffen und Exekutionen gekommen. Nach der administrativen Zerstückelung des Landes ging man dazu über, die Juden aus den in das Reichsgebiet integrierten Gebietsteilen sowie aus dem »Altreich« in das neu gebildete Generalgouvernement abzuschieben und die meisten der hier ansässigen Juden in städtische Gettos zu bringen. Die Jahre 1939 bis 1941 bedeuteten für das polnische Judentum eine Phase der Isolation und des allgemeinen Niedergangs: Zahlreiche Berufs- und Aufenthaltsverbote sowie weitere Diskriminierungen wurden verhängt, jüdische Vermögen größtenteils konfisziert. Die Zusammenziehung der Juden in Gettos war bis 1941 weitgehend abgeschlossen. Die Lebensbedingungen in den überfüllten Gettos waren durch katastrophale hygienische Verhältnisse, Seuchen, Unterernährung, aber auch durch spontane Überfälle der Besatzer und durch hohe Sterblichkeit gekennzeichnet. Die Verhältnisse in den Gettos entsprachen damit in vielerlei Hinsicht bereits denjenigen in den Konzentrationslagern. Unter diesen verheerenden Umständen verdienen die Versuche, ein eigenständiges jüdisches Kulturleben innerhalb der Gettos zu entfalten, besondere Beachtung.

Die Regierung des Generalgouvernements unter Hans Frank drängte ihrerseits auf eine Entfernung der Juden aus ihrem Territorium. Mit den Vorbereitungen zum Rußlandfeldzug schienen solche Überlegungen in greifbare Nähe zu rücken. So wurde die Neubildung von Gettos im Sommer 1941 verboten. Als sich jedoch nach dem Stocken der deutschen Offensive das Scheitern solcher Pläne abzeichnete (die Zahl der Juden hatte sich durch die Eingliederung Ostgaliziens in das Generalgouvernement sogar noch vergrößert), verfiel man auf eine andere Lösung. Auf Veranlassung des SS- und Polizeiführers des Distrikts Lublin, Globocnik, wurde ab Herbst 1941 das Vernichtungslager Belzec errichtet. Grundlage für den hier vorgesehenen Massenmord an Juden des Generalgouvernements war offensichtlich ein Befehl Himmlers, der aber hinsichtlich der Datierung und des Umfangs der vorgesehenen Morde unsicher ist. Im Dezember 1941 jedenfalls hatte Frank die Mitglieder seiner Regierung auf bevorstehende Liquidationsmaßnahmen eingestimmt (Dok. Nr. 67).

In dem neuen Gau Wartheland, der aus annektierten polnischen Gebieten gebildet worden war, gelang es dem Gauleiter Greiser nur zum Teil, die hier lebenden etwa 450 000 Juden in das Generalgouvernement abzuschieben. In Lodz war ein zentrales Großgetto geschaffen worden, in das ab Oktober 1941 auch Juden aus dem Reichsgebiet deportiert wurden. Vermutlich im Herbst 1941 holte Greiser, offensichtlich unter dem Eindruck der Deportationen aus dem Reichsgebiet sowie der in den besetzten Ostgebieten begonnenen Massenerschießungen, die Zustimmung Himmlers zu einer Aktion ein, durch die die Zahl der Juden seines Gaues um 100 000 »vermindert« werden sollte (Dok. Nr. 68–70). Etwa zur gleichen Zeit wurde mit dem Bau des Vernichtungslagers Chelmno begonnen, das bereits im Dezember 1941 als Mordstätte fungierte. Mit Jahresbeginn 1942 begann ebenso die Deportation ostoberschlesischer Juden nach Auschwitz.

Das im Januar oder Februar 1942 fertiggestellte Vernichtungslager Belzec übernahm, sieht man von einzelnen begrenzten Mordaktionen ab, jedoch nicht sogleich in vollem Umfang die ihm zugedachte Aufgabe. Statt dessen wurde zunächst mit der Errichtung eines ähnlichen Lagers in Sobibor begonnen, bevor im März 1942 die systematische Ermordung der Juden aus dem Generalgouvernement in beiden Lagern begann. In dieses Unternehmen, das zentral von Globocnik und seinem Stab geleitet und später als »Aktion Reinhard« bezeichnet wurde, bezog man im Juli 1942 ein weiteres Vernichtungslager, Treblinka, ein.

Bereits im Oktober 1941 hatte sich das Ende der Gettos im Generalgouvernement abgezeichnet: Unter Androhung der Todesstrafe war es verboten worden, die abgesperrten Viertel zu verlassen. Die »Aussiedlung« der Juden des Generalgouvernements, also ihre Deportation und Ermordung, begann mit der gleichzeitigen Räumung des Lubliner und des Lemberger Gettos im März 1942. Von Anfang an zeigte sich, daß diese Räumungsaktionen mit äußerster Brutalität vorgenommen wurden: An Ort und Stelle erfolgte eine »Selektion« der Opfer, nach der Bettlägrige, gehbehinderte Personen und Kleinstkinder – zum Teil in Massenexekutionen – getötet wurden, während dringend benötigte spezialisierte Arbeitskräfte zunächst häufig verschont blieben. Örtlich kam es zu Auseinandersetzungen mit deutschen Unternehmen und Wehrmachtdienststellen, die Juden für Rüstungs- oder für sonstige Hilfsarbeiten in Wehrmachtunterkünften reklamierten. Eine Sonderfunktion hatte das Warschauer Getto, das als Durchgangslager für die Juden des westlichen Teils Distrikts Warschau diente.

Bereits auf dem Transport in die Vernichtungslager, der in Güterwaggons der unter deutscher Leitung stehenden »Ostbahn« durchgeführt wurde (Dok. Nr. 73), kam ein erheblicher Teil der Deportierten, auf engstem Raum zusammengepfercht, ohne Wasser oder Verpflegung, qualvoll ums Leben (Dok. Nr. 79–81). Fluchtversuche wurden von den Bewachungsmannschaften rigoros unterbunden, nicht selten verschoß das Begleitpersonal die gesamte mitgeführte Munition (Dok. Nr. 82).

Bei der »Aussiedlung« der Gettos lassen sich die Monate März bis Juni 1942 deutlich von der späteren Phase abgrenzen. In diesen ersten Monaten stand – angesichts der deutschen Sommeroffensive in der Sowjetunion – nur geringer Transportraum zur Verfügung, und in der Rüstungsindustrie benötigte Arbeitskräfte waren prinzipiell noch nicht in die Vernichtungsaktion einbezogen. Der Schwerpunkt der Deportationen lag im Distrikt Lublin, wo in den Vormonaten zahlreiche Transporte aus dem Ausland eingetroffen waren, und im Distrikt Galizien (Dok. Nr. 71 u. 72).

Mit dem Befehl, den Himmler am 19. Juli an den Höheren SS- und Polizeiführer im Generalgouvernement, Krüger, richtete, geriet der Massenmord an den polnischen Juden in eine neue Phase (Dok. Nr. 74 u. 75). Himmler bestimmte nun als Abschluß der beschleunigt durchzuführenden Aktion das Jahresende 1942. Bei den jetzt vorgenommenen Deportationen wurde keine Rücksicht mehr auf die Belange der Wehrmacht genommen. Dabei kam es allerdings relativ selten zu einer so scharfen Konfrontation zwischen SS und Wehrmacht, wie sie für die »Aussiedlung« des Gettos Przemysl am 27. Juli 1942 dokumentiert ist (Dok. Nr. 76):

Die »Umsiedlung« der Gettos wurde unter Leitung der SS- und Polizeiführer vorgenommen. Der Stabsführer des SS- und Polizeiführers Krakau, Fellenz, koordinierte in Przemysl gemeinsam mit der Sicherheitspolizei die vorgesehenen Maßnahmen zunächst mit den Dienststellen der deutschen Verwaltung. Bei der Durchführung der Aktion kam es jedoch zu Schwierigkeiten, da der Ortskommandeur nicht tatenlos hinnehmen wollte, daß im Zuge der Deportation auch ein großer Teil der bei den Wehrmachtdienststellen beschäftigten jüdischen Arbeitskräfte abgezogen werden sollte, und deshalb Absperrmaßnahmen vornehmen ließ. Schließlich konnte sich Fellenz jedoch durchsetzen und seiner vorgesetzten Dienststelle melden, die Aktion sei »planmäßig und ruhig« verlaufen. Daß er im nächsten Satz eine Reihe von Erschießungen flüchtender oder sich widersetzender Juden erwähnte, schien für ihn kein Widerspruch zu sein.

Die im Juli 1942 einsetzende Deportationswelle erfaßte auch die Distrikte Radom und Warschau. Das Warschauer Getto hatte mit etwa 400000 Menschen die größte Anzahl polnischer Juden, die zum Teil bereits aus kleineren Gettos »umgesiedelt« worden waren. Am 22. Juli 1942 begann hier die »Große Aktion«, die Deportation der Mehrzahl der Gettoinsassen (Dok. Nr. 77 u. 78). Die meisten Juden wurden bis Ende 1942 ermordet, wenn auch Himmlers Befehl vom 19. Juli nicht verwirklicht werden konnte. Eine Ursache hierfür war die im Hinblick auf die Ereignisse an der Ostfront verfügte Transportsperre. Auch in Zeiten größter Knappheit an Transportmitteln drängten die verantwortlichen Stellen im Generalgouvernement darauf, zumindest einige wenige Züge bereitzustellen, um die »Gesamtplanung« der »Judenaussiedlung« nicht zu gefährden (Dok. Nr. 83). Die eingesetzten Züge waren vollkommen überfüllt und fuhren zudem relativ langsam, was die Qualen der in den Waggons zusammengepferchten Menschen erhöhte.

Im Januar 1943 verfügte Himmler anläßlich eines Besuchs in Warschau, umgehend einen Teil der noch verbliebenen 70000 Juden zu deportieren. Als es bei der überraschend angesetzten Aktion zu Widerständen kam, ordnete Himmler die endgültige Auflösung des Gettos an (Dok. Nr. 84). Die wichtigsten Rüstungsbetriebe wurden in Zwangsarbeitslager im Distrikt Lublin verlegt. Die vollständige Räumung des Getto stieß jedoch auf organisierten jüdischen Widerstand: Die Aufständischen konnten sich etwa vier Wochen gegen die erdrückende Übermacht der deutschen Einheiten behaupten.

Auch bei der im Sommer 1943 durchgeführten Räumung des Gettos in Bialystok kam es zu aktivem jüdischen Widerstand, der allerdings schnell gebrochen werden konnte (Dok. Nr. 86 u. 87). Der Bezirk Bialystok war aus – 1939–41 besetztem – sowjetischen Gebiet gebildet worden und de facto Bestandteil des Reiches. Hier hatten bereits im Sommer 1941 die Einsatzgruppen gewütet. Nun wurden die überlebenden Juden nach Treblinka deportiert. Sowohl in Treblinka als auch in Sobibor kam es fast gleichzeitig zu Lageraufständen, bei denen Massenausbrüche gelangen.

Himmler drängte im Mai 1943 erneut auf die Entfernung der restlichen Juden im Generalgouvernement, deren Zahl auf etwa 300000 bis 400000 beziffert wurde (Dok. Nr. 85). Das Ende der »Aktion Reinhard« bildete das sogenannte »Erntefest«, eine am 3. und 4. November 1943 durchgeführte Massenerschießung der in den Zwangsarbeitslagern des Bezirks Lublin lebenden Juden. Die

Zahl der Opfer betrug insgesamt über 40 000. Das letzte polnische Getto, Lodz, wurde 1944 aufgelöst (Dok. Nr. 91 u. 92); zu diesem Zweck wurde noch einmal die Vernichtungsanlage von Chelmno für kurze Zeit in inganggesetzt. Daneben fanden weitere Deportationen nach Auschwitz statt.

Das besetzte Polen war nicht nur dasjenige Land, das während des Zweiten Weltkrieges die meisten Juden durch den nationalsozialistischen Völkermord verlor, sondern es war zugleich auch Standort der sechs Vernichtungszentren, in denen die systematische Ermordung der übrigen europäischen Juden vollzogen wurde. Das gesamte Ausmaß der Deportation und der Ermordung von Millionen Menschen ließ sich nicht geheimhalten (Dok. Nr. 88). Sowohl der nichtjüdische polnische Widerstand als auch ein großer Teil der jüdischen Führungsschicht waren seit Beginn der Vernichtungsaktionen im wesentlichen über die grauenhafte Realität, die sich hinter den »Umsiedlungsmaßnahmen« verbarg, orientiert. Im Laufe des Jahres 1942 verbreiteten sich diese Informationen innerhalb der Gettobevölkerung und führten im Herbst 1942 zu einer Fluchtbewegung in den Untergrund, ab Anfang 1943 zudem zu bewaffneten Widerstandsaktionen.

In einer besonderen Zwangslage befanden sich die in den Gettos auf deutschen Befehl eingesetzten »Selbstverwaltungsorgane«, die »Judenräte«, die ihre beträchtlichen Befugnisse in örtlich unterschiedlicher Form wahrnahmen. Um eine gewisse Kontrolle über den Gang der Ereignisse behalten zu können, übernahmen sie wesentliche Funktionen bei der Vorbereitung der Deportationen und wurden somit (in der Hoffnung, die im Getto Lebenden so lange wie möglich vor der »Aussiedlung« zu bewahren) zu ausführenden Organen der »Endlösung« gemacht. Verschiedene eindrucksvolle Zeugnisse dokumentieren die verzweifelte Situation derjenigen, denen der bevorstehende Massenmord in ihrem gesamten Umfang deutlich vor Augen stand (Dok. Nr. 89 u. 90).

67 Diensttagebuch des Generalgouverneurs Frank: Frank und die Juden im Generalgouvernement, 25.3., 17.7., 22.7., 14.10.,16.12.1941:

25.3.1941:

[...] Das Generalgouvernement als Zweckgründung steht vor seinem Ende, und zwar vor seinem Ende in der Methode, in der wir es aufgebaut haben, wahrscheinlich aber auch in der räumlichen Zusammensetzung, wie sie jetzt gegeben ist, und vielleicht in vielfacher persönlicher Hinsicht. Wir stehen vor einem Ereignis, jenseits dessen etwas anderes erstehen wird. Das Generalgouvernement, wie wir es kennen und wie wir es erarbeitet haben, wird wesentlich reicher sein, glücklicher sein, wird mehr Förderung erfahren und wird vor allem entjudet werden. Es wird aber auch den charakteristischen Anblick eines noch vorherrschenden polnischen Lebens verlieren; denn mit den Juden werden auch die Polen dieses Gebiet verlassen. Der Führer ist entschlossen, aus diesem Gebiet im Laufe von 15 bis 20 Jahren ein rein deutsches Land zu machen. [...]

17.7.1941:

[...] Der Herr Generalgouverneur wünscht keine weitere Ghettobildung mehr, da nach einer ausdrücklichen Erklärung des Führers vom 19. Juni d. J. die Juden in absehbarer Zeit aus dem Generalgouvernement entfernt würden und das Generalgouvernement nur noch gewissermaßen Durchgangslager sein solle. [...]

22.7.1941:

[...] Der Führer hat mir in einer Besprechung, die ich drei Tage vor dem Einmarsch bei ihm in der Reichskanzlei pflegen konnte, unter anderem auch gesagt, daß die Juden als erste aus dem Generalgouvernement abziehen werden. Ich werde in den nächsten Tagen schon den Befehl zur Vorbereitung der Ausräumung des Warschauer Ghettos geben. Wir müssen unter allen Umständen so schnell wie möglich dafür sorgen, daß wir die Juden aus dem Generalgouvernement entfernen. Denn nach einem eigenen Worte des Führers wird das Generalgouvernement künftig kein Endaufnahmeplatz mehr sein, sondern ausschließlich Durchgangslager werden. Mit dem fortschreitenden Sieg unserer herrlichen Wehrmacht im Osten in einer Zeit großartiger Tapferkeit und hervorragendster Bewährung deutschen Soldatentums verbindet sich für uns, die wir die Ehre haben, vom Führer so ausgezeichnet zu sein, daß wir nunmehr die Brücke zwischen dem gigantischen Ostraum, der sich auftut, und dem geschlossenen Reich unseres Volkes darstellen, die hohe Pflicht, nur an dieses Aufgabenwerk zu denken. [...]

14.10.1941:
[...] Der Generalgouverneur kam dann auf die Möglichkeit der Abschiebung der jüdischen Bevölkerung des Generalgouvernements in die besetzten Ostgebiete zu sprechen. Reichsminister Rosenberg bemerkte, daß ähnliche Wünsche bereits seitens der Militärverwaltung in Paris an ihn herangetragen worden seien. Im Augenblick sehe er jedoch für die Durchführung derartiger Umsiedlungspläne noch keine Möglichkeit. Für die Zukunft erklärte er sich jedoch bereit, die Judenemigration nach dem Osten zu fördern, zumal die Absicht bestehe, überhaupt die asozialen Elemente innerhalb des Reichsgebiets in die dünn besiedelten Ostgebiete zu verschicken. [...]

16.12.1941:
[...] Mit den Juden – das will ich Ihnen auch ganz offen sagen – muß so oder so Schluß gemacht werden. Der Führer sprach einmal das Wort aus: wenn es der vereinigten Judenschaft wieder gelingen wird, einen Weltkrieg zu entfesseln, dann werden die Blutopfer nicht nur von den in den Krieg gehetzten Völkern gebracht werden, sondern dann wird der Jude in Europa sein Ende gefunden haben. Ich weiß, es wird an vielen Maßnahmen, die jetzt im Reich gegenüber den Juden getroffen werden, Kritik geübt. Bewußt wird – das geht aus den Stimmungsberichten hervor – immer wieder versucht, von Grausamkeit, von Härte usw. zu sprechen. Ich möchte Sie bitten: einigen Sie sich mit mir zunächst, bevor ich jetzt weiterspreche, auf die Formel: Mitleid wollen wir grundsätzlich nur mit dem deutschen Volke haben, sonst mit niemandem auf der Welt. Die anderen haben auch kein Mitleid mit uns gehabt. Ich muß auch als alter Nationalsozialist sagen: wenn die Judensippschaft in Europa den Krieg überleben würde, wir aber unser bestes

Blut für die Erhaltung Europas geopfert hätten, dann würde dieser Krieg doch nur einen Teilerfolg darstellen. Ich werde daher den Juden gegenüber grundsätzlich nur von der Erwartung ausgehen, daß sie verschwinden. Sie müssen weg. Ich habe Verhandlungen zu dem Zwecke angeknüpft, sie nach dem Osten abzuschieben. Im Januar findet über diese Frage eine große Besprechung in Berlin statt, zu der ich Herrn Staatssekretär Dr. Bühler entsenden werde. Diese Besprechung soll im Reichssicherheitshauptamt bei SS-Obergruppenführer Heydrich gehalten werden. Jedenfalls wird eine große jüdische Wanderung einsetzen.

Aber was soll mit den Juden geschehen? Glauben Sie, man wird sie im Ostland in Siedlungsdörfern unterbringen? Man hat uns in Berlin gesagt: weshalb macht man diese Scherereien; wir können im Ostland oder im Reichskommissariat auch nichts mit ihnen anfangen, liquidiert sie selber! Meine Herren, ich muß Sie bitten, sich gegen alle Mitleidserwägungen zu wappnen. Wir müssen die Juden vernichten, wo immer wir sie treffen und wo es irgend möglich ist, um das Gesamtgefüge des Reiches hier aufrecht zu erhalten. Das wird selbstverständlich mit Methoden geschehen, die anders sind als diejenigen, von denen Amtschef Dr. Hummel gesprochen hat. Auch die Richter der Sondergerichte können nicht dafür verantwortlich gemacht werden, denn das liegt eben nicht im Rahmen des Rechtsverfahrens. Man kann bisherige Anschauungen nicht auf solche gigantischen einmaligen Ereignisse übertragen. Jedenfalls müssen wir aber einen Weg finden, der zum Ziele führt, und ich mache mir darüber meine Gedanken.

Die Juden sind auch für uns außergewöhnlich schädliche Fresser. Wir haben im Generalgouvernement schätzungsweise 2,5, vielleicht mit den jüdisch Versippten und dem, was alles daran hängt, jetzt 3,5 Millionen Juden. Diese 3,5 Millionen Juden können wir nicht erschießen, wir können sie nicht vergiften, werden aber doch Eingriffe vornehmen können, die irgendwie zu einem Vernichtungserfolg führen, und zwar im Zusammenhang mit den vom Reich her zu besprechenden großen Maßnahmen. Das Generalgouvernement muß genau so judenfrei werden, wie es das Reich ist. Wo und wie das geschieht, ist eine Sache der Instanzen, die wir hier einsetzen und schaffen müssen und deren Wirksamkeit ich Ihnen rechtzeitig bekanntgeben werde. [...]

[AGKBZHwP]; IfZ Fb 105 (Kopie);
Werner Präg/Wolfgang Jacobmeyer (Hg.), Das Diensttagebuch des deutschen Generalgouverneurs in Polen 1939–1945. Stuttgart 1975, S. 335, 386, 413, 457.

68 Lagebericht der Gestapo Lodz: Deportationen aus dem Regierungsbezirk Lodz ins Vernichtungslager Chelmno, 9.6.1942:

[...] Judentum.

Im Hinblick auf das Judentum war die staatspolizeiliche Arbeit auf das nach Anweisung des Gauleiters zu schaffende Gaughetto in Litzmannstadt gerichtet. Nach Anweisung des Gauleiters sollen alle nichtarbeitsfähigen Juden evakuiert und die arbeitsfähigen des gesamten Gaues im Ghetto Litzmannstadt zusammengefaßt werden. Von hier aus sollen dann größere Mengen von Juden im Gaugebiet zu verschiedenen Arbeiten (Bahn- und Straßenbau) angesetzt und nach Beendigung der Arbeit wieder in das Ghetto zurückgeführt werden. Die im Ghetto verbleibenden Juden werden dort restlos zur Arbeit eingesetzt. Im Zuge der Bildung des Gaughettos erwies es sich zunächst als notwendig, Raum für die einzusiedelnden Juden zu schaffen. Zu diesem Zwecke wurde eine größere Anzahl nichtarbeitsfähiger Juden aus dem Ghetto evakuiert und dem Sonderkommando zugeführt. Von den polnischen Juden wurden seit dem 16.1.42 insgesamt 44152 ausgesiedelt. Von den aus dem Altreich, der Ostmark und dem Protektorat Böhmen und Mähren im Oktober 1941 in das hiesige Ghetto eingewiesenen 19848 Juden wurden 10993 evakuiert, so daß nunmehr für zirka 55000 Juden Platz im Ghetto geschaffen worden ist. Im Anschluß daran wurde nun dazu übergegangen, die Landkreise zu bereinigen. Es wurden zunächst aus dem Kreise Lentschütz rund 9000 Juden evakuiert. Es verblieben nur 1000 in Ozorkow, die dort dringend zur Durchführung von Wehrmachtsaufträgen benötigt werden. Der Kreis Lentschütz ist somit grundsätzlich als judenfrei anzusehen. Im weiteren Verlauf der Bereinigung der Landkreise wurde nunmehr der Landkreis Litzmannstadt in Angriff genommen. In diesem Kreise befanden sich Juden nur noch in Löwenstadt und Strickau. Aus Zweckmäßigkeitsgründen wurden zunächst sämtliche Juden aus Strickau nach Löwenstadt umgesiedelt. Von den nun im Ghetto Löwenstadt befindlichen Juden, etwa 6000, wurden rund 3000 als nichtarbeitsfähige evakuiert, während der Rest, der aus Facharbeitern besteht, ins hiesige Ghetto überführt und bereits zur Arbeit angesetzt wurde. Als vorläufiger Abschluß der Bereinigung der Landkreise wurde die Stadt Pabianice von Juden gesäubert. Es wurden hier rund 3200 Juden evakuiert, der Rest von 4000 Juden in das hiesige Ghetto überführt.

Da den Juden des Bezirks natürlicherweise die Aussiedlung bekannt geworden war, versuchten sie, durch Verschiebungen von Vermögenswerten, Flucht in das Generalgouvernement und überhaupt weitestgehende Nichtbefolgung der behördlichen Anordnungen die Aussiedlung zu stören. Aus diesem Grunde wurden von hier aus beim RSHA schärfste Maßnahmen gegen die Juden beantragt und vom RFSS mehrfach Exekutionen an Juden angeordnet. So wurden bisher insgesamt 95 Juden öffentlich gehängt. Diese Maßnahmen hatten zur Folge, daß der Jude das hiesige scharfe Durchgreifen erkannte und sich nunmehr im Großen und Ganzen allen Anordnungen ruhig fügte.

[Archiv des polnischen Innenministeriums, Gestapo Lodz Nr. 234, S. 201]; Faschismus-Getto-Massenmord. Dokumentation über Ausrottung und Widerstand der Juden in Polen während des 2. Weltkrieges. Hg. vom Jüdischen Historischen Institut in Warschau. Berlin 1961, S. 285 f.

69   Schreiben Eichmanns an den Unterstaatssekretär im AA, Luther: Gerüchte über Judenvernichtung im Warthegau, 28. 2. 1942:

Das an das Auswärtige Amt gerichtete anonyme Schreiben über angebliche Vorgänge im Hinblick auf die Lösung der Judenfrage im Warthegau, welches Sie mir mit Ihrem Schreiben vom 6. 2. 1942 übersandten, habe ich sofort in entsprechende Bearbeitung gehen lassen. Die Ermittlungen laufen zur Zeit.

Daß dort, wo gehobelt wird, Späne fallen, läßt sich nun einmal nicht vermeiden und es liegt auf der Hand, daß der Gegner stets versuchen wird, die gegen ihn gerichteten Maßnahmen nach Tunlichkeit aufzubauschen mit dem Ziel der Mitleiderregung und Hoffnung auf Abstellung. Gerade der Jude versucht, seitdem die Arbeiten zur Abdrängung dieses Gegners seinerzeit in verstärktem Maße von mir in Angriff genommen wurden, laufend durch anonyme Schreiben an fast alle Stellen des Reichsgebietes seinem verdienten Schicksal hierdurch zu entgehen.

PA AA Inland II A/B 11/3.

70 Schreiben des Gauleiters und Reichsstatthalters im Wartheland, Greiser, an Himmler: Nach den Juden Tbc-Kranke töten, 1.5.1942:

Die von Ihnen im Einvernehmen mit dem Chef des Reichssicherheitshauptamtes SS-Obergruppenführer Heydrich genehmigte Aktion der Sonderbehandlung von rund 100 000 Juden in meinem Gaugebiet wird in den nächsten 2–3 Monaten abgeschlossen werden können. Ich bitte Sie um die Genehmigung, mit dem vorhandenen und eingearbeiteten Sonderkommando im Anschluß an die Judenaktion den Gau von einer Gefahr befreien zu dürfen, die mit jeder Woche katastrophalere Formen annimmt.

Es befinden sich im Gaugebiet ca. 230 000 bisher erkannte Tbc-Kranke polnischer Volkszugehörigkeit. Von diesen wird die Zahl der mit offener Tuberkulose behafteter Polen auf ca. 35 000 geschätzt. Diese Tatsache hat in immer erschreckenderem Maße dazu geführt, daß Deutsche, welche vollkommen gesund in den Warthegau gekommen sind, sich angesteckt haben. Insbesondere wird auch die Ansteckungsgefahr bei deutschen Kindern mit immer größerer Wirkung gemeldet. Eine ganze Reihe namhafter führender Männer, insbesondere auch aus der Polizei, sind in der letzten Zeit angesteckt worden und fallen durch die notwendig gewordene Behandlung für den Kriegseinsatz aus. Die effektiv immer größer werdenden Gefahrenmomente sind auch von dem Stellvertreter des Reichsgesundheitsführers Pg. Professor Dr. Blome sowie von dem Führer Ihres Röntgen-Sturmbanns, SS-

Standartenführer Professor Dr. Hohlfelder erkannt und gewürdigt worden.

Wenngleich auch im Altreich mit entsprechend drakonischen Maßnahmen gegenüber dieser Volkspest nicht durchgegriffen werden kann, glaube ich es doch verantworten zu können, Ihnen vorzuschlagen, hier im Warthegau die Fälle der offenen Tbc. innerhalb des polnischen Volkstums ausmerzen zu lassen. Selbstverständlich dürfte nur derjenige Pole einer solchen Aktion überstellt werden, bei dem amtsärztlich nicht nur die offene Tuberkulose, sondern auch deren Unheilbarkeit festgestellt und bescheinigt worden ist.

Bei der Dringlichkeit dieses Vorhabens bitte ich möglichst schnell um Ihre grundsätzliche Genehmigung, damit jetzt während der ablaufenden Aktion gegen die Juden bereits die Vorbereitungen zum anschließenden Anlaufen der Aktion gegenüber den offen mit Tbc. behafteten Polen mit allen Vorsichtsmaßnahmen getroffen werden können.

BA NS 19/1585;
Faschismus-Getto-Massenmord. Dokumentation über Ausrottung und Widerstand der Juden in Polen während des 2. Weltkrieges. Hg. vom Jüdischen Historischen Institut in Warschau. Berlin 1961, S. 278.

71 Vermerk eines deutschen Beamten der Distriktverwaltung Lublin: Gespräch mit dem späteren Leiter der »Hauptabteilung Aktion Reinhard« Höfle über kommende Deportationen, 17.3.1942:

Ich erhielt am 4.3.42 ein Fernschreiben der Regierung Krakau, unterzeichnet vom Herrn Abteilungspräsidenten Dr. Siebert, in welchem der Schlußsatz wie folgt lautet: »Ich bitte, dem SS- und Polizeiführer in Lublin bei seinen Maßnahmen behilflich zu sein.«

Am 7. III. kam ein Anruf von der Regierung, Herrn Major Ragger, der im Zusammenhang mit der Judenaussiedlung aus Mielec in den Distrikt Lublin stand und in welchem ausdrücklich verlangt wurde, das Einvernehmen mit dem SS- und Polizeiführer herzustellen und zu pflegen und daß auf dieses Einvernehmen größter Wert gelegt wird. Ich versuchte nun sofort, mit Stabsführer Nemez in Verbindung zu treten. Dreitägige, kurzfristig aufeinander folgende Anrufe blieben ohne Erfolg. Erst nachdem ich mich mit dem Personalamt der SS in Verbindung gesetzt hatte, wurde mir der Bescheid, daß Stabsführer Nemez in Urlaub ist [sic]. Am 12. 3. 42 wurde ich an Obersturmführer Pohl verwiesen, der aber auch nicht der zuständige Sachbearbeiter für Judenaussiedlungen war. Er verwies mich an Hauptsturmführer Höfle, Schreckkaserne, Telefon 1570–25 (nach Dienstschluß unter 2004 zu erreichen).

Mit Hstuf. Höfle vereinbarte ich für Montag, den 16. 3. 42 eine Unterredung, und zwar um 17.30. Im Laufe der Unterredung wurde folgendes von Hstuf. Höfle erklärt:

1. Es wäre zweckmäßig, die in den Distrikt Lublin kommenden Judentransporte schon auf der Abgangsstation in arbeitseinsatzfähige und nicht arbeitseinsatzfähige Juden zu teilen. Wenn diese Auseinanderhaltung auf der Abgangsstation nicht möglich ist, müßte man evtl. dazu übergehen, den Transport in Lublin nach den obengenannten Gesichtspunkten zu trennen.

2. Nichteinsatzfähige Juden kommen sämtlich nach Belzec, der äußersten Grenzstation im Kreise Zamosz.

3. Hstuf. Höfle ist daran, ein großes Lager zu bauen, in welchem die einsatzfähigen Juden nach ihren Berufen karteimäßig erfaßt und von dort angefordert werden können.

4. Piaski wird von polnischen Juden freigemacht und wird Sammelpunkt für die aus dem Reich kommenden Juden.

5. Trawniki wird vorläufig nicht mit Juden belegt.

6. H. fragt, wo auf der Strecke Deblin–Trawniki 60 000 Juden ausgeladen werden könnten. Über die jetzt von uns aus laufenden Judentransporte orientiert, erklärte H., daß von den 500 in Susiec angekommenen Juden die nicht arbeitsfähigen aussortiert und nach Belzec geschickt werden könnten. Laut Fernschreiben der Regierung vom 4. 3. 42 rollt ein Judentransport aus dem Protektorat mit der Bestimmungsstation Trawniki. Diese Juden sind nicht in Trawniki ausgeladen, sondern nach Izbica gebracht worden. Eine Anfrage des Kreishauptmannes Zamość, von dort 200 Juden zur Arbeit heranziehen zu können, wurde von H. bejaht.

Abschließend erklärte er, er könne täglich 4–5 Transporte zu 1000 Juden mit der Zielstation Belzec aufnehmen. Diese Juden kämen über die Grenze und würden nie mehr ins Generalgouvernement zurückkommen.

[Staatliches Wojewodschaftsarchiv Lublin, Gouv. Distr. Lublin 273: Judenaussiedlung]; IfZ Fb 84 (Kopie);
Nachman Blumenthal (Hg.), Judenrat without Direction. Documents from the Lublin Ghetto. Jerusalem 1967, S. VII f. (Faks.)

72 Tagebuchaufzeichnungen des in der Nähe des Vernichtungslagers Belzec wohnenden Polen Zygmunt Klukowski: Gerüchte über Ermordungen, März / April 1942:

25. 3. 1942

Der Kurs gegenüber den Juden verschärft sich stark. Von verschiedenen Seiten kommen Nachrichten über ihre Umsiedlung nach Osten. In unserer Gegend sind 250 Juden aus Biłgoraj nach Tarnogród umgesiedelt worden. Oft werden Juden getötet, weil sie sich unerlaubterweise aus ihren festen Wohnsitzen entfernen, und in der Eisenbahn.

Auf der Landstraße sieht man jetzt mehr Militärfahrzeuge, Motorräder usw. Mit ganzen Zügen oder einzelnen Waggons fahren sie männliche Zivilisten irgendwohin, vor allem Juden – in die eine wie in die andere Richtung. Wohin – ist nicht bekannt. [...]

26. 3. 1942

Unter den Juden herrscht jedoch eine ungeheuere Niedergeschlagenheit, Angst und Unsicherheit. Von allen Seiten kommen Nachrichten über nie dagewesene Gewalttaten an Juden. Mit der Eisenbahn werden ganze Züge mit Juden aus der Tschechoslowakei, aus Deutschland und letztens sogar aus Belgien gebracht. Bei uns werden die Juden auch aus verschiedenen Städtchen und Städten ausgesiedelt und zumeist irgendwohin bei Bełżec gebracht. Heute habe ich Geschichten gehört, was sie mit den Juden aus Lublin gemacht haben, kaum zu glauben, daß das wahr sein soll. Heute sind die Juden aus Izbica ausgesiedelt und auch nach Bełżec gebracht worden, wo sicher irgendein schreckliches Lager sein soll. Sehr viele Juden kommen dabei um, weil sie an Ort und Stelle bloß wegen einer Kleinigkeit erschossen werden. [...]

29.3.1942

Die Juden schicken bestimmte arische Spione zum Auskundschaften. Aus Izbica heißt es, daß dort ungefähr 2000 Juden aus der Tschechei hintransportiert wurden, fast völlig assimilierte, und daß die Izbicer Juden nach Bełżec transportiert worden sind, weil es nicht möglich war, alle unterzubringen. Heute wurde ein Kundschafter nach Bełżec geschickt, um herauszubekommen, was dort vor sich geht. Die Juden in der Kleinstadt sind völlig orientierungslos, wissen nicht, was sie tun sollen, ob sie sich irgendwo verstecken oder ruhig dasitzen und abwarten. Sie fürchten sich sogar davor, in die Stadt zu gehen, weil die Deutschen die Juden unterwegs umbringen, ohne viel Worte zu machen. [...]

8.4.1942

Unter den Juden furchtbare Niedergeschlagenheit. Man weiß jetzt mit absoluter Sicherheit, daß täglich nach Bełżec ein Zug aus Lublin und einer aus Lemberg fährt, jeder mit ungefähr 20 Waggons. Dort steigen die Juden aus, gehen hinter eine Stacheldrahtabgrenzung und werden mit elektrischem Strom getötet oder mit Gasen vergiftet und anschließend werden die Überreste verbrannt. Unterwegs sehen die Leute – vor allem Eisenbahner – fürchterliche Szenen, weil die Juden genau wissen, wohin und wozu man sie transportiert, und dabei wird ihnen nichts zu essen und zu trinken gegeben. [...]

11.4.1942

Die Juden haben die Nachricht erhalten – und sie haben gute Informationsquellen – daß heute die Juden aus Chełm abtransportiert wurden und daß, nachdem diese in Bełżec ausgeladen wurden, der leere Zug, der sogenannte »Judenzug« in Zamość eingetroffen ist. Am Abend verbreitete sich die Kunde, daß Zamość eingekreist sei. Alle sind sicher, daß das für die Juden in Zamość das Einfangen und der Transport in den Tod bedeutet. Die Bestürzung bei uns in der Stadt ist unbeschreiblich. [...]

Zygmunt Klukowski: Dziennik z lat okupacji Zamojszczyźny (1939–1944). Lublin ²1959, S. 251–254. [Übers. aus d. Poln.]

73 Vernehmung eines früheren Reichsbahnbeamten aus dem Sonderzugreferat der Ostbahn, Glas: Ostbahn und Judentransporte, 1960:

[...] Zur Organisation der Transporte weiß ich folgendes: Leiter der Sonderzuggruppe war der damalige Reichsbahnoberinspektor Stier, jetzt Amtsrat bei der Hauptverwaltung der Deutschen Bundesbahn in Frankfurt a. M. Dieser ist m. E. nach in gewissen Zeitabständen, vielleicht ein- oder zweimonatlich nach Berlin zum Reichsverkehrsministerium gefahren. Von dort hatte er die Transportanmeldungen mitgebracht. Im Ministerium war zuständig für diese Fragen ein Amtsrat St., der meines Wissens verstorben ist. Von Herrn Stier weiß ich, daß die Transportanforderungen vom Reichssicherheitshauptamt gekommen sind. Ich möchte meinen, daß Besprechungen mit Angehörigen des RSHA im Verkehrsministerium jeweils stattgefunden haben.

Ich glaube, daß solche Transporte auch vom Höheren SS- und Polizeiführer in Krakau angefordert worden sind, und zwar schriftlich. Meiner Erinnerung nach hatten diese Anforderungen jedoch nicht das Ausmaß, wie die aus Berlin.

Auf Grund der Anforderungen haben wir in der Sonderzuggruppe dann auf Grund der vorgenommenen Fahrzeitberechnungen die Fahrplananordnungen erstellt.

Die Gruppe hat lediglich in dieser büromäßigen Weise mit diesen Transporten zu tun gehabt.

Wenn im Gouvernement nicht so viele Güterwagen vorhanden waren, wurden uns Güterwagenzüge vom Hauptwagenamt in Berlin im Zusammenhang mit den Anforderungen des Ministeriums planmäßig zugefahren.

Meiner Erinnerung nach wurden die Transportzüge uns gegenüber als Umsiedlertransporte bezeichnet. Von den Verladebahnhöfen haben wir bei Ferngesprächen gelegentlich erfahren, daß die SS beim Einladen recht rücksichtslos vorgegangen ist. Es wurde uns gesagt, die Leute würden oft mit Gewalt verladen, sie würden hineingeprügelt, der Verladeraum sei nicht ausreichend und die Leute wären arg aufeinander verladen worden. [...]

Welchen Umfang diese Judentransporte gehabt haben und insbesondere die nach Treblinka, das kann ich natürlich jetzt nicht mehr sagen. Ich erinnere mich nur an eine gewisse Regelmäßigkeit dieser Transportzüge. Ich möchte meinen, man hat mit einer durchschnittlichen Verladungsmöglichkeit von 50 Personen für einen Güterwagen gerechnet. Wenn die SS mehr verladen hat, so hat sie das auf eigene Verantwortung gemacht.

Ich habe in Erinnerung, als wäre uns die Zahl der transportierten Personen jeweils gemeldet worden, weil die Eisenbahn darnach die Vergütung berechnete und einhob. Das ist dann natürlich nicht durch die Sonderzuggruppe geschehen, sondern durch ein anderes Büro. [...]

ZStL 208 AR–Z 230/59, Bd. 2, Bl. 1396–1398.

74 Polizeibesprechung beim Generalgouverneur in Krakau: Vorbereitungen für umfassende Deportation beendet, 18. 6. 1942:

[...] Auf die Frage von Staatssekretär Dr. Bühler, ob eine Aussicht auf eine schnellere Verminderung der Ghettobevölkerung bestehe, erwidert Staatssekretär Krüger, daß man darüber wohl im Laufe des August einen Überblick haben werde. Das Problem der Judenaussiedlung dränge zu einer Entscheidung. Die jetzigen Maßnahmen hätten gezeigt, daß die Ausschaltung von Juden Preissenkungen der Schleichhandelspreise im Gefolge habe. Der Erfolg einer möglichst günstigen Ernteerfassung habe die Beseitigung des Schleichhandels und diese wiederum die Ausschaltung der Juden zur Voraussetzung. Für die Durchführung einer solchen Aktion sei die Gestellung von ausreichenden Transportzügen notwendig. Trotzdem für die nächsten 14 Tage eine restlose Zugsperre verordnet sei, habe er in Verhandlungen mit Präsident Gerteis erreicht, daß für den Abtransport von Juden ab und zu Züge bereitgestellt würden. Nach Ablauf der Sperrfrist müsse die Judenaktion verstärkt durchgeführt werden. [...]

In der Judenumsiedlung sei der Distrikt Radom etwas ins Hintertreffen geraten. Im Distrikt habe man im Laufe des letzten Jahres jüdische Wohnbezirke gebildet, in die man nun die 15000 Juden aus Radom umsiedeln wollte. Der Verteilungsplan sei bereits aufgestellt gewesen, als die Umsiedlung nach dem Distrikt Lublin akut geworden sei. Diese Aussiedlung der Juden hänge jetzt nur noch von dem Transportproblem ab und hier sei erklärt worden, daß der Distrikt noch 6 bis 8 Wochen warten müsse. Dieser Zeitpunkt liege aber zu spät für die Ernteerfassungsaktion.

Staatssekretär Krüger weist darauf hin, daß von seiten der Polizei die Judenaktion bis in alle Einzelheiten vorbereitet sei und daß ihre Durchführung nur eine Frage des Transportes sei. In Radom und Tschenstochau müßten jüdische Arbeiter für die Rüstungsindustrien zurückgehalten werden. Natürlich müsse man auch die unmittelbaren Familienangehörigen dieser Arbeiter zurücklassen, alles andere aber würde ausgesiedelt. [...]

[AGKBZHwP]; IfZ Fb 105 (Kopie);
  Werner Präg/Wolfgang Jacobmeyer (Hg.), Das Diensttagebuch des deutschen Generalgouverneurs in Polen 1939–1945. Stuttgart 1975, S. 511.

75 Befehl Himmlers an den HSSPF im Generalgouvernement, Krüger: »Umsiedlung« der gesamten jüdischen Bevölkerung, 19.7.1942:

Ich ordne an, daß die Umsiedlung der gesamten jüdischen Bevölkerung des Generalgouvernements bis 31. Dezember 1942 durchgeführt und beendet ist.

Mit dem 31. Dezember 1942 dürfen sich keinerlei Personen jüdischer Herkunft mehr im Generalgouvernement aufhalten. Es sei denn, daß sie sich in den Sammellagern Warschau, Krakau, Tschenstochau, Radom, Lublin aufhalten. Alle anderen Arbeitsvorkommen, die jüdische Arbeitskräfte beschäftigen, haben bis dorthin beendet zu sein, oder, falls ihre Beendigung nicht möglich ist, in eines der Sammellager verlegt zu sein.

Diese Maßnahmen sind zu der im Sinne der Neuordnung Europas notwendigen ethnischen Scheidung von Rassen und Völkern sowie im Interesse der Sicherheit und Sauberkeit des deutschen Reiches und seiner Interessengebiete erforderlich. Jede Durchbrechung dieser Regelung bedeutet eine Gefahr für die Ruhe und

Ordnung des deutschen Gesamtinteressengebietes, einen Ansatz-
punkt für die Widerstandsbewegung und einen moralischen und
physischen Seuchenherd.

Aus all diesen Gründen ist die totale Bereinigung notwendig
und daher durchzuführen. Voraussichtliche Terminüberschreitun-
gen sind mir rechtzeitig zu melden, sodaß ich früh genug für
Abhilfe sorgen kann. Alle Gesuche anderer Dienststellen um Ab-
änderung sowie Ausnahmegenehmigung sind mir persönlich vorzulegen.

BA NS 19/1757;
    Faschismus-Getto-Massenmord. Dokumentation über Ausrottung und Wi-
derstand der Juden in Polen während des 2. Weltkrieges. Hg. vom Jüdischen
Historischen Institut in Warschau. Berlin 1961, S. 303.

**76 Aktenvermerk des Stabsführers beim SSPF Krakau,
Fellenz: »Umsiedlung« in Przemysl, 27. 7. 1942:**

Befehlsgemäß habe ich über die am 27. 7. 1942 vorgesehene Judenaussiedlung aus Przemysl, am Mittwoch den 22. 7. 1942 eine
Einsatzbesprechung mit allen beteiligten Dienststellen (Kreishauptmann, Stadtkommissar, beauftragte Vertreter der Ordnungspolizei, Sicherheitspolizei, Außendienststelle Przemysl,
Leiter des Arbeitsamtes Przemysl) durchgeführt. In dieser Einsatzbesprechung (siehe Aktenvermerk vom 23. 7. 1942) wurden unter
Berücksichtigung der ergangenen Befehle die zu treffenden Maßnahmen durchgesprochen und festgelegt. Insbesondere habe ich
auf den neuen Befehl des Höheren SS- und Polizeiführers Ost SS-
Obergruppenführer und General der Polizei Krüger, wonach die
Altersgrenze der verbleibenden im Arbeitseinsatz stehenden Juden auf 16–35 Jahre festgelegt ist, hingewiesen. Desgleichen habe
ich darauf hingewiesen, daß die Belange der Ostbahn und der Wehrmacht möglichst zu berücksichtigen sind, d. h. daß jüdische Arbeitskräfte der obengenannten, die die festgesetzte Altersgrenze
überschritten haben, möglichst durch jüngere zu ersetzen sind. Ich
habe gestattet, daß in tatsächlichen Ausnahmefällen, in denen Juden, die besondere Spezialarbeiter sind (z. B. Werkmeister, im

Spezialfach) trotz Überschreitung der Altersgrenze einstweilen verbleiben können. Ich habe festgelegt, daß die bei Dienststellen beschäftigten Frauen, sofern der Mann keine Aufenthaltsgenehmigung erhält und die Frauen keine gelernten Spezialarbeiterinnen sind, also zu gewöhnlichen Aufräumungs-, Haus- und Gartenarbeiten verwandt werden, keineswegs verbleiben dürfen. Diese können durch Ehefrauen derjenigen Juden ersetzt werden, die die Aufenthaltsgenehmigung erhalten, da nach den bestehenden Bestimmungen mit der Aufenthaltsgenehmigung des Mannes, gleichzeitig die Aufenthaltsgenehmigung seiner Frau und Kinder erteilt wird. Demnach war auf die auch hier bekannten wichtigen Belange der Wehrmacht, sowie der Ostbahn weitgehendst Rücksicht genommen.

Auf Grund der fernmündlichen Meldung des SS-Ustuf. Benthin, Leiter der Außenstelle der Sicherheitspolizei in Przemysl, wonach der Ortskommandant von Przemysl, Major Liedtke, durch Sperrung der Sanbrücke für Polizei und Zivilisten die Durchführung der für den 27.7.1942 vorgesehenen Aktion gefährdet war [sic], fuhr ich auf Befehl des SS. und Polizeiführers im Distrikt Krakau – SS-Oberführer Scherner nach Przemysl, um an Ort und Stelle die Angelegenheit zu klären und entsprechende Maßnahmen zu treffen. Nach einer kurzen Rücksprache mit SS-Ustuf. Benthin in Anwesenheit des Herrn Kreishauptmann, Herrn Hauptmann der Schutzpolizei Schweder, Kompaniechef 2/307 Pol.-Batl. Przemysl, Leiter der Schutzpolizei-Einzeldienstabteilung Leutnant Hölzner und Oberlt. Schaller, erhielt ich folgendes Bild. SS-Ustuf. Benthin erhielt am Sonntag, den 26.7.42 gegen 9 Uhr vom Ortskommandanten Major Liedtke einen Anruf, in dem er erklärte, daß er in Erfahrung gebracht hätte, daß den Wehrmachtsdienststellen auf Grund der bevorstehenden Judenaktion etwa 95 % der jüdischen Arbeiter entzogen würde. SS-Ustuf Benthin hat daraufhin erklärt, daß er ihm nicht sagen könnte, wieviel Juden, die bei Wehrmachtsdienststellen beschäftigt sind, ausgesiedelt werden, es wäre jedoch damit zu rechnen, daß ein Teil der bei Wehrmachtsdienststellen beschäftigten Arbeiter (Juden) unter die Aussiedlung fallen. Nähere Einzelheiten könnte er ihm jedoch nicht sagen, da die Aktion unter »Geheim« laufe. Um etwa auftauchende Fragen klären zu können, müsse er sich bis Montag den

27. 7. 1942 gedulden, da dann der Beauftragte des SS- und Polizeiführers in Przemysl anwesend sei. Am gleichen Tage um 10.15 Uhr erschien der Adjutant des Ortskommandanten Oberltn. Battel auf der Dienststelle der Sicherheitspolizei und teilte ihm inhaltlich einen Funkspruch des Ortskommandanten an den M. i. G. – Anlage Seite 16 – mit. Bis zur Entscheidung des M. i. G. hat der Ortskommandant die Sanbrücke für jeden Zivilverkehr einschl. Polizei sperren lassen. Die Situation, die sich daraus ergeben hat, ist aus den Anlagen zu ersehen.

Nach Kenntnis der Sachlage begab ich mich mit den anwesenden Herren zur Ortskommandantur, um dort eine Klärung zu schaffen. Gemäß meiner erhaltenen Anweisung von SS-Oberführer Scherner habe ich versucht, »eine diplomatische Lösung« zu finden und diese wie folgt geklärt. Ich habe den Ortskommandanten Major Liedtke und den anwesenden Offizieren – etwa 20 – erklärt, daß gemäß den Befehlen des RfSS eine Aussiedlung stattzufinden habe und diese auch durchgeführt wird. Unter kurzer Darlegung der Bestimmungen habe ich auch hier zum Ausdruck gebracht, daß selbstverständlich auf kriegs- und rüstungswichtige Belange der Wehrmacht Rücksicht genommen würde, ich aber kein Verständnis dafür hätte, daß die Wehrmacht heute noch in überaus großer Zahl den sogenannten Haus- und Hofjuden züchtet, der als Stubenreiniger und Schuhputzer für den Herrn Unteroffizier gebraucht wird. Im übrigen würde ich empfehlen, wenn ein Teil der Arbeitsjuden ausfällt, den Rest richtig einzusetzen und zu produktiver Arbeit heranzuziehen.

Im Verlauf der weiteren Verhandlungen habe ich mich gemäß Weisung von SS-Oberführer Scherner – nach den aus Anlage 13 – Standortbefehl Nr. 30/42 des Ortskommandanten von Przemysl zu ersehenden Richtlinien geeinigt. Demnach habe ich der Wehrmacht zugesichert, daß zunächst alle bei der Wehrmacht beschäftigten jüdischen Arbeitskräfte im Alter von 16–35 Jahren bleiben, ohne Rücksicht auf Berufe, Spezialarbeiter, die über 35 Jahre alt sind und im Augenblick nicht ersetzt werden können, daß alle jüdischen Arbeitskräfte, die über 35 Jahre alt sind und demnach unter die Aussiedlung fallen, durch jüngere nach Möglichkeit ersetzt werden sollen.

Zu diesem Zwecke wurden bereits bei der ersten Aussiedlung

am 27.7.42 – 120 männliche Juden im Alter von 16–35 Jahren als Austauschreserve zurückbehalten.

Weiter habe ich Richtlinien für die Behandlung der Arbeitsjuden (Kasernierung, geschlossene Marschkolonnen) siehe Anlage 13–14 gegeben.

Da kaum zu erwarten ist, daß alle unter die Aussiedlung fallenden bei Wehrmachtsdienststellen beschäftigten Juden durch jüngere Kräfte zu ersetzen sind, ich denke hier insbesondere an Fachkräfte, bitte ich um Weisung, was zu veranlassen ist. Bis Donnerstag mittag 12 Uhr habe ich der Wehrmacht zugesagt, daß sämtliche dort beschäftigten Juden bei ihren Arbeitsstellen verbleiben und der Wehrmachtsausweis – Anlage 19 – bis dahin seine volle Gültigkeit hat. Nach Donnerstag mittag 12 Uhr verliert dieser Ausweis seine Gültigkeit. Bis zu diesem Zeitpunkt soll auch der Austausch durch jüngere Kräfte erfolgen – soweit möglich –.

In einer persönlichen Aussprache mit Herrn Major Liedtke – zu diesem Zweck bat ich ihn in ein Nebenzimmer – habe ich ihm im Auftrage des SS- und Polizeiführers mitgeteilt, daß seine Maßnahmen, wie Sperrung der Brücke usw., auch nach Einvernehmen mit der Oberfeldkommandantur weder berechtigt noch befugt waren. Die gesamte Aktion ist eine Polizeiaktion und geht die Wehrmacht garnichts an. Ich habe ihn gleichzeitig gebeten, die Aktion in keiner Weise mehr zu stören, da sonst entsprechende Gegenmaßnahmen getroffen werden müßten. Ich habe ihm zu verstehen gegeben, daß, wenn das SS-Batl. aus Debica gekommen wäre, dieses die Brücke passiert hätte. Herr Major Liedtke erwiderte darauf, daß er die Interessen der Wehrmacht zu vertreten hätte und nach irgend einer Vorschrift bei Streitfragen zwischen Wehrmacht und Zivildienststellen die Wehrmacht das Vorrecht habe. Er habe es nicht verantworten können, daß angeblich durch das Nichterscheinen der Juden ein Lazarettzug von Verwundeten nicht entladen werden konnte. Er habe den Kreishauptmann nicht erreichen können und Ustuf. Benthin hätte Verhandlungen abgelehnt. Ich habe Herrn Major Liedtke erwidert, daß das Vorrecht der Wehrmacht auf anderen Sachgebieten liegen mag, aber nicht bei Polizeiaktionen.

Das Nichterreichen des Kreishauptmanns bezw. seines Vertreters kann nicht zutreffen, siehe Anlage 11 und 12 –.

Von einem Nichtverhandeln mit der Ortskommandantur seitens SS-Ustuf. Benthin kann ebenfalls keine Rede sein. SS-Ustuf. Benthin hat durchaus korrekt gehandelt, indem er Angaben über nähere Einzelheiten der Aktion ablehnte. Hätte der Herr Ortskommandant von einem Verwundetentransport gesprochen, so wäre bestimmt in kürzester Zeit die richtige Lösung gefunden worden. Herr Hauptmann Sch. hat mir erklärt, daß er in diesem Falle bereit gewesen wäre, seine gesamte Kompanie einzusetzen. Ein Sperren und Besetzen der Sanbrücke hätte sich dann bestimmt erübrigt, bezw. diese Wachmannschaften und Posten wären wohl besser für das Entladen des Zuges eingesetzt worden.

Auf meine Anordnung wurde auch die Verordnung an die polnische und ukrainische Bevölkerung – Anlage 6–, die der Ortskommandant verbieten wollte, durch den Kreishauptmann veröffentlicht.

Durchführung der Aktion am 27. 7. 1942.

Die geplante Aktion wurde mit Durchführung des ersten Transportes am 27. 7. 42 begonnen. Ausgesiedelt wurden insgesamt

3850 Juden.

Von den zur Aussiedlung erfaßten Juden wurden nach Aussiebung an Arbeitskräften zurückgegeben an

Ostbahn	150 Juden
Wehrmacht	150 Juden
Fa. W. Fischer	
Kommand. des Truppen-übungsplatzes Süd Deba	80 Juden

(Schreiben des Höheren SS- und Pol. Führers Ost vom 24. 7. 1942).

Als Austauschreserve zurückbehalten 120 Juden.

Die Aktion verlief planmäßig und ruhig. Einige Juden, die versuchten zu flüchten oder Widerstand zu leisten, wurden erschossen.

Die Zusammenarbeit mit den beteiligten Dienststellen, insbesondere mit dem Herrn Kreishauptmann, Stadtkommissar und Sicherheitspolizei war besonders gut. In Erkennung der richtigen Lage wurde überall bestimmt und hart zugefaßt. Die Betreuung der eingesetzten Kräfte, durch den Herrn Kreishauptmann und Stadtkommissar ist besonders hervorzuheben.

Die eingesetzten Kräfte der Ordnungspolizei unter Führung des Herrn Major der Schutzpolizei *Binz* versahen ihren Dienst vorbildlich.

Die Schaffung des vorgesehenen, verkleinerten Juden-Wohnbezirks mit fester Umzäunung – Stacheldrahtzaun – ist im vollen Gange. Die erste Umsiedlung in das verkleinerte Ghetto ist bereits durchgeführt.

Die Konzentrierung der auf dem Lande ansässigen Juden nach Przemysl ist in die Wege geleitet und wird mit Unterstützung der Kräfte der Ordnungspolizei bis Mittwoch abends bzw. Donnerstag mittag durchgeführt.

Benachrichtigung mittels Funkspruch an SS. und Polizeiführer Lublin habe ich veranlaßt.

Der nächste Transport wird am Mittwoch, den 29. 7. 1942 durchgeführt.

BA NS 19/1765, Bl. 298–302.

77 Letzte Tagebuchaufzeichnung und Abschiedsbrief des Vorsitzenden des Warschauer Judenrats Czerniaków vor der »Großen Aktion«, 22./23. 7. 1942:

a) 22. VII. 42 – Morgens um 7:30 in der Gemeinde. Die Grenzen des kleinen Gettos sind außer der normalen von einer Spezialeinheit umstellt.

Um 10 Uhr erschien Sturmbannführer Hoefle mit Begleitern. Wir stellten die Telephone ab. Aus dem gegenüberliegenden Garten wurden die Kinder weggebracht.

Man eröffnete uns, daß – mit gewissen Ausnahmen – die Juden ohne Unterschied des Geschlechts und des Alters in den Osten ausgesiedelt werden sollen. Bis heute n. m. um 4 Uhr müssen 6000 Menschen bereitgestellt werden. Und so (mindestens) wird es jeden Tag sein.

Man wies an, das Haus Zelazna-Str. 103 für die deutschen Funktionäre, die die Aussiedlung durchführen, zu räumen. Die Möbel wurden dabehalten. Da die Ratsangestellten mit ihren Frauen und Kindern von der Deportation befreit sind, bat ich darum, die Angestellten der JSS, des Handwerksverbands, die Müllkutscher usw. ebenfalls davon auszunehmen, was bewilligt wurde.

Ich bat um die Freilassung von Gepner, Rozen, Sztolcman, Drybiński, Winter und Kobryner, was zugesagt wurde. Um 3:45 sind mit Ausnahme von Rozen alle bereits im Getto.

Lejkin ließ mir nach Mittag mitteilen, daß angeblich mit Glas nach einem Polizeiauto geworfen worden sein soll. Man droht uns mit der Erschießung unserer Geiseln, falls sich das noch einmal wiederholt. Das tragischste Problem ist das der Kinder in den Waisenhäusern usw. Ich habe es zur Sprache gebracht – vielleicht läßt sich etwas machen.

Um 5:30 fuhr einer der Beamten von Forwort (?) [Worthoff] vor und verlangte, daß Józef Ehrlich Lejkins Stellvertreter wird. Er hat schon 3 Sterne.

Sturmbannführer Hoefle (Beauftragter für die Aussiedlung) bat mich in sein Büro und erklärte, meine Frau sei vorläufig noch in Freiheit, doch wenn die Aussiedlung nicht wunschgemäß verlaufe, werde sie als erste Geisel erschossen.

23. VII. 1942 – Morgens Gemeinde. Worthoff vom Umsiedlungsstab erschien, mit dem ich eine Reihe von Fragen besprach. Er hat die Schüler der Gewerbeschulen von der Umsiedlung befreit. Die Ehemänner arbeitender Frauen ebenfalls. Im Hinblick auf die Waisen ordnete er an, mit Hoefle Rücksprache zu halten. Wegen der Handwerker soll ich ebenfalls Rücksprache halten. Auf die Frage, wieviele Tage in der Woche die Aktion in Gang sein wird, antwortete man, 7 Tage in der Woche.

In der Stadt drängt sich alles, Werkstätten zu eröffnen. Eine Nähmaschine kann das Leben retten.

3 Uhr. Bis jetzt sind 4000 abfahrtsbereit. Bis 4 haben es laut Befehl 9000 zu sein. [...]

b) Worthoff und seine Kollegen waren bei mir und verlangten, daß für morgen ein Kindertransport vorbereitet wird. Damit ist mein bitterer Kelch bis zum Rand gefüllt, denn ich kann doch nicht wehrlose Kinder dem Tod ausliefern. Ich habe beschlossen abzutreten. Betrachtet dies nicht als einen Akt der Feigheit oder eine Flucht. Ich bin machtlos, mir bricht das Herz vor Trauer und Mitleid, länger kann ich das nicht ertragen. Meine Tat wird alle die Wahrheit erkennen lassen und vielleicht auf den rechten Weg des Handelns bringen. Ich bin mir bewußt, daß ich Euch ein schweres Erbe hinterlasse.

[Archiv Yad Vashem];
    Adam Czerniaków: Im Warschauer Getto. Das Tagebuch des Adam Czerniaków, 1939–1942. München 1986, S. 284 f.(© C. H. Beck Verlag)

78 Tagebuchaufzeichnungen von Abram Lewin: »Umsiedlung« aus dem Warschauer Getto, 28.–29.8.1942:

Freitag, den 28. August [1942].
    [...] Die schrecklichen Ereignisse nehmen ihren Fortgang. Man erzählt, daß gestern abend eine Gruppe Arbeiter von dem Oschmann-»Shop« zurückkehrte. Die SS-Männer teilten diese Gruppe in zwei Teile: den einen erlaubten sie, ihren Weg fortzusetzen, die anderen trieben sie schnurstracks auf den Umschlagplatz. Die Kinder, die sie gestern gefangengenommen hatten, konnten nicht gerettet werden. Sie kamen um. Heute hatten wir noch ein Gespräch mit David Nowodworski, der aus Treblinka zurückgekehrt war. Er erzählte uns ausführlich von all seinen Leiden vom Augenblick an, da er erfaßt wurde, bis zu seiner Flucht aus dem Vernichtungsort und seiner Rückkehr nach Warschau. Seine Worte bestätigten noch einmal, was wir schon vorher wußten, und stellten unbezweifelbar fest, daß die Leute aus allen Transporten vernichtet worden waren und kein Mensch sie retten konnte. Also sowohl die Erfaßten als auch die Freiwilligen. Dies ist die nackte Wahrheit. Entsetzlich. Wenn man bedenkt, daß man in den letzten Wochen mindestens 300 000 Juden aus Warschau, Radom, Siedlce und vielen, vielen anderen Städten vernichtet hat! Auf Grund seiner Erzählung haben wir einen Bericht verfaßt, so schrecklich und erschütternd, daß dies mit menschlicher Sprache einfach nicht auszudrücken ist. Es ist zweifellos das größte Verbrechen von allen, die je in der menschlichen Geschichte vollbracht wurden. Gestern hat

man aus Warschau 4000 Männer, Frauen und Kinder zum Tod deportiert. Heute geht die »Aktion« weiter. Man umringt und belagert die »Shops«, aber wie verlautet, sind keine Waggons vorhanden. Man wird die Leute also bis Abend oder bis Morgen halten und sie dann abtransportieren. Es ist wieder eine große Menge. Es ist der 38. Tag des Verbrechens gegen die Menschheit. Den Giftbecher haben schon – außer Warschau – auch Siedlce, Rembertow, Radom und viele andere Städte geleert. Gestern habe ich gehört, daß die mächtigen Eigentümer der »Shops«, Schultz und Többens, mit den Führern der Henkerbanden verhandeln. Sie wollen diese mit Millionen bestechen, damit sie den Rest der Juden in Warschau, den sie auf 100 000 schätzen, zurücklassen mögen. Es verlautet wieder, daß die »Aktion« nur noch Sonnabend und Sonntag hindurch dauern wird. Dann sollen sie angeblich Warschau verlassen, und in der Stadt wird es wieder ruhig werden. Kann man dem Glauben schenken? Sovielmal haben wir uns vergebens der Hoffnung hingegeben, daß die »Aktion« enden wird; gewiß werden wir auch diesmal betrogen und werden weiter bluten. Gott im Himmel, sollen wir wirklich ohne Ausnahme, bis auf den letzten Mann, vertilgt werden? Es besteht bereits kein Zweifel mehr, daß alle, die abtransportiert wurden, ermordet worden sind.

Sonnabend, den 29. August.

Es ist der 39. Tag der blutigen Vernichtung, die weiterhin mit größter Bestialität vor sich geht. Gestern in den Abendstunden kehrten Arbeiter von verschiedenen Arbeitsstellen zurück. Sie wurden von SS-Männern überfallen. Die haben geschossen. Viele von den Arbeitern wurden erfaßt und auf den Umschlagplatz gebracht. Wer ist gefangen worden? Darüber herrschen verschiedene Meinungen. Die einen sagen, daß alle ohne Altersunterschied erfaßt wurden. Auf dem Umschlagplatz herrschte schreckliche Panik. Es wurde dicht geschossen. Zwei Ärzte von der Pawiastraße, die auf einer Arbeitsstelle außerhalb des Gettos beschäftigt waren, kehrten zur Nacht nicht nach Hause zurück. Es ist zu vermuten, daß sie gefangen wurden. Es bestehen Meinungsunterschiede zwischen verschiedenen Leuten bezüglich der Zahl der bis heute während der »Aktion« getöteten Menschen. Manche sind der Ansicht (z. B. Dr. R.), daß 15 000 Menschen getötet worden sind; andere meinen (Polizeichef Brn [Brandt]), daß sich die

Zahl der Getöteten »nur« auf 6000 beläuft. Es herrschen auch verschiedene Ansichten betreffs der Zahl der Deportierten (lies: Ermordeten). Manche sagen, daß ihre Zahl sich auf mehr als 230 000 beläuft, andere schätzen diese Zahl auf 190 000. So geht es aus deutschen Berechnungen hervor. Die Zahl der in Warschau verbliebenen Juden schätzen sie auf 100 000. Im Gefängnis befanden sich bis 24. d. M. 53 Geiseln. Man behandelte sie sehr schlecht. Einige konnten, nachdem sie das Gefängnis verlassen hatten, ihre Familien nicht wiederfinden. Z. B. Akerman fand von seiner zahlreichen Familie nur einen Sohn am Leben. Ein Gendarm sagte, daß die »Aktion« bis 1. September dauern soll; nachher soll die ganze Henkerbande nach Frankreich fahren. [...]

[Archiv des Jüdischen Historischen Instituts Warschau, Ring II, Nr. 202];
    Faschismus-Getto-Massenmord. Dokumentation über Ausrottung und Widerstand der Juden in Polen während des 2. Weltkrieges. Hg. vom Jüdischen Historischen Institut in Warschau. Berlin 1961, S. 314–318 [Übers. aus dem Hebräischen].

79 Vernehmung des Stationsleiters von Zwierzyniec: Juden in Transportzug, 10. 1. 1962:

[...] Ein Erlebnis hat sich bei mir besonders eingeprägt. Es war an einem Sonntagmittag gegen 13.30 Uhr. Von Sawada aus war uns ein Juden-Transportzug gemeldet worden. Auf unserer Station in Zwierzynieg nahmen die Lokomotiven stets Wasser. Dies geschah auch bei dem erwähnten Zug. Aus dem haltenden Zug zwängte sich ein kleines jüdisches Mädchen heraus, das ich auf 10–12 Jahre schätzte. Es kam zu mir und hielt 1 Fünfmarkschein in Händen, mit dem es um Wasser bat. Es sprach von einem Löffel Wasser. Ich gab meinem polnischen Stationsleiter Anweisung, er möge mein Wasserglas nehmen und dem Mädchen Wasser reichen. Dem Mädchen sagte ich, daß es das Geld wegstecken solle. Während das Mädchen noch trank, erschien überraschend hinter mir der Transportführer der SS, der 4 Sterne als Rangabzeichen trug. Mit der Reitpeitsche schlug er zunächst dem Mädchen das Wasserglas aus der Hand, um dann weitere Schläge dem Kind zu versetzen. Aus dem Zug zwängte sich der Vater des Mädchens heraus, der auf den

211

Knien den SS-Führer um Gnade für sein Kind bat. Der SS-Führer zog seine Pistole und tötete den Vater durch Genickschuß. Das Mädchen wurde in den Wagen geworfen. Das gleiche geschah mit dem Toten. Der SS-Führer beschimpfte mich als Judenknecht, ich sei nicht würdig, deutscher Beamter zu sein. [...]

ZStL 208 AR-Z 268/59, Bd. 13, Bl. 2822;
   Peter Märtesheimer/Ivo Frenzel (Hg.), Im Kreuzfeuer: Der Fernsehfilm »Holocaust«. Frankfurt 1979, S. 99.

80   Aufzeichnungen des deutschen Unteroffiziers Cornides: »Umsiedlung« in Rawa-Ruska, 31.8.1942:

Um 12 Uhr 10 sah ich einen Transportzug im Bahnhof einlaufen. Auf den Dächern und Trittbrettern saßen Wachmannschaften mit Gewehren. Man konnte von der Ferne sehen, daß die Wägen mit Menschen vollgepfropft waren. Ich kehrte um und ging den ganzen Zug entlang: Er bestand aus 35 Viehwägen und einem Personenwagen. In jedem der Wägen waren mindestens 60 Juden (bei Mannschafts- oder Gefangenentransporten werden in diesen Waggons 40 Mann verladen, hier waren jedoch die Bänke herausgenommen und man konnte sehen, daß die Eingeschlossenen eng aneinander gedrängt standen). Die Türen waren teilweise einen Spalt geöffnet, die Fenster mit Stacheldraht vergittert. Unter den Eingeschlossenen waren nur wenige, meist alte Männer zu sehen, alles andere waren Frauen, Mädchen und Kinder. Viele Kinder drängten sich an den Fenstern und den schmalen Türöffnungen. Die jüngsten waren bestimmt nicht älter als 2 Jahre. Sobald der Zug hielt, versuchten die Juden Flaschen herauszugeben, um Wasser zu bekommen. Der Zug war jedoch von SS-Wachen umgeben, sodaß niemand in die Nähe konnte. In diesem Augenblick lief ein Zug aus der Richtung von Jaroslau ein, die Reisenden strömten dem Ausgang zu, ohne sich weiter um den Transport zu kümmern. Ein paar Juden, die damit beschäftigt waren, einen Lastwagen der Wehrmacht zu beladen, winkten mit ihren Mützen zu den Eingeschlossenen. Ich sprach mit einem Polizisten, der am Bahnhof Dienst tat. Auf meine Frage, wo denn die Juden herkämen, antwortete er: »Das sind wahrscheinlich die letzten von Lemberg. Das geht jetzt schon seit 3 Wochen ununterbrochen so, in Jaroslau haben sie nur 8 übrig gelassen, kein Mensch weiß warum.« Ich fragte: »Wie weit fahren die noch?« Er dann: »Nach Belzec.« »Und dann?« »Gift«. Ich fragte: »Gas?« Er zuckte mit den Achseln. Dann sagte er nur noch: »Am Anfang haben sie sie, wie ich glaube, immer erschossen.«

Hier im deutschen Haus sprach ich gerade mit 2 Soldaten vom Front-Stalag 325. Sie sagten, daß diese Transporte in der letzten Zeit täglich durchkamen, meistens nachts. Gestern soll einer mit 70 Waggons durchgefahren sein.

Im Zug von Rawa-Ruska nach Cholm 17 Uhr 30:

Als wir um 16 Uhr 40 einstiegen, lief gerade ein leerer Transportzug ein. Ich bin zweimal entlanggegangen und habe gezählt; es waren 56 Waggons. Auf den Türen standen Nummern mit Kreide aufgezeichnet, 60, 70, einmal 90, manchmal 40, wohl die Zahl der Juden, die darin befördert worden waren. Im Abteil sprach ich mit der Frau eines Bahnpolizisten, die zur Zeit auf Besuch bei ihrem Mann hier ist. Sie sagt, daß diese Transporte jetzt täglich durchkommen, manchmal auch mit deutschen Juden. Gestern seien auf der Strecke 6 Kinderleichen gefunden worden. Die Frau meint, die Juden hätten diese Kinder selbst umgebracht, wahrscheinlich sind sie wohl auf der Reise umgekommen. Der Bahnpolizist, der als Zugbegleiter mitfährt, stieg in unser Abteil. Er bestätigte die Aussagen der Frau über die Kinderleichen, die gestern auf der Strecke gefunden wurden. Ich fragte: »Wissen denn die Juden, was mit ihnen geschieht?« Die Frau antwortete: »Die, die von weiterher kommen, werden wohl nichts wissen, aber hier in der Nähe wissen sie es schon. Da versuchen die dann auch wegzulaufen, wenn sie merken, daß sie geholt werden. So z. B. neulich in Cholm, wo man 3 auf dem Weg durch die Stadt erschossen hat.« »In den Bahnpapieren laufen diese Züge unter dem Namen Umsiedlungstransporte«, bemerkte der Bahnpolizist. Er sagte dann noch, daß nach der Ermordung Heydrichs mehrere Transporte mit Tschechen durchgekommen waren. Das Lager Belzec soll direkt an der Bahn liegen, die Frau hat versprochen es mir zu zeigen, wenn wir vorbeifahren.

17 Uhr 40:

Kurzer Aufenthalt. Uns gegenüber hält wieder ein Transportzug. Ich spreche mit den Polizisten, die vorne im Personenwagen mitfahren. Ich frage: »Geht's wieder heim ins Reich?« Grinsend sagt einer: »Du weißt wohl, wo wir herkommen?, na ja, für uns geht die Arbeit nicht aus.« Dann fuhr der Transportzug weiter, die Wägen waren leer und sauber ausgekehrt, es waren 35. Aller Wahrscheinlichkeit nach war dies der Zug, den ich um 1 Uhr am Bahnhof in Rawa-Ruska gesehen habe.

18 Uhr 20:

Wir sind am Lager Belzec vorbeigefahren. Vorher ging es längere Zeit durch hohe Kiefernwälder. Als die Frau rief »jetzt kommt es« sah man nur eine hohe Hecke von Tannenbäumen. Ein starker süßlicher Geruch war deutlich zu bemerken. »Die stinken ja schon«, sagte die Frau. »Ach Quatsch, das ist ja das Gas«, lachte der Bahnpolizist. Inzwischen – wir waren ungefähr 200 Meter gefahren – hatte sich der süßliche Geruch in einen scharfen Brandgeruch verwandelt. »Das ist vom Krematorium«, sagte der Polizist. Kurz darauf hörte der Zaun auf. Man sah ein Wachhaus mit SS-Posten davor. Ein doppeltes Bahngeleis führte in das Lager hinein. Das eine Geleis war eine Abzweigung von der Hauptstrecke, das andere führte über eine Drehscheibe aus dem Lager zu einer Reihe von Schuppen, die ungefähr 250 Meter davon entfernt standen. Auf der Drehscheibe stand gerade ein Güterwagen. Mehrere Juden waren damit beschäftigt die Scheibe zu drehen. SS-Posten, das Gewehr unter dem Arm, standen daneben. Einer der Schuppen war offen, man konnte deutlich sehen, daß er mit Kleiderbündeln bis an die Decke gefüllt war. Beim Weiterfahren schaute ich noch einmal zum Lager zurück. Der Zaun war zu hoch, als daß man irgend etwas hätte sehen können. Die Frau sagte, daß man manchmal beim Vorbeifahren aus dem Lager Rauch aufsteigen sieht, ich konnte jedoch nichts dergleichen bemerken. Meiner Schätzung nach ist das Lager ungefähr 800 zu 400 Meter groß.

2. Weitere Augenzeugenberichte

a) Ein Bahnpolizist am Rangierbahnhof in Reichshof erzählte, am 30.8.42: »In Reichshof wird am 1.9. eine Marmortafel mit goldenen Buchstaben aufgerichtet, weil die Stadt dann judenfrei ist. Die Transportzüge mit den Juden kommen fast täglich am Rangierbahnhof durch, werden sofort weitergeleitet und kommen meist am gleichen Abend schon sauber ausgekehrt zurück. In Jaroslau wurden vor kurzem 6000 Juden an einem Tag umgebracht.

b) Ein Ingenieur erzählte am 30. 8. 1942 abends im Deutschen Haus in Rawa-Ruska:

»Bei den Arbeiten am Truppenübungsplatz, der hier gebaut wird, waren neben Polen und Kriegsgefangenen auch Juden beschäftigt, die jetzt zum größten Teil abtransportiert sind. Die Arbeitsleistung dieser Baumannschaften (darunter auch Frauen) war im Durchschnitt 30% dessen, was von deutschen Arbeitern geleistet worden wäre. Die Leute bekamen allerdings von uns nur Brot, das andere mußten sie sich selber suchen. In Lemberg habe ich neulich zufällig die Verladung eines solchen Transportzuges gesehen. Die Waggons standen am Fuße einer Böschung. Wie die Leute von der SS zum Teil mit Stöcken und Reitpeitschen da hinunter getrieben und in die Wägen gestoßen wurden, das war ein Anblick, den ich mein Leben lang nicht mehr vergessen werde.«

Dem Erzähler standen bei diesem Bericht die Tränen in den Augen. Es war ein Mann von ungefähr 26 Jahren, er trug das Parteiabzeichen. Ein sudetendeutscher Bauführer, der am gleichen Tisch saß, bemerkte dazu:»Neulich ist in unserer Kantine ein besoffener SS-Mann gesessen, der hat geheult wie ein Kind. Er hat gesagt, daß er da in Belzec Dienst tut und wenn das noch 14 Tage so weitergeht, dann bringt er sich um, weil er das nicht mehr aushält.«

c) Ein Polizist erzählt im Ratskeller in Cholm am 1. 9. 1942:

»Die Polizisten, die als Transportbegleiter bei den Judenzügen mitfahren, dürfen nicht in das Lager hinein. Das macht nur die SS und der ukrainische Sonderdienst (eine Polizeiformation aus ukrainischen Freiwilligen). Die machen aber auch ein gutes Geschäft dabei. Neulich war ein Ukrainer bei uns, der hatte einen ganzen Stoß Banknoten bei sich und Uhren und Gold und alles mögliche. Das finden die alles, wenn sie die Kleider zusammentragen und verladen.« Auf die Frage, auf welche Weise denn die Juden umgebracht werden, antwortete der Polizist:»Man sagt ihnen, daß sie zur Entlausung müssen und dann müssen sie ihre Kleider ausziehen und dann kommen sie in einen Raum, da läßt man zuerst eine Hitzwelle hinein und da ist dann schon eine kleine Dosis von dem Gas dabei. Das genügt zur Betäubung. Der Rest kommt dann nach. Und dann werden sie gleich verbrannt.«

Auf die Frage, warum denn diese ganze Aktion unternommen werde, sagte der Polizist: »Die Juden waren bis jetzt überall als Hilfskräfte beschäftigt, bei der SS, der Wehrmacht usw. Da haben sie natürlich allerhand aufgeschnappt und das melden sie alles an die Russen weiter. Drum müssen sie weg. Und dann sind sie auch schuld an dem ganzen Schwarzhandel und der Preistreiberei hier. Wenn die Juden weg sind, dann wird man auch wieder vernünftige Preise durchsetzen können.«

Anmerkung: Rawa-Ruska liegt ungefähr 80 km nordwestlich von Lemberg. Belzec liegt an der Bahn Lemberg–Cholm, ungefähr 40 km nordwestlich von Rawa-Ruska.

IfZ ED 81;
Raul Hilberg: Sonderzüge nach Auschwitz. Mainz 1981, S. 188–191.

81 Bericht des Kompanieführers 7./Polizeiregiment 24, Wessermann, an den Kommandeur der Ordnungspolizei Galizien: »Umsiedlungsaktion« in Ostgalizien, 14.9.1942:

Nach Durchführung der Aktionen zur Judenumsiedlung am 3. und 5.9.42 in Skole, Stryj und Chodorow, bei der als Führer der eingesetzten Orpo-Kräfte Hauptm. d. Sch. Kröpelin bestellt worden war und von dem hierüber besonders berichtet worden ist, traf die 7./Pol. 24 befehlsgemäß am 6.9.42 abends in Kolomea ein. Hier wurde von mir unverzüglich die Fühlung mit dem Kriminalkommissar und SS-Ostuf. Leitmeritz, Leiter der Außenstelle der Sich.-Pol. in Kolomea und Rev. Obltn. Hertel von der Schutzpol. Dienstabteilung Kolomea aufgenommen.

Die für den 7.9.42 angesetzte Aktion in Kolomea war für alle beteiligten Kräfte entgegen den Erfahrungen in Stryj erleichtert und gut vorbereitet. Von den genannten Dienststellen und dem Arbeitsamt in Kolomea war die Parole an die Juden ausgegeben worden, sich zur Registrierung am 7.9. –5.30 Uhr, auf dem Sammelplatz des Arbeitsamtes einzufinden. Hier waren zur angegebenen Zeit tatsächlich etwa 5300 Juden aufmarschiert. Mit allen Kräften meiner Kompanie habe ich die Judenviertel abgesperrt und gründlich durchsucht, wobei noch etwa 600 Juden aufgetrieben worden waren.

Die Verladung des Transportzuges war um 19 Uhr abgeschlossen. Es sind 4769 Juden umgesiedelt worden, nachdem von den insgesamt aufgetriebenen Juden etwa 1000 von der Sich.-Pol. freigegeben worden waren. Jeder Waggon dieses Transportzuges war mit 100 Juden beladen. Die am Tage herrschende große Hitze hat die ganze Aktion stark belastet und auch den Transport sehr erschwert. Nach der ordnungsmäßigen Vernagelung und Plombierung aller Waggons setzte sich der Transport gegen 21 Uhr mit einem Begleitkommando von 1/9 nach Belzec in Bewegung. Bei der aufkommenden starken Dunkelheit der Nacht sind mehrere Juden entkommen, die sich nach Entfernung des Stacheldrahtes durch die Luftlöcher hindurchgezwängt haben, wovon jedoch ein Teil sofort von dem Begleitkommando erschossen werden konnte, während der größte Teil der geflüchteten Juden in der Nacht oder am anderen Tage vom Bahnschutz oder anderen Polizeikräften beseitigt worden ist. Dieser Transport konnte ohne nennenswerte Vorkommnisse in Belzec abgeliefert werden, obwohl sich bei der Länge des Zuges und der starken Dunkelheit das Kommando als zu schwach erwiesen hat, wie mir von dem direkt nach Stanislau zurückgekehrten Transportführer der 6./Pol. 24 erst am 11.9. in Stanislau berichtet werden konnte.

Am 7.9. sind cirka 300 altersschwache, verseuchte, gebrechliche und nicht mehr transportfähige Juden exekutiert worden. Gemäß dem mir erst am 6.9. zur Kenntnis gekommenen Befehl v. 4.9.42, betr. Judenumsiedlung – hier Munitionsverbrauch sind 90 % aller Exekutierten durch Karabiner, bzw. Gewehr erschossen worden. Nur in Ausnahmefällen wurde von der Pistole Gebrauch gemacht.

Am 8.9. und 10.9.42 sind Aktionen in Kuty, Kosow, Horodenka, Zaplatow und Sniatyn (?) durchgeführt worden. Etwa 1500 Juden mußten von Kuty 50 km oder von Kosow 35 km in Fußmärschen nach Kolomea getrieben werden, wo sie mit anderen in der Umgebung zusammengebrachten Juden im Hofe des Gefängnisses der Sipo übernachtet haben. Außer den in Horodenka und Sniatyn aufgetriebenen Juden, die in je 10 Waggons an diesen Orten von der Sipo bereits eingeladen worden waren, wurden weitere 30 Waggons in Kolomea beladen. Die Gesamtzahl der mit dem Umsiedlungszug am 10.9.42 nach Belzec beförderten Juden hat 8205 betragen.

Bei den Aktionen in der Umgebung von Kolomea am 8., 9. und

10. 9. 42 mußten etwa 400 Juden aus den bekannten Gründen mit der Schußwaffe beseitigt werden.

Bei dem großen Auftrieb an umzusiedelnden Juden bis zum 10. 9. in Kolomea hat trotz der von mir geäußerten Bedenken die Sich.-Polizei alle Juden in die gestellten 30 Waggons verladen. Mit Rücksicht auf die an den Tagen herrschende große Hitze und die Belastung der Juden durch lange Fußmärsche oder durch tagelanges Warten ohne Zuführung nennenswerter Verpflegung war die geschehene übermäßig starke Beladung des größten Teiles der Waggons mit 180 bis 200 Juden derart katastrophal, daß sich der Umstand stark nachteilig für den Transport ausgewirkt hat.

Wie stark die von der Sipo in Horodenka und Sniatyn beladenen je 10 Waggons im einzelnen mit Juden angefüllt waren, entzog sich meiner Kenntnis. Jedenfalls kamen beide Transporte in Kolomea mit vollkommen unzulänglicher Bewachung an, sodaß die Vernagelung der Luftlöcher mit Stacheldraht fast restlos entfernt war. Ich habe sobald als möglich die Herausnahme dieser Transporte aus dem Bahnhof in Kolomea erwirkt und die Koppelung mit den weitab vom Bahnhof im Abstellgeleise stehenden 30 Waggons aus Kolomea veranlaßt. Der jüdische Ordnungsdienst und Angehörige des Bahnhof-Gaudienstes (Ostbahn-Rottenarbeiter) von Kolomea wurden eingesetzt, um bis zum Einbruch der Dunkelheit alle ungenügend verschlossenen Waggons in der üblichen Weise ordnungsmäßig zu verschließen. Ein Kommando in der Stärke von 1/15 unter Führung des Hptw. W. war beauftragt, den abgestellten Umsiedlerzug mit 50 Güterwagen bis zur Abfahrt zu bewachen und jeden Ausbruchsversuch zu verhindern. Durch die bereits geschilderte Beanspruchung der Juden, die nachteilige Einwirkung der Hitze und die starke Überladung des größten Teiles der Waggons versuchten die Juden immer wieder, aus den abgestellten Waggons auszubrechen, als die Dunkelheit bereits gegen 19.30 Uhr hereingebrochen war. Um 19.50 traf das Begleitkommando zu dem Umsiedlerzug in Stärke von 1/9 unter Führung des Zugw. K. am Abstellgleise ein. Ausbruchsversuche aus dem abgestellten Zug während der Dunkelheit konnten entweder verhindert oder die ausgebrochenen Juden auf der Flucht erschossen werden. In sämtlichen Waggons hatten sich die Juden unter dem Einfluß der Hitze vollständig nackt ausgezogen.

Als der Zug um 20.50 Uhr planmäßig in Kolomea abfuhr, rückte das Bewachungskommando in die Unterkunft ein. Das Begleitkommando war, wie zunächst von mir bestimmt, mit 5 Wchtm. (SD) auf 1 Personenwagen am Anfang und 5 Wachtm. (SD) auf 1 Pers.Wagen am Ende des Zuges verteilt. Wegen der Länge des Zuges und seiner Gesamtverladungsstärke von 8205 Juden erwies sich diese Verteilung als unzweckmäßig. Zugw. J. ordnete beim nächsten Halt eine Verteilung der Bewachungskräfte auf den ganzen Zug an. Die Wachtm. mußten sich während der ganzen Fahrt in den Bremshäuschen aufhalten, um auf diese Weise am wirkungsvollsten den Fluchtversuchen der Juden entgegenzutreten zu können. Schon nach kurzer Fahrzeit versuchten die Juden bei einzelnen Waggons nach allen Seiten und sogar die Wagendecken zu durchbrechen. Es gelang einem auch teilweise dieses Vorhaben auszuführen, sodaß schon 5 Stationen vor Stanislau Zugw. J. den Bahnhofsvorsteher in Stanislau fernmündlich bat, Nägel und Bretter für eine behelfsmäßige Verschließung der schadhaften Waggons bereitzulegen und den Bahnschutz zur Bewachung des Transportes anzufordern. Als der Zug in Stanislau eintraf, waren Handwerker des Bahnhofs Stanislau und der Bahnschutz zugegen, um die notwendigen Reparaturen durchzuführen und zusätzlich die Bewachung des Zuges zu übernehmen.

Die Arbeiten nahmen 1 ½ Stunden in Anspruch. Als der Zug nach dieser Zeit weiterfuhr, stellte sich beim nächsten Anhalten nach einigen Stationen heraus, daß schon wieder größere Löcher in mehreren Waggons von den Juden ausgebrochen und der größte Teil des an den Lüftungsfenstern außen angebrachten Stacheldrahtes abgerissen worden waren. In einem Waggon war sogar von den Juden mit Hammer und Zange gearbeitet worden. Sie erklärten auf Befragen, daß ihnen dieses Handwerkzeug von der Sipo mit der Erklärung überlassen worden sei, daß sie dasselbe an ihrem nächsten Arbeitsplatz gut gebrauchen könnten. Zugw. J. ließ sich das Handwerkszeug von den Juden aushändigen. Während der Weiterfahrt des Transportzuges mußte bei jedem Anhalten auf einer Station der Zug behelfsmäßig vernagelt werden, da andernfalls eine Weiterfahrt überhaupt nicht möglich gewesen wäre.

Um 11.15 Uhr traf der Zug in Lemberg ein. Da keine Ablösung für das Begleitkommando eingetroffen war, mußte das Begleitkommando J. die Bewachung des Zuges bis Belzec übernehmen. Der Zug fuhr nach kurzem Aufenthalt im Bahnhof Lemberg zum Vorortbahnhof Kleparow, wo an SS-Ostuf. Schulze 9 Waggons, die mit »L« bezeichnet und für das Zwangsarbeitslager bestimmt waren, übergeben und hier entladen wurden. SS-Ostuf. Schulze hat dann wieder etwa 1000 Juden dazuladen lassen. Gegen 13.30 ging der Transport in Richtung Belzec weiter.

Beim Maschinenwechsel in Lemberg wurde eine so alte Maschine vorgespannt, daß die Weiterfahrt nur mit dauernden Unterbrechungen möglich war. Die langsame Fahrt wurde immer wieder von den noch kräftigsten Juden benutzt, um sich durch die gewaltsam geschaffenen Öffnungen zu zwängen und in der Flucht ihr Heil zu suchen, da sie beim Absprung von dem langsam fahrenden Zug kaum verletzten [sic]. Trotz der wiederholten Aufforderung an den Zugführer, schneller zu fahren, war ihm dieses unmöglich, sodaß das häufige Anhalten auf offener Strecke zunehmend unangenehmer wurde.

Das Kommando hatte die mitgeführte Munition kurz hinter Lemberg bereits verschossen und auch weitere 200 Schuß Munition, die es von Wehrmachtsangehörigen erhalten hatte, verbraucht, so daß es sich für den Rest der Fahrt mit Steinen vom fahrenden Zug und mit dem aufgepflanzten Seitengewehr beim anhaltenden Zug helfen mußte.

Die immer größer werdende Panik unter den Juden, hervorgerufen durch starke Hitze, Überfüllung der Waggons und den Leichengestank – es befanden sich beim Ausladen der Waggons etwa 200 Juden tot im Zuge – machten den Transport fast undurchführbar. Um 18.45 Uhr kam der Transportzug in Belzec an und wurde um 19.30 Uhr von Zugw. J. an den SS-OStuf. und Leiter des dortigen Lagers übergeben. Bis zur Entladung des gesamten Transportes gegen 22 Uhr mußte sich J. im Lager aufhalten, während das Begleitkommando zur Bewachung der außerhalb des Lagers abgestellten Waggons eingesetzt wurde.

Die Anzahl der auf diesem Transport entwichenen Juden kann wegen der geschilderten besonderen Verhältnisse nicht angegeben werden. Es ist jedoch anzunehmen, daß mindestens ⅔ der geflüchteten Juden erschossen oder auf andere Weise unschädlich gemacht werden konnten.

Bei den Aktionen selbst in der Zeit vom 7. bis 10. 9. 42 sind keine besonderen Vorkommnisse eingetreten. Die Zusammenarbeit der eingesetzten Orpokräfte mit den Kräften der Sicherheitspolizei war gut und reibungslos.

[Zentrales Staatsarchiv der Oktoberrevolution, Moskau, Spec. chran. opis' No. 1 ed. chr. No. 217]; ZStL Dok. Slg. UdSSR Bd. 410, Bl. 508–510 (Kopie); Raul Hilberg: Sonderzüge nach Auschwitz. Mainz 1981, S. 194–197.

82 Erlaß des Kommandeurs der Ordnungspolizei Galizien: Munitionsverbrauch bei der »Judenumsiedlung«, 4.9.1942:

Verschiedene hier eingegangene Berichte über die Durchführung der Judenumsiedlung zeigen, daß bei einzelnen Aktionen von Deutscher Schutz- und ukrainischer Hilfspolizei auffallend viel Pistolenmunition verbraucht wurde.

Die schwierige Ersatzlage für diese Munition macht es unmöglich, in absehbarer Zeit Ersatzmunition auszugeben.

Falls bei derartigen Aktionen die Anwendung der Schußwaffe zur Verhinderung von Fluchtversuchen oder Brechung von Widerstand notwendig erscheint, ist, wenn die Lage es gestattet, vom Karabiner, bezw. dem Gewehr Gebrauch zu machen.

[Zentrales Staatsarchiv der Oktoberrevolution, Moskau, Spec. chran. opis' No. 1 ed. chr. No. 217]; ZStL Dok.-Slg. UdSSR Bd. 410, Bl. 522 (Kopie).

83 Telegramm des HSSPF im Generalgouvernement Krüger an Himmler: Transportsperre im Generalgouvernement, 5.12.1942:

SS- und Polizeiführer melden mir heute einstimmig, daß auf Grund der Transportsperre ab 15. 12. 1942 bis vorerst 15. 1. 43 jegliche Transportmöglichkeit für Judenaussiedlung genommen ist. Durch diese Maßnahme ist Gesamtplanung Judenaussiedlung stärkstens gefährdet.

Erbitte gehorsamst durch Verhandlungsführung mit Reichszentralstellen OKW-Reichsverkehrsministerium zu erreichen, daß mindestens 3 Zugpaare für die vordringliche Aufgabe zur Verfügung stehen. Jede Transportbewegung sämtlicher von Wehrmachtsdienststellen beantragter Lieferung von Textilien, Bekleidung usw. ist ebenfalls unmöglich. Mir liegt Antrag des Reichsluftfahrtsministers seit gestern vor, auf dringliche Lieferung ganzer Ausrüstungen für Hilfsorganisationen.

BA NS 19/2655, Bl. 69;
    Raul Hilberg: Die Vernichtung der europäischen Juden. Die Gesamtgeschichte des Holocaust. Berlin 1982, S. 345.

84 Befehl Himmlers an Krüger: Vernichtung des Warschauer Gettos, 16. 2. 1943:

Aus Sicherheitsgründen ordne ich an, daß das Ghetto Warschau nach der Herausverlegung des Konzentrationslagers abzureißen ist, wobei alle irgendwie verwertbaren Teile der Häuser und Materialien aller Art vorher zu verwerten sind.

Die Niederreißung des Ghettos und die Unterbringung des Konzentrationslagers ist notwendig, da wir Warschau sonst wohl niemals zur Ruhe bringen werden und das Verbrecherunwesen bei Verbleiben des Ghettos nicht ausgerottet werden kann.

Für die Niederlegung des Ghettos ist mir ein Gesamtplan vorzulegen. Auf jeden Fall muß erreicht werden, daß der für 500 000 Untermenschen bisher vorhandene Wohnraum, der für Deutsche niemals geeignet ist, von der Bildfläche verschwindet und die Millionenstadt Warschau, die immer ein gefährlicher Herd der Zersetzung und des Aufstandes ist, verkleinert wird.

BA NS 19/1740;
    Artur Eisenbach: Hitlerowska polityka zagłada Żydów. Warszawa 1961, Dokumentenanhang (Faks.)

85 Vermerk zu einem Vortrag des SS-Gruppenführers Greifelt (Rasse- und Siedlungshauptamt) beim Reichsführer-SS: Restliche Juden im Generalgouvernement, [12.5.1943]:

Der Reichsführer-SS hat angeordnet, daß die Ansiedlungsmaßnahmen im Rahmen der gegebenen Möglichkeiten fortgeführt werden, wobei die anderweitige Unterbringung der abgesiedelten Polen gefördert werden müsse. Eine vordringliche Aufgabe im Generalgouvernement sei es, die dort noch vorhandenen 3–400000 Juden zu entfernen.

BA NS 19/2648, Bl. 134;
   Artur Eisenbach: Hitlerowska polityka zagłada Żydów. Warszawa 1961, Dokumentenanhang (Faks.)

86 Schreiben Speers an Himmler: Freigewordene Judenwohnungen in Bialystok, 1.2.1943:

Wie mir berichtet wird, ist im Bezirk Bialystok eine größere Umsiedlungsaktion im Gange. Etwa 40000 Juden sollen aus dem Ghetto Bialystoks evakuiert werden. Um den in dem Urwaldgebiet von Bialowitze noch befindlichen Partisanen die letzten Stützpunkte zu nehmen, sollen die dort lebenden Weißruthenen, hauptsächlich Kleinbauern – ebenfalls 40000 Menschen – ausgesiedelt und in die in Bialystok freigewordenen Judenwohnungen überführt werden. Da dieselben aber für die ländliche Bevölkerung nicht ausreichen, entsteht ein zusätzlicher Wohnungsbedarf, der durch eine Holzhaus-Siedlung bezw. Baracken für 20000 Menschen gedeckt werden soll. [...]

BA NS 19/131;
   Serge Klarsfeld (Hg.), Documents concerning the destruction of the Jews of Grodno, 1941–1944. New York 1987, Band 5, S. 403f.

87 Aufzeichnung des Judenreferenten beim Kommandeur der Sicherheitspolizei und des SD im Bezirk Bialystok, Fritz Friedel: »Evakuierung« des Gettos in Bialystok, 12./13.6.1949:

[...] Globotschnik [Globocnik] wurde mir bekannt, als er etwa Ende Juli oder Anfang August 1943 bei dem Kommandeur der Sipo und des SD – Oberregierungsrat und SS-Obersturmbannführer Dr. Zimmermann erschien. Ich habe ihn einmal gesehen. Er hatte den Dienstgrad als SS-Obergruppenführer, was dem Dienstrang eines Generals entspricht. Bei seiner Unterredung mit Dr. Zimmermann war ich nicht zugegen, ob Heimbach dabei war, ist mir nicht bekannt. Heimbach teilte mir dann mit, daß ihm Dr. Zimmermann gesagt habe, Globotschnik sei von Himmler beauftragt, die Juden aus dem Ghetto in Bialystok zu evakuieren, weil er, Dr. Zimmermann, sich im Juli bei der im RSHA in Berlin stattgefundenen Besprechung der Stapoleiter sich [sic] dafür eingesetzt habe, die Juden in Bialystok zu belassen, weil sie fast ausschließlich für die Wehrmacht (Rüstungsinspektion Bialystok – Leiter Rittmeister F.) arbeiteten, und zwar solle die Evakuierung unter Ausschluß des Kommandeurs, Dr. Zimmermann, erfolgen. Globotschnik werde den Gesamtbefehl über das Ghetto übernehmen und auch die erforderlichen Polizeikräfte bereithalten. Bald darauf traf eine von Globotschnik befohlene Abordnung unter der Leitung von einem SS-Hauptsturmführer Magel? [vermutl. aber Michalsen] aus Lublin in Bialystok ein, die die Ghettobetriebe eingehend besichtigte. Magel hat nicht erwähnt, daß er mit der Evakuierung beauftragt sei. Heimbach gegenüber hat er sich geäußert, daß die Ghettobetriebe geradezu Musterbetriebe seien. Am gleichen Tage fuhr die Abordnung nach Lublin zurück. Am 25. August 43 traf dann die Abordnung unter Leitung von Magel wieder in Bialystok ein. Es fand eine geheime Besprechung bei Dr. Zimmermann statt, an der auch Heimbach teilnahm. Nach der Besprechung teilte mir Heimbach mit, daß die Evakuierung des Ghettos am 16.8.43 beginne und daß Polizeikräfte bereits eintreffen. Ich erhielt von Heimbach den Auftrag, den Judenrat Barasch zu bestellen. Heimbach gab dem Barasch bekannt, daß das Ghetto durch Polizeikräfte aus Lublin mit sämtlichen maschinellen Einrichtungen nach Lublin verlegt werde, er solle den Juden im Ghetto dieses mitteilen, ihnen auch sagen, daß die Familien mitgenommen würden und in Lublin in der gleichen Weise wie in Bialystok weiter arbeiten würden. Die Juden sollen sich ruhig verhalten, es würde ihnen nichts geschehen. Barasch war dabei jedoch sichtlich beeindruckt. Die Evakuierung begann auch am 16.8. früh. Globotschnik war auch erschienen. An Polizeikräften hatte er ein deutsches Polizeibatl. und zwei fremdvölkische Polizeibatl. (Ukrainer) eingesetzt. Die Evakuierung wurde von Magel geleitet. Er hatte mehrere SS-Obersturmführer – darunter einen, ich glaube, Wegener[?], mit. Die Evakuierung verlief jedoch nicht ruhig, es wurde von beiden Seiten geschossen und es gab auch auf beiden Seiten Tote und Verwundete. Bekannt ist mir auch, daß Globotschnik einen Panzer eingesetzt hatte, um den Widerstand der Juden zu brechen. Die Bialystoker Schutzpolizei, die die Ghettobewachung bisher ausgeübt hatte, wurde durch die Polizei des Globotschnik ersetzt. Globotschnik fuhr am gleichen Tage oder am nächsten Tage nach Lublin zurück. [...]

[AGKBZHwP]; IfZ Eich 1505 (Kopie).

88 Auswertungsbericht der Auslandsbriefstelle Wien: Beilage in einem Brief aus der Türkei in die Schweiz mit Details über Judenmord in Polen, 17.7.1943:

Dem belanglosen Brief des Absenders liegt ein in Vervielfältigung hergestelltes Schreiben (vom 17. Juli), von Juden aus Bendsburg über die Vernichtung der Juden im Generalgouvernement, bei. Es hat folgenden Wortlaut:

[...] Nach dem Zeitraum, in dem die Ghettos organisiert wurden, hat die planmäßige Vernichtung angefangen. Der Anfang wurde im Warthegau (Lodzer und Polenkreis) gemacht. Circa 80000 Juden wurden dort durch Gas vernichtet (Formell heißt das Aussiedlung). In Lodz selbst ist ein kleiner, hermetisch abgeschlossener Kibbuz geblieben, von circa 40000, der durch Hunger und Schwindsucht sicher ausstirbt. Augenblicklich haben wir keine Nachricht von dort. Der Ort der Vernichtung heißt Chelmo

[Chełmno]. Sicher folgt die Vernichtung des litauischen Judentums durch Erschießung in Bonari [Ponary]; geblieben sind in Wilna, Kowno und Schallu [Schaulen] zusammen 20000 Juden; seit einigen Monaten haben wir von dort auch keine Nachricht. Höchstwahrscheinlich ist es judenrein. Wir haben Vorbereitungen zu Hagana [zu militärischem Widerstand] gemacht, leider jedoch ohne Hazlecho [Erfolg]. Im sogenannten Gouvernement (Warschau, Lublin, Tschenstochau, Krakau und Umgebung) befinden sich heute keine Juden mehr. Die Vernichtung ging in Tremblinki bei Malkinie [Treblinka] durch Dampf vor sich. Das ist ein berühmter Vernichtungsort, nicht nur für das polnische Judentum, sondern auch für Juden aus Holland, Belgien usw. ...
Das schönste Kapitel von Kampf war in Warschau, organisiert haben wir die Hagana (Cywia und Josef Kmit mit den Kindern). Im Ghetto sind furchtbare Kämpfe vorgekommen, leider bloß einige hundert Szonim [Feinde] gefallen (circa 800). Das Resultat war, alle Juden vernichtet und das Ghetto restlos vernichtet. Im Gouvernement existiert schon kein jüdischer Jischuw [Judenschaft], außer 3 Zwangsarbeiterlagern (Travniky, Ponietow b. Warschau u. Prokocin [Trawniki, Poniatowa, Prokocim] b. Krakau) mit zusammen 30000 Menschen. In ein paar Wochen wird auch davon nichts mehr sein. In Warschau sind zwischen den Gojim [Nichtjuden] unlegal auf der arischen Seite einige tausend Juden geblieben; zwischen ihnen: Cywia, Jizchak, Geller, von Jaari's Familie niemand. Tosia, Chanja, Lea Perlstein, Josef Kaplan, Mordchai Anielewicz und hunderte unserer Nächsten sind tot... Alle Adressen kann ich nicht angeben. Ukraine, Polesie sind judenrein. In Byalistock [sic] sind um 20000 Juden in verhältnismäßig besseren Bedingungen geblieben. Der Lubliner Kreis ist durch Gas in Belsiec und Sobiepor [Bełżec und Sobibór] umgebracht worden. Der letzte jüdische Jischuw, der in verhältnismäßig guten Bedingungen gelebt hat, ist Ost-Oberschlesien. Vor 3 Wochen sind 7000 Juden ausgesiedelt worden. Sie werden vernichtet in Ostwiecim [Auschwitz]. Sie werden dort vernichtet durch Erschießen und Verbrennen. In den allernächsten Wochen wird das hiesige Gebiet auch judenrein sein. Wenn Ihr diesen Brief erhalten werdet, wird von uns schon niemand mehr am Leben sein. [...]

IfZ Eich 1108 (Kopie);
H.-G. Adler: Der verwaltete Mensch. Studien zur Deportation der Juden aus Deutschland. Tübingen 1974, S. 471 [Die Worterläuterungen wurden von dort übernommen].

89 Affidavit des Angehörigen der Lagermannschaft von Majdanek, Ruppert: »Erntefest« – Erschießung in Majdanek, 23.9.1945:

[...] Es war zu Anfang des November 1943. Wie jeden Tag, kam ich morgens um 7 Uhr zur Arbeit. Bei meiner Ankunft in den Werkstätten, die unter meiner Aufsicht standen, und die ganz dicht bei dem Stacheldrahtgitter des Schutzhaftlagers lagen, bemerkte ich mehrere Polizeikompanien, die eine starke Postenkette rund um den ganzen Drahtzaun des Lagers gezogen hatten. Kein einziger Häftling kam an diesem Morgen zur Arbeit, und ich hatte tatsächlich keine Ahnung, was los war. Ich fragte einen Kameraden, woraufhin ich erfuhr, daß alle jüdischen Lagerhäftlinge erschossen werden sollten. Die jüdischen Häftlinge gehörten allen möglichen Nationalitäten an, meistens waren es Deutsche, Polen und Slowaken, aber auch Franzosen, Belgier und Holländer. Es wurden auch alle Häftlinge, die nicht im eigentlichen Lager wohnten, und die, die in den deutschen Ausrüstungswerken in Lublin und in den Schneiderwerkstätten beschäftigt waren, ins Lager zurückgebracht. Ich schätze die Zahl der letzteren auf 1000, und später habe ich erfahren, daß insgesamt 17000 erschossen worden sind. Die Erschießungen gingen in drei Gräben vor sich, die auf einem freien Gelände ganz dicht beim Krematorium, das wieder direkt am Stacheldraht lag, ausgehoben worden waren. Für den Zweck hatte man den Drahtzaun durchschnitten. Die Häftlinge mußten den Drahtzaun in jeweils drei Gruppen zu zehn Mann passieren, und dann, nachdem sie sich hatten ganz ausziehen müssen, in dem tags zuvor ausgehobenen Gräben entlang gehen, worauf sie, anfangend vom anderen Ende, erschossen wurden. Die Grabarbeiten hatten ein paar Tage zuvor angefangen, und man hatte angesagt, daß es Splittergräben sein sollten zum Schutze gegen Fliegerangriffe, und daß sie für die Fliegerabwehr dienen sollten.

Ich erinnere mich, daß ein paar Tage vorher ähnliche Gräben dicht bei den Truppen-Baracken gezogen worden waren, wahrscheinlich um der ganzen Sache ein möglichst unauffälliges Gesicht zu geben. Ich weiß, daß der Befehl, mit diesen Arbeiten zu beginnen, von dem SS und Polizeiführer im Distrikt Lublin ausgegangen war, denn an dem Tage mußte sich der stellvertretende Lagerkommandant im Büro des SS und Polizeiführers melden, wo er den Befehl bekam, sofort mit den Arbeiten zu beginnen. SS-Hauptsturmführer Melzer war über die geplante Aktion nicht informiert, sondern erfuhr davon erst in der Nacht, bevor es los ging. Der Schießbefehl wurde von Mitgliedern des Lubliner SD gegeben. [...]

Die Gräben wurden mit Erde zugeschaufelt, und während der nächsten Tage und Wochen fingen die Verbrennungen an. Auch hier wurde durch das Krematoriumskommando den Leichen das Gold aus den Zähnen entfernt.

Der Befehl für die Erschießung war von dem SS und Polizeiführer im Distrikt Lublin gegeben worden, aber ich kann heute nicht mehr sagen, ob dies damals noch Gruppenführer GLOBOTSCHNIK war, oder schon Gruppenführer SPORRENBERG. [...]

IfZ NO-1903 (Kopie).

90 **Vernehmung eines deutschen Zeugen der »Erntefest«-Massenerschießungen in Poniatowa, 26. 10. 1961:**

[...] Obwohl es untersagt war, den Geschehnissen draußen vom Fenster aus zuzusehen, habe ich dennoch hinter einer Fenstergardine stehend einen Teil der Ereignisse gesehen. Die Juden wurden truppweise aus einer großen Menschensammlung herausgeholt. Sie mußten ihre Taschen und Schuhe ablegen und dann eine Baracke betreten, in der sie ihre gesamte Bekleidung ablegen mußten. Nackt wurden sie dann zu den großen Gräben getrieben, von denen man uns zuvor gesagt hatte, daß es sich um Splitterschutzgräben handeln solle. Wenn ich mich recht erinnere, dann waren damals etwa fünf große Gräben vorhanden. An diesen Gräben wurden die Menschen von dort stehenden Polizisten durch Genickschuß getötet. Die nächsten Gräben waren von unserem Gebäude etwa 50 m entfernt. Ich konnte zwar viele der vorbeilaufenden Juden erkennen, weil ich ja lange Zeit täglich mit ihnen zu tun gehabt habe [...]

In der Zeit von 07.30 Uhr bis 14.00 Uhr wurden insgesamt 14000 jüdische Menschen erschossen. Die von mir angegebene Zahl ist zuverlässig [...]

Mir fällt nun ein, daß die Polizei zwei Lautsprecherwagen mit hatte, die während der ganzen Aktion sehr laute Musik ausstrahlten. Ich erinnere mich heute noch ganz deutlich an den Schlager »Wovon kann der Landser denn schon träumen«. In Erinnerung blieb mir auch das folgende Geschehnis: Ein etwa 16jähriger jüdischer Junge wollte sich, während er durch das Spalier der Polizei lief, umdrehen und zurücklaufen, wobei er laut schrie. Er wurde angeschossen und stürzte zu Boden. Er schrie immer weiter. Dann sah ich den Juden L., den ich im Werkschutz eingesetzt hatte. L. lief mit seiner Frau in Richtung zum Exekutionskommando. Er nahm den schreienden Jungen auf seine Schulter und lief mit ihm zu einem der erwähnten Gräben, wobei er an der anderen Hand seine Frau hielt. [...]

Ich habe an jenem Tage unser Gebäude nicht mehr verlassen. Erst am nächsten Tage begab ich mich nach draußen. Ich konnte sehen, daß die Gräben mit Menschenleibern überfüllt waren. Mindestens in Mannshöhe ragten die Menschenleiber aus den Gruben heraus. [...]

ZStL 208 AR-Z 268/59, Bd. 13, Bl. 2655 f.

91 Schreiben des Reichsstatthalters im Warthegau Greiser an den Chef des SS-Wirtschaftsverwaltungshauptamts Pohl: Liquidierung des Gettos Lodz, 14. 2. 1944:

Anläßlich des vorgestrigen und gestrigen Besuches des Reichsführers-SS in Posen hatte ich Gelegenheit, folgende zwei Fragen, die Ihr Arbeitsgebiet betreffen, zu besprechen und zu klären. Die erste Frage ist folgende:

Das Ghetto in Litzmannstadt soll nicht in ein KL umgewandelt werden, wie es die von Ihrer Dienststelle in meinem Gau entsandten SS-Oberführer Baier und SS-Hauptsturmführer Dr. Volk in ihrer bei meiner Behörde, der Reichsstatthalterei in Posen, gehabten Besprechung am 5. Februar betont haben. Der Erlaß des Reichsführers-SS vom 11. Juni 1943 wird insofern nicht mehr zur Ausführung kommen. Ich habe mit dem Reichsführer folgendes vereinbart:

a) Das Ghetto wird personell auf ein Mindestmaß verringert und behält nur so viel Juden, wie sie unbedingt im Interesse der Rüstungswirtschaft erhalten werden müssen.

b) Das Ghetto bleibt damit ein Gau-Ghetto des Reichsgaues Wartheland.

c) Die Verringerung wird durch das im Gau schon früher tätig gewesene Sonderkommando des SS-Hauptsturmführers Botmann durchgeführt worden. Der Reichsführer wird Befehl erteilen, den SS-Hauptsturmführer Botmann mit seinem Sonderkommando aus seinem Einsatz in Kroatien herauszuziehen und dem Gau Wartheland wieder zur Verfügung zu stellen.

d) Die Verfügung und Verwertung der Inventarien des Ghettos bleibt eine Angelegenheit des Reichsgaues Wartheland.

e) Nach Entfernung aller Juden aus dem Ghetto und nach Auflösung desselben soll der gesamte Grundbesitz des Ghettos der Stadt Litzmannstadt zufallen. Der Reichsführer wird die Haupttreuhandstelle Ost alsdann mit entsprechender Weisung versehen.

Ich darf Sie bitten, mir hierzu alsbald Ihre Vorschläge zu übermitteln.

BA NS 19/82.

92 Getto-Chronik Lodz: Liquidierung des Gettos, 24. 6. 1944:

Tägliche Neuigkeiten
Eine kleine Panik
Es herrscht Aufregung im Getto, weil die Eisenbahnwaggons, mit denen der gestrige Transport abtransportiert wurde, schon wieder im Bahnhof Radogoszcz sind. Die Leute schließen daraus, daß der

Transport nur eine kurze Strecke gefahren ist, und eine Welle des Schreckens geht durchs Getto. Die Leute denken an die kurze Reise der Eisenbahnwaggons und Züge in der Phase der großen Umsiedlung [1942] und die alarmierenden Gerüchte aus dieser Zeit.

Es wird berichtet, daß in einem Güterwagen ein Zettel gefunden wurde, der besagt, daß der Zug nur bis Kutno [nördlich Lodz] gefahren ist, wo die Reisenden dann in Personenwagen umgeladen wurden. Diese Information wurde nicht bestätigt. Tatsächlich hat niemand den Zettel gesehen; deshalb können aus der schnellen Rückkehr der Waggons keine Schlüsse gezogen werden. Vielleicht wird der Transport in Kutno fortgesetzt. Es ist zu hoffen, daß wir bald in Erfahrung bringen, was mit diesen Menschen geschieht.

[Archiv des Jüdischen Historischen Instituts Warschau];
    Lucjan Dobroszycki (Hg.), The Chronicle of the Łódź Ghetto 1941–1944. New Haven, London 1984, S. 514 f. [Übers. d. engl. Fassung] (© Yale University Press)

VI. WEST- UND NORDEUROPA

In den durch das Deutsche Reich im Frühjahr und Sommer 1940 besetzten nord- und westeuropäischen Staaten war die Assimilation des jüdischen Bevölkerungsteils weit fortgeschritten. Im Gegensatz zu Deutschland, wo die Emanzipation der Juden erst spät durchgesetzt und seither immer wieder durch antisemitische Agitation in Frage gestellt worden war, erschien der ganz überwiegenden Mehrheit der Bevölkerung in diesen Ländern die Vorstellung, einen diskriminierenden Sonderstatus für Juden zu schaffen, als ein absurdes und inhumanes Vorhaben.

Die Struktur der deutschen Besatzungsverwaltung war von Land zu Land unterschiedlich. Während in Norwegen ein ziviler deutscher Reichskommissar eingesetzt und mit der Aufsicht über eine norwegische Marionettenregierung beauftragt wurde, blieb die dänische Regierung, nun der Kontrolle des deutschen Botschafters unterstellt, im Amt; ihr innenpolitischer Handlungsspielraum blieb verhältnismäßig groß. In den Niederlanden wurde ebenfalls ein Reichskommissar eingesetzt, dessen Hauptaufgabe es war, die Voraussetzungen für eine »Germanisierung« des Landes zu schaffen. In Belgien wurde eine Militärverwaltung eingesetzt, der auch die beiden nördlichsten französischen Departments unterstellt wurden. Auch in den besetzten nördlichen und westlichen Teilen Frankreichs wurde eine Militärverwaltung eingesetzt; daneben existierte aber auch eine französische Regierung, die im unbesetzten Teil relativ autonom handeln konnte und sich in der besetzten Zone mit den Militärbehörden abstimmen mußte.

Bis Ende 1941 war der Lebensbereich der Juden in den Niederlanden, in Belgien und in Frankreich weitgehend eingeschränkt worden: Die nach den Grundsätzen der Nürnberger Gesetze definierten und registrierten Juden hatten zahlreiche Diskriminierungen erfahren, ihre Bewegungsfreiheit war eingeschränkt, ihre Vermögen waren zu einem erheblichen Teil »arisiert«. Zur Durchführung dieser Maßnahmen bediente sich die Militärregierung der französischen Bürokratie; im nicht besetzten Teil des Landes ging die Vichy-Regierung dazu über, eine eigene Judengesetzgebung zu erlassen. Als Koordinationsinstanz der französischen Judenpolitik war im März 1941 der als Antisemit bekannte Xavier Vallat zum Kommissar für jüdische Angelegenheiten bestimmt worden, dem 1942 der noch rigorosere Judenfeind Darquier de Pellepoix folgte. In Belgien und den Niederlanden hingegen wurden die antijüdischen Maßnahmen durch die deutschen Besatzungsbehörden vorgenommen; große Bedeutung kam dabei vor allem der Arisierung des recht beträchtlichen jüdischen Vermögens in den Niederlanden durch reichsdeutsche Firmen zu. In allen drei Ländern waren jüdische »Selbstverwaltungskörperschaften« gegründet worden, so der niederländische »Joodse Raad«, die »Association des Juifs de Belgique« sowie die »Union Générale des Israélites de France«.

In den Niederlanden lebten zum Zeitpunkt der deutschen Invasion etwa 140000 Juden. Zu ersten Deportationen kam es bereits 1941: Juden wurden zur Vergeltung für Widerstandshandlungen in das KZ nach Mauthausen transportiert. Die Zahl der in Belgien lebenden Juden reduzierte sich durch Flucht und gezielte deutsche Vertreibungsmaßnahmen unmittelbar nach dem deutschen Einmarsch auf etwas über 50000, wobei allerdings der überwiegende Teil nicht belgischer Nationalität war.

In Frankreich lebten Ende 1939 etwa 270000 Juden, davon drei Viertel in der Hauptstadt Paris. Durch den Westfeldzug war es aber zu erheblichen Verschiebungen gekommen: Eine beträchtliche Zahl von Juden aus den Niederlanden, Belgien und Luxemburg war nach Frankreich geflohen; zweitens hatte ein Strom von Flüchtlingen von der besetzten in die unbesetzte Zone eingesetzt; drittens waren die Gauleiter Bürckel und Wagner, die zu Chefs der Zivilverwaltungen in Lothringen und im Elsaß ernannt worden waren, in der zweiten Jahreshälfte dazu übergegangen, die Juden ihres Gebietes in die unbesetzte Zone abzuschieben; dabei hatten sie auch die Juden aus ihren deutschen Heimatgauen in diese Vertreibung mit einbezogen. Infolge dieser Fluchtbewegungen lebten etwa 300000 Juden in Frankreich, etwas mehr als die Hälfte in den besetzten Gebieten, wobei wiederum Paris den weitaus größten Teil beherbergte.

Die Vichy-Regierung hatte durch ein Gesetz vom Oktober 1940 die Möglichkeit geschaffen, ausländische Juden zu internieren. Sofort festgesetzt wurden die aus der Saarpfalz und aus Baden deportierten Juden. In den folgenden Monaten wurde in Südfrankreich ein Netz von Lagern errichtet, in denen ein großer Teil der »staatenlosen« Juden, die ihre Staatsbürgerschaft zumeist infolge der deutschen Besatzungspolitik verloren hatten, eingesperrt wurde.

Währenddessen nahmen die deutschen Besatzungsbehörden in Paris seit Mai 1941 Massenverhaftungen vor allem ausländischer Juden vor, in die aber auch Franzosen einbezogen wurden, denen Widerstandshandlungen angelastet wurden. Im Dezember 1941 setzten erste Deportationen ein, die im März und Juni mit Transporten nach Auschwitz fortgesetzt wurden.

Neben diesen ersten Transporten ging das Reichssicherheitshauptamt im Frühsommer 1942 dazu über, die Deportationen im großen Maßstab zu organisieren (Dok. Nr. 93 u. 94). Im Mai bzw. im Juni wurde in den Niederlanden, in Belgien und in Frankreich die allgemeine Kennzeichnung der Juden eingeführt. Im Juni 1942 wurde die Deportation der ersten 100000 Juden aus den besetzten Westgebieten verfügt. Zentrale Sammellager fungierten als Zwischenstation, um einen möglichst kontinuierlichen Strom der Deportierten sicherzustellen: Westerbork und Vught in den Niederlanden, Malines (Mechelen) in Belgien, Drancy, Compiègne und andere im besetzten Frankreich.

Zur Vorbereitung der Deportationen aus den Niederlanden wurden in Amsterdam drei Gettobezirke errichtet, in denen etwa die Hälfte der niederländischen Juden konzentriert wurde. Im gesamten Land wurden durch deutsche Polizeiverbände überraschende Razzien durchgeführt, an denen sich aber auch in erheblichem Umfang niederländische Einheiten beteiligten. Zahlreiche Juden, zeitweilig bis zu 25000, widersetzten sich der Deportation, indem sie untertauchten. Bis September 1942 ließ die Besatzungsmacht jedoch etwa 20000 Personen deportieren (Dok. Nr. 103 u. 104). Eine generelle Transportsperre, die im Herbst 1942 im Hinblick auf die angespannte militärische Lage im Osten verhängt wurde, unterbrach die Deportationen, bis sie Anfang 1942 (beim Stand von fast 40000 Opfern) wieder aufgenommen wurden

(Dok. Nr. 105 u. 106). Insgesamt wurden mehr als 100 000 niederländische Juden deportiert. In den als Bestandteil eines künftigen »großgermanischen Reiches« angesehenen Niederlanden war damit die »Endlösung« der Judenfrage in einem Ausmaß verwirklicht worden, das in keinem anderen Gebiet unter deutscher Herrschaft erreicht werden sollte.

In Belgien begann im Mai 1942 die systematische Aushebung jüdischer Männer und Frauen, die in Zwangsarbeitslagern der Organisation Todt zusammengefaßt wurden. Im darauffolgenden Monat wurde die von Belgien zu erfüllende Quote mit 10 000 Personen beziffert. Man beschloß, zunächst nur ausländische bzw. staatenlose (also vor allem aus Deutschland emigrierte Juden) in die Aktion einzubeziehen (Dok. Nr. 107). Der entsprechende Personenkreis wurde durch einen »Arbeitseinsatzbefehl«, der von der »Association des Juifs de Belgique« zugestellt wurde, erfaßt. Am 4. August 1942 ging der erste Transport nach Auschwitz ab (Dok. Nr. 108). Bis Ende Oktober, dem vorläufigen Abschluß der Deportationen, wurden etwa 17 000 Menschen abtransportiert (Dok. Nr. 109 u. 110). Das massenhafte »Verschwinden« der Juden führte jedoch zu einer wachsenden Beunruhigung innerhalb der jüdischen Bevölkerung, so daß viele schließlich untertauchten oder in das unbesetzte Frankreich flohen (Dok. Nr. 111 u. 112). Die Besatzungsmacht mußte daher dazu übergehen, die zur Deportation Vorgesehenen in Verhaftungsaktionen und Razzien zusammenzutreiben. Dabei scheint die belgische Polizei nur in begrenztem Umfang Hilfestellung geleistet zu haben. Juden belgischer Staatsangehörigkeit wurden erst ab September 1943 deportiert. Bis zur Befreiung des Landes wurden etwa 25 000 Menschen Opfer der deutschen »Judenpolitik«.

In Frankreich begannen die unmittelbaren Vorbereitungen der »Endlösung« mit der Übertragung der Polizeikompetenzen von dem Militärbefehlshaber auf den Höheren SS- und Polizeiführer Oberg im Mai 1942. Wie bei den bereits vorgenommenen antijüdischen Maßnahmen war die deutsche Besatzungsmacht allerdings auch jetzt auf die Mithilfe französischer Kräfte angewiesen. Insbesondere benötigte man die Unterstützung der französischen Polizei bei den schlagartig vorzunehmenden Massenverhaftungen (Dok. Nr. 97); für die Bereitstellung und Bewachung der Transportzüge konnte man indessen auf die Unterstützung der Wehrmacht zurückgreifen (Dok. Nr. 95). Um dem Personalmangel abzuhelfen, versicherte sich Oberg in einem Gespräch mit Laval der Unterstützung der französischen Polizei, gestand dafür aber zu, daß die Verhaftungen in der besetzten Zone zunächst nur auf die Juden ohne französische Staatsbürgerschaft beschränkt bleiben sollten. Kurze Zeit später sicherte Laval auch die Deportation der nichtfranzösischen jüdischen Kinder zu (Dok. Nr. 96).

In der ersten Aushebungsaktion, die im Juli 1942 stattfand, ergriff die französische Polizei in Paris fast 13000 Juden, die zunächst in das Radrennstadion (Vélodrôme d'Hiver) verbracht wurden (Dok. Nr. 98 u. 99). Gleichzeitig trat man an Laval mit dem Ansinnen heran, auch die ausländischen Juden aus der unbesetzten Zone zu deportieren. Dort setzten im August Massenverhaftungen und Deportationen ein. Allerdings widersetzte sich die Vichy-Regierung 1942 zäh jedem Versuch, nun auch die einheimischen Juden in den Ermordungsprozeß einzubeziehen.

Eine veränderte Situation entstand nach der Landung der alliierten Truppen in Nordafrika und der hierauf erfolgenden Besetzung Südfrankreichs durch deutsche Truppen. Mit dieser Invasion hatte sich zwar die Zahl der Juden im deutschen Herrschaftsbereich noch einmal beträchtlich erhöht, jedoch ergaben sich massive politische Widerstände gegen eine Einbeziehung dieser Menschen in die deutschen Deportationsmaßnahmen.

Einen Sonderfall stellt die italienische Besatzungszone im Südosten Frankreichs dar. Die italienischen Behörden widersetzten sich nämlich konsequent der durch den französischen Polizeichef Bousquet bereits zugesagten Verhaftung aller Juden. Als im Zuge einer durch die Besatzungsbehörden verfügten Vergeltungsaktion im März 1943 2000 Juden abgeschoben werden sollten, kam es sogar vor, daß italienische Truppen den Abtransport der von der französischen Polizei bereits verhafteten Juden verhinderten. Während die Italiener auf diplomatischer Ebene vage Zusagen gaben, betrieben sie innerhalb ihrer Besatzungszone eine Politik der Verschleierung und Verzögerung. Das italienische Gebiet konnte so zur Fluchtstätte zahlreicher Juden werden. Die Situation änderte sich noch einmal nach der italienischen Kapitulation im Sommer 1943. Nach der Entmachtung der italienischen Besatzungsbehörden gingen die deutschen Sonderkommandos zu einer regelrechten »Judenjagd« über, die bis zum Sommer 1944 dauern sollte.

Auch in Vichy stieß die deutsche Absicht, die französischen Juden zu deportieren, auf Widerstand. Die französische Verwaltung und Polizei, die bisher wichtige Hilfsfunktionen der deutschen »Judenpolitik« erfüllt hatte, erwies sich – gerade angesichts der Entwicklung der militärischen Lage – zunehmend als retardierendes Element (Dok. Nr. 100). Insbesondere weigerte sich die Vichy-Regierung, die von den Deutschen erwünschte »Entnaturalisierung« aller seit 1927 eingebürgerten Juden durchzuführen (Dok. Nr. 101). Durch die französischen Behörden gedeckt, waren mehr und mehr Juden in der Lage unterzutauchen. Im April 1944 setzte die deutsche Besatzungsmacht daher eine umfassende Verhaftungsaktion an, die mit eigenen Kräften durchgeführt werden und den Schlußpunkt der Endlösungsmaßnahmen in Frankreich setzen sollte. Etwa 6000 Juden wurden durch diese Maßnahmen in der Endphase der deutschen Besatzung erfaßt. Die Zahl der Deportierten betrug schließlich insgesamt 75000, wobei etwa zwei Drittel ausländische oder staatenlose Juden waren.

Von den »Endlösungsmaßnahmen« verschont geblieben waren die etwa 80000 tunesischen Juden, die Ende 1942 vorübergehend dem Zugriff einer deutschen Besatzung ausgesetzt waren; sie wurden allerdings zu Zwangsarbeiten für die Wehrmacht verpflichtet (Dok. Nr. 102).

Schließlich ist noch auf das Schicksal der relativ kleinen jüdischen Minderheiten in Luxemburg, Norwegen und Dänemark einzugehen.

Die etwa 800 im Lande verbliebenen Luxemburger Juden gerieten zum überwiegenden Teil im Herbst in die Deportation der reichsdeutschen Juden, da Luxemburg durch den Gauleiter des Gaues Koblenz-Trier verwaltet wurde und damit de facto zum Deutschen Reich gehörte (Dok. Nr. 113).

Auch in Norwegen existierte nur eine kleine jüdische Minderheit von etwa 2000 Personen. Anfang 1942 wurden sie von den üblichen Kennzeichnungs- und Isolierungsmaßnahmen betroffen. Im Oktober 1942 erfolgte die schlagartige Verhaftung der jüdischen Männer, im November auch die der Frauen und Kinder.

Noch im gleichen Monat setzten Transporte nach Auschwitz ein (Dok. Nr. 114). Etwa die Hälfte der norwegischen Juden konnte sich allerdings der Verfolgung entziehen, indem sie untertauchten oder nach Schweden flohen (Dok. Nr. 115).

Die über 6000 dänischen Juden, die zunächst aufgrund des vergleichsweise »bevorzugten« Status des Landes innerhalb des deutschen Herrschaftsgebietes nicht von der »Endlösung« bedroht waren, drohten nach der Verhängung des Ausnahmezustandes und der Inhaftierung der dänischen Armee im Spätsommer 1943 in die Vernichtungsmaschinerie zu geraten. Die Vorbereitungen zur Deportation wurden allerdings durch einen Mitarbeiter der deutschen Mission verraten, so daß der weitaus größte Teil der dänischen Juden in einer beispiellosen Rettungsaktion nach Schweden übergesetzt werden konnte. Die etwa 500 verhafteten dänischen Juden wurden nach Theresienstadt transportiert und überlebten zum größten Teil (Dok. Nr. 116), nicht zuletzt, weil die dänische Regierung intensive Erkundigungen nach ihrem weiteren Schicksal anstellte.

93 Vermerk des Judenreferenten beim Befehlshaber der Sicherheitspolizei und des SD in Frankreich, Dannecker: Konferenz im RSHA betr. Juden in Westeuropa, 15.6.1942:

Am 11.6.1942 fand im Reichssicherheitshauptamt – IV B 4 – eine Besprechung statt, an der neben dem Unterzeichneten (SS-Hauptsturmführer Dannecker) auch die Judenreferenten aus Brüssel und Den Haag teilnahmen.

a) Gegenstand.

Aus militärischen Gründen kann während des Sommers ein Abschub von Juden aus Deutschland in das östliche Operationsgebiet nicht mehr erfolgen.

RFSS hat daher angeordnet, daß entweder aus dem Südosten (Rumänien) oder aus den besetzten Westgebieten größere Judenmengen dem K.Z. Auschwitz zwecks Arbeitsleistung überstellt werden.

Grundbedingung ist, daß die Juden (beiderlei Geschlechts) zwischen 16 und 40 Jahre alt sind. 10% nicht arbeitsfähige Juden können mitgeschickt werden.

b) Vereinbarung.

Es wurde vereinbart, daß aus den Niederländen 15000, aus Belgien 10000 und aus Frankreich einschließlich unbesetztes Gebiet insgesamt 100000 Juden abgeschoben werden.

Auf Vorschlag des Unterzeichneten wurde neben der Altersgrenze festgelegt, daß der Kreis der Abzuschiebenden nur jene Juden umfaßt, die zum Tragen des Judensterns verpflichtet sind, sofern sie nicht in Mischehen leben.

c) Technische Durchführung.

I. Wegen der Gestellung des Transportmaterials soll auf Anweisung des RSHA durch den Unterzeichneten mit ETRA, Paris (Generalleutnant Kohl) Verbindung aufgenommen werden. Dabei soll auch die Frage der für Belgien erforderlichen 10 Transportzüge geklärt werden. Ab 13.7.1942 sollen die Transporte – wöchentlich ca. 3 – abrollen.

II. Mit der französischen Regierung muß auf dem direkten oder indirekten Verhandlungswege erreicht werden, daß ein Gesetz herauskommt, wonach ähnlich der 11. Verordnung zum Reichsbürgergesetz alle außerhalb der französischen Staatsgrenzen wohnenden bezw. später auswandernden Juden Staatsangehörigkeit und Heimatberechtigung verlieren.

Transportkosten sowie Kopfgeld (ca. 700,– RM pro Jude) müssen vom französischen Staat getragen werden. Dasselbe gilt für die Ausrüstung der Juden und ihre Verpflegung für einen Zeitraum von 14 Tagen vom Abschubtag an gerechnet.

Referat IV B 4 des RSHA – SS-Obersturmbannführer Eichmann – hat angeordnet, daß sich die beteiligten Referenten am 2. 7. 1942 erneut in Berlin zur Schlußbesprechung zu melden haben.

CDJC XXVI-29;
Serge Klarsfeld (Hg.), Die Endlösung der Judenfrage in Frankreich. Deutsche Dokumente 1941–1944. Paris 1977, S. 65 f.

94   Vermerk des Mitarbeiters im Judenreferat in Paris, Ahnert: Tagung beim RSHA über Judenfragen, 1. 9. 1942:

Am 28. 8. 1942 fand im Dienstgebäude des Referates IV B 4 des RSHA Berlin eine Arbeitstagung über Judenfragen statt, an der in Vertretung von SS-Obersturmführer RÖTHKE der Unterzeichnete teilnahm.

Der Inhalt der Vormittagsbesprechung bestand in der Entgegennahme von Berichten über den Stand des Judenproblems, insbesondere Judenevakuierung in den besetzten ausländischen Staaten, durch die Referenten dieser Staaten. SS-Obersturmbannführer EICHMANN gab im Laufe der Besprechung bekannt, daß das gegenwärtige Evakuierungsproblem (Abschub der staatenlosen Juden) bis Ende dieses Kalenderjahrs beendet sein soll. Als Endtermin für den Abschub der übrigen ausländischen Juden ist Ende Juni 43 vorgesehen. SS-Obersturmbannführer Eichmann wies darauf hin, daß der Abschub in den nächsten Monaten möglichst in verstärktem Maße durchzuführen ist, da die Reichsbahn voraussichtlich in den Monaten November, Dezember und Januar keine Transportmittel zur Verfügung stellen kann.

Mit den zuständigen Sachbearbeitern im RSHA wurden nach Beendigung der Tagung folgende Fragen besprochen:

a) Verstärkung des Abtransportes im Monat Oktober.

Das Reichssicherheitshauptamt ist bereit, für den Monat Oktober, gegebenenfalls bereits von Mitte September ab, täglich einen Transportzug durch die Reichsbahn zur Verfügung stellen zu lassen. Dem Reichssicherheitshauptamt ist umgehend mitzuteilen, von welchem Zeitpunkt ab diese Regelung getroffen werden kann.

b) Verladeschwierigkeiten wegen der länger anhaltenden Dunkelheit im Oktober.

Der Unterzeichnete bat um Späterlegung der Abfahrtszeiten der Transportzüge um etwa 2–3 Stunden, da sich die Vorbereitungsarbeiten für den Abschub infolge der Dunkelheit ab Oktober schwieriger gestalten werden.

Vom RSHA wurde vorgeschlagen, die Vorbereitungsarbeiten und Verladungen bereits tags zuvor vorzunehmen und die Züge bis zur Abfahrt entsprechend bewachen zu lassen, da eine Vorverlegung der Abfahrtszeiten kaum möglich ist.

c) Mitgabe von Decken, Schuhen und Eßgeschirren für die Transportteilnehmer.

Vom Kommandant des Internierungslagers Auschwitz wurde gefordert, daß die erforderlichen Decken, Arbeitsschuhe und Eßgeschirre den Transporten unbedingt beizufügen sind. Soweit dies bisher unterblieben ist, sind sie dem Lager umgehend nachzusenden.

d) Nationalitätenproblem.

Dem RSHA wurden die Schwierigkeiten bekanntgegeben, die sich insbesondere durch die Ausnahme ausländischer Juden vom Tragen des Judensterns ergeben, vorgetragen. Insbesondere wurde darauf hingewiesen, daß sich verschiedene ausländische Konsulate (italienisches, portugiesisches, spanisches und Schweizer Konsulat) sehr aufdringlich für ihre Juden einsetzten. Es wurde u. a. angefragt, ob auch ausländische Juden, sofern sie in irgendeiner Weise gegen die bestehende Ordnung verstoßen oder bereits gerichtlich bestraft sind, mit abgeschoben werden können. Vom RSHA wurde erklärt, daß zunächst nur staatenlose Juden abgeschoben werden dürfen, wegen der übrigen ausländischen Juden sind noch Verhandlungen mit dem Auswärtigen Amt im Gange und bis jetzt noch nicht abgeschlossen. Eine Rückführung ausländischer Juden in ihre Länder ist keinesfalls erwünscht. Dem Antrag des Schweizer Konsulates, eine Reihe jüdischer Familien Schweizer Nationalität in die Schweiz abzuschieben, kann nicht stattgegeben werden.

Die Einziehung des Vermögens ausländischer Juden kann noch nicht durchgeführt werden, da verschiedene ausländische Vertretungen an dem Vermögen ihrer Juden interessiert sind. In dieser Frage laufen ebenfalls Verhandlungen zwischen dem Auswärtigen Amt und den auswärtigen Vertretungen.

Das RSHA wies darauf hin, daß neuerdings die bulgarischen Juden der Kennzeichnung in vollem Umfang unterliegen und mit abgeschoben werden können.

e) Barackenankauf.

SS-Obersturmbannführer Eichmann ersuchte, den Ankauf der durch den Befehlshaber der Sicherheitspolizei Den Haag bestellten Baracken sofort vorzunehmen. Das Lager soll in Rußland errichtet werden. Der Abtransport der Baracken kann so vorgenommen werden, daß von jedem Transportzug 3–5 Baracken mitgeführt werden.

CDJC XXVI-59;
Serge Klarsfeld (Hg.), Recueil de documents des dossiers des autorités allemands concernant la persécution de la population Juive en France (1940–1944). New York 1979, Band 5, Bl. 1378–1380 (Faks.)

95   Vermerk Danneckers: Transportraum für Judentransporte, 13.5.1942:

Major *Weber*, der Verbindungsoffizier der Eisenbahntransportabteilung zur Luftwaffe, sprach vor einiger Zeit hier vor. Dabei kam das Gespräch auch auf die Abstellung rollenden Materials für die Judendeportierung. Wie Major Weber damals sagte, interessiert sich der Chef der Eisenbahntransportabteilung, Generalleutnant *Kohl*, selbst stark für das Judenproblem. Ich erklärte mich deshalb bereit, falls der General es wünschte, ihm über Judenfragen in Frankreich vorzutragen.

Generalleutnant Kohl ließ daraufhin fernmündlich mitteilen, er würde es begrüßen, wenn ich am 13.5.42, 11 Uhr bei ihm vorspräche.

In der 1¼ Stunde dauernden Unterredung habe ich dem General einen Überblick über Judenfrage und Judenpolitik in Frankreich gegeben. Dabei konnte ich feststellen, daß er ein kompromißloser Judengegner ist und eine Endlösung der Judenfrage mit dem Ziel restloser Vernichtung des Gegners 100%ig zustimmt. Er zeigte sich auch als Gegner der politischen Kirchen.

Generalleutnant Kohl hat mir in Anwesenheit des Majors Weber anschließend wörtlich erklärt:

»Ich freue mich, daß wir uns getroffen und damit die Verbindung zueinander geschaffen haben. Künftige Transporte können Sie mit meinem zuständigen Referenten besprechen. Wenn Sie mir sagen, ich will 10000 oder 20000 Juden aus Frankreich nach dem Osten abtransportieren, so können Sie in jedem Fall damit rechnen, daß ich das nötige rollende Material und die Lokomotiven zur Verfügung stelle.«

Weiter erklärte der General, er betrachte die baldige Lösung der Judenfrage im besetzten Frankreich als eine Lebensnotwendigkeit der Besatzungstruppe, weshalb er, auch auf die Gefahr hin von gewissen Leuten als roh angesehen zu werden, immer einen radikalen Standpunkt einnehme und dessen Durchführung unterstütze.

CDJC XXVb-29;
Serge Klarsfeld (Hg.), Die Endlösung der Judenfrage in Frankreich. Deutsche Dokumente 1941–1944. Paris 1977, S. 56.

96 Vermerk Danneckers: Laval gesteht auch die Deportation von Kindern zu, 6.7.1942:

Die Verhandlungen mit der französischen Regierung haben inzwischen zu folgendem Ergebnis geführt:

Sämtliche staatenlose Juden der besetzten und unbesetzten Zone werden für den Abschub bereitgestellt.

Präsident LAVAL hat vorgeschlagen, beim Abschub jüdischer Familien aus dem unbesetzten Gebiet auch die unter 16 Jahre alten

Kinder mitzunehmen. Die Frage von im besetzten Gebiet zurückbleibenden Judenkindern interessiert ihn nicht.

Ich bitte deshalb um dringende FS Entscheidung darüber, ob,
etwa beginnend mit dem 15. Judentransport aus Frankreich, auch
Kinder unter 16 Jahren mit abgeschoben werden können.

Abschließend sei noch bemerkt, daß, um die Aktion überhaupt
in Gang zu bringen, vorläufig nur von staatenlosen bzw. fremd-
staatigen Juden gesprochen werden konnte. In der 2. Phase wird
dann an die nach 1919 bezw. nach 1927 in Frankreich naturalisier-
ten Juden herangegangen werden.

CDJC XLIX-35;
  Serge Klarsfeld (Hg.), Die Endlösung der Judenfrage in Frankreich. Deutsche Dokumente 1941–1944. Paris 1977, S. 80.

97 **Schreiben des Befehlshabers der Sicherheitspolizei und
des SD Frankreich an den Militärbefehlshaber in
Frankreich: Festnahme von staatenlosen Juden durch die
französische Polizei, 15. 7. 1942:**

Die französische Regierung hat sich durch ihren bevollmächtigten
Vertreter, den Staatssekretär für die Polizei *Bousquet*, bereit er-
klärt, die in Paris vorhandenen staatenlosen Juden in einer großen
Aktion festzusetzen und sie alsdann zum Abtransport zum
Zwecke des Arbeitseinsatzes in Deutschland zur Verfügung zu
stellen.

Die französische Polizei führt die Verhaftungsaktion unter eigener Verantwortung selbständig durch und hatte ursprünglich die
Zeit vom 13.–15. 7. 1942 für die Festnahme in Aussicht genommen. Mit Rücksicht auf den Nationalfeiertag am 14. 7. 1942 ist die
Aktion auf den 16.–17. 7. 1942 verschoben worden.

Die Festnahme soll schlagartig am 16. 7. 1942 um 4.00 Uhr einsetzen. Nach den karteimäßigen Unterlagen der französischen Polizeibehörden kommen insgesamt für die Festnahme 24–25 000
staatenlose Juden in Betracht.

Die französische Polizei beabsichtigt, für den 16. und 17. 7. 1942
3000 Mann Polizeikräfte für die Festnahme einzusetzen. Die

Aktion soll am 17.7.1942, 13.00 Uhr, beendet sein. Die festgenommenen Juden werden zunächst in den Vélodrôme d'hiver geschafft werden.

In der Provinz werden ähnliche Maßnahmen gegen staatenlose Juden durchgeführt.

Der beschleunigte Abtransport der Juden in das Reichsgebiet ist vorbereitet. [...]

CDJC XXVb-68;
Serge Klarsfeld (Hg.), Recueil de documents des dossiers des autorités allemands concernant la persécution de la population Juive en France (1940–1944). New York 1979, Band 4, Bl. 1087f. (Faks.)

98 Vermerk Danneckers: Abschub von Kindern, 21.7.1942:

Am 20.7.1942 riefen SS-Obersturmbannführer EICHMANN und SS-Obersturmführer NOWAK vom RSHA IV B 4 hier an.

Mit SS-Obersturmbannführer Eichmann wurde die Frage des Kinderabschubes besprochen. Er entschied, daß, sobald der Abtransport in das Generalgouvernement wieder möglich ist, Kindertransporte rollen können. SS-Obersturmführer Nowak sicherte zu, Ende August/Anfang September etwa 6 Transporte nach dem Generalgouvernement zu ermöglichen, die Juden aller Art (auch arbeitsunfähige und alte Juden) enthalten können.

Es wurde SS-Obersturmbannführer Eichmann ferner mitgeteilt, daß vorläufig lediglich noch 10 Transporte möglich wären und daß wegen der Festnahme weiterer Juden Verhandlungen mit der französischen Regierung schwebten.

Wegen des ausgefallenen Transportes aus Bordeaux wurde erklärt, daß infolge der durch SS-Standartenführer Dr. Knochen dem französischen Polizeichef Bousquet gemachten Zusage, vorläufig nur staatenlose Juden zu nehmen, ohne hiesiges Zutun eine völlig neue Lage entstanden sei, die das ganze Konzept umgeworfen hätte.

CDJC DLXVI-7;
Serge Klarsfeld (Hg.), Die Endlösung der Judenfrage in Frankreich. Deutsche Dokumente 1941–1944. Paris 1977, S. 96.

99   Affidavit von Georges Wellers: Kinder im Durchgangslager Drancy, 13.12.1960:

Ich war Augenzeuge eines Teils der Tragödie der 4000 jüdischen Kinder im Alter von 2–12 Jahren, die in den Monaten August und September 1942 deportiert worden sind. [...]

Die Kinder kamen im Lager von Drancy an, zusammengepfercht in Autobussen, die von Polizisten bewacht wurden; man ließ sie in der Mitte des von Stacheldraht umgebenen Hofs aussteigen, bewacht von einer Abteilung französischer Gendarmen. Die Polizeibeamten und die Gendarmen, sonst grobe und wenig beeindruckbare Männer, verbargen nicht ihre Gefühle und ihren Abscheu über die Aufgabe, zu der sie gezwungen wurden.

Nach der Ankunft der Autobusse ließ man die Kinder aussteigen und führte sie in Gruppen in die Stuben. Die Größeren hielten die Kleineren an der Hand oder trugen sie im Arm. Sie weinten nicht, folgten aber verängstigt wie eine verlorene Herde den Anweisungen der Erwachsenen, dabei halfen sie sich gegenseitig in einer äußerst bewegenden Weise.

Die meisten Kinder vergaßen ihr spärliches Gepäck in den Autobussen, und man sammelte die verschiedenen Bündel in der Mitte des Hofs. Die Kinder liefen zwischen den Bündeln umher, glaubten jeden Augenblick, das ihre gefunden zu haben und waren ganz verstört, wenn eine schnelle Prüfung den Irrtum zeigte. Es gab weder Wortwechsel noch Streitigkeiten zwischen ihnen.

Sie waren zu 110–120 in Stuben ohne jegliches Mobiliar gepfercht, auf dem Boden lagen abstoßend dreckige Strohmatten ausgebreitet. Auf den Fluren standen Eimer für die Notdurft zur Verfügung, weil viele zu klein waren, um die Treppe ganz allein hinunterzusteigen und auf die Toilette zu gehen, die sich im Hof befand. Zu dieser Zeit bestand die Tagesration hauptsächlich aus einer Krautsuppe. Sehr schnell bekamen alle Kinder Durchfall. Sie beschmutzten ihre Kleidung und Strohsäcke, auf denen sie den ganzen Tag saßen und auf denen sie in der Nacht schliefen.

Nach 9 Uhr abends war es den Erwachsenen (außer einigen besonders befugten Personen, zu denen ich gehörte) verboten, sich in den Räumen der Kinder aufzuhalten, und diese blieben ganz allein in den in der Nacht kaum erleuchteten Zimmern (Luftschutz!) auf widerlichen Strohsäcken aneinandergedrängt. Ihr Schlaf war unruhig, viele schrien, weinten und riefen nach ihrer Mutter, und manchmal heulten alle Kinder einer Stube gemeinsam vor Entsetzen und Hoffnungslosigkeit.

Viele Kinder kannten ihre Namen nicht. Man erkundigte sich mehr recht als schlecht beim älteren Bruder oder der älteren Schwester oder bei Kameraden, und man schrieb den so festgestellten Namen auf eine Holzmarke, die man am Hals des Kindes befestigte.

Am Tage ihrer Deportation hat man sie um 5 Uhr morgens geweckt. Kraftlos, halb schlafend, weigerte sich die Mehrzahl der Kinder, aufzustehen und in den Hof hinunterzugehen. Es erforderte ausdauernde und sanfte Beharrlichkeit – welche Tragödie – freiwilliger Frauen, um die Älteren dazu zu bringen, den Anordnungen zu gehorchen und die Stuben zu verlassen. Es ist mehrere Male vorgekommen, daß dieses Eingreifen ohne Wirkung blieb, die Kinder weinten und weigerten sich, ihre Strohmatten zu verlassen. Also waren die Gendarmen gezwungen, in die Zimmer hochzugehen, um die vor Entsetzen schreienden, sich sträubenden und aneinander festgeklammerten Kinder auf den Arm zu nehmen. Die Stuben glichen Irrenhaussälen und der Anblick wurde bald selbst für den hartgesottenen Zeugen unerträglich.

Im Hof rief man jedes Kind, das auf der Liste mit seinem Namen notiert war, einzeln auf, dann führte man es zu den Autobussen. Sobald ein Autobus voll war, verließ er das Lager mit seiner Fracht. Da viele Kinder unidentifiziert blieben und andere nur undeutlich auf ihren richtigen oder falschen Namen antworteten, schloß man sie an den Transport an, um die Quote vollzumachen.

In jeder Deportationskolonne befanden sich 500 Kinder und 500 Erwachsene, die unter den Gefangenen des Lagers ausgesucht worden waren. Innerhalb von ungefähr drei Wochen in der zweiten Augusthälfte und Anfang September 1942 sind so 4000 Kinder, die man vorher zu Waisen gemacht hat, zusammen mit ausländischen Erwachsenen deportiert worden.

Der SS-Hauptsturmführer Röthke nahm an diesem Abtransport teil und kontrollierte persönlich das Sammeln, das Aufrufen und das Einladen der Kinder in die Autobusse.

IfZ Eich 1298 (Kopie) [Übersetzung aus dem Frz.]

100 Vermerk des Judenreferenten beim Befehlshaber der Sicherheitspolizei und des SD in Frankreich, Röthke: Französische Gendarmerie will keine französischen Juden deportieren, 23. 3. 1943:

I. Für den 23. 3. und 25. 3. waren zwei Judentransportzüge zu je 1000 Juden vorgesehen. Dem RSHA war hierüber bereits am 18. 3. 1943 durch FS Bericht gegeben. Das RSHA hat sich daraufhin sofort mit dem Reichsverkehrsministerium in Verbindung gesetzt, um die Züge von Le Bourget-Drancy nach Cholm/Generalgouvernement einlegen zu lassen. Das Reichsverkehrsministerium hat seinerseits unverzüglich das Entsprechende veranlaßt, das Transportmaterial bereitstellen lassen, die Verkehrsdirektionen angewiesen u.s.w. u.s.w.

Vom RSHA aus wurden die zuständigen Polizeistellen im Reich und im Generalgouvernement über die Transporte unterrichtet.

Für den Transport am 23. 3. wollte ich in erster Linie die 780 Juden nehmen, die bei der Reinigung des Hafenviertels Marseille ergriffen und nach einer Personalkontrolle zunächst nach Compiègne und von dort aus nach Drancy überstellt worden waren. Von diesen 780 Juden waren nicht weniger als 570 französische Staatsangehörige. Es handelt sich bei diesen Juden um ausgesprochenes Verbrechergesindel, wie mir die französische Polizei selbst mehrfach ungefragt mitgeteilt hat. (Direktor François von der Polizei-Präfektur Paris, Polizeikommissar Guibert, der Leiter der Verwaltung im Judenlager Drancy, der Polizei-Inspektor Körberich im Judenlager Drancy sowie der Gendarmerie-Kapitän im Judenlager Drancy.) Als die Marseiller Juden von Compiègne nach Drancy überstellt worden waren, mußten sie zunächst einer besonderen Reinigungsaktion unterzogen werden, weil sie derartig verlaust und verdreckt waren, daß die französische Lagerleitung ein sofortiges Eingreifen für notwendig erachtete, um Epidemien im Lager zu verhindern.

Direktor François sowie die französischen Polizeibeamten im Lager Drancy selbst haben den Unterzeichneten sowie den SS-Untersturmführer Ahnert mehrfach gebeten, doch alsbald diese Juden nach dem Osten abzuschieben, da sie nicht nur äußerlich verkommen wären, sondern sich auch fast ausschließlich aus Verbrechertypen zusammensetzten.

Für den ersten Transport wollte ich ferner 220 staatenlose Juden oder Juden abschubfähiger Nationalitäten nehmen.

Am 22. 3. um 13 Uhr erschien bei mir der Präfekt Leguay, nachdem er kurz vorher um eine dringende Unterredung hatte bitten lassen.

Leguay sagte mir, daß der Zweck seines Besuches an sich ein unangenehmer wäre. Es handele sich um den Abschub von Juden französischer Staatsangehörigkeit. Diese Frage sei sogar an den Marschall Pétain und an Laval herangetragen worden. Pétain habe zum Ausdruck gebracht, daß er nicht verstände, warum man Juden französischer Staatsangehörigkeit deportiere, da es ja noch so viele andere Juden in Frankreich gäbe.

Bousquet habe angeordnet, daß die französische Polizei beim Abtransport französischer Juden nicht mitwirken solle.

Er, Leguay, habe nur den Auftrag zu überbringen. Die Entscheidung liege bei der französischen Regierung. Die französische Regierung ihrerseits aber habe sich die Lösung des Problems der französischen Juden selbst vorbehalten.

Als ich Leguay darauf sagte, daß ich seine Ausführungen zur Kenntnis nehme, daß ich mich aber darüber wundere, daß die französische Regierung die Frage der französischen Juden selbst lösen wolle, da doch der Wille des Führers über die Endlösung der Judenfrage in Europa hinreichend bekannt sei, erwiderte Leguay, daß wir ja auch nicht das Problem der englischen oder amerikanischen Juden lösten. Hierauf habe ich meinerseits entgegnet, daß er sich darauf verlassen könne, daß das Problem der englischen Juden noch gelöst werden würde. Was die Juden in den Vereinigten Staaten anginge, so würde das amerikanische Volk auch schon sehr bald, wahrscheinlich rigoroser vorgehen als wir jemals die Juden bekämpft hätten. [...]

Auf Entscheidung des Brigadeführers [Oberg] sollte der Zug unter allen Umständen gefahren werden, und zwar unter Begleitung von Ordnungspolizei. Die Ordnungspolizei ist entsprechend angewiesen worden und hat sich sofort mit dem Unterzeichneten in Verbindung gesetzt. Es wurde festgelegt, daß die Ordnungspolizei in Stärke von 1/30 früh um 6 Uhr im Lager Drancy sein sollte. [...]

Um 6.30 Uhr erschienen im Lager ca. 40 Mann französische Polizei, mithin eine halbe Stunde später als bei den sonstigen Transporten. Die französische Polizei half unaufgefordert beim Einladen der Juden in die Omnibusse und der Begleitung zum Bahnhof mit.

Auf dem Bahnhof Drancy waren 50 Mann französische Gendarmerie unter Begleitung von 2–3 Offizieren angetreten, obwohl die Stärke der französischen Gendarmerie-Begleitkommandos ab Drancy bis zur Reichsgrenze sonst nur 1/30 ausmachte.

Der Führer der französischen Gendarmerie-Einheit erklärte dem Unterzeichneten etwa um 7.30 Uhr, daß die französische Gendarmerie wie bisher in Stärke von 1/30 als Begleitkommando bis zur Reichsgrenze mitfahren würde. [...]

Gegen 8 Uhr erschien der Direktor François von der Polizei-Präfektur Paris, gab seiner Verwunderung Ausdruck, daß die französische Gendarmerie doch auf dem Bahnhof erschienen wäre, verhandelte alsdann mit den Offizieren der französischen Gendarmerie und teilte kurz darauf mit, daß die französische Gendarmerie auf Anordnung der französischen Regierung den Transport doch nicht begleiten dürfe. [...]

Es steht zu erwarten, daß alsdann die französische Polizei überhaupt nicht mehr beim Abtransport mitarbeiten wird.

CDJC XXVc-229;
Serge Klarsfeld (Hg.), Recueil de documents des dossiers des autorités allemands concernant la persécution de la population Juive en France (1940–1944). New York 1979, Band 7, Bl. 2040–2044 (Faks.)

101 Vermerk Röthkes: Entnaturalisierungsgesetz gescheitert, 15. 8. 1943:

Von 12.30 Uhr bis 13.30 Uhr waren Hauptsturmführer Geißler und der Unterzeichnete bei Laval. An dieser Besprechung haben weiter teilgenommen: Guérard und der Kabinettschef von Bousquet.

Laval hat nach dem Stand der Lage befragt folgendes angegeben:

Pétain habe von den Gesetzentwürfen Kenntnis erhalten. Er sei sehr aufgebracht gewesen darüber, daß nach dem einen Entwurf auch die Frauen und Kinder der betroffenen Juden entnaturalisiert werden sollten. Pétain wolle nunmehr beide Originalentwürfe sehen. (Den einen Entwurf von Bousquet hatte dessen Kabinettschef zur Besprechung mitgebracht. Nach dem Entwurf von Darquier hatte Laval angeblich schon 3 Tage in Paris und Vichy suchen lassen. Dieser Entwurf wurde schließlich von einem Sekretär von Laval noch während der Besprechung »aufgefunden«, nachdem Laval den Sekretär nicht weniger als dreimal zu einem ernsthaften Suchen veranlaßt hatte.)

Wir haben Laval gesagt, daß wir die beschleunigte Inkraftsetzung des Bousquetschen Entwurfes wünschten und daß ich dem BdS sofort Bericht zu erstatten hätte und deshalb auch geschickt wäre.

Laval hat nunmehr folgendes vorgetragen:

a) Er habe auch bei der Unterzeichnung des Bousquetschen Entwurfes nicht daran gedacht, daß die betroffenen Juden von uns auch verhaftet werden sollten. Dies wäre ihm aber neulich vom BdS ausdrücklich bestätigt worden.

Ich habe Laval darauf erwidert, daß der Befehl des Führers zur Endlösung der Judenfrage im gesamten Europa eindeutig feststände. M. W. wäre schon vor einem Jahre mit der französischen Regierung vereinbart worden, daß die Lösung der Judenfrage in Frankreich etappenweise vor sich gehen sollte. Von dem Erlaß eines Gesetzes über die Denaturalisierung der zuletzt eingebürgerten Juden zum Zwecke der Erfassung dieser Juden und zum Abtransport wäre doch schon vor einem Jahre gesprochen worden.

b) Laval hat vorgebracht, daß er den Entwurf noch vor dem am 17. 8. 1943 zusammentretenden Ministerrat erörtern müsse. Er werde sicher von mehreren Ministerkollegen befragt werden, zu welchem Zwecke denn ein derartiges Gesetz erlassen werden sollte. Er würde dann nur antworten können, daß die betroffenen Juden interniert und abtransportiert werden sollten.

c) Schließlich aber sei das Gesetz von einer derartigen Tragweite und habe einen Gegenstand zum Inhalt, daß es nur vom Marschall selbst unterzeichnet werden könnte. Naturalisationen und Denaturalisationen könne – ähnlich wie Amnestien – nur der Marschall in seiner Eigenschaft als Staatsoberhaupt anordnen. Außerdem habe sich der Marschall bereits sehr für die Gesetze interessiert, so daß er noch beschleunigt mit dem Marschall Rücksprache nehmen müßte.

Hauptsturmführer Geißler hat hierauf erwidert, daß er Laval ja selbst beide Entwürfe unterschrieben und den Bousquetschen Entwurf auch schon offiziell habe zustellen lassen.

Laval bemerkte dazu, daß er täglich große Stöße von Akten zu unterschreiben hätte und daß er sich insbesondere bei dem Entwurf von Darquier nichts beim Unterschreiben gedacht hätte in der Annahme, daß alles in Ordnung sei.

d) Das Haupthindernis für ihn bei jeglichem Vorgehen gegen die Juden sei die Haltung der Italiener zur Judenfrage. Er habe immer geglaubt, daß wir die Italiener zu einer Änderung in ihrer Einstellung zur Judenfrage bewegen könnten. Bis heute sei dies jedoch noch nicht geschehen. Er bitte um Verständnis dafür, wenn er als Regierungschef sich in einer delikaten Situation befinde, was die Maßnahmen gegen die Juden anlange.

Im gesamten Gebiet Frankreichs gäbe es vier verschiedene gesetzliche Regelungen für die Juden. (Altbesetztes Gebiet mit deutscher und französischer Gesetzgebung, Gebiet Südfrankreich, das von den Deutschen besetzt sei mit ausschließlich französischer gesetzlicher Regelung, italienisches Einflußgebiet mit französischer Gesetzgebung, aber italienischen Sonderanordnungen und die Norddepartements, die zum Bereich des Militärbefehlshabers von Belgien und Nordfrankreich gehörten).

Es ist Laval hierauf erwidert worden, daß die Lösung der Judenfrage ja nicht nur in Frankreich durchzuführen sei. Was die Einstellung der Italiener zur Judenfrage anginge, so dürfe er bestimmt noch mit einer Änderung der Haltung der Italiener rechnen. Hierdurch könne auf keinen Fall die Lösung der Judenfrage in Frankreich völlig zum Stillstand kommen.

e) Laval hat alsdann davon gesprochen, daß das Gesetz doch nur in der Form angewandt werden könnte, daß die betroffenen Juden erst einmal eine Frist (vergl. Artikel 3) von drei Monaten belassen werden müßte, innerhalb welcher die Anträge auf Ausnahmebehandlung nach dem Gesetzestext vorgebracht werden dürften. Polizeiliche Maßnahmen gegen die unter das Gesetz fallenden Juden könnten daher frühestens drei Monate nach Erlaß des Gesetzes getroffen werden. Im Gebiet Südfrankreich könne er jedenfalls mit französischer Polizei eine andere Handhabe nicht zulassen.

Wenn wir im altbesetzten Gebiet schon vorher gegen die Juden vorgehen wollten, so müsse er als Regierungschef dagegen protestieren. Er wisse allerdings, was wir mit seinen Interventionen machten... (Laval dachte dabei offenbar mit Recht an den Papierkorb). Er könne deshalb auch im altbesetzten Gebiet für die Verhaftung dieser Juden nicht die französische Polizei zur Verfügung stellen; wenn wir mit eigenen Kräften vorgehen wollten, so könne er uns nicht daran hindern.

Ich habe Laval darauf erwidert, daß die Frist von drei Monaten von uns nicht abgewartet werden könnte. Im übrigen würden innerhalb dieser Frist nach meinen Erfahrungen alle Juden, die unter das Gesetz fallen, Ausnahmeanträge stellen, über die alsdann erst innerhalb einer weiteren Frist zu entscheiden wäre. Im übrigen wäre es ohnehin ein Leichtes für die französischen Behörden, festzustellen, welche Juden bisher auf Grund des Judenstatutes vom 2.6.1941 noch eine Ausnahmestellung zuerkannt bekommen hätten.

Laval meinte dazu, daß sich nach seiner Ansicht höchstens 30 (une trentaine) Juden für eine Ausnahmebehandlung melden würden. Als Regierungschef müsse er auf eine genaue Anwendung des Gesetzes Wert legen.

Zusammenfassend darf festgestellt werden: Die französische Regierung will in der Judenfrage nicht mehr mitziehen. [...]

Es besteht ferner der Eindruck, daß Laval ein Dazwischentreten von Pétain in diesem Falle gar nicht unerwünscht kommt. Es ist für ihn jetzt sehr bequem, sich hinter Pétain zu verschanzen, obwohl er auch in dieser Besprechung wieder vorgebracht hat, daß er zwar nicht Antisemit sei, aber von Hause aus absolut kein Judenfreund wäre.

Auf der gleichen Ebene liegt die angebliche Notwendigkeit, den Gesetzentwurf nun noch einmal erst vor den Ministerrat zu bringen. Von alledem war früher nie die Rede. Es besteht der Eindruck, als suche Laval mit allen Mitteln jede Möglichkeit, um ein Erscheinen des Gesetzes zu verhindern, auf jeden Fall aber zu verzögern.

Laval will noch am Dienstag, spätestens Mittwoch dem BdS durch Botschafter de Brinon beschleunigte Mitteilung über den Ausgang der Ministerratssitzung machen.

Es wird vorgeschlagen, daß die Kompanie Schutzpolizei nunmehr sofort angefordert werden darf, da mit oder ohne Erlaß des Entnaturalisierungsgesetzes auf eine Mithilfe der französischen Polizei bei der Erfassung der Juden in einem größeren Umfange nicht mehr gerechnet werden kann, es sei denn, daß sich die militärische Lage Deutschlands schon in den nächsten Tagen oder Wochen grundlegend zu unseren Gunsten ändert.

CDJC XXVII-36;
Serge Klarsfeld (Hg.), Recueil de documents des dossiers des autorités allemands concernant la persécution de la population Juive en France (1940–1944). New York 1979, Band 9, Bl. 2449–2452 (Faks.)

102 Anordnung des Oberbefehlshabers des Afrika-Korps Nehring: Zwangsarbeit tunesischer Juden, 6.12.1942:

I. Die bisher besetzte Stellung ist als Brückenkopfstellung mit allen Mitteln in der H.K.L. mit einer entsprechenden Tiefenzone auszubauen. Für den Ausbau sind folgende Hilfskräfte heranzuziehen:
a) die männliche Zivilbevölkerung der besetzten Ortschaften außer Tunis und Hammam Lif.
b) Jüdische Bevölkerung.
II. Ich ordne hierzu an: [...]

zu b) Heranziehen der jüdischen Bevölkerung.

1.) Durch S.D. ist die männliche jüdische Zivilbevölkerung für die Durchführung der Erdarbeiten in der Form bereitzustellen, daß zunächst als erste Rate den Abschnittskommandeuren Biserta, Tunis-Nord und Tunis-Süd je 1000 Mann Arbeitskräfte zur Verfügung stehen.

2.) Die jüdischen Arbeitstrupps sind von den jüdischen Gemeinden aufzustellen und ihnen eine Führungsgruppe beizugeben. Die Führungsgruppen sind für die Zusammenarbeit mit den deutschen Kommandobehörden einzusetzen. Sie sind für die Durchführung der gegebenen Befehle durch die Arbeitsgruppen verantwortlich. Andernfalls sind sie von der Truppe als Geiseln zu behandeln.

3.) Versorgung und Ausrüstung stellen die jüdischen Gemeinden sicher. Die Truppe sorgt für Unterbringung und entsprechende Bewachung an den Arbeitsstellen.

4.) Die je 1000 Mann starken Arbeitsgruppen sind durch S.D. im Benehmen mit den Abschnittskommandeuren nach folgenden Orten zuzuführen (Fußmarsch, Eisenbahn nur soweit möglich).

Mateur für Abschnitt Biserta

St. Cyprien für Abschnitt Tunis-Nord

Ben Areus für Abschnitt Tunis-Süd

Weitere Einzelheiten regeln die Abschnittskommandeure mit dem S.D. über Gen. Kde.

5.) Eine Bezahlung der Arbeitskräfte hat durch die jüdische Gemeinde zu erfolgen. [...]

PA AA Dienststelle Rahn, Schriftverkehr.

103 Schreiben des HSSPF Niederlande Rauter an Himmler: Bisher deportierte Juden, 24. 9. 1942:

Ich darf Ihnen einen Zwischenbericht über die Abschiebung der Juden vorlegen.

Bis jetzt haben wir mit den strafweise nach Mauthausen abgeschobenen Juden zusammen 20000 Juden nach Auschwitz in

Marsch gesetzt. In ganz Holland kommen ungefähr 120000 Juden zur Abschiebung, worin allerdings auch die Zahl der Mischjuden enthalten ist, die ja zunächst hier bleiben. In Holland gibt es ungefähr 20000 Mischehen. Im Einvernehmen mit dem Reichskommissar schiebe ich aber auch alle jüdischen Teile der Mischehen ab, sofern aus diesen Mischehen keine Kinder hervorgegangen sind. Es werden dies ca. 6000 Fälle sein, sodaß ca. 14000 Juden aus Mischehen zunächst hier bleiben.

In den Niederlanden gibt es eine sogenannte »Werkveruiming«, eine dem Niederländischen Sozialministerium unterstehende Arbeitseinrichtung, die Juden zu verschiedenen Arbeiten in geschlossenen Betrieben und Lagern anhält. Wir haben diese Werkveruimingslager bisher nicht angetastet, um die Juden dahinein flüchten zu lassen. In diesen Werkveruimingslagern sind ca. 7000 Juden. Wir hoffen, bis zum 1. Oktober auf 8000 Juden zu kommen. Diese 8000 Juden haben ca. 22000 Angehörige im ganzen Lande Holland. Am 1. Oktober werden schlagartig die Werkveruimingslager von mir besetzt und am selben Tage die Angehörigen draußen verhaftet und in die beiden großen neuerrichteten Judenlager in Westerbork bei Assen und Vught bei Hertogenbosch eingezogen werden. Ich will versuchen, anstatt 2 Zügen je Woche 3 zu erhalten. Diese 30000 Juden werden nun ab 1. Oktober abgeschoben. Ich hoffe, daß wir bis Weihnachten auch diese 30000 Juden weg haben werden, sodaß dann im ganzen 50000 Juden, also die Hälfte, aus Holland entfernt sein werden. [...]

Am 15. Oktober wird das Judentum in Holland für vogelfrei erklärt, d. h. es beginnt eine große Polizeiaktion, an der nicht nur deutsche und niederländische Polizeiorgane, sondern darüber hinaus der Arbeitsbereich der NSDAP, die Gliederungen der Partei, der NSB, die Wehrmacht usw. mit herangezogen werden. Jeder Jude, der irgendwo in Holland angetroffen wird, wird in die großen Judenlager eingezogen. Es kann also kein Jude, der nicht privilegiert ist, sich mehr in Holland sehen lassen. Gleichzeitig beginne ich mit Veröffentlichungen, wonach Ariern, die Juden versteckt gehalten oder Juden über die Grenze verschoben oder Ausweispapiere gefälscht haben, das Vermögen beschlagnahmt und die Täter in ein KZ überführt wurden, das alles, um die Flucht der Juden, die in großem Maße eingesetzt hat, zu unterbinden.

Von den christlichen Juden sind in der Zwischenzeit die katholischen Juden abgeschoben worden, weil die fünf Bischöfe, an der Spitze der Erzbischof de Jonge in Utrecht, die ursprünglichen Vereinbarungen nicht gehalten haben. Die protestantischen Juden sind noch hier, und es ist tatsächlich gelungen, die katholische Kirche von der protestantischen aus dieser Einheitsfront zu sprengen. Der Erzbischof de Jonge hat in einer Bischofskonferenz erklärt, daß er niemals mehr mit den Protestanten und Calvinisten eine Einheitsfront eingehen werde. Der Sturm der Kirchen, der seinerzeit, als die Evakuierung begann, einsetzte, wurde solcherart stark erschüttert und ist abgeklungen. Die neuen Hundertschaften der holländischen Polizei machen sich in der Judenfrage ausgezeichnet und verhaften Tag und Nacht zu hunderten die Juden. Die einzige Gefahr, die dabei auftritt, ist der Umstand, daß da und dort einer der Polizisten danebengreift und sich aus Judeneigentum bereichert. Ich habe Verhandlungen des SS- und Polizeigerichtes vor der versammelten Hundertschaft angeordnet.

Das Judenlager Westerbork ist bereits ganz fertig, das Judenlager Vught wird am 10.–15. Oktober vollendet sein.

BA NS 19/3364;
Documenten van de Jodenverfolging in Nederland 1940–1945. Amsterdam o. J., S. 90–92 (Faks.)

104 Schreiben des Vertreters des Auswärtigen Amts beim Reichskommissar für die besetzten niederländischen Gebiete Bene (Den Haag) an das AA: Abtransport der Juden, 16.11.1942:

Seit meinem Bericht vom 11. September 1942 – D Pol. 3 Nr. 8 – ist der Abtransport der Juden in das Lager Rauschwitz [sic] ohne Schwierigkeiten und Zwischenfälle weitergegangen. Bis zum 15. Oktober sind etwa 45 000 Juden abtransportiert worden.

Laut Anweisung des Reichskommissars sollen alle Juden bis zum 1. Mai 1943 abtransportiert sein. Das bedeutet, daß die wöchentliche Abtransportzahl von 2000 auf 3500 erhöht werden mußte. Der Abtransport dieser erhöhten Anzahl bietet weder für das Sammeln der Juden hier, noch für die tatsächliche Möglichkeit des Abtransportes Schwierigkeiten.

Im ganzen sind jetzt noch ca. 61 000 Volljuden abzutransportieren, von denen etwa 43 000 bisher von dem Abtransport freigestellt waren, so daß noch ca. 18 000 zur Zeit zum Abtransport zur Verfügung stehen.

Die 43 000 freigestellten Juden setzen sich zusammen aus Rüstungsjuden (Pelz-, Diamant-, Glas- und Radioarbeiter), Glaubensjuden und sogenannten »Protektionsjuden«. In einer jetzt stattgehabten Unterredung mit dem Wehrmachtsbefehlshaber ist aber erreicht worden, daß von den Rüstungsjuden ein großer Teil sofort zum Abtransport freigegeben worden ist, während der Rest nach und nach im Laufe der nächsten Monate freigegeben wird. Diese Rüstungsjuden werden zum großen Teil durch weibliche niederländische Arbeitskräfte ersetzt werden.

Bis zum Stichtag, 1. Januar 1941, waren 1500 protestantische Juden gemeldet. Jetzt hat die protestantische Kirche weitere 3500 Juden als getauft gemeldet. Selbstredend können diese nachträglich getauften Juden nicht als Überzeugungschristen angesehen und etwa von dem Abtransport freigestellt werden. Sie werden wie alle anderen im Laufe der Zeit abrollen.

Die holländische Bevölkerung hat sich an den Abtransport der Juden gewöhnt. Irgendwelche Schwierigkeiten wurden nicht gemacht. Die Berichte aus dem Lager Rauschwitz lauten günstig, so daß die Juden ihre Bedenken fallen gelassen haben und mehr oder weniger freiwillig bei den Sammelstellen erscheinen.

PA AA Inland IIg Bd. 196;
Akten zur deutschen auswärtigen Politik. Aus dem Archiv des Auswärtigen Amts. Serie E, Band 4. Göttingen 1975, S. 328f.

105 Schreiben des Judenreferenten in den Niederlanden an das »Judenlager« Westerbork: »Füllung der Züge nach dem Osten«, 10. 5. 1943:

Das Reichssicherheitshauptamt hat für den Monat Mai unter allen Umständen die Absendung von 8000 Juden verlangt. Mit dem 1. Monatszug am 4. 5. 1943 wurden 1200 Juden abgeschoben. Am 1. 5. 1943 stehen 1450 Juden bereit (kranke und ältere Juden aus Vught). Weitere 1630 Juden stehen in Westerbork für einen 3. Monatszug bereit. Durch die Zulieferung von Häftlingen und die Kopfprämienaktion dürften bis Monatsende im Höchstfalle 1500 weitere Juden nach Westerbork gelangen. Das ergibt eine Gesamtsumme von 5780 Abschiebungsjuden für den Monat Mai. Es fehlen also an dem Monatssoll noch mindestens 2220 Juden.

Diese letztere Zahl muß jedoch auf jeden Fall aufgrund irgendeiner Aktion bis zur letzten Maiwoche erfaßt und nach Westerbork zum Weitertransport verbracht werden. Hierfür gäbe es folgende Möglichkeiten:

1.) sofortige Inanspruchnahme der im Lager Vught versammelten und dort großenteils überflüssigen Juden (technisch am leichtesten, psychologisch am wenigsten empfehlenswert).

2.) Neue Erfassungsaktion in Amsterdam (z. Zt. undurchführbar, da Ordnungspolizei nicht mehr zur Verfügung steht).

3.) Ergebnisse eines generellen Räumungsbefehles für Amsterdam (technisch und psychologisch schwierig, da wegen der Umleitung über Vught einerseits nicht mehr rechtzeitige Überstellung nach Westerbork, andererseits durch den sofortigen Weitertransport Abschreckung für die übrigen Juden in Amsterdam).

4.) Inanspruchnahme der in diesem Monat noch abzubauenden Rüstungsjuden (dazu wäre die Rüstungsinspektion zu veranlassen, wenigstens 800 der an sich bis 31. 5. 43 freigestellten jüdischen Arbeiter samt ihren Familien, am besten jedoch sämtliche Rüstungsjuden mit ihren Familien, bereits 8 Tage vor dem Schlußtermin abzugeben; durch Zurverfügungstellung eines Polizeikommandos für 2 Tage müßten diese Juden dann schlagartig erfaßt, Westerbork zugeleitet und noch vor Monatsschluß weitertransportiert werden; diese Lösung scheint andererseits psychologisch weniger billig, da gerade die für Deutschland arbeitenden Juden ursprünglich noch in Vught behalten werden sollten und auch selbst stärkstens damit rechnen).

IfZ Eich 590 (Kopie).

106   Vernehmung von Josef Melkman: Deportation holländischer Juden, 10.5.1961:

[...]

F[rage]: Also wann setzten die Abtransporte aus Holland ein?

Zeuge Dr. Josef Melkman: Am 14. Juli 1942.

Herr Bach: Wer waren die Juden, die zuerst abtransportiert wurden?

A[ntwort]: Das waren zuerst staatenlose Juden, d. h. eigentlich deutsche Juden, denen man die deutsche Staatsbürgerschaft aberkannt hat. Diese waren die ersten, es waren besonders Jugendliche unter ihnen, und ich weiß, daß beim ersten Transport sich sogar noch einige Schüler von mir befanden.

F.: Von wo wurden diese vertrieben?

A.: Zuerst wurden sie zum Bahnhof Amsterdam gebracht, von dort dann nach Westerbork, einem Durchgangslager, dann wurde in Amsterdam selbst so eine Art Sammellager eingerichtet, im jüdischen Theater, und dort trieb man die Juden zusammen, bis genug da waren, damit sich ein Transport nach Westerbork lohne.

F.: Westerbork in Holland, nicht wahr?

A.: Ja.

F.: Das ist eigentlich ein Lager, das bestand, noch bevor die Deutschen einmarschierten, und zwar als Flüchtlingslager für deutsche Juden?

A.: Ja, das wurde eigentlich von der holländischen Regierung errichtet mit jüdischen Geldern, um Juden unterzubringen, die aus Deutschland geflüchtet waren, nach 1938, als sie ohne formellen Paß und Visum in Holland eintrafen.

F.: Und dann nutzte die SS dieses Lager als ein Umschlagslager zur Deportierung in den Osten aus, nicht wahr?

A.: Ja. Also in dem Zeitabschnitt zwischen 1941 und 1942.

F.: Was war die Lage der holländischen Juden in diesem Zeitabschnitt? Nach Anfang der ersten Vertreibungen der deutschen Juden und der anderen staatenlosen Juden, was war die Situation des holländischen Judentums? Ihre Besorgnisse, ihre Befürchtungen?

A.: Die Vertreibungen der fremdländischen Juden, die nicht sehr zahlreich waren, denn sehr bald kamen auch holländische Juden an die Reihe... man verstand, daß es sich nicht nur um fremdländische Juden handelt, sondern auch um Ansässige.

F.: Wann verstanden die holländischen Juden, daß es sie selbst auch angeht?

A.: Ich glaube, im Juli schon.

F.: Und im Juli begann bereits die Festnahme holländischer Juden, nicht wahr? In welcher Form wurden die Festnahmen durchgeführt?

A.: Auf verschiedene Art und Weise, die Deutschen hatten Listen, sie gingen nach der Liste, man kam ins Haus –

F.: Sie sagten »sie«, wer war das?

A.: Es war die deutsche Polizei, immer die grüne Polizei, wir nannten sie die grüne Polizei. Und diese Leute kamen, um die Juden zu verhaften. Es gab auch solche, die einen Brief erhielten, sich irgendwo einzufinden, aber im Laufe der Zeit stellte es sich heraus, daß die Juden, größtenteils von diesen, die Briefe bekamen, sich nicht einfanden, und dann ging man von Haus zu Haus, es gab auch Fälle von großen Razzien, Razzien im großen Ausmaße, wo man ganze Viertel abschnitt, umzingelte. Das erste Mal z. B. als so eine Riesenrazzia durchgeführt wurde, war am Freudentage der Thora 1942, als die Familien, von denen die in Zwangsarbeitslagern waren, geholt wurden, ungefähr 14 000 Juden, und die wurden nach Westerbork gebracht. Damals ging man von Haus zu Haus und holte sie heraus. Das zweite Mal 1943 wurde das alte jüdische Viertel in Amsterdam abgeschnitten, dessen offizieller Name auch Judenviertel ist, d. h. die deutsche Polizei hatte die Viertel umzingelt, die Brücken abgeschnitten, und es gab sehr viele Brücken, die über die Kanäle führten, und verhaftete man alle an Ort und Stelle sich befindlichen Juden, Lastkraftwagen fuhren vor und durch alle diese Straßen, mit Lautsprechern und man sagte an, daß Juden sich darauf vorzubereiten haben, daß man sie festnehme. [...]

IfZ G 01 Prozeßprotokoll, Sitzung 34, S. I1.

107 Telegramm Bargens (Dienststelle des AA in Brüssel) an das AA: Abschub der Juden aus Belgien, 9. 7. 1942:

Militärverwaltung beabsichtigt, gewünschten Abtransport von 10 000 Juden durchzuführen. Militärverwaltungschef gegenwärtig im Hauptquartier, um Angelegenheit mit Reichsführer SS zu erörtern. Bedenken gegen Maßnahme könnten sich einmal daraus ergeben, daß Verständnis für Judenfrage hier noch nicht sehr verbreitet und Juden belgischer Staatsangehörigkeit in Bevölkerung als Belgier angesehen werden. Maßnahme könnte daher als Beginn allgemeiner Zwangsverschickungen ausgelegt werden. Auf der anderen Seite sind Juden weitgehend in hiesigem Wirtschaftsprozeß eingegliedert, so daß Schwierigkeiten auf Arbeitsmarkt befürchtet werden könnten. Militärverwaltung glaubt jedoch, Bedenken zurückstellen zu können, wenn Verschickung belgischer Juden vermieden wird. Es werden daher zunächst polnische, tschechische, russische und sonstige Juden ausgewählt werden, womit das Soll theoretisch erreicht werden könnte. Praktische Schwierigkeiten sind insofern zu erwarten, als durch Bekanntwerden beginnender Abschiebungen aus Frankreich und Holland im hiesigen Judentum schon gewisse Unruhe entstanden ist und daher Juden versuchen werden, sich Zugriff zu entziehen. Für Zwangsmaßnahmen aber reichen vorhandene Polizeikräfte nicht aus. Weiterer Bericht folgt.

PA AA Inland II A/B Bd. 61/4;
   John Mendelsohn (Hg.), The Holocaust. Selected Documents. New York 1982, Band 8, S. 59 (Faks.)

108 Tätigkeitsbericht Nr. 21 der Militärverwaltung in Belgien/Nordfrankreich: Maßnahmen gegen die Juden, 15.9.1942:

[...] 6. <u>Maßnahmen gegen die Juden</u>.

Nach einer Weisung des Reichsführers SS wurde am 1.8.42 mit dem <u>Abtransport der Juden nach dem Osten</u> begonnen. Die Aktion wurde zunächst als Arbeitseinsatzmaßnahme durchgeführt und erstreckte sich daher vor allem auf arbeitseinsatzfähige Juden und Jüdinnen. Erst auf Grund späterer Weisungen des Reichssicherheitshauptamtes erhielt sie den Charakter einer allgemeinen Evakuierung der Juden, so daß daher in letzter Zeit auch nicht voll arbeitsfähige Juden abtransportiert werden. Staatsangehörige des britischen Reiches, der amerikanischen und neutralen Staaten sowie Italiens sind, ebenso wie die etwa 4000 belgischen Juden und die ungefähr 500 französischen Juden im Bereich der OFK Lille von diesen Maßnahmen ausgenommen. Sie werden der OT für Bauarbeiten, vor allem in Nordfrankreich, zur Verfügung gestellt. <u>Bisher sind insgesamt 10000 Juden nach dem Osten transportiert worden</u>. Unter den Juden rief diese Aktion naturgemäß eine erhebliche Panik hervor. Viele versuchten ins unbesetzte Frankreich zu entkommen, wurden aber zum größten Teil durch die Grenzwachen und französischen Polizeibehörden festgenommen. Andere bemühten sich durch Heirat oder Option noch rasch die belgische Staatsangehörigkeit zu erwerben. Diese Bestrebungen sind jedoch umsonst, da solche Heiraten hinsichtlich des Arbeitseinsatzes stillschweigend als ungültig behandelt werden. Überdies sind Optionen von Juden schon vor längerer Zeit von der Zustimmung der Militärverwaltung abhängig gemacht worden. In der belgischen Öffentlichkeit erregte die Aktion kein allzu großes Aufsehen, da die Juden hier nur eine geringe Rolle spielten und zu 9/10 Emigranten und sonstige Ausländer waren. Vertreter des Belgischen Justizministeriums und sonstige belgische Stellen betonten immer wieder, daß sie sich nur für die belgischen Juden einsetzen wollen. [...]

CDJC CDXCVI-6;
  Serge Klarsfeld/Maxime Steinberg (Hg.), Die Endlösung der Judenfrage in Belgien. New York [1980], S. 44f.

109 Schreiben Bargens (Dienststelle des AA in Brüssel) an AA: Abschub der Juden aus Belgien, 11.11.1942:

Aufgrund der in der Judenverordnung des Militärbefehlshabers vom 28.10.1940 enthaltenen Verpflichtung haben sich rund 42000 Männer und Frauen (über 16 Jahre) gemeldet. Hiervon waren 38000 nichtbelgische Staatsangehörige. Insgesamt dürften 52000–55000 Juden einschließlich der nichtmeldepflichtigen Kinder in Belgien gelebt haben. Hiervon sind 15000 Männer, Frauen und Kinder nach dem Osten abgeschoben worden. Weitere Transporte werden demnächst Belgien verlassen. Unter den Abgeschobenen befinden sich Staatenlose, ehemalige Deutsche, Tschechen, Polen, Holländer, Rumänen, Griechen, Slowaken, Russen, Norweger, Luxemburger, Kroaten und Angehörige der drei baltischen Staaten. Gleichfalls befinden sich auch einige Belgier hierunter, die deswegen verschickt werden, weil sie in der Öffentlichkeit den Judenstern nicht getragen haben.

Zunächst wurde ein »Arbeitseinsatzbefehl« über die »Judenvereinigung« den von der Abschiebung Betroffenen zugestellt. Da jedoch im Laufe der Zeit durch Gerüchte über Abschlachten der Juden usw. dem Arbeitseinsatzbefehl nicht mehr Folge geleistet wurde, wurden die Juden durch Razzien und Einzelaktionen erfaßt.

In der letzten Zeit sind illegale Abwanderungen nach Frankreich, insbesondere nach dem unbesetzten Gebiet und nach der Schweiz festgestellt worden. Vorsichtig geschätzt dürften etwa 3000–4000 Juden nach der Schweiz ausgewandert sein. Genaue Angaben lassen sich jedoch nicht darüber machen.

PA AA Inland IIg Bd. 182;
  Akten zur deutschen auswärtigen Politik. Aus dem Archiv des Auswärtigen Amts. Serie E, Band 4. Göttingen 1975, S. 284.

[...] Am 4. September 1942 hatte ich mich zu einem Freund begeben, der in demselben Viertel wie ich wohnte; in dem Augenblick, als ich klingelte, damit er heruntersteige, kam ein Auto der Gestapo und hielt vor dem Haus. Ich sah, daß die vier SS-Leute von mir sprachen und aus dem Auto stiegen mit der erkennbaren Absicht, auf mich zuzukommen. Ich ging, indem ich mir nichts anmerken ließ, aber sie sprachen mich sofort an, und ich ergriff die Flucht, augenblicklich verfolgt von den vier SS-Leuten. Das löste eine wahre Jagd in den Straßen des Viertels aus. Im Augenblick, als ich um eine Ecke biegen wollte, sah ich beim Zurückblicken, daß meine Verfolger ihre Revolver gezogen hatten und in meine Richtung zielten. Ich blieb also stehen, und sie nahmen mich in diesem Augenblick fest, nicht ohne mich dabei zu schlagen.

Nach der Befreiung habe ich erfahren, daß sie sich in Wirklichkeit anschickten, die Familie des Freundes, zu dem ich mich begeben hatte, zu verhaften, wobei ich das Pech gehabt hatte, mich in demselben Augenblick einzufinden. Ich möchte hinzufügen, daß die betroffene Familie, alarmiert von den Schreien der Passanten, die meine Verhaftung sahen, sich in diesem Augenblick hat retten können; unglücklicherweise wurden ihre Mitglieder von den Nazis in den letzten Wochen der Besatzung festgenommen und kehrten nicht von der Deportation zurück.

Ich wurde ins Auto gestoßen und zum Sitz der Gestapo, Avenue Louise, gebracht. Dort wurde ich in eine Zelle eingeschlossen, wo ich vier Tage blieb. Mehrere andere Juden, gleichfalls verhaftet, befanden sich in derselben Zelle.

Im Augenblick meiner Festnahme wollten sich die SS-Leute sofort zu mir begeben, um meine Familie zu verhaften, aber ich erklärte ihnen, daß ich allein leben würde, und sie bestanden nicht darauf. Nach vier Tagen in der Zelle im Gestapoquartier wurden meine Zellengenossen und ich in einen Lastwagen verladen, der uns nach Malines fuhr, in die Kaserne von Dossin.

Dort fing man an, uns vollständig für die Durchsuchung auszuziehen. Ich wurde in diesem Augenblick Zeuge sehr brutaler Szenen seitens der Nazi-Wächter. Insbesondere ihr Verhalten jungen

Frauen gegenüber, die sich nackt mitten unter uns befanden, war skandalös wegen der Untersuchungen und der demütigenden Stellungen, die sie die Frauen einzunehmen zwangen.

Wir wurden also in großen Räumlichkeiten untergebracht, wo mehrere hundert Gefangene waren, Männer, Frauen und Kinder, die in einem vollständigen Durcheinander lebten. Ich blieb einige Tage lang im Lager von Malines und wurde zu Strafdiensten in der Küche und zu Reinigungsarbeiten im Lager gezwungen.

Ich war ohne Neuigkeiten von meiner Familie. Die Deutschen organisierten regelmäßig Transporte von 1000 Juden, die nach Deutschland gingen. Ich wurde selbst ungefähr Mitte September mit dem 9. Transport deportiert. Eines Morgens wurden wir sehr früh zu Viehwaggons geführt, die sich in der Nähe des Lagerausgangs befanden, und wir wurden eng zusammengepfercht mit dem wenigen Gepäck, das uns geblieben war. Diese Abfahrt gab Anlaß zu herzzerreißenden Szenen, denn wir waren uns mehr oder weniger dessen bewußt, was uns erwartete. Während der Reise wurden wir fast gar nicht verpflegt; um zu schlafen, mußten wir eine Ecke finden, die es erlaubte, sich zu setzen und uns dabei abzulösen, damit vor allen Dingen die Frauen und Kinder ausruhen konnten.

Nach drei Tagen und drei Nächten Reise hielt der Zug an. Es war Nacht, und wir wußten nicht, wo wir uns befanden. Der Befehl zum Aussteigen wurde an die Männer zwischen 16 und 45 Jahren ausgegeben.

Da die meisten dieser Männer sich nicht von ihrer Familie, die sie begleitete, trennen wollten, zögerten sie zu gehorchen. Die Waggons wurden also plötzlich von den SS-Leuten gestürmt, die alle Männer ergriffen, die ihnen kräftig erschienen. So kam es, daß auch ich aus dem Zug geworfen wurde. Man kann unschwer erraten, daß diese Trennungen von herzzerreißenden Schreien begleitet waren. Die Waggontüren wurden dann wieder geschlossen, und der Zug setzte seinen Weg fort. Ich habe später erfahren, daß all diese Insassen nach Auschwitz gebracht und sofort vergast worden sind.

Diejenigen, die ausgestiegen waren, wurden schnell gesammelt, und in der Nacht brachte man uns in ein Lager namens Sakrau. Wir erfuhren, daß es sich um ein Durchgangslager in Oberschlesien handelte, wo sich Konvois in die Konzentrationslager für Schwerarbeiter bildeten. Bei der Ankunft in diesem Lager wurden wir erneut einer Durchsuchung unterworfen. Man nahm uns sozusagen alles, was uns geblieben war. Man rasierte uns die Haare und man stellte uns zu Arbeitskommandos zusammen. Dort traf ich Personen aus Brüssel, vor allen Dingen Schulkameraden, die mit anderen Transporten deportiert worden waren.

In dem Lager befanden sich Gefangene aus verschiedenen Ländern, alles Juden.[...]

IfZ Eich 1257 (Kopie) [Übersetzung aus dem Frz.]

111 Schreiben des Unterstaatssekretärs im AA Luther an Bargen: Probleme bei Deportationen in Belgien, 4.12.1942:

Wenn heute sich das in Belgien verbliebene Judentum über die Anordnungen des Militärbefehlshabers hinwegsetzt, ferner mit allen Mitteln versucht, seinen jüdischen Charakter zu verwischen und sich damit in schwer zu säubernde Schlupfwinkel zu verkriechen, und wenn schließlich bereits Ansätze zur Beteiligung dieser Juden am aktiven Widerstand gegen die Besatzungsmacht festgestellt werden, dann sollte ein energisches Zugreifen eine weitere Ausbreitung dieses Gefahrenherdes verhindern.

Ich darf daher bitten, im Benehmen mit dem Militärbefehlshaber die Möglichkeiten zu erwägen, die getroffenen Maßnahmen nunmehr auf alle Juden in Belgien auszudehnen und diese bis zur möglichen Durchführung der Transporte [in] Sammellagern zusammenzufassen; Einzelfragen bezüglich Ausnahmebehandlung von Juden in Mischehen, solchen christlicher Konfession, oder mit Kindern, konnten im Benehmen mit der Sicherheitspolizei geklärt werden.

Eine durchgreifende Säuberung Belgiens von den Juden muß früher oder später auf alle Fälle erfolgen. Für eine Durchführung der Maßnahme im gegenwärtigen Zeitpunkt spricht unter anderem der Umstand, daß die bisherigen Abtransporte die Bevölkerung hinreichend mit diesen Dingen vertraut gemacht und das Judentum selbst auf weitergehende Maßnahmen vorbereitet haben.

Die Tatsache, daß in den benachbarten Niederlanden das gesamte Judentum evakuiert wurde, dürfte in dieser Hinsicht den belgischen Juden keinen Zweifel gelassen haben. Neben der notwendigen Beseitigung der eben erwähnten Gefahren aber empfiehlt es sich, die Bevölkerung nicht in dauernder Unruhe zu halten, sondern die unvermeidlichen Maßnahmen in einem Zuge aufeinanderfolgend durchzuführen. Das Verschieben auf einen späteren Zeitpunkt könnte nur die unerwünschte Folge haben, die jetzt im Gange befindliche gegnerische Propaganda zu einer Zeit erneut wieder aufleben zu lassen, wenn sie innerhalb dieses Bereichs im wesentlichen zur Ruhe gekommen ist.

PA AA Inland II g Bd. 182;
    Akten zur deutschen auswärtigen Politik. Aus dem Archiv des Auswärtigen Amts. Serie E, Band 4. Göttingen 1975, S. 450 f.

112   Rundschreiben des Eichmann-Mitarbeiters Günther: Beunruhigung der Juden vor dem Abtransport vermeiden, 29. 4. 1943:

Das Lager Auschwitz hat aus naheliegenden Gründen erneut darum gebeten, den zu evakuierenden Juden vor dem Abtransport in keiner Weise irgend welche beunruhigenden Eröffnungen über den Ort und die Art ihrer bevorstehenden Verwendung zu machen. –
    Ich bitte um Kenntnisnahme und Beachtung.
    Insbesondere bitte ich durch laufende Belehrungen der Begleitkommandos bemüht zu sein, daß auch während der Fahrt den Juden gegenüber nicht irgend welche besonderen Widerstand auslösende Andeutungen gemacht bezw. Vermutungen über die Art ihrer Unterbringung usw. ausgesprochen werden. – Auschwitz muß mit Rücksicht auf die Durchführung dringendster Arbeitsvorhaben darauf Wert legen, die Übernahme der Transporte und ihre weitere Einteilung möglichst reibungslos durchführen zu können.

CDJC XXVc-240;
Serge Klarsfeld/Maxime Steinberg (Hg.), Die Endlösung der Judenfrage in Belgien. New York [1980], S. 64.

113 Affidavit von Alfred Oppenheimer: Juden in Luxemburg, 2.11.1960:

[...] Und ebenfalls im Oktober 1941 wurde auf Befehl des Reichssicherheitshauptamtes Berlin über die hiesige Dienststelle des SD der erste Transport von 324 Personen nach Litzmannstadt zusammengestellt. Wenige Tage später konnte noch fast der gesamte damalige Ältestenrat mit Erlaubnis der zuständigen Behörden als allerletzte mit Visum legal nach den U.S.A. auswandern. Unterzeichneter wurde von Herrn L. den Judendezernenten bei der Stapo als der geeignete Nachfolger genannt und somit von Kriminalkommissar Ranner vom SD Luxemburg unter Androhung von Zwangsmaßnahmen gegen die noch in Luxemburg anwesenden Juden verpflichtet, das Amt anzunehmen. Zu dieser Zeit bestand die jüdische Gemeinde Luxemburgs nur noch aus ca. 800 Personen, hauptsächlich Alten und Kranken und solchen, die kein Visum nach Übersee bekommen konnten. [...]

Alle im Großherzogtum ansässigen Juden waren größten Teils in einem früheren Kloster, »Fünfbrunnen« bei Ulflingen, konzentriert. In diesem Kloster, das normalerweise 30–35 Personen Platz bot, waren immer 100 bis 150 Menschen zusammen gedrängt und gingen auch später von dort aus die Transporte nach Polen oder Theresienstadt, auf welche ich noch später zurück kommen werde.

Auf Anordnung der Stapo waren wir natürlich auch in der Lebensmittelzuteilung stark eingeschränkt. So hatten wir weder Butter- noch Fleischkarten, keine Eier und Ölzuteilung, kein Weißbrot und keine Raucherkarten.

Die Verfügungen zu Transporten nach Fünfbrunnen gingen sowohl von der Gestapo als von der Zivilverwaltung aus. Gründe waren in erster Linie Wohnungen, die frei gemacht werden mußten für Reichsdeutsche Funktionäre. Aber auch Beschlagnahme von Möbel und Einrichtungen gab häufig Anlaß zu einem Überführungsbefehl. Oder wenn ein deutscher Kreisleiter besonders ehrgeizig war und seinen Kreis »Judenfrei« melden wollte. [...]

Massendeportationen fanden jeweils auf Befehl des Reichssicherheitshauptamts regelmäßig statt, teilweise nach Theresienstadt, teilweise nach Polen. Insgesamt waren es 8, wovon der erste
am 19. Oktober 41, der letzte am 28. September 43 [sic]. Beim vor-
letzten Transport wurden sogar die jüdischen Insassen der Irren-
anstalt Ettelbrück zur Vergasung nach Auschwitz mitgesandt.
Folgende Transporte wurden hier zusammen gestellt:

Am 19. Oktober 41.	324 Personen nach Litzmannstadt zurück gekehrt 11, tot 313
Am 23. April 42.	24 Personen nach Isbica zurück gekehrt niemand, tot 24
Am 27. Juni 42.	24 Personen nach Auschwitz zurück gekehrt niemand, tot 24
Am 26. Juli 42.	24 Personen nach Theresienstadt zurück gekehrt einer, tot 23
Am 28. Juli 42.	156 Personen nach Theresienstadt zurück gekehrt 6, tot 150
Am 6. April 43.	97 Personen nach Theresienstadt zurück gekehrt 15, tot 82
Am 19. Juni 43.	23 Personen nach Theresienstadt und Auschwitz, zurück gekehrt zwei, tot 21
Am 28. September 43.	2 Personen nach Theresienstadt zurück gekehrt einer, tot 1

Die Bilanz: 674 Deportierte, 36 sind zurück gekehrt.
638 Personen der Transporte ab Luxemburg sind umgekommen
oder getötet worden.

IfZ Eich 1075 (Kopie).

**114 Telegramm des Befehlshabers der Sicherheitspolizei und
des SD Oslo an Stapo Stettin: Deportation aus
Norwegen, 25. 11. 1942:**

Aus besonderen Gründen kann ich erst heute mitteilen, daß am
26. 11. 42 ein Schiffstransport von ungefähr 7 – 900 männlichen und
weiblichen Juden in allen Altersstufen von Oslo nach Stettin
durchgeführt werden wird. Die Überfahrt wird wahrscheinlich un-

gefähr 3 Tage beanspruchen. – Da das von der Kriegsmarine zur Verfügung gestellte Schiff nach seiner Ankunft in Stettin sofort wieder benötigt wird, bitte ich, die sofortige Ausschiffung und Unterbringung der Juden nach ihrer Ankunft vorzubereiten. Die Juden sollen nach Auschwitz verbracht werden. Ich habe soeben das RSHA unterrichtet und nehme an, daß von dort aus weitere Weisung erfolgt. –

T. Friedmann (Hg.), Dokumentensammlung über »Die Deportierung der Juden aus Norwegen nach Auschwitz«. Ramat Gan 1963, S. 1 (Faks.)

115   Schreiben des Reichskommissars für die besetzten norwegischen Gebiete an das AA: Haltung Schwedens zum Abschub norwegischer Juden, 18. 2. 1943:

Auf Grund des norwegischen Gesetzes über die Anmeldepflicht der Juden vom 17. November 1942 ist eine allgemeine Erfassung der Juden mit dem Ziel der Abschiebung der Juden aus Norwegen durchgeführt worden. Bei der Durchführung dieser Aktion ist das schwedische Generalkonsulat verschiedentlich tätig geworden:

1) Mit dem schwedischen Generalkonsulat ist festgelegt worden, daß die Juden schwedischer Staatsangehörigkeit Norwegen verlassen und nach Schweden zurückkehren werden.

2) In mehreren Fällen hat das schwedische Generalkonsulat in Oslo Juden ehemals schwedischer Staatsangehörigkeit und deren Ehegatten im Einvernehmen mit den zuständigen Stellen in Stockholm binnen kürzester Frist zur Wiedererlangung der schwedischen Staatsangehörigkeit verholfen, hat schwedische Reisepässe ausgestellt und die Erteilung von Ausreisevisen bei der deutschen Paßstelle beantragt. Die Einbürgerungen erfolgten ohne Fühlungnahme mit den zuständigen norwegischen Stellen.

Sie werden daher von den deutschen und norwegischen Stellen in Norwegen nicht anerkannt. [...]

Ein Angehöriger des schwedischen Generalkonsulats in Oslo hat dem Sachbearbeiter des Reichskommissariats privat auf Befragen erklärt, das Verhalten des schwedischen Generalkonsulats gehe auf eine Weisung der schwedischen Regierung zurück, die »den armen Juden, die doch auch Menschen seien«, helfen wolle.

PA AA Inland IIg Bd. 197;
T. Friedmann (Hg.), Dokumentensammlung über »Die Deportierung der Juden aus Norwegen nach Auschwitz«. Ramat Gan 1963, S. 72–74 (Faks.)

116 Telegramm des Bevollmächtigten des Deutschen Reiches in Dänemark, Best, an das AA: Transport Kopenhagen–Theresienstadt, 2.10.1943:

Ich bitte, den folgenden Bericht dem Herrn Reichsaußenminister unverzüglich zuzuleiten:

1.) Die Judenaktion in Dänemark ist in der Nacht vom 1. zum 2.10.43 ohne Zwischenfälle durchgeführt worden.

2.) Vom heutigen Tage an kann Dänemark als entjudet bezeichnet werden, da sich hier kein Jude mehr legal aufhalten und betätigen kann.

3.) Um die Erfassung derjenigen Juden, die nicht in der ersten Nacht festgenommen werden konnten, zu ermöglichen, erläßt der Befehlshaber der deutschen Truppen in Dänemark als Inhaber der Vollziehenden Gewalt heute die folgende Verordnung:

»1.) Jeder Jude hat sich bis zum 5.10. zum Arbeitseinsatz bei der nächsten deutschen Wehrmachtdienststelle zu melden.

2.) Wer einen Juden beherbergt, hat dies bis zum 5.10. der nächsten deutschen Wehrmachtdienststelle zu melden.

3.) Als Jude im Sinne dieser Bekanntmachung gilt jeder Volljude, wenn er nicht mit einem nichtjüdischen Ehepartner verheiratet ist.

4.) Zuwiderhandlungen gegen die Bestimmungen dieser Bekanntmachung werden nach den Kriegsgesetzen bestraft.«

4.) Im Einvernehmen mit dem Befehlshaber der deutschen Truppen in Dänemark wird die bevorstehende Entlassung der internierten dänischen Soldaten nach der Ausschaltung des die dänische Atmosphäre vergifteten [sic] Judentums heute durch die folgende offizielle Mitteilung bekanntgegeben:

»Offiziell wird mitgeteilt: Nachdem durch die von deutscher

Seite getroffenen Maßnahmen die Juden, die durch ihre deutschfeindliche Hetztätigkeit und durch moralische und materielle Unterstützung von Terror- und Sabotagebestrebungen wesentlich zur Verschärfung der Lage in Dänemark beigetragen haben, aus dem öffentlichen Leben ausgeschaltet und an weiterer Vergiftung der Atmosphäre verhindert worden sind, wird zur Erfüllung der Wünsche weiter Kreise der dänischen Bevölkerung in den nächsten Tagen mit der Entlassung der internierten dänischen Soldaten begonnen und die Entlassung in dem durch die technischen Möglichkeiten gebotenen Tempo durchgeführt werden.«

Für propagandistische Auswertung der erwähnten Maßnahmen im Sinne der hiermit aufgezeigten Tendenz wird gesorgt.

PA AA Inland IIg Bd. 184;
    Akten zur deutschen auswärtigen Politik. Aus dem Archiv des Auswärtigen Amts. Serie E, Band 7. Göttingen 1979, S. 12f.

VII. SÜDOSTEUROPA UND ITALIEN

Von den in Südosteuropa lebenden etwa 1,6 Millionen Juden hatten diejenigen, die unter deutsche Besatzungsherrschaft gerieten, die geringsten Überlebenschancen: Die Juden Serbiens und Griechenlands wurden ganz überwiegend Opfer des nationalsozialistischen Völkermords. Die Juden in den mit dem Deutschen Reich verbündeten Staaten sowie die in den von Deutschland geschaffenen Satellitenstaaten wurden hingegen in unterschiedlichem Umfang von ihren Regierungen vor den deutschen Auslieferungsersuchen geschützt. Die Besetzung des verbündeten Ungarns durch deutsche Truppen im Jahre 1944 sollte allerdings auch das Ende des dortigen Judentums bedeuten.

Nach dem Balkanfeldzug vom April 1941 wurden Serbien und Griechenland zum Militärverwaltungsgebiet »Südost« zusammengefaßt. In Serbien wurden Ende Mai 1941 schlagartig die üblichen antijüdischen Maßnahmen in Kraft gesetzt, also die Juden-Definition der Nürnberger Gesetze erlassen, Berufsverbote verhängt, Vermögen registriert, Zwangsarbeit verordnet und der Judenstern eingeführt. Kurze Zeit darauf folgte die zwangsweise »Arisierung«, wobei vor allem die Volksdeutschen profitierten.

Das weitere Vorgehen der deutschen Besatzungsmacht gegen die Juden ähnelte sehr den auch zeitlich parallel ablaufenden Vorgängen in der Sowjetunion – mit dem wichtigen Unterschied, daß hier die Wehrmacht nicht als Hilfsorgan, sondern als Hauptakteur in Erscheinung trat. Am Anfang des Massenmordes an den serbischen Juden standen Erschießungen, bei denen als Vergeltung für Partisanenanschläge gezielt jüdische Männer und Kommunisten getötet wurden (Dok. Nr. 117). Im Spätsommer wurden zwei Sammellager in Belgrad und in Sabac errichtet, während gleichzeitig systematisch sämtliche jüdischen Männer, ferner Kommunisten und andere Verdächtige, festgenommen wurden. Nachdem im September verschiedene Pläne für die hier zusammengezogenen Juden erörtert und bereits der Vorschlag einer Massenexekution aufgetaucht war, kam es Anfang Oktober 1941 zu einer weiteren Verschärfung der Entwicklung: Der Wehrmachtbefehlshaber in Serbien ordnete an, als Vergeltung für einen Partisanenanschlag insgesamt über 2000 Insassen der Sammellager (das entsprach einer »Vergeltungsquote« von etwa 1 : 100) zu erschießen (Dok. Nr. 118). Nach dieser Aktion war der Damm gebrochen: Auf Befehl der Wehrmacht wurden nun alle Kommunisten, Juden, Zigeuner und sonstige mißliebige Personen männlichen Geschlechts im Besatzungsgebiet festgenommen und liquidiert. Die Erschießungen wurden in ganz ähnlicher Weise wie die in der Sowjetunion an offenen Massengräbern durchgeführt (Dok. Nr. 121). Dabei wurde zwar ein Schlüssel von 1 : 100 zugrunde gelegt, die Verantwortlichen jonglierten jedoch alsbald mit globalen Zahlen der zu Erschießenden, ohne daß es offensichtlich in jedem Einzelfall eines konkreten Anlasses bedurfte (Dok. Nr. 120). Die ursprünglich als Repressalien deklarierten Exekutionen nahmen somit innerhalb kurzer Zeit einen Umfang an, der deutlich die Absicht erkennen läßt, die männliche jüdische Bevölkerung Serbiens mehr oder weniger vollständig physisch zu vernichten. In einem Schreiben, das der Chef der Zivilverwaltung in Serbien, Turner, an einen befreundeten SS-Gruppenführer richtet, wird das doppelte Ziel der Erschießungen, Vergeltung und schnelle »Lösung« der »Judenfrage« besonders plastisch herausgestellt (Dok. Nr. 119). Turner räumte in diesem Schreiben auch ein, daß es eigentlich widersinnig sei, für Taten, die eindeutig zu Lasten der serbischen Widerstandsbewegung gingen, ausgerechnet die Juden zur Rechenschaft zu ziehen; seine Begründung »aber die haben wir nun mal im Lager gehabt« war ebenso pragmatisch wie zynisch.

Ab November 1941 ging man auch dazu über, die Frauen und Kinder der erschossenen Juden, Kommunisten und Zigeuner massenweise zu ermorden (Dok. Nr. 120): Sie wurden durch Wehrmachteinheiten in das (dem regionalen Befehlshaber der Sicherheitspolizei unterstehende) Lager Semlin eingeliefert, wo eine Mordmethode zur Anwendung kam, die etwa gleichzeitig an der Ostfront und im Vernichtungslager Chelmno eingeführt wurde: In kleinen Gruppen wurden die Frauen und Kinder in geschlossenen Fahrzeugen, »Entlausungswagen« genannt, mittels Gas getötet (Dok. Nr. 123). Im August 1942 konnte Turner dem Wehrmachtbefehlshaber Südost voller Stolz melden, daß Serbien das einzige Land sei, in dem »Judenfrage und Zigeunerfrage gelöst« seien (Dok. Nr. 124).

Auch in dem von ungarischen Truppen besetzten Teil Jugoslawiens kam es zu einem Massaker: Der ungarische Befehlshaber befahl im Januar 1942 in der Stadt Novi Sad (Neusatz) die Erschießung Tausender Juden und Serben. Als 1943 gegen den General und eine Reihe weiterer Offiziere Anklage erhoben wurde, flohen die drei Hauptbeschuldigten nach Deutschland, wo sie unter den Schutz der Gestapo gestellt wurden (Dok. Nr. 122). Auf ein ungarisches Auslieferungsersuchen reagierte Hitler mit der Anordnung, den Betreffenden sei Asyl zu gewähren.

In dem von deutschen Truppen besetzten Teil Griechenlands lebten etwa 55000 Juden, die zum allergrößten Teil in Saloniki wohnten. Im Juli 1941 wurden in der Stadt mehrere tausend Männer zur Zwangsarbeit verpflichtet. Im Februar 1942 erfolgte schlagartig die Kennzeichnung der Juden und ihre Gettoisierung. Zur »Durchführung der im Rahmen der Endlösung der europäischen Judenfrage vorgesehenen Abschiebung« wurde der bereits in Preßburg als »Judenberater« eingesetzte Hauptsturmführer Wisliceny nach Saloniki abgestellt (Dok. Nr. 125). Bis Mai 1943 war die Deportation der Juden Salonikis, die in Wehrmachtszügen nach Auschwitz transportiert wurden, abgeschlossen (Dok. Nr. 126).

Indessen gelang es der deutschen Seite nicht, die Italiener dazu zu bewegen, die in ihrer Besatzungszone lebenden Juden abzuschieben bzw. zu internieren. Erst nach der Kapitulation Italiens im Sommer 1943 und der kurz darauf erfolgenden Übernahme des italienischen Besatzungsgebietes geriet auch diese jüdische Gruppe unter deutsche Kontrolle. Im März 1944 ließ der einige Monate zuvor eingesetzte Höhere SS- und Polizeiführer nach längeren Vorbereitungen schlagartige Verhaftungen vornehmen, die zur Deportation von über 5000 Juden führten. In den folgenden Monaten wurden auch einige hundert albanische Juden in die Deportationen einbezogen.

Die Erfassung und der Transport der auf den griechischen Inseln Korfu, Rhodos und Kreta lebenden Juden war wiederum vor allem Angelegenheit der dort als Besatzungstruppe liegenden

Wehrmachteinheiten (Dok. Nr. 127–128, 130). Äußerungen, die mit der Durchführung der Deportation beauftragte Soldaten gegenüber einem zufällig die Insel Rhodos besuchenden Kameraden machten, war zu entnehmen, daß auch an diesem, an der äußersten Peripherie des deutschen Machtbereichs liegenden Ort keine Zweifel über das Schicksal der Deportierten bestanden (Dok. Nr. 129).

Der im April 1941 ins Leben gerufene Satellitenstaat Kroatien, unter dessen grausamem Regime Hunderttausende von Serben ermordet wurden, führte sogleich die üblichen antijüdischen Bestimmungen nach deutschem Vorbild ein. Ein großer Teil der etwa 30 000 in Kroatien lebenden Juden wurde noch im Laufe des Jahres 1941 zu Zwangsarbeiten verpflichtet und zu diesem Zweck in Lagern gesperrt. Nachdem die kroatische Regierung bereits um die Jahreswende 1941/42 der Deportation ihrer im Reich lebenden Juden zugestimmt hatte (Dok. Nr. 131), setzte im Spätherbst 1942 auch der Abtransport der im Lande ansässigen Juden ein, der bis 1944 andauerte (Dok. Nr. 137 u. 139). Als Motor dieser Maßnahmen fungierte der deutsche Gesandte Kasche, dem Spezialisten des RSHA zur Seite standen. So wurde das Deportationsverfahren im einzelnen zwischen dem deutschen Polizeiattaché und den kroatischen Polizeibehörden abgesprochen (Dok. Nr. 136). Im September 1943 wurden zusätzlich auch die bis dahin unter italienischer Militärverwaltung stehenden Gebiete einbezogen. In seinem Abschlußbericht vom April 1944 bezeichnete der Polizeiattaché der deutschen Gesandtschaft die »Judenfrage« in Kroatien »im großen und ganzen als gelöst«, wenn man von bestimmten, durch den kroatischen Staat besonders geschützte Gruppen absehe (Dok. Nr. 138).

Die Slowakei, der im März 1939 gegründete Satellitenstaat, verhielt sich auf dem Gebiet der »Judenpolitik« trotz starken deutschen Drängens zunächst relativ zurückhaltend. Erst im September 1941 wurde ein umfangreiches Paket judenfeindlicher Bestimmungen, der sogenannte »Judenkodex«, erlassen. Die durch diese Maßnahmen arbeitslos gewordenen Juden wurden zu einem erheblichen Teil zur Zwangsarbeit verpflichtet.

Auch im Fall der Slowakei begannen die Deportationen mit der Abschiebung der im Reich ansässigen Juden (Dok. Nr. 131). Der nächste Schritt bestand in der Aufforderung, 20000 arbeitsfähige Juden aus der Slowakei in den Osten abzuschieben. Diese Deportationen setzten im März 1942 ein (Dok. Nr. 132); für jeden deportierten Juden stellte die deutsche Reichsregierung 500 RM in Rechnung (Dok. Nr. 133). Bis zum Juni, als wegen der deutschen Sommeroffensive eine Transportsperre verhängt wurde, waren bereits über 50000 Menschen verschleppt. In der Folgezeit jedoch stießen die deutschen Stellen mit ihrer Forderung, auch die restlichen noch etwa 35000 im Lande verbliebenen Juden auszuliefern, zunehmend auf den hinhaltenden Widerstand der slowakischen Regierung (Dok. Nr. 134 u. 135; tatsächlich dürfte es sich um etwa 30000 Personen gehandelt haben, da ca. 7000 bereits ins Ausland, vor allem nach Ungarn, geflohen waren). Die meisten im Lande verbliebenen Juden verfügten über »Schutzbriefe«, die ihre Unentbehrlichkeit bestätigten. Ende 1943 schließlich sagte die slowakische Regierung unter verstärktem deutschen Druck die Deportation von etwa 16 bis 18000 Menschen jüdischen Glaubens zu; die zum Katholizismus Übergetretenen (von dieser Möglichkeit hatten wahrscheinlich Tausende in den letzten Jahren Gebrauch gemacht) sollten zunächst verschont bleiben. Aber auch die Durchführung dieser Zusage wurde von den Slowaken hinausgezögert. Erst als die Deutschen nach dem slowakischen Aufstand vom August 1944 die uneingeschränkte Kontrolle über das Land übernahmen, konnten sie die Deportation in eigener Regie durchführen: Sonderkommandos durchkämmten das Land und spürten etwa 13000 bis 14000 Juden auf. Bis Ende 1944 waren insgesamt etwa 70000 Juden deportiert worden.

Die rumänischen Juden wurden in unterschiedlichem Umfang Opfer des Völkermordes: Während die etwa 300000 im rumänischen Kerngebiet lebenden Juden weitgehend von der »Endlösung« verschont blieben, wurden diejenigen, die in den 1940 an die Sowjetunion bzw. an Ungarn abgetretenen Territorien ansässig waren, zu einem erheblichen Teil ermordet. Es handelte sich dabei um die etwa 150000 Juden Transilvaniens, die in den Massenmord an den ungarischen Juden gerieten, und um die jüdische Bevölkerung der Bukowina und Bessarabiens, die 1940 etwa 275000 Menschen betrug, jedoch durch sowjetische Deportationsmaßnahmen um schätzungsweise 100000 Personen vermindert wurde.

Nach der Abtretung der rumänischen Ostgebiete an die Sowjetunion im Sommer 1940 entschloß sich die rumänische Regierung zu einer außenpolitischen Anlehnung an Deutschland und ging innenpolitisch zu einer antisemitischen Gesetzgebung über. Unter der Regierung des seit September des gleichen Jahres amtierenden Marschalls Antonescu wurde diese Politik fortgesetzt. Im Januar 1941 kam es im Zuge eines mißlungenen Putschversuchs der faschistischen »Eiserne Garde« in Bukarest zu einem Pogrom, der Hunderte von Juden das Leben kostete.

Der Beginn des Rußlandfeldzuges, an dem die Rumänen als Verbündete des Deutschen Reiches teilnahmen, brachte eine außerordentliche Verschärfung der antijüdischen Maßnahmen mit sich. Während einer großangelegten Abschiebeaktion, durch die man die an der rumänischen Ostgrenze wohnenden Juden nach Westen transportierte, wurden Tausende Juden getötet. In der Stadt Jassi wurde ein erneuter Pogrom durchgeführt, das mindestens 4000 Opfer kostete.

Diese Ereignisse wurden aber bei weitem durch die Massaker übertroffen, die nach dem Überschreiten der Grenze zur Sowjetunion in den nun wiedereroberten ehemals rumänischen Gebieten Bukowina und Bessarabien durch die deutsche Einsatzgruppe D und rumänische Armee- und Polizeikräfte angerichtet wurden (Dok. Nr. 140). Die Überlebenden wurden in Lagern gefangengehalten (Dok. Nr. 141). Kurz nach der vollständigen Eroberung dieses Gebietes gingen die Rumänen dazu über, die Juden über den Dnjestr hinweg nach Osten abzuschieben (Dok. Nr. 143). Jenseits des Flusses wurde eine bis zum Bug reichende rumänisch kontrollierte Zone, Transnistrien, geschaffen, in der diejenigen, die die strapaziösen Transporte überlebten, in Gettos und Lagern zusammengepfercht und ihrem Schicksal überlassen wurden. Teilweise begann man auch damit, Juden über den Bug in die von den Deutschen besetzte Ukraine herüberzutreiben, wo die deutschen Einsatzkommandos ihre Massenexekutionen fortsetzten. Aufgrund all dieser Maßnahmen hatte der Gesandte in Bukarest, Killinger, genügend Gründe, die Rumänen vor dem durch Heydrich geäußerten Vorwurf der »Judenfreundschaft« in Schutz zu nehmen (Dok. Nr. 142). Von den nach Transnistrien deportierten etwa 160000 Menschen waren 1943 nur noch etwa 50000 am Leben.

Zwar fanden auch Deportationen von Juden aus dem altrumänischen Gebiet nach Osten statt, doch blieb der größte Teil verschont. Nachdem die rumänische Regierung aber im November 1941 der Deportation der im Reich ansässigen Juden zugestimmt hatte (Dok. Nr. 131), drängten die deutschen Stellen nun auf den Abtransport aller rumänischen Juden nach Polen. Im Sommer 1942 ging man deutscherseits davon aus, alle politischen und technischen Fragen seien so weit geklärt, daß die Deportationen unmittelbar bevorstünden (Dok. Nr. 144). Statt dessen aber zeigten sich die Rumänen gegenüber den deutschen Wünschen zunächst zögernd, dann aber vollkommen ablehnend. Auf deutscher Seite mußte man sich mit dieser Position abfinden (Dok. Nr. 145) und zog die bereits im Lande installierten Spezialisten ab. Die Rumänen gingen im Jahre 1944 sogar dazu über, die nach Transnistrien Deportierten zurückzuführen.

Im Sommer 1942 ordnete der deutsche Außenminister Ribbentrop an, nunmehr (neben der dänischen) auch an die bulgarische und ungarische Regierung heranzutreten, um die »Judenevakuierungen aus diesen Ländern in Gang zu setzen« (Dok. Nr. 148). Hinsichtlich Italiens wollte sich der Außenminister selbst »das Weitere« vorbehalten.

Bulgarien profitierte in den Jahren 1940 und 1941 außerordentlich von seinem Bündnis mit den Achsenmächten: Es erhielt im September 1940 rumänisches Gebiet zugesprochen und vergrößerte sein Staatsgebiet nach dem Balkanfeldzug um das jugoslawische Makedonien und das griechische Thrakien. Während man bereit war, die in den neu gewonnenen Gebieten lebenden Juden an die Deutschen auszuliefern, weigerten sich die Bulgaren beharrlich, die etwa 50000 Juden Altbulgariens zu deportieren. Man war lediglich dazu bereit, ihnen die auch in den anderen Ländern des deutschen Machtbereichs üblichen Beschränkungen und Diskriminierungen aufzuerlegen und ihr Vermögen zu enteignen. Als im Spätsommer 1942 auch die Kennzeichnung der Juden eingeführt wurde und ihre Aussiedlung aus Sofia begann, schien aus deutscher Sicht der Zeitpunkt gekommen, die allgemeine Deportation vorzuschlagen (Dok. Nr. 146). Im Februar 1943 wurde eine Vereinbarung abgeschlossen, die neben der Deportation von 14000 mazedonischen und thrakischen Juden auch den Abtransport von 6000 Juden aus Altbulgarien vorsah (Dok. Nr. 147). Offensichtlich vor allem aufgrund der militärischen Entwicklung machte sich nun aber auf bulgarischer Seite zunehmend Widerstand bemerkbar, der schließlich dazu führte, daß die bereits internierten 6000 wieder freigelassen wurden. Die Bulgaren verfielen angesichts weiterer deutscher Wünsche auf eine Hinhaltetaktik, die sich letztlich als erfolgreich erwies.

Die etwa 750000 in Ungarn lebenden Juden waren bis 1944 vor der »Endlösung« verschont geblieben. Eine antisemitische Gesetzgebung gab es hingegen in Ungarn seit 1938. Die von Enteignungsmaßnahmen betroffenen Juden wurden zu einem erheblichen Teil durch ein Zwangsarbeitssystem erfaßt. Eine ungarische Besonderheit war die Tatsache, daß dieser Arbeitsdienst innerhalb der Armee in geschlossenen Formationen abzuleisten war. Den »Judenbataillonen« gehörten bis zu 80000 jüdische Männer an. Sie wurden zum Teil direkt an der Ostfront eingesetzt und hatten hohe Verluste.

1941 und 1942 kam es zu zwei spektakulären antisemitischen Aktionen im ungarischen Machtbereich: Im August 1941 wurden 12000 aus Galizien nach Ungarn emigrierte Juden an die in der Sowjetunion operierenden deutschen Einsatzkommandos ausgeliefert, während im Januar 1942 im jugoslawischen Novi Sad die bereits geschilderte Massenexekution stattfand.

Gemäß der von Ribbentrop im September 1942 erlassenen Weisung trat der Unterstaatssekretär Luther im Oktober an den ungarischen Gesandten heran. Dieser sagte die Auslieferung der im Reich sowie in den besetzten Gebieten lebenden Juden zu, zeigte sich jedoch hinsichtlich der Deportation der in seinem Lande lebenden Juden wenig zugänglich. Auch in den folgenden Wochen und Monaten mahnten führende deutsche Vertreter, so insbesondere Himmler und Hitler, die Einbeziehung der ungarischen Juden in die »Endlösung« an, ohne jedoch definitive Zusagen der Ungarn zu erhalten (Dok. Nr. 149 u. 150).

Die Situation änderte sich erst im März 1944. Auf deutschen Druck wurde eine neue Regierung eingesetzt, während deutsche

Dienststellen, koordiniert durch den neu ernannten Gesandten und Generalbevollmächtigten Veesenmayer, die eigentliche Macht im Lande übernahmen. Daneben wurde ein Höherer SS- und Polizeiführer sowie ein Sonderkommando Ungarn unter der persönlichen Leitung Eichmanns eingesetzt (Dok. Nr. 151). Sogleich wurde in Ungarn ein Judenrat geschaffen und die ungarische Regierung veranlaßt, jüdische Geschäfte zu schließen und Vermögen zu beschlagnahmen. Es folgten u. a. die Kennzeichnung und die Schaffung von Gettos. Bereits im April gingen die ersten Transporte nach Auschwitz ab (Dok. Nr. 152). Systematisch wurden nun die Juden aus dem gesamten Land deportiert, wobei man sich von den Grenzregionen in das Landesinnere vorarbeitete (Dok. Nr. 153 a). Diese Maßnahmen führten zu einer wachsenden Beunruhigung der ungarischen Regierung (Dok. Nr. 154 b).

Anfang Juli 1944 teilte die ungarische Regierung dem Gesandten Veesenmayer überraschend mit, daß die Fortsetzung der »Judenaktion« gestoppt sei (Dok. Nr. 153 c). Ausschlaggebend für diese Entscheidung war die Befürchtung, daß die durch jüdische Widerstandskreise ins Ausland gebrachten Informationen zu weltweitem Protest und zu konkreten alliierten Gegenmaßnahmen führen könnten. Erst als im Oktober 1944 der Führer der faschistischen »Pfeilkreuzler« durch Eingreifen der Wehrmacht an die Macht gebracht wurde, wurden die Deportationen wieder aufgenommen (Dok. Nr. 153 d). Allerdings stand zu diesem Zeitpunkt die Rote Armee schon tief im Land, das Transportsystem war zusammengebrochen. Die verbliebenen Juden sollten entweder in Fußmärschen ins Reichsgebiet gelangen, zu Befestigungsarbeiten herangezogen oder in Lager im Raum Budapest eingesperrt werden. Die Gewaltmärsche, die Ende Oktober einsetzten und zahlreiche Todesopfer forderten, wurden nach einem Monat durch die ungarische Regierung eingestellt. Mehr als 120 000 Juden blieben in Budapest zurück (Dok. Nr. 153 e), die bis zur Befreiung durch die Rote Armee im Februar 1945 Hunger, Kälte und zahlreichen Übergriffen der Pfeilkreuzler ausgesetzt waren.

Italien begann 1938, Maßnahmen gegen die weitgehend in die Gesellschaft integrierte und bis in die faschistische Bewegung hinein Ansehen genießende jüdische Bevölkerung zu ergreifen.

Juden wurden aus dem Staatsdienst und aus führenden Wirtschaftspositionen entfernt, Vermögens- und Berufsbeschränkungen unterworfen und zahlreichen anderen Diskriminierungen ausgesetzt. Trotz dieser Maßnahmen reagierte die faschistische Regierung auf alle deutschen Versuche, ihre »Judenpolitik« als Vorbild zu empfehlen, ausgesprochen negativ.

Die Lage änderte sich allerdings vollkommen mit dem Wechsel Italiens ins Lager der Alliierten und der daraufhin erfolgenden Besetzung des Landes durch deutsche Truppen im September 1943. Sogleich wurde ein umfassender SS- und Polizeiapparat im Lande eingerichtet und die Deportation der italienischen Juden verfügt.

Am 16. Oktober 1943 wurden schlagartig über 1000 Juden in Rom durch deutsche Polizeikräfte verhaftet und nach Auschwitz deportiert (Dok. Nr. 154, 155 u. 156). Der großen Mehrzahl der römischen Juden, fast 7000, gelang es jedoch, sich versteckt zu halten. Auch in Norditalien, wo die Verhaftungsaktionen fortgesetzt wurden, konnte sich die Mehrheit der Juden dem deutschen Zugriff entziehen (Dok. Nr. 157).

Als im Dezember 1943 durch ein italienisches Gesetz die Einweisung aller Juden in Konzentrationslager verfügt wurde, stand der Polizeiapparat der faschistischen Regierung für weitere Maßnahmen in vollem Umfang zur Verfügung. Zwischen April und Oktober 1944 wurden insgesamt über 7000 Juden aus diesen Lagern nach Auschwitz transportiert.

117   Tagesmeldungen des Armeeoberkommandos 12 an Wehrmachtführungsstab / Abt. Landesverteidigung: Erschießungen in Serbien, 1941:

8. 7. 1941

1.) Engl. Fliegerangriff auf Flugplatz Eleusis 8. 7. 41. 00. 45 Uhr. Abwurf von je 10 Spreng- und Brandbomben auf Strand ein bis zwei Kilometer ostw. Flugplatz. 1 Ju 88 leicht beschädigt.

8. 7. 00. 27 Uhr engl. Fliegerangriff Flugplatz Maleme. Spreng- und Brandbomben außerhalb des Flugplatzes. Eine Bombe in Gefangenenlager Maleme. 3 griechische Offiziere und eine Frau verwundet.

8. 7. 02. 05 Uhr Brandbombenabwurf Flugplatz Eraklion. Kein Schaden.

2.) Drei französische Torpedoboote auf Fahrt von Saloniki nach Beirut von britischer Aufklärung erfaßt.

3.) Im Zusammenhang mit Sprengstoff-Funden in Serbien 10 Kommunisten und 3 Juden 8. 7. erschossen.

4.) In Gegend Arandelovac, nordwestl. Topola bewaffnete Bande in Stärke von 50 Mann, darunter 2 Generale und eine Ärztin, im Besitz von Radioempfangsgerät und Maschinengewehren festgestellt.

5.) In Nisch wurde Zug mit 800 russischen Zivilisten und russischer Diplomatenzug durch deutsche Gesandtschaft bis Rückkehr deutscher Vertretung aus Rußland sichergestellt.

6.) Insurgentengruppe in der Herzegowina ostw. Nevesinje in Auflösung begriffen.

7.) An zerstörter Eisenbahnbrücke Pythion (Kuleliburgas) weder Arbeitstätigkeit noch Baufortschritt noch Anlegung von Baumateriallagern.

28. 7. 1941

1.) 25. 7. jüdische Versuche in Belgrad deutsche Kraftfahrzeuge in Brand zu setzen. 100 Juden werden erschossen.

26. 7. Kommunistisches Bombenattentat auf PK-Sender Belgrad verhindert. Täter festgenommen. Haupttäter Todessprung bei Flucht. Polizeistunde Belgrad: Wochentage 20 Uhr, Samstag und Sonntag 19 Uhr festgesetzt. [...]

29.7.1941

1.) 28.7. Überfall auf Polizeistreife auf Straße Uzice–Valyevo. 80 Erschießungen.

2.) 29.7. in Belgrad wegen gemeldeter Sabotageakte nicht 100, sondern 122 Kommunisten und Juden hingerichtet. [...]

6.8.1941

[...] In Petrovgrad 6 bewaffnete Kommunisten festgenommen. 1 Kommunist auf der Flucht erschossen.

In Agram 104 Attentäter, Kommunisten und Juden erschossen. [...]

7.8.1941

[...] Von Aktion V. Kikinda am 4.8. weitere 3 tote Kommunisten geborgen. Führer der Bande, ehemaliger serbischer Oberleutnant, inzwischen gefangen und erschossen.

Am 6.8. in Agram weitere 87 Kommunisten und jüdische Geiseln erschossen.

2 Kompanien von 718. Div. von Brod nach Prijedor verlegt. [...]

9.10.1941 [Wehrmachtbefehlshaber Südost Ic/AO]
Serbien

Gesamtlage unverändert. Verstärkte kommunistische Propaganda in Belgrad.

342. Div. 10.10. antritt von Norden und Südosten gegen stärkeren Gegner im Cer- und Ivarak-Gebirge.

I.R. 125 hat im Vorgehen von Valjevo nach Norden Calenic-Brugule-Lisopolje (südl. Obrenovac) ohne Feindberührung erreicht.

Erfolgreiche Feuergefechte kleinerer Verbände bei Zeoke (nordostwestl. Lezarevac) und Salas-Sikole (18 km nordostwestl. Bor).

Als Sühne für 22 Ermordete des A.N.Rgt. 521 werden 2000 Kommunisten und Juden erschossen.

Bahnstrecke Obrenovac–Valjevo wieder in Betrieb.

Gesamtverluste: Feind 10 Tote, 2 Verwundete, 32 vorläufig festgenommen. Eigene: 8 tot, 8 verwundet. [...]

BA/MA RH 20–12/62b.

286

118 Befehl des Bevollmächtigten Kommandierenden Generals in Serbien, Böhme: Erschießung von 100 Serben (meist Juden) für jeden getöteten Deutschen, 4.10.1941:

Am 2.10. wurden bei einem Überfall auf Einheiten des Armee-Nachr. Rgts. zwischen Belgrad und Obrenovac 21 Soldaten von kommunistischen Banden auf bestialische Weise zu Tode gequält. Als Repressalie und Sühne sind sofort für jeden ermordeten deutschen Soldaten 100 serbische Häftlinge zu erschießen. Chef der Mil. Verwaltung wird gebeten, 2100 Häftlinge in den Konzentrationslagern Sabac und Belgrad (vorwiegend Juden und Kommunisten) zu bestimmen und Ort, Zeit sowie Beerdigungsplätze festzulegen.

Die Erschießungskommandos sind von 342. Div. (für Konz.Lager Sabac) und Kps. Nachr.Abt. 449 (für Konz.Lager Belgrad) zu stellen. Sie sind vom Chef der Mil. Verwaltung über Bevollm. Kdr. Gen. i. Serbien anzufordern.

Chef der Mil. Verwaltung wird gebeten, die Lagerleiter anzuweisen, den Häftlingen den Grund der Erschießung zu eröffnen.

IfZ NOKW-192 (Kopie).

119 Brief des Chefs der Zivilverwaltung in Serbien, Turner, an den SS-Gruppenführer Hildebrandt: Judenerschießungen in Serbien, 17.10.1941:

[...] Daß hier der Teufel los ist, weißt Du ja wohl. Es sind erhebliche Truppenvermehrungen hergekommen, die sich nun an das Aufräumen heranmachen, was aber mit den nötigen Schwierigkeiten verknüpft ist. Denn nach den Lenin'schen Anweisungen über die Aufstandsmethoden haben sich Zweier- und Dreierkolonnen in der nötigen Menge gebildet, um überall mit Mord, Sabotageakten und ähnlichem vorzugehen, was natürlich schwer zu greifen ist. Vor 5 Wochen ungefähr hatte ich bereits die ersten von 600 an die Wand gestellt, seitdem haben wir bei einer Aufräumungsaktion wieder 2000 umgelegt, bei einer weiteren wieder etwa 1000 und zwischendurch habe ich dann in den letzten 8 Tagen 2000 Juden und 200 Zigeuner erschießen lassen nach der Quote 1 : 100 für bestialisch hingemordete deutsche Soldaten und weitere 2200, ebenfalls fast nur Juden werden in den nächsten 8 Tagen erschossen. Eine schöne Arbeit ist das nicht! Aber immerhin muß es sein, um einmal den Leuten klarzumachen, was es heißt, einen deutschen Soldaten überhaupt nur anzugreifen und zum andern löst sich die Judenfrage auf die Weise am schnellsten. Es ist ja eigentlich falsch, wenn man es genau nimmt, daß für ermordete Deutsche, bei denen das Verhältnis 1 : 100 zu Lasten der Serben gehen müßte, nun 100 Juden erschossen werden, aber die haben wir nun mal im Lager gehabt. – Schließlich sind es auch serbische Staatsangehörige und sie müssen ja auch verschwinden. [...]

IfZ NO-5810 (Kopie).

120 Aufzeichnung Rademachers (AA, Abteilung D III) über das Ergebnis seiner Dienstreise nach Belgrad: Judenfrage in Serbien, 25.10.1941:

Zweck der Dienstreise war, an Ort und Stelle zu prüfen, ob nicht das Problem der 8000 jüdischen Hetzer, deren Abschiebung von der Gesandtschaft gefordert wurde, an Ort und Stelle erledigt werden könne.

Die erste Aussprache mit Gesandten BENZLER und Staatsrat TURNER auf der Dienststelle des Militärbefehlshabers von Serbien ergab, daß bereits über 2000 dieser Juden als Repressalie für Überfälle auf deutsche Soldaten erschossen waren. Auf Anordnung des Militärbefehlshabers sind für jeden getöteten deutschen Soldaten 100 Serben zu erschießen. Im Vollzuge dieses Befehls wurden zunächst die aktiven kommunistischen Führer serbischer Nationalität – etwa 50 an der Zahl – und dann laufend Juden als kommunistische Hetzer erschossen.

Im Verlaufe der Aussprache ergab sich, daß es sich von vornherein nicht um 8000 Juden handelte, sondern nur um rund 4000, von denen außerdem nur 3500 erschossen werden können. Die restlichen 500 benötigt die Staatspolizei, um den Gesundheits- und

Ordnungsdienst in dem zu errichtenden Ghetto aufrecht zu erhalten.

Wieso die Differenz von 8000 zu 4000 Juden entstanden war, konnte in der ersten Besprechung nicht geklärt werden. Die über diese Frage von mir angestellten Ermittlungen ergaben, daß Staatsrat Turner die Zahl von 8000 Herrn Ges. Benzler angegeben hatte, und zwar 1500 aus Smedrivo, 600 aus dem Banat (ein Rest von 2000), 1200 aus Sabatsch, 4700 aus Belgrad.

In dieser Aufstellung war insofern ein Fehler unterlaufen, als die Juden aus Smedrivo und dem Banat doppelt gezählt und in der Belgrader Zahl von 4700 nochmals enthalten waren; außerdem hatte sich ein Teil der Belgrader Juden inzwischen ins Aufstandsgebiet verdrückt.

In der ersten Aussprache gab Staatsrat Turner in bitteren Worten seiner Enttäuschung darüber Ausdruck, daß den ersten Hilferufen nicht unmittelbar Folge geleistet war. Die Lage wäre sehr prekär gewesen, erst durch das Eintreffen der deutschen Divisionen sei sie etwas gebessert worden. Ich habe die Gründe auseinandergesetzt, weshalb die Juden weder nach Rumänien noch in das Generalgouvernement oder in den Osten abgeschoben werden konnten. Staatsrat Turner konnte sich diesen Gründen nicht verschließen. Er fordert aber nach wie vor die Abschiebung der restlichen Juden aus Serbien.

Ins Einzelne gehende Verhandlungen mit den Sachbearbeitern der Judenfrage, Sturmbannführer Weimann von der Dienststelle Turner, dem Leiter der Staatspolizeistelle, Standartenführer Fuchs und dessen Judenbearbeitern ergaben:

1. Die männlichen Juden sind bis Ende dieser Woche erschossen, damit ist das in dem Bericht der Gesandtschaft angeschnittene Problem erledigt.
2. Der Rest von etwa 20000 Juden (Frauen, Kinder und alte Leute) sowie rund 1500 Zigeuner, von denen die Männer ebenfalls noch erschossen werden, sollte im sogenannten Zigeunerviertel der Stadt Belgrad als Ghetto zusammengefaßt werden. Die Ernährung für den Winter könnte notdürftig sichergestellt werden.

In einer Schlußbesprechung bei Staatsrat Turner war dieser bereit, eine solche Lösung grundsätzlich zu akzeptieren. Das Zigeunerviertel der Stadt Belgrad ist aber nach seiner Ansicht ein absoluter Seuchenherd und muß aus hygienischen Gründen niedergebrannt werden. Es käme nur als Übergangsstation in Frage.

Die Juden und Zigeuner, die nicht als Repressalie erschossen werden, sollen daher zunächst im Zigeunerviertel zusammengefaßt und dann nachts zur serbischen Insel Mitrovica abtransportiert werden. Dort werden zwei getrennte Lager errichtet. In dem einen sollen die Juden und Zigeuner und in dem anderen 50 000 serbische Geiseln untergebracht werden.

Sobald dann im Rahmen der Gesamtlösung der Judenfrage die technische Möglichkeit besteht, werden die Juden auf dem Wasserwege in die Auffanglager im Osten abgeschoben.

Meinen Gesamteindruck in der Angelegenheit möchte ich dahin zusammenfassen, daß die Belgrader Dienststellen unter dem Eindruck des täglich heftiger werdenden Aufstandes, wobei zeitweilig die Stadt Belgrad selbst bedroht war, die ganze Frage zunächst zu schwarz gesehen haben, daß außerdem die Gesandtschaft und die örtlichen Staatspolizeistellen nicht derartig eng zusammenarbeiten, wie es sachlich erforderlich ist.

PA AA Inland IIg Bd. 194;
    Akten zur deutschen auswärtigen Politik. Serie D, Bd. 13/2. Göttingen 1970, S. 570–572. (Diese, dort nicht abgedruckte, im gleichen Aktenband befindliche Fassung wurde am 8. 11. 1941 StS. von Weizsäcker vorgelegt.)

121 Bericht des Chefs 9. / Infanterieregiment 433, Walther, über eine Erschießung, 1. 11. 1941:

Nach Vereinbarung mit der Dienststelle der SS holte ich die ausgesuchten Juden bzw. Zigeuner vom Gefangenenlager Belgrad ab. Die Lkw. der Feldkommandantur 599, die mir hierzu zur Verfügung standen, erwiesen sich als unzweckmäßig aus zwei Gründen

1. Werden sie von Zivilisten gefahren. Die Geheimhaltung ist dadurch nicht sichergestellt.
2. Waren sie alle ohne Verdeck oder Plane, sodaß die Bevölkerung der Stadt sah, wen wir auf den Fahrzeugen hatten und wohin wir

dann fuhren. Vor dem Lager waren Frauen der Juden versammelt, die heulten und schrien, als wir abfuhren.

Der Platz, an dem die Erschießung vollzogen wurde, ist sehr günstig. Er liegt nördlich von Pancevo unmittelbar an der Straße Pancevo–Jabuka, an der sich eine Böschung befindet, die so hoch ist, daß ein Mann nur mit Mühe hinauf kann. Dieser Böschung gegenüber ist Sumpfgelände, dahinter ein Fluß. Bei Hochwasser (wie am 29.10.) reicht das Wasser fast bis an die Böschung. Ein Entkommen der Gefangenen ist daher mit wenig Mannschaften zu verhindern. Ebenfalls günstig ist der Sandboden dort, der das Graben der Gruben erleichtert und somit auch die Arbeitszeit verkürzt.

Nach Ankunft etwa 1½–2 km vor dem ausgesuchten Platz stiegen die Gefangenen aus, erreichten im Fußmarsch diesen, während die Lkw. mit den Zivilfahrern sofort zurückgeschickt wurden, um ihnen möglichst wenig Anhaltspunkte zu einem Verdacht zu geben. Dann ließ ich die Straße für sämtlichen Verkehr sperren aus Sicherheits- und Geheimhaltungsgründen.

Die Richtstätte wurde durch 3 l. M. G. und 12 Schützen gesichert:

1. Gegen Fluchtversuche der Gefangenen.
2. Zum Selbstschutz gegen etwaige Überfälle von serbischen Banden.

Das Ausheben der Gruben nimmt den größten Teil der Zeit in Anspruch, während das Erschießen selbst sehr schnell geht (100 Mann 40 Minuten).

Gepäckstücke und Wertsachen wurden vorher eingesammelt und in meinem Lkw. mitgenommen, um sie dann der NSV zu übergeben.

Das Erschießen der Juden ist einfacher als das der Zigeuner. Man muß zugeben, daß die Juden sehr gefaßt in den Tod gehen, – sie stehen sehr ruhig – während die Zigeuner heulen und schreien und sich dauernd bewegen, wenn sie schon auf dem Erschießungsplatz stehen. Einige sprangen sogar vor der Salve in die Grube und versuchten sich tot zu stellen.

Anfangs waren meine Soldaten nicht beeindruckt. Am 2. Tage jedoch machte sich schon bemerkbar, daß der eine oder andere nicht die Nerven besitzt, auf längere Zeit eine Erschießung durchzuführen. Mein persönlicher Eindruck ist, daß man während der Erschießung keine seelischen Hemmungen bekommt. Diese stellen sich jedoch ein, wenn man nach Tagen abends in Ruhe darüber nachdenkt.

BA/MA RH 26-104/16;
Léon Poliakov/Josef Wulf (Hg.), Das Dritte Reich und seine Diener. München [u. a.] 1978, S. 353 f.

122 Aufzeichnung aus dem AA über das Sondergerichtsverfahren gegen ungarische Offiziere wegen der Judenerschießungen in Neusatz im Januar 1942, 21. 1. 1944:

Im Januar 1942 sind in Neusatz (Ujvidek) bei der Durchführung einer Säuberungsaktion mehrere tausend Serben und Juden von der Honved und Gendarmerie erschossen worden. Die Aktion, die im neutralen und im feindlichen Ausland starke Beachtung fand, wurde mit Überfällen begründet, die auf die Gendarmerie erfolgt sein sollten. Wegen der Vorgänge wurde seinerzeit ein kriegsgerichtliches Verfahren gegen die kommandierenden Offiziere eingeleitet, das jedoch bald wieder eingestellt worden ist. [...]

Ermittlungen, welche die Waffenattachés unserer Gesandtschaft unauffällig anstellten, um die Hintergründe des Vorgehens aufzuklären, ergaben, daß der Generalstabschef Szombathely die Angelegenheit anscheinend strenger beurteilte; er bezeichnete die Vorgänge in Neusatz als einen »Schandfleck« und bestritt mit Nachdruck, daß das Verfahren etwa auf Wunsch der Serben eingeleitet worden sei; er betonte, man wolle nur wirkliche Vergehen, die leider vorgekommen seien, sühnen. Auch gegenüber Gesandtschaftsrat Werkmeister sprach Generaloberst Szombathely von den Vorgängen in Neusatz als von einem »nationalen Unglück«. Es seien Tausende ohne Gerichtsverfahren und ohne Schuld erschossen, zahlreiche Frauen und kleine Kinder ermordet und in großem Umfang geplündert worden. Man habe behauptet, daß zunächst auf Gendarmen geschossen worden sei. Dies habe sich aber in keinem einzigen Fall bestätigt.

Das neueröffnete Verfahren richtete sich außer gegen den obenerwähnten Feldmarschalleutnant Feketehalmy-Czeydner in erster Linie gegen den Generalmajor Grassay, den Chef der Ausbildungsabteilung im Honvedministerium, den Gendarmerieoberst Deak sowie eine Anzahl weiterer Gendarmerieoffiziere. Als die Angelegenheit im Auswärtigen Ausschuß des Abgeordnetenhauses zur Sprache gebracht wurde, bestritt der Außenminister, irgendetwas mit dem Prozeß zu tun zu haben. Herr von Ghyczy erwähnte aber, die Angelegenheit sei kürzlich von Vertretern der Nedić-Regierung in Budapest zur Sprache gebracht worden. Entgegen der von den Serben genannten Zahl von 13000 Toten gab der Außenminister die Gesamtzahl der in Neusatz getöteten Serben und Juden mit 3755 an. [...]

Die Angelegenheit trat in ein neues Stadium, als hier durch die Berichterstattung aus Budapest vertraulich bekannt wurde, daß Feldmarschalleutnant Czeydner, Generalmajor Grassay und Oberst Deak die Reichsgrenze überschritten hätten und von der Geheimen Staatspolizei als Gäste des Reichsführers-SS empfangen worden seien. Sie sollen sich augenblicklich in Wien aufhalten. [...]

Sollte die Ungarische Regierung die Sache bei uns zur Sprache bringen, so bestünde durchaus die Möglichkeit, die Aufnahme der Offiziere in Deutschland damit zu begründen, daß es sich um politische Flüchtlinge handele, denen Asyl gewährt worden sei; – dies umso mehr, als sich unter den seinerzeit in Neusatz Exekutierten auch eine Anzahl Juden befunden haben. [...]

PA AA Inland IIg. Berichte und Meldungen zur Lage in Ungarn Bd. 7.

123 Brief des Chefs der Zivilverwaltung in Serbien, Turner, an Wolff (Persönlicher Stab RFSS): Gaswagen im Lager Semlin, 11. 4. 1942:

[...] Schon vor Monaten habe ich alles an Juden im hiesigen Lande greifbare erschießen und sämtliche Judenfrauen und Kinder in einem Lager konzentrieren lassen und zugleich mit Hilfe des SD einen »Entlausungswagen« angeschafft, der nun in etwa 14 Tagen bis 4 Wochen auch die Räumung des Lagers endgültig durchgeführt haben wird, was allerdings seit Eintreffen von Meyssner und Übergabe dieser Lagerdinge an ihn, von ihm weitergeführt worden ist. Dann ist der Augenblick gekommen, in dem die unter der Genfer Konvention im Kriegsgefangenenlager befindlichen jüdischen Offiziere nolens volens hinter die nicht mehr vorhandenen Angehörigen kommen und das dürfte immerhin leicht zu Komplikationen führen.

Werden nun die Betreffenden entlassen, so werden sie im Augenblick der Ankunft ihre endgültige Freiheit haben, aber wie ihre Rassegenossen nicht allzulange und damit dürfte dann diese ganze Frage endgültig erledigt sein. Die einzigsten Bedenken könnten Rückwirkungen auf unsere Gefangene in Canada sein, falls herauskommt, daß die Freigelassenen hier nicht frei herumlaufen... ich persönlich teile diese Bedenken nicht.

[Berlin Document Center, Personalakte Turner]; ZStL 503 AR-Z 372/59, Handakten Dr. K. (Kopie);

Eugen Kogon/Hermann Langbein/Adalbert Rückerl [u. a.] (Hg.), Nationalsozialistische Massentötungen durch Giftgas. Eine Dokumentation. Frankfurt a. M. 1983, S. 107f.

124 Vortrag des Chefs der Zivilverwaltung in Serbien, Turner, beim Wehrmachtbefehlshaber Südost, Löhr, 29.8.1942: »Judenfrage in Serbien gelöst«, [29.8.1942]:

[...] Im Interesse der Befriedung wurde durch deutsche Verwaltung zunächst der Einfluß der Juden auf die Öffentlichkeit und die serb. Verwaltung und Wirtschaftsführung ausgeschaltet, und die Judenfrage, ebenso wie die Zigeunerfrage völlig liquidiert (Serbien einziges Land, in dem Judenfrage und Zigeunerfrage gelöst).

Z. Zt. im allgemeinen Ruhe im serb. Raum, besondere Gefahren aber durch Entwicklung im bosnischen Raum und neuerdings vor den Toren Belgrads in Semlin und Ostsyrmien. Tägl. Greueltaten, abmurksen der Serben, Anarchie in Kroatien. Alles wird den Deutschen zur Last gelegt, da diese Greueltaten angeblich unter den Augen der Deutschen Besatzungstruppen erfolgen. – Bis Oktober 41 in Kroatien rd. 200000 Serben ermordet; diese Zahl im Laufe der folgenden Monate wesentlich erhöht. [...]

IfZ NOKW-1486 (Kopie).

125   Schreiben des Eichmann-Mitarbeiters Günther an das AA: Vorbereitung der Deportation der griechischen Juden, 25.1.1943:

Zur Vorbereitung und Durchführung der im Rahmen der Endlösung der europäischen Judenfrage vorgesehenen Abschiebung von Juden aus dem Raum von Saloniki ist eine vorübergehende Abordnung des z. Zt. bei der Deutschen Gesandtschaft in Preßburg als Berater für Judenfragen tätigen SS-Hauptsturmführer *Wisliceny* nach Saloniki erforderlich. (Die erforderlichen Besprechungen zur Durchführung dieser Evakuierungsmaßnahmen wurden, wie Gesandtschaftsrat Dr. Klingenfuß bereits mitgeteilt wurde, Anfang Januar in Athen mit dem Bevollmächtigten des Reiches in Griechenland, dem deutschen Generalkonsul in Saloniki sowie der Heeresgruppe und dem Befehlshaber Saloniki-Ägäis geführt.) Die von SS-Hauptsturmführer Wisliceny zu erledigenden Aufgaben werden voraussichtlich einen Zeitraum von 6 bis 8 Wochen in Anspruch nehmen. Nach Beendigung seines Sonderauftrages wird SS-Hauptsturmführer Wisliceny seine Tätigkeit bei der Deutschen Gesandtschaft in Preßburg wieder aufnehmen. [...]

PA AA Inland IIg Bd. 190.

126   Schreiben des Generalkonsulats Saloniki an das AA: Deportationen aus Saloniki haben begonnen, 15.3.1943:

Die Aussiedlung der hiesigen etwa 56000 Personen zählenden Juden griechischer Staatsangehörigkeit hat heute mit dem Abtransport von 2600 Personen von Saloniki nach dem Generalgouvernement begonnen. Es ist in Aussicht genommen, wöchentlich 4 Transporte durchzuführen, sodaß die ganze Aktion in etwa 6 Wo-

chen beendet sein wird. Das bewegliche und unbewegliche Vermögen der ausgesiedelten Juden wird beschlagnahmt und einem
Fonds zugeführt, aus welchem die Transportkosten bestritten und
die Schulden bezahlt werden. Die Geschäfte der Ausgesiedelten
werden bis auf weiteres durch eingesetzte griechische Treuhänder
weiterbetrieben.

Von dem Befehlshaber Saloniki-Ägäis ist mir das abschriftlich
nebst 3 Anlagen in 8-facher Ausfertigung anliegende Schreiben
vom 14. d. M. Nr. MV Br.B.Gr.47/43 geh. Dr. Me[rten] zugegangen, das ich mit der Bitte um Weisung übersende. In den Besprechungen mit den zuständigen hiesigen deutschen Stellen ist von
diesen darauf hingewiesen worden, daß der Zweck der Aussied-
lungsmaßnahme, die Sicherung des von den deutschen Truppen
besetzten nordgriechischen Gebietes, nicht erreicht würde, wenn
den nichtgriechischen Juden der Aufenthalt weiter erlaubt bliebe.
Ich teile diese Auffassung. Blutmäßig besteht keinerlei Unterschied zwischen den hiesigen griechischen und nichtgriechischen
Juden. [...]

PA AA Inland IIg Bd. 190.

127 Ic-Offizier der Korpsgruppe Joannina an Abwehroffizier der Heeresgruppe E: Abtransport der Juden auf Korfu erwünscht, 28.4.1944:

[...] Juden: Auf der Insel sind noch 2000 Juden vorhanden, die
zum größten Teil im Weichbild der Stadt wohnen.

Ihr Abtransport würde ebenfalls eine nicht unerhebliche Erleichterung der Ernährungslage darstellen. SD und GFP sind
z. Zt. dabei, die Vorbereitungen für einen Abtransport der Juden
zu treffen. [...]

Die auf der Insel eingesetzten griechischen Arbeitskommandos
stellen einen Herd der Unzufriedenheit dar, ihre Ablösung durch
evtl. Einsatz von Italienern bzw. Juden wäre dringend erwünscht.

Mit propagandistischen Mitteln allein, die seit langem auf Befehl
der Korpsgruppe in verstärktem Maße auf der Insel angelaufen
sind, ist die politische Lage Korfus nicht zu beeinflussen. Die unter

Ziff. 1–3 vorgeschlagene Regelung müßte vordringlich durchgeführt werden. Bezüglich vermehrter Lebensmittelversorgung ist mit dem I. R. K. und den dafür zuständigen Verwaltungsstellen Fühlung genommen worden. An der Lösung der Italiener-Frage wird weiter gearbeitet. Zwecks Regelung der Judenfrage bittet Korpsgruppe Durchführungsmaßnahmen beim SD erwirken zu wollen.

BA/MA RH 24-22/21.

128 Kriegstagebuch Nr. 2 der Heeresgruppe E: Juden auf Korfu werden deportiert, [Mai/Juni 1944]:

a) [...]
Bfh.d.Schupo in Athen meldet, daß auf Anordnung des RFSS Juden von den Inseln Corfu und Kreta beschleunigt wegzubringen sind, und bittet um Abstellung von zusätzlichem Schiffsraum und der erforderlichen Begleitmannschaft. – Auf Corfu sind rund 1600 Juden nach Patras, von Kreta rund 350 Juden nach Piräus zu verschiffen.

Hierauf ergeht 19.10 Uhr Fernschreiben an Bfh.d.Schupo Athen, Kdt.d.Festung Kreta, Gen.Kdo. XXII.Geb.AK, Seelutra Athen und nachr. Adm. Ägäis:

Der Bfh.d.Schupo in Athen hat um Gestellung von Schiffstransportraum für beschleunigten Abtransport von 350 Juden von Kreta und 1600 Juden von Corfu erbeten.

Der Schiffsraumbeistellung wird seitens OKdo HGr.E zugestimmt, wenn Schiffsraumtransportgestellung für Wehrmachtversorgung und taktische Vorhaben nicht beeinträchtigt wird. Einzelheiten regelt Bfh.d.Schupo mit Seelutra Athen unmittelbar.

Mit Gestellung Begleitmannschaft werden Kdt.d.Festung Kreta und Gen.Kdo. XXII.Geb.AK beauftragt. [...]

b) [...]
Abtransport von Juden aus Corfu
Um 19.50 Uhr ergeht Fs. Adm.Ägäis, XXII.Geb.AK, Höh.SS- und Pol.Führer Griechenland.

Ein Beauftragter des Reichsführers SS wird bei Adm. Ägäis die Überführung der 2000 Juden von Corfu auf das Festland beantragen. OKdoHGr.E ist einverstanden, wenn hierdurch Truppentransporte und die Versorgung der Inseln nicht benachteiligt werden, und wenn Abtransport schnell und ohne Unterbrechung erfolgen kann.

Bewachungskräfte durch das Heer können z. Zt. nicht gestellt werden.

Um Mitteilung der Absichten wird gebeten. [...]

BA/MA RH 19 VII/17, Bl. 46, 119.

129 Affidavit von Erwin Lenz: Deportation von Rhodos, 10.5.1947:

[...] Ich war an diesem Tage zur Zahnstation nach Rodi gefahren, und ich habe selbst folgendes gesehen: die Juden (ca. 1200 Männer, Frauen und Kinder, die größtenteils sogenannte Egeo-Staatsbürger waren – eine italienische Bezeichnung für die Bewohner der Dodekanes-Inseln) mußten dicht an den dort befindlichen alten Befestigungen mit den Gesichtern zu den Mauern gewandt Aufstellung nehmen. Sie hatten kaum Gepäck bei sich. Deutsche Soldaten, die bei der Absperrung und Bewachung eingesetzt waren und die ich dieserhalb befragte, erklärten mir, daß die Juden kein Gepäck mehr nötig haben würden, da sie ja doch nicht mehr lange lebten. – Es war ein sehr heißer Tag. Griechische und türkische Zivilisten, die den auf den Abtransport Wartenden Getränke und Lebensmittel bringen wollten, durften die Absperrungen nicht passieren. Darüber hinaus wurde Juden, die sich von den Mauern fortwandten, mit Fußtritten und Stößen mit den Gewehrkolben wieder die »richtige Haltung« beigebracht.

Am Nachmittag erfolgte die Einschiffung in einige alte Barken, denen jeder ansah, daß sie für eine längere Seefahrt nicht geeignet waren. Im Hafengelände sich aufhaltende deutsche Matrosen erklärten mir auf Befragen, daß eine größere Reise ja auch nicht beabsichtigt, sondern die Sache schon nach einigen Seemeilen erledigt wäre. Nähere Erklärungen hierzu konnte ich nicht bekommen. – Bei einem nach einigen Tagen erneut stattgefundenen Besuch in der Zahnstation erzählten mir unaufgefordert 2 Matrosen, die von sich behaupteten, die Barken mit den Juden gefahren zu haben, daß in einiger Entfernung von der Insel die Ventile in den Schiffen geöffnet worden sind, sie selbst in Rettungsbooten wieder nach Rhodos zurückfuhren und die Fahrzeuge mit den darauf befindlichen Juden ihrem Schicksal überließen, was bedeutete, daß die Passagiere alle ertrunken sind. Die Namen dieser beiden Matrosen konnte ich leider nicht ermitteln. [...]

IfZ NOKW-1715 (Kopie);
   Léon Poliakov/Josef Wulf (Hg.), Das Dritte Reich und seine Diener. München [u. a.] 1978, S. 358–361.

130   Runderlaß des Kommandeurs der Sturmdivision Rhodos, Kleemann: Juden auf Rhodos, 16.7.1944:

Die Judenfrage auf der Insel Rhodos hat Anlaß zu Zweifeln gegeben, ob dieser Frage von mir, als allein für die Politik gegenüber der Bevölkerung verantwortlichen Persönlichkeit, eine Behandlung zuteil werden konnte, die mit der nationalsozialistischen Weltanschauung nicht vereinbart [sic] wäre.

Ich hatte nicht erwartet, daß solche Zweifel möglich wären. Es wäre Pflicht der Kommandeure gewesen, Zweifel dieser Art, die im Bereich der ihnen unterstellten Truppe auftreten, sofort auf dem Dienstwege zur Meldung zu bringen, um solchen völlig abwegigen Gedanken sofort entgegentreten zu können.

Ich ersuche unverzüglich die notwendigen Maßnahmen zu ergreifen, um jeden Zweifel über Behandlung der Judenfrage in der Truppe zu beseitigen und gebe hierzu folgende Richtlinien:

1) Die nationalsozialistische Weltanschauung ist eine unantastbare und selbstverständliche Voraussetzung und Grundlage für die Behandlung aller die politischen, wirtschaftlichen und sonstigen Verhältnisse des Befehlsbereichs berührende Fragen.

2) Die Judenfrage kann in Dodekanes nur im Rahmen der gesamten Lage behandelt und nur dann einer radikalen Lösung zuge-

führt werden, wenn eine Reihe von Voraussetzungen erfüllt sind, an deren Schaffung z. Zt. gearbeitet wird.

Es ist daher für einen mit dem politischen, wirtschaftlichen und sonstigen Verhältnissen des Befehlsbereichs und des Südostraumes nicht vertrauten Soldaten unmöglich, über Dinge ein Urteil abzugeben, die er nur aus beschränkten Gesichtspunkten zu sehen vermag.

3) Ungeschicklichkeiten und Eigenmächtigkeiten untergeordneter Dienststellen in der Behandlung der Judenfrage, sowie unverantwortliche Äußerungen einzelner Persönlichkeiten, die zu meiner Kenntnis gekommen sind, werden z. Zt. untersucht und ihre entsprechende Behandlung finden.

4) Es liegt im Interesse der eingeleiteten Maßnahmen, die Judenfrage auf Rhodos bis zu deren Lösung nicht zum Tagesgespräch in der Truppe zu machen.

BA/MA RH 26-1007/14;
Léon Poliakov/Josef Wulf (Hg.), Das Dritte Reich und seine Diener. München [u. a.] 1978, S. 357.

131 Schreiben des Unterstaatssekretärs Luther an Eichmann: Rumänien, Kroatien und Slowakei mit Deportation einverstanden, 10. 1. 1942:

In Beantwortung der dortigen fernmündlichen Anfrage wird mitgeteilt, daß die Regierungen von Rumänien, Kroatien und der Slowakei sich damit einverstanden erklärt haben, daß ihre in Deutschland lebenden Juden gemeinsam mit den deutschen Juden in die Ghettos nach dem Osten abgeschoben werden.

Wegen des Vermögens dieser Juden hat bisher nur die Slowakische Regierung ausdrücklich darauf Wert gelegt, daß ihre berechtigten Ansprüche auf das bewegliche und unbewegliche Vermögen dieser Juden durch die Abschiebung nicht gefährdet würden. Die anderen beiden Regierungen werden jedoch in absehbarer Zeit wahrscheinlich im gleichen Sinne vorstellig werden.

Es wird daher gebeten, das Vermögen der rumänischen, kroatischen und slowakischen Juden sicherzustellen.

PA AA Inland IIg Bd. 174;
Akten zur deutschen auswärtigen Politik. Aus dem Archiv des Auswärtigen
Amts. Serie E, Band 1. Göttingen 1969, S. 198 f.

132 Aufzeichnung des Unterstaatssekretärs Luther: Beginn der Deportation der slowakischen Juden, 29.3.1942:

Gesandter Ludin ruft mich aus Preßburg an, um mir mitzuteilen, daß die Frage der Evakuierung der Juden aus der Slowakei vom slowakischen Staatsrat positiv entschieden worden sei. Bei der ersten Besprechung habe ein Mitglied des Staatsrats opponiert, worauf der Bischof Vojtaššák (?) eine sehr positive Rede gehalten habe. Hierauf ist der Vorschlag, der Evakuierung mit gewissen Einschränkungen zuzustimmen, einstimmig angenommen worden. Diese Einschränkungen sollen sich auf zu einem bestimmten Stichtag getaufte Juden erstrecken.

Gesandter Ludin erklärte mir, daß 3 Evakuierungszüge mit 600–1000 Juden bereits abgegangen seien. Die weiteren würden ohne Verzögerung folgen. Sobald die zunächst angeforderten 20000 Arbeitsjuden evakuiert seien, könne mit der Evakuierung der restlichen ca. 70000 Juden begonnen werden.

Die Gesandtschaft Preßburg läßt genauen Schriftbericht folgen.

PA AA Büro StS. Slowakei Bd. 2;
Akten zur deutschen auswärtigen Politik. Aus dem Archiv des Auswärtigen
Amts. Serie E, Band 2. Göttingen 1972, S. 161 f.

133 Fernschreiben des Unterstaatssekretärs Luther an die Botschaft in Preßburg: Deportation jedes Juden kostet 500 RM, 2.5.1942:

[...] Bitte slowakischer Regierung folgendes mitzuteilen: Reichsregierung übernimmt Garantie dafür, daß die im Zuge der Entjudung der Slowakei angenommenen Juden endgültig in Ostgebieten verbleiben und keine Möglichkeit zur Rückwanderung nach der Slowakei erhalten. Auf das in der Slowakei befindliche Vermögen dieser Juden slowakischer Staatsangehörigkeit wird außer der

Forderung auf Zahlung eines Betrages von RM 500 für jeden abgenommenen Juden von deutscher Seite kein Anspruch erhoben. –

Reichsregierung ist bereit, im Laufe des Monats Mai d. Js. weitere 20 000 arbeitsfähige Juden aus der Slowakei abzunehmen und nach dem Osten zu verbringen. Einzelheiten werden wie bisher geregelt.

PA AA Dt. Ges. Preßburg, Judentum Pol 4.

134 Telegramm des Gesandten in Preßburg, Ludin, an das AA: Probleme bei Abschub aus Slowakei, 26. 6. 1942:

Die Durchführung der Evakuierung der Juden aus der Slowakei ist im Augenblick auf einem toten Punkt angelangt. Bedingt durch kirchliche Einflüsse und durch die Korruption einzelner Beamter haben etwa 35 000 Juden Sonderlegitimationen erhalten, auf Grund deren sie nicht evakuiert zu werden brauchen. Die Judenaussiedlung ist in weiten Kreisen des slowakischen Volkes sehr unpopulär. Diese Einstellung wird durch die in letzten Tagen scharf einsetzende englische Gegenpropaganda noch verstärkt. Ministerpräsident Tuka wünscht jedoch die Judenaussiedlung fortzusetzen und bittet um Unterstützung durch scharfen diplomatischen Druck des Reiches.

Erbitte Weisung, ob in dieser Richtung verfahren werden soll.

PA AA Büro StS. Slowakei Bd. 2;
   Akten zur deutschen auswärtigen Politik. Aus dem Archiv des Auswärtigen Amts. Serie E, Band 3. Göttingen 1974, S. 65 f.

135 Niederschrift über eine Besprechung beim slowakischen Ministerpräsidenten Tuka über Judenfragen, 30. 6. 1942:

Bei Herrn Ministerpräsidenten *Tuka* wurde am 25. VI. 42 in Anwesenheit des Herrn Gesandten *E. Ludin* im Ministerpräsidium beraten.

Der Berater für Judenfragen *Wisliceny* führte aus:

Die Judenaktion befindet sich im Stadium des Abschlusses. 52000 Juden wurden ausgeführt, 35000 verbleiben vorläufig. Die Letzteren befinden sich durchwegs im Besitze von Schutzbriefen, die nunmehr einer Revision zu unterziehen sind. Dies soll in der Weise geschehen, daß der Arbeitgeber vorgeladen und über die Unentbehrlichkeit des Juden vernommen wird. Ein gewisser Teil wird auch weiterhin unentbehrlich bleiben: etwa 4000 sind durch das Gesetz vom 15. Mai geschützt. Bei Letzteren handelt es sich um den gefährlichsten Teil.

Die 14. Abteilung des Innenministeriums hat sehr gut gearbeitet (abgesehen vom Leiter), ebenso das Verkehrsministerium.

Ministerpräsident *Tuka*:

Im gestrigen Ministerrat wurde beschlossen, daß jeder Minister von erteilten Schutzbriefen den Innenminister zu verständigen hat, der die Revision durchführt. Im übrigen wird weder er noch Minister Mach nachlassen, bis die wichtige Pflicht und Arbeit erledigt ist.

Wisliceny:

setzt sich für ein weiteres Verbleiben Moraveks in der Arbeit ein, der sauber und kompromißlos ist. Dr. Vasek charakterisierte er auf die Frage von Tuka als Kompromißler, der mit allen Seiten paktiert, sodaß er nun überall hin gebunden ist und daher keine Revision erteilter Schutzbriefe vornehmen kann.

Gesandter *Ludin*

rät zu einer 100%igen Lösung der Judenfrage.

PA AA Inland II A/B Juden in der Slowakei Bd. 4.

136 Schreiben des Polizeiattachés in Kroatien, Helm, an die kroatische Hauptdirektion für öffentliche Ordnung und Sicherheit: Regelungen für »Judenaussiedlung« in Kroatien, 27. 1. 1943:

Ich bestätige Ihnen absprachegemäß den Inhalt unserer Unterredung vom 19. 1. 43, die in Gegenwart von Dr. *Kühnel* erfolgte und fasse im Nachfolgenden nochmals die Punkte zusammen, über die bei der zukünftigen Behandlung der Judenfrage in Kroatien beiderseitige vollständige Übereinstimmung herrscht.

1/ Durchführung einer Sofortaktion zur restlosen Säuberung Kroatiens von volljüdischen Elementen ohne Rücksicht auf Alter und Geschlecht sowie Konfessionszugehörigkeit.
Von dieser Aktion sind ausgenommen: Ehrenarier, Mischlinge und Halbjuden.

2/ Die in den kroatischen Internierungslagern (Jasenovac, Stara-Gradiška, Feričanci) nicht als Arbeitskräfte eingesetzten Juden werden zur Aussiedlung nach Deutschland freigegeben.

3/ Mit der Erfassung der Juden werden gemäß Anweisung der Hauptdirektion für öffentliche Ordnung und Sicherheit, die bei den Großgespanschaften jeweils zuständigen Polizeichefs beauftragt.

4/ Juden in Kroatien, speziell solche, die polizeilich nicht gemeldet sind und in illegalen Unterschlupfen wohnen, die durch den Polizeiattaché bei der Deutschen Gesandtschaft in Agram der Hauptdirektion für öffentliche Ordnung und Sicherheit schriftlich zur Festnahme aufgegeben werden, werden nach Jasenovac überführt. Bei der Behandlung dieser Anträge ist nicht der Nachweis einer strafbaren Handlung maßgebend, entscheidend ist die Tatsache, daß es sich um eine volljüdische Person handelt.

5/ Dr. Marko L., Volljude, Rechtsanwalt, geschieden, wohnhaft in Essegg, wird im Zuge dieser Aktion ebenfalls festgenommen und ausgesiedelt.

6/ Sämtliche für die Aussiedlung vorgesehenen Juden werden im Lager Stara-Gradiška konzentriert und listenmäßig erfaßt.

7/ Interventionen, die gegebenenfalls für einige in der Wirtschaft tätige Juden in Frage kommen, sind nach Möglichkeit auf ein Mindestmaß zu beschränken. Für die Entscheidung dieser Anträge ist allein der Hauptdirektor für öffentliche Ordnung und Sicherheit zuständig. Interventionen, die untergeordneten Dienststellen zur Entscheidung vorgelegt werden, finden keine Berücksichtigung.

8/ SS-Hauptsturmführer *Abromeit* übernimmt die volle Verantwortung für den sofortigen Abtransport der Juden aus dem Lager Stara-Gradiška, nachdem zuvor die listenmäßige Erfassung der Insassen durchgeführt ist. Der Transportzug wird auf Veranlassung des SS-Hauptsturmführers Abromeit von der Deutschen Reichsbahn zur Verfügung gestellt.

PA AA Inland IIg Bd. 194 Juden Jugoslawien.

137 Fernschreiben der deutschen Gesandtschaft in Agram an das AA: Vorbereitung der »Judenaktion in Kroatien« abgeschlossen, 4.3. [1943]:

Vorarbeiten für neue Judenaktion in Kroatien sind Ende dieser Woche abgeschlossen. Abschiebung erfolgt bezirksweise in kleineren Gruppen von 20 bis 150 Personen, da geeignetes Lager zur Konzentrierung aller Juden nicht zur Verfügung steht. Beginn der Aktion Mitte März. Vertreter der deutschen Reichsbahndirektion in Agram hat Waggongestellung zugesagt, die an fahrplanmäßige Züge angehängt werden. Von dieser Aktion werden etwa 200 Juden erfaßt. Bitte Kommandeur in Marburg [Maribor] anweisen, daß auf hiesiges Ansuchen 4 Angehörige der Schutzpolizei als Transportbegleiter am Deutschen Grenzbahnhof Brückel zur Verfügung gestellt werden. Aussiedlung wird unabhängig von Stellung des Kopfgeldes und der Lebensmittel durchgeführt. Bitte RSHA 4 Stubaf. Eichmann zu verständigen.

PA AA Inland IIg Bd. 194.

138 Bericht des Polizeiattachés in Zagreb, Helm: »Überblick über die Judenfrage in Kroatien«, 18.4.1944:

Hier liegt ein Schreiben des RSHA Berlin vor, demzufolge auf Befehl des RFSS die Judenfrage in Kroatien in schnellster Zeit bereinigt werden soll. In dem Schreiben wurde auch mitgeteilt, daß über das Auswärtige Amt auch die deutsche Gesandtschaft von dem bevorstehenden Plan in Kenntnis gesetzt wurde.

Bekanntlich wurde die Judenaussiedlung aus Kroatien im Spätherbst 1942 durch die zuständigen kroatischen Behörden unter Einschaltung einer beratenden Tätigkeit des Polizeiattachés durchgeführt. Die Durchführung als solche war zufriedenstellend, so daß bis auf einige besetzte Gebiete Kroatien als jenes Land angesehen werden konnte, in welchem die Judenfrage im großen und ganzen als gelöst anzusehen war.

Dessenungeachtet befinden sich in öffentlichen Stellungen, besonders wirtschaftlicher Art Zempro [sic] und auf dem Gebiete der Medizin noch verschiedene Juden. Bereits des öfteren wurde versucht, bei den zuständigen kroatischen Stellen die Lösung dieser Fragen zu erreichen. Kroatischerseits wurde aber immer wieder betont, daß die Lösung auf diesen Sektoren schwierig sei, da es dem kroatischen Staat heute noch an den fachlich ausgebildeten Ersatzkräften fehle. Kroatischerseits würde diese Frage ohne weiteres gelöst werden, wenn deutscherseits die erforderlichen Ersatzkräfte gestellt werden könnten.

An die Lösung des Problems der Mischehen konnte erklärlicher Weise nicht herangetreten werden, da diese Frage im Reich und vor allem während des Krieges kaum befriedigt [sic] gelöst werden kann.

Auch befinden sich in verschiedenen wichtigen Stellen noch Juden, die wegen ihrer guten Beziehungen zu führenden Persönlichkeiten oder auf Grund ihrer Tätigkeit für bestimmte staatliche Organisationen (Fall des Juden Alexander Klein, der für das Ustascha-Hauptquartier Einkäufe in Ungarn und Italien tätigte), die deutscherseits nur schwer ausgesiedelt werden können, ohne Verwicklungen mit kroat. Stellen herbeizuführen.

Schwierigkeiten bei der endgültigen Bereinigung der Judenfrage in Kroatien bereitet auch der Umstand, daß die kroat. Führung im starken Maße jüdisch versippt ist.

Um den Einfluß des Judentums auf das kroatische öffentliche politische und wirtschaftliche Leben auszuschalten, wäre es notwendig, die kroat. Regierung – unter Hinweis auf die Gefahren – zu bewegen, von sich aus die noch in öffentlichen Stellungen befindlichen Juden auszuschalten. Auch wäre bei der kroatischen Regierung anzuregen, einen schärferen Maßstab bei der Verleihung des Ehrenarierrechtes anzulegen und diese Frage noch einmal eingehend unter härteren Gesichtspunkten zu prüfen.

Auf Grund des Befehls des RFSS wird z. Z. durch den Befehls

haber der Sicherheitspolizei und des SD im engsten Einvernehmen mit hies. Abteilung die Judenfrage nochmals eingehendst geprüft und die Frage erörtert, inwieweit in einzelnen Fällen deutscherseits im Benehmen mit den zuständigen kroat. Dienststellen die weitere Evakuierung von Juden durchgeführt werden kann.

Über den Stand der laufenden Ermittlungen wird berichtet.

PA AA Inland IIg Bd. 194;
   Akten zur deutschen auswärtigen Politik. Aus dem Archiv des Auswärtigen Amts. Serie E, Band 7. Göttingen 1979, S. 658–660.

139   Vernehmung des Zeugen Arnon: Judenverfolgung in Kroatien, 19. 5. 1961:

[...] A[ntwort] In Zagreb wurden massenhaft Juden verhaftet und nach dem Orte Maximir neben Zagreb verfrachtet und erschossen.

F[rage] Hatte das irgend etwas mit sogenannten Sabotageakten zu tun?

A. Direkt nicht, denn die Juden haben an Sabotageakten nicht teilgenommen.

F. Am 26. Juni 1941 erschienen Plakate in Zagreb, auf den Straßen, nichtwahr?

A. Jawohl es erschien eine Verordnung, die auch plakatiert wurde über die Errichtung der Konzentrationslager. Die Verordnung war vom sogenannten Poglanic und vom Innenminister Andrei Artucovicz unterschrieben, der heute in Amerika lebt.

F. Wo waren diese Lager, die damals errichtet wurden?

A. Außer dem ersten erwähnten Lager in Jadova, wurde das große Lager in Jasonowetz errichtet, wo 600 000 Leute umgekommen sind, darunter 20 000 Juden. Außer diesem Lager in Jasonowetz wurden auch noch Lager in Staragradisca, wo zirka 2000 Juden waren, Hauptsache Frauen und Kinder. In Jakovo in einer verlassenen Mühle 3000 Frauen aus sämtlichen Teilen Kroatiens. Peniek bei Ossetz speziell für die Juden aus der Gegend Ossetz mit 3000 Juden und schließlich Kruschnitze in Bosnien, wo zirka 3000 Frauen und Kinder verhaftet und nachher nach Jassenau zum... deportiert wurden. Ich besuchte folgende Lager. Das Jugendlager in Koprenitza, einige Male das Lager in Lobograd und einige Maler das Lager in Jakovo. [...]

Herr Baror: Was für Regime herrschte in diesen Lagern, was war die Lage?

Zeuge Arnon: Die Lager die ich besucht habe waren vollgepfropft mit Menschen. In einem Lager, wo nach menschlicher Schätzung einige hundert Leute sein konnten, waren 3000 Frauen und Kinder zusammengepfropft, krank. In Djakovo ist Typhus ausgebrochen. Die Leute hungerten und viele starben von Krankheiten und Hunger. Die Lager waren unter dem Kommando der Ustaschi, außer dem Lager in Lobograd, wo die Volksdeutschen die Kommandantur hatten.

F. Sind die Verhafteten in dem Lager dort geblieben?

A. Es waren Verschiebungen. Z. B. das Lager Zaragravica wurde aufgelöst und die Frauen nach Lobograd verschickt. Ich war am 15. August verhaftet und nachdem ich herausgekommen bin, teilte mir meine Beamtin bei der jüdischen Kultusgemeinde mit, daß die Verschickungen nach dem Osten begonnen haben. [...]

F. Herr Arnon, später kamen die Züge von Bosnien und Slowenien nach Zagreb. Können Sie uns über die Mustermesse etwas erzählen?

A. In Bosnien lebten ca. 15000 Juden und in Slowenien ca. 8000. Im Laufe des Juni und einige Monate nachher kamen tagtäglich und allnächtlich Züge mit Juden aus diesen Gegenden in die Zagreber Mustermesse, die der Konzentrationspunkt der verhafteten Juden in Zagreb war.

Vorsitzender: Handelt es sich um das Gebäude der Messe?

A. Nein, sondern um das Gebiet der Messe.

Herr Baror: Waren noch Deportationen?

Zeuge Arnon: Nach Zagreb oder von Zagreb?

F. Von der Mustermesse.

A. Von der Mustermesse sind nach einigen Tagen Züge nach dem Osten abgegangen. [...]

IfZ G 01 Prozeßprotokoll, Sitzung 46, S. P1–T1.

140 Ereignismeldungen UdSSR des Chefs der
Sicherheitspolizei und des SD Nr. 19, 22, 25, 37, 40, 45:
Ermordung rumänischer Juden im Süden der
Sowjetunion; 11., 14., 17., 29.7., 1., 7.8.1941:

Nr. 19:
[...] EK 10 b:
Standort *Czernowitz*.
EK erhielt im Zentrum Feuer, keine Verluste. Vorkommando
versuchte, *Chotin* zu erreichen. Ort war entgegen den Angaben
der rumänischen Armee noch von Sowjettruppen besetzt. Vor-
kommando zog sich unter Feuereinwirkung ohne Verluste zurück.
Mit rumänischer Gendarmerie reibungslose Zusammenarbeit.
Rumänen haben Zivilverwaltung in Czernowitz übernommen.
Vorgehen gegen Juden bis Eintreffen des EK planlos. Rumänische
Soldaten plünderten in sämtlichen Häusern. Mißhandlungen richteten sich vor allem gegen Ukrainer. Stadt ziemlich zerstört.
Ghetto mit den meisten Juden durch rote Artillerie restlos vernichtet. EK stoppte Drangsalierung der Ukrainer, nahm Verbin-
dung mit nationalukrainischer Organisation auf. [...]

Nr. 22:
[...] EK 10 b:
Standort *Czernowitz*, Vorkommando in *Chotin*.
In *Czernowitz* wurde folgendes festgestellt:
1) Rumänen erklären Nordbukowina als rumän. Schutzgebiet.
2) In rumän. Gefängnissen in Czernowitz größere Anzahl Juden
ärmerer Schichten. [...]
Hierzu sind folgende Weisungen an X b gegeben:
a) Einwirkung auf rumän. Stellen in Judenfrage schärfer vorzugehen. Jüdische Versammlungen sollen von uns ausgehoben und
Komplotte aufgedeckt werden, um das Vorgehen der Rumänen
auch gegen jüdische Intelligenz zu aktivieren und selbst eingreifen zu können. [...]

Nr. 25:
[...] Ek 10 a:
Standort *Belzi*.

Das Kommando 10 a hält sich in Belzy auf. Die Zerstörungen erweisen sich umfangreicher, als man zunächst angenommen hatte.

Eine Anzahl Brände wurden von rumänischen Soldaten plan- und ziellos angelegt. Gewisse Teile der Bevölkerung sind in die Stadt, die vor ihrer Einnahme etwa 60000 Einwohner, davon etwa 32000 Juden hatte, zurückgekehrt. [...]

Es haben in den vergangenen Tagen und Nächten wiederholt erhebliche Ausschreitungen rumänischer Soldaten gegen Juden stattgefunden. Die Zahl der dabei getöteten Juden ist nicht feststellbar, dürfte aber mehrere Hundert erreichen. Am Abend des 10. Juli hatten rumänische Militärbehörden etwa 400 Juden jeglichen Alters und Geschlechts zusammengetrieben, um sie zur Vergeltung für Angriffe auf rumänisches Militär zu erschießen. Es war dabei zu bemängeln, daß die technischen Vorbereitungen für die Durchführung des Planes unzulänglich waren. Auf Wunsch des Kommandeurs der 170. Division beschränkte sich der rumänische Befehlshaber im letzten Augenblick auf die Erschießung von 15 männlichen Juden. [...]

Nr. 37:

[...] Rumänische Polizei in Belzy und Umgebung gegen Juden scharfes Vorgehen. Zahl der Erschießungen nicht genau festzustellen. Kommando hat am Abend 15. 7. jüdischen Ältestenrat von Belzy und weitere Juden, insgesamt 45, wegen Nichtbefolgung sicherheitspolizeilicher Auflagen und als Vergeltung für Angriffe auf deutsches Militär entsprechend behandelt. [...]

Nr. 40:

[...] In Czernowitz wurden von etwa 1200 festgenommenen Juden 682 im Zusammenwirken mit der rumänischen Polizei erschossen.

Von den festgenommenen 50 kommunistischen Funktionären sind bisher 16 liquidiert worden, während der Rest noch zu Vernehmungen benötigt wird, da zu erwarten steht, daß auf Grund der Vernehmungen Material aus sowjetischen Dienststellen gefunden wird.

In der Gegend von Czernowitz wurde Kotin überholt, wobei 150 Juden und Kommunisten liquidiert wurden. [...]

Zur Zeit sind die Geschäfte in Czernowitz fast durchwegs geschlossen – entweder weil sie bei der Plünderung zerstört wurden, oder weil die bisherigen Geschäftsführer der nationalisierten Betriebe sich nicht hervortrauen, da sie ja durch ihre Stellung als kommunistisch zuverlässig gekennzeichnet sind. Hinzu kommt noch, daß die meisten von ihnen Juden sind, denen die rum. Behörden die Erlaubnis zum Handeln verwehren. [...]

Nr. 45:
[...] Einsatzkommando 10 b
Standort: *Mogilew-Podolski*
Verhindert Judenabstrom in deutsches Interessengebiet, organisiert Ernteeinbringung.
Einsatzkommando 11
Standort: *Kischinew*
Hat bei Überholung der wenigen unzerstörten Dienstgebäude Material und einige Terror- und Sabotageorganisationen erfaßt. Führende Agenten erschossen. Bisher 551 Juden liquidiert, davon 151 wegen Beteiligung an Sabotage und 400 als Vergeltung für Beschießung deutscher Sanitätswagen und Geben von Leuchtsignalen an rote Flieger. Juden im Ghetto abgeschlossen soweit nicht abgezogen. Ansatz der Kolchosen zur Ernteeinbringung eingeleitet. Volkstumsmäßig wird verschüttetes Deutschtum z. Zt. überprüft. Ermittlungen gegen Terrororganisationen laufen weiter. [...]

BA R 58/214–215;
Jean Ancel (Hg.), Documents concerning the fate of Romanian Jewry during the Holocaust. [Jerusalem 1986], Band 5, S. 12–34 (Faks.)

141 Affidavit von Perle Mark: Juden in Czernowitz, 26. 10. 1954:

[...] Anfangs Juli 1941 – die russischen Truppen hatten sich aus Czernowitz zurückgezogen – rückten in diese Stadt deutsche Gestapo und rumänische Truppen ein. –
 Am 7. Juli 1941, um 10 Uhr vormittags, erschienen in meiner Wohnung in Czernowitz, Vasila Gaina-Str. No. 9, 3 SS-Offiziere.

Vor dem Hause stand ein SS-Kraftwagen, das Hakenkreuz am Kühler und daneben 2 SS-Leute mit den Maschinenpistolen im Arm. Die Offiziere verlangten von meinem Gatten, Dr. Abraham Mark, Oberrabbiner von Czernowitz, die sofortige Beistellung von 1000 Kraftwagen seitens der Juden von Czernowitz. Mein Gatte blieb die Antwort schuldig. Daraufhin verhafteten sie ihn, führten ihn in den Kraftwagen zum Tempel von Czernowitz und verlangten von meinem Gatten, vor dem Tempel angelangt, die Herausgabe des Tempelschmuckes. Daraufhin rissen die SS-Offiziere die Tempeltüre auf, holten den Tempel-Zierrat aus der Bundeslade des Tempels heraus, warfen 60 dort vorhandene Thora-Rollen in den Keller des Tempels, zündeten den Tempel an und führten meinen Gatten in das Hotel »Schwarzer Adler«. Dort sperrten sie ihn in den Liftschacht ein und brachten dorthin bald darauf den Oberkantor G., den Kantor T. und den Tempeldiener H. Bis zum Morgen des 9. Juli 1941 wurden diese 4 Personen im Liftschacht des Hotels festgehalten, dann in die Auen des Prut-Flusses gebracht und erschossen. Dort selbst fanden außer ihnen weitere 160 Juden den Tod durch Erschießen und wurden in einem Massengrabe bestattet.

Am 11. Oktober 1941 wurde ich – ebenso die gesamte jüdische Bevölkerung der Stadt Czernowitz – in das Ghetto eingewiesen. An diesem Tage hatten ungefähr 70 000 Czernowitzer Juden den Befehl erhalten, bei Strafe des Erschießens binnen 12 Stunden die Wohnungen zu verlassen und in das Ghetto zu gehen. – [...]

Den Juden von Czernowitz, sofern sie nicht aus dem Ghetto in die Vernichtungslager Transnistriens abgingen, war bei Todesstrafe verboten, ihre Wohnungen zu verlassen, es wäre denn an 3 bestimmten Stunden täglich (10–1 Uhr mittags), dies aber nur für den Weg zum und vom Lebensmittel-Markt.

Unter solchen Umständen verblieb ich bis zum obenangeführten Zeitpunkte in Czernowitz und fristete mein Leben ausschließlich dadurch, daß ich meine Habe Stück für Stück verkaufte, d. h. verschleuderte. [...]

Judenverfolgung in Rumänien. Hg. von der United Restitution Organization. Frankfurt a. M. 1959, Band 1, S. 183–185.

142 Telegramm des deutschen Gesandten in Bukarest, Killinger, an das AA: Rumänien nicht »judenfreundlich«, 1.9.1941:

Ich kann mich der Stellungnahme des SS.Gruppenführers Heydrich nicht anschließen. Gerade das Vorgehen der Rumänen in den neubesetzten Ostgebieten beweist, daß von einer Judenfreundlichkeit keine Rede sein kann. Gegen Judenfreundlichkeit spricht u. a. besonders:

1.) Die Anstrengung der rumänischen Regierung, keine Juden aus der Ukraine nach Bessarabien hineinzulassen, da dies antijüdische Politik der Regierung benachteiligen würde.

2.) Wiederholte Versuche des Vizeministerpräsidenten, SS Hauptsturmführer Richter baldmöglichst nach Rumänien zurückzuholen, da er dessen Tätigkeit hohe Bedeutung beimesse.

3.) Annahme der von dem Berater Richter vorgelegten Gesetzentwürfe durch die rumänische Regierung.

4.) Vergeltungsmaßnahmen der rumänischen Regierung gegen Juden, die der feindlichen Propaganda zur Behauptung verholfen haben, die Juden seien an den Grenzen Rumäniens unerhörter Verfolgung ausgesetzt.

5.) U. a. Erledigung von ca. 4000 Juden in Jassy.

6.) Die amerikanische Gesandtschaft sammelt Material über Vorgehen gegen Juden in Rumänien und gibt es weiter nach Amerika.

7.) Schärfste Erfassung aller Juden im Altreich für Zwangsarbeit in den neubesetzten Ostgebieten. Antonescu ließ hierfür ca. 60000 Juden zum Straßenbau einfangen. Ich habe den Eindruck, daß Heydrich niemand mehr abstellen will und nach Begründungen sucht. Ich empfehle, sich besonders einmal der Judenfrage in Ungarn anzunehmen, die heute behaupten, daß die Rumänen durch ihre unmenschlichen Akte gegen die Juden bewiesen haben, daß sie kein Recht hätten auf ein Kulturland, wie es Siebenbürgen sei. Baldige Inmarschsetzung eines tüchtigen Juden- und Arisierungsberaters als Ersatz für Richter erforderlich. Von einer Anforderung dieses Beraters bei der RF der SS bitte ich abzusehen, um weitere Unannehmlichkeiten zu vermeiden.

PA AA Inland IIg Bd. 202b;
Judenverfolgung in Rumänien. Hg. von der United Restitution Organization. Frankfurt a. M. 1959, Band 2, S. 294.

143 Aktennotiz des Judenberaters bei der rumänischen Regierung, Richter: Abschiebung rumänischer Juden aus der Bukowina und Bessarabien, 17.10.1941:

Wie Generaldirektor *Lecca* heute mitteilte, werden 110000 Juden
aus der Bukowina und aus Bessarabien evakuiert, und zwar in zwei
Wäldern in der Gegend des Bug. Soweit er erfahren konnte, sei
diese Aktion auf einen Befehl des Marschall Antonescu zurückzuführen. Sinn der Aktion sei die Liquidierung dieser Juden.

IfZ PS-3319 (Kopie);
Der Prozeß gegen die Hauptkriegsverbrecher vor dem Internationalen Militärgerichtshof, Nürnberg 14. November 1945–1. Oktober 1946. Nürnberg
1948, Band 32, S. 183f.

144 Telegramm Rintelens an das AA: Vorbereitungen zu den Deportationen aus Rumänien abgeschlossen, 19.8.1942:

Der Bericht des Chefs der Sicherheitspolizei und des Sicherheits-
dienstes vom 26. Juli an den Reichsführer-SS betreffend Evakuierung von Juden aus Rumänien lautet wie folgt:
Die Vorbereitungen in politischer und technischer Hinsicht in
Bezug auf die Lösung der Judenfrage in Rumänien sind durch den
Beauftragten des Reichssicherheits-Hauptamtes soweit abgeschlossen, daß mit dem Anlaufen der Evakuierungstransporte in
Zeitkürze begonnen werden kann. Es ist vorgesehen, die Juden
aus Rumänien, beginnend etwa mit dem 10.9.1942 in laufenden
Transporten nach dem Distrikt Lublin zu verbringen, wo der ar-
beitsfähige Teil arbeitseinsatzmäßig angesetzt wird, der Rest der
Sonderbehandlung unterzogen werden soll. Es ist Vorsorge getrof-
fen, daß diesen Juden nach Überschreiten der rumänischen
Grenze die Staatsangehörigkeit verloren geht. Die Verhandlungen
bezüglich der Regelung in Rumänien sind seit einiger Zeit mit dem

Auswärtigen Amt im Gange, ebenso die Besprechungen mit dem Reichsverkehrsministerium zwecks Fahrplanerstellung; die Verhandlungen sind als durchaus günstig anzusprechen. [...]

PA AA Büro StS. Rumänien 9–11;
    Akten zur deutschen auswärtigen Politik. Aus dem Archiv des Auswärtigen Amts. Serie E, Band 3. Göttingen 1974, S. 342 f.

145 Telegramm des Gesandten in Bukarest, Killinger, an das AA: Antonescu und Juden, 16. 2. 1944:

Da eine persönliche Audienz beim Marschall zur Zeit nicht möglich war, aufsuchte ich Vizeministerpräsident und machte ihn mit Inhalt Telegramm bekannt, mit der Bitte, denselben an Marschall Antonescu weiterzuleiten.

Marschall Antonescu möchte möglichst viel Juden aus Rumänien los werden. Auf radikale Maßnahmen will er sich wegen ungünstiger propagandistischer Auswirkung bei Feindstaaten, auf Grund Einstellung maßgebender rumänischer Kreise, die zum großen Teil jüdisch versippt sind und wohl auch wegen persönlicher Einstellung nicht einlassen. Er will mir seine endgültige Stellungnahme zu dem Inhalt vorstehenden Drahterlasses übermitteln. Ich werde berichten.

PA AA Inland IIg Bd. 201;
    Akten zur deutschen auswärtigen Politik. Aus dem Archiv des Auswärtigen Amts. Serie E, Band 7. Göttingen 1979, S. 421.

146 Telegramm Luthers an Klingenfuß: An die bulgarische Regierung wegen Deportationen herantreten, [ca. 15. 10. 1942]:

Unter Bezugnahme auf hier geführte Besprechung bitte ich, an Bulgarische Regierung heranzutreten, um mit ihr die Frage eines Abtransportes der nach den neuen bulgarischen Verordnungen umzusiedelnden Juden nach dem Osten zu erörtern. Wir seien bereit, diese Juden zu übernehmen. Bevorstehender Abtransport aus Rumänien bietet technische Möglichkeit einer Verbindung der Aktionen.

Im Interesse einer vermögensrechtlichen Klärung wird vorgeschlagen, alle aussiedelnden Juden analog unserer 11. Verordnung auszubürgern. Im Hinblick auf das in Bulgarien anfallende Vermögen ausgesiedelter Juden und die dem Reich erwachsenen hohen Kosten, wird Zahlung eines pauschalen Kostenanteils vorgeschlagen; als Ausgangspunkt kann der Betrag von RM 250,– genommen werden. Je nach Aufnahme des Vorschlages bitte ich außerdem zu sagen, daß wir bereit sind, einen unserer im Ausland tätigen Berater für Judenfragen für die Durchführung der Maßnahmen zur Verfügung zu stellen.

PA AA Inland IIg Bd. 183.

147 Schreiben des deutschen Polizeiattachés in Sofia, Hoffmann, an das RSHA: »Judenabschub« aus Thrazien und Makedonien, 5. 4. 1943:

Es kann nunmehr der Abtransport von 11 343 Juden gemeldet werden. Hiervon gingen 4221 thrazische per Schiff von Lom nach Wien und 7122 mazedonische Juden per Eisenbahn aus Skopje ab. Die Schiffstransporte waren durch bulgarische Polizei mit je 2 Mann Ordnungspolizei, die Eisenbahntransporte durch Ordnungspolizei begleitet. Trotz ständiger Hinweise war eine genaue Übereinstimmung zwischen Listen und Effektivstärke nicht zu erzielen. Die Übertragung der bulgarischen Listen in lateinische Schrift nahm stets mehrere Tage in Anspruch. Diese Ungenauigkeiten gehen zu Lasten der hiesigen üblichen Verhältnisse und halten sich in erträglichem Rahmen.

Nach dem vollzogenen Abtransport der Juden erscheint es angebracht, einen kurzen Überblick über den Stand des Judenproblems in Bulgarien zu geben.

1.) Ausgangspunkt war die durch Innenminister Gabrowski vorgetragene Bereitwilligkeit der bulgarischen Regierung, die Juden aus den neu gewonnenen Gebieten Mazedonien und Thrazien zu evakuieren. Für diese wurden 14 000 Juden in Anschlag gebracht. Der dem bulgarischen Innenminister unterstehende Judenkommissar *Beleff*, der persönlich überzeugter Antisemit ist, hatte von vorneherein den Plan erwogen, weitere 6000 Juden aus Altbulgarien, insbesondere aus den Großstädten, hinzuzunehmen, um die jüdische Führungsschicht in den Plan mit einzubeziehen. Der Innenminister Gabrowski war hiermit zunächst auch einverstanden. Der Plan des Abtransportes von 20000 Juden fand auch die Billigung des bulgarischen Ministerrates. In diesem Stadium der Verhandlung schlossen Beleff als Judenkommissar und Beauftragter des Innenministers und SS-Hauptsturmführer *Danecker* als Beauftragter des RSHA am 22.2.1943 eine schriftliche Vereinbarung, die bereits dort vorliegt, und die die Einzelheiten des Abtransportes regelte. Der bulgarische Ministerrat beschloß daraufhin am 2.3.43 die vom Judenkommissar verlangte Bereitstellung von Transportmitteln und Lagern für die Juden aus Mazedonien und Thrazien, sowie auch für die Juden des alt-bulgarischen Gebietes. Gleichzeitig wurde ein Gesetz erlassen, wonach Juden, die zur Aussiedlung kommen, die bulgarische Staatsangehörigkeit verlieren. Das Gesetz fand die Billigung des Sobranje. Es wurde lediglich beschlossen, von einer Veröffentlichung im Staatsanzeiger abzusehen.

2.) Wer die hiesigen Verhältnisse kennt, mußte damit rechnen, daß mit dem Herannahen des Zeitpunktes des Abtransportes der Juden sich Schwierigkeiten einstellen würden. Die Schwierigkeiten entstanden bezüglich der Frage des Abtransportes der Juden aus Alt-Bulgarien. Der Judenkommissar Beleff hatte in Erwartung dieser Schwierigkeiten in Plowdiw, Küstendil, Russe und Warna bereits die einflußreichsten Juden in Lagern zusammengezogen. Er plante Ähnliches für Sofia am 13.3.1943. Die Tatsache, daß auch Juden Alt-Bulgariens in die Aktion mit eingeschlossen werden sollten, war inzwischen bekannt geworden; es begannen daraufhin bulgarische politische Kreise, die mit der Judenaktion nicht einverstanden waren, auf den Innenminister einen Druck auszuüben. Insbesondere sprach eine Delegation aus Küstendil unter Führung des Vizepräsidenten des Sobranje Pescheff beim Innenminister dieserhalb vor. Es ist weiterhin anzunehmen, daß der Innenminister auch einen Wink von höchster Stelle bekommen hat, um den geplanten Abtransport der Juden aus Alt-Bulgarien einzustellen. Der Innenminister gab jedenfalls am 9. 3. – teilweise ohne den Judenkommissar zu beteiligen – die Weisung, die in Alt-Bulgarien in Lagern zusammengezogenen Juden wieder zu entlassen. Dies geschah am 10. 3. 1943. Die Freilassung der Juden führte eine erhebliche Unsicherheit der Polizeikommandanten der betr. Städte herbei.

3.) Trotzdem wäre es abwegig anzunehmen, daß die bulgarische Regierung, insbesondere der Innenminister Gabrowski, die Judenaktion zu sabotieren ernstlich versucht hätten. Der deutsche Gesandte hat sich wiederholt dann eingeschaltet, wenn Schwierigkeiten entstanden, bzw. wenn die Aktion nicht voran gehen wollte. Der deutsche Gesandte hat durch sein wiederholtes Vorstelligwerden bei dem Ministerpräsidenten *Filoff* erreicht, daß dieser die Versicherung abgegeben hat, entschlossen zu sein, alle Juden abzuschieben. Um die Einstellung der bulgarischen Regierung richtig verstehen zu können, muß man wissen, daß es ein Judenproblem in der Form, wie es im Reich bestand, in Bulgarien nicht gibt. Wohl gibt es auch in Bulgarien Juden, die sich in Schlüsselstellungen der bulgarischen Wirtschaft hochgearbeitet haben. Ihre Anzahl ist jedoch gering. Es bestehen hier weder die weltanschaulichen noch rassischen Voraussetzungen, um das Judenproblem dem bulgarischen Volk gegenüber so dringlich und lösungsbedürftig erscheinen zu lassen, wie dies im Reich der Fall ist. Die bulgarische Regierung verfolgt mit der Evakuierung der Juden überwiegend materialistische Interessen, die darin bestehen, in das Eigentum der abgeschobenen Juden zuverlässige Bulgaren einzuweisen, hiermit diese zufriedenzustellen und gleichzeitig in den neu erworbenen Gebieten die unruhigen Juden gegen zuverlässige Bulgaren einzutauschen. Die bulgarische Regierung ist ohne Zweifel auch bereit, die Juden aus Alt-Bulgarien abzuschieben; sie will es jedoch auf jeden Fall vermeiden, daß das Judenproblem in Bulgarien durch die Weltpresse gezogen wird. [...]

5.) Der stimmungsmäßige Niederschlag des Judenabschubs ist innerhalb der Bevölkerung als positiv zu werten. Da es viele Existenzen gibt, die keinen richtigen Verdienst haben, versprechen sich dieselben von der Entfernung der Juden aus dem wirtschaftlichen Leben persönliche Vorteile durch Einschaltung in den jüdischen Handel.

6.) Unter Berücksichtigung dieser Verhältnisse ist das bisherige Ergebnis des Abschubs von 11343 Juden als zufriedenstellend zu bezeichnen. Bei einer vereinbarten Zahl von 20000 wurden 56% erreicht.

Aus taktischen Gründen wird der Gesandte bezüglich der Frage des Abschubs der Juden aus Alt-Bulgarien zunächst etwas kurz treten, wie er mir anläßlich meines letzten Vortrages persönlich eröffnet hat. Nachdem jedoch der Ministerpräsident Filoff dem deutschen Gesandten die eindeutige Versicherung gegeben hat, daß auch der Abschub der Juden in Alt-Bulgarien durchgeführt werde, wird dieser zu einem Zeitpunkt, der ihm zweckmäßig erscheint und der in die gesamtpolitische Situation paßt, erneut vorstellig werden. [...]

PA AA Inland IIg Bd. 183.

148   Notiz des Unterstaatssekretärs Luther: Fortführung der »Endlösung«, 24.9.1942:

Der Herr RAM hat mir heute telephonisch die Weisung erteilt, die Evakuierung der Juden aus den verschiedensten Ländern Europas möglichst zu beschleunigen, da feststeht, daß die Juden überall gegen uns hetzen und für Sabotageakte und Attentate verantwortlich gemacht werden müssen. Nach einem kurzen Vortrag über die im Gange befindliche Judenevakuierung aus der Slowakei, Kroatien, Rumänien und den besetzten Gebieten, hat der Herr RAM angeordnet, daß wir nunmehr an die bulgarische, die ungarische und die dänische Regierung mit dem Ziel, die Judenevakuierung aus diesen Ländern in Gang zu setzen, herantreten sollen.

Bezüglich der Regelung der Judenfrage in Italien hat sich der Herr RAM das Weitere selbst vorbehalten. Diese Frage soll entweder in einem Gespräch zwischen dem Führer und dem Duce oder zwischen dem Herrn RAM und dem Grafen Ciano persönlich besprochen werden.

PA AA Inland IIg Bd. 208;
  Akten zur deutschen auswärtigen Politik. Aus dem Archiv des Auswärtigen
Amts. Serie E, Band 3. Göttingen 1974, S. 526.

149 Schreiben Himmlers an Reichsaußenminister Ribbentrop: Judenfrage in Ungarn, 30.11.1942:

Am 21. Juli 1942 richtete das Oberkommando der Wehrmacht an
Dein Amt in Berlin ein Schreiben, in dem mitgeteilt wurde, daß
der ungarische Generalmajor Heszlényi den Wunsch der ungarischen Regierung auf Absiedlung der ohne Bewilligung nach Ungarn geflüchteten Juden in das Gebiet östlich des Dnjestr vorgetragen und gebeten habe, diese Bestrebungen der ungarischen Regierung zu unterstützen.

Nun ist es ja bekannt, daß besonders in der letzten Zeit seitens
maßgeblicher ungarischer Politiker bzw. Staatsmänner in Reden
und Aufsätzen die Lösung der Judenfrage in Ungarn gefordert und
angekündigt wird. Man soll sich, wie ich höre, in Budapest auch
mit dem Gedanken tragen, dem Problem in Etappen zu Leibe zu
gehen und erwägt daher, zunächst einmal, gewissermaßen als erste
Rate, die Evakuierung von 100000 Juden aus den ungarischen
Ostgebieten durchzuführen.

Ich habe seinerzeit entschieden, daß die von Ungarn beantragte
Abschiebung der nach Ungarn geflüchteten Juden nichtungari-
scher Staatsangehörigkeit so lange hinausgezögert werden soll, bis
sich Ungarn bereit erklärt, auch Juden ungarischer Staatsangehörigkeit in die beabsichtigten Maßnahmen einzubeziehen.

Es erscheint mir daher in Anbetracht der ungarischen Bestrebungen zweckmäßig, schon jetzt einen meiner Sachbearbeiter –
etwa den SS-Hauptsturmführer Wisliceny, der die technische
Durchführung zur Freimachung der Slowakei von Juden im besten
Einvernehmen mit Deinen Herren in Preßburg bearbeitet – zur
deutschen Gesandtschaft nach Budapest zu entsenden, der dort in
Form eines wissenschaftlichen Sachbearbeiters oder Referenten
für Judenfragen bei der deutschen Gesandtschaft tätig sein
könnte.

In der offiziellen ungarischen Statistik wird die Anzahl der Juden mosaischer Konfession mit 742827 angegeben; die wirkliche Anzahl der Juden dürfte aber bei rd. einer Million liegen.

Es wäre daher tatsächlich außerordentlich erfreulich, wenn es uns gelänge, die Frage dieses brennenden Problems auch in Ungarn aus der Welt zu schaffen, zumal meines Erachtens hierdurch zweifellos auch die rumänische Regierung zur Aufgabe ihrer zaudernden Haltung, die sie im Hinblick auf den endlichen Beginn der Judenevakuierung an den Tag legt, gezwungen wird. Die Frage in Bulgarien dürfte damit ebenfalls automatisch geklärt sein, da, wie mir bekannt ist, die bulgarische Regierung ihrerseits ihre Judenmaßnahmen gern mit denen der rumänischen Regierung gekoppelt wissen möchte.

Ich darf Dich bitten, lieber Ribbentrop, mir Deine Meinung zu meinem Vorschlag mitteilen zu wollen.

PA AA Inland IIg Bd. 208;
   Akten zur deutschen auswärtigen Politik. Aus dem Archiv des Auswärtigen Amts. Serie E, Band 4. Göttingen 1975, S. 428f.

150 Aufzeichnung über die Unterredung zwischen Hitler und dem ungarischen Reichsverweser Horthy: Drängen Hitlers auf einen schärferen Kampf gegen die Juden in Ungarn, 18.4.1943:

[...] Auf eine Bemerkung des RAM, daß in das ungarische Oberhaus wieder zwei Volljuden gewählt worden seien, erwiderte Horthy, daß sich dagegen aus verfassungsmäßigen Gründen nichts machen ließe und daß es im übrigen in Ungarn eine ganze Anzahl von getauften Juden gäbe, unter denen viele wertvolle Menschen seien. Er habe alles getan, was man anständigerweise gegen die Juden unternehmen könne, aber ermorden oder sonstwie umbringen könne man sie ja wohl nicht.

Der Führer erwiderte darauf, daß dies auch nicht nötig sei. Ungarn könnte genauso wie die Slowakei die Juden in Konzentrationslagern unterbringen. Es würde damit seinen eigenen Landeskindern viele Möglichkeiten durch Freimachung der von den Juden gehaltenen Positionen eröffnen und den talentvollen Kindern des Volkes auf diese Weise Laufbahnen verschaffen, die ihnen bisher von den Juden verschlossen worden seien. Wenn von Ermordung der Juden gesprochen würde, so müsse er (der Führer) feststellen, daß nur einer morde, nämlich der Jude, der die Kriege anzettele und ihnen durch seinen Einfluß seinen jetzigen gegen Zivilisten, Frauen und Kinder gerichteten Charakter gegeben habe. Hinsichtlich der Juden bestünde ja auch die Möglichkeit, sie in Bergwerken arbeiten zu lassen. Sie müßten aber auf alle Fälle von jeder Einflußnahme in ihrem Gastlande ausgeschaltet werden.

Horthy bemerkte hier, er müsse errötend eingestehen, daß er 36 000 Juden in Arbeitsbataillonen an die Front geschickt habe, von denen wohl die meisten bei dem russischen Vormarsch umgekommen wären. – Der Führer erwiderte, daß der Reichsverweser nicht zu erröten brauche, denn die Juden hätten ja den Krieg angezettelt, und man brauche daher kein Mitleid mit ihnen zu haben, wenn der Krieg nun auch für sie schwerwiegende Folgen nach sich ziehe. Er sei im übrigen davon überzeugt, daß die Juden nicht getötet, sondern zu den Sowjetrussen übergelaufen seien.

Der RAM wies in diesem Zusammenhang noch darauf hin, daß jeder ungarische Jude gewissermaßen ein Agent des englischen Secret Service sei, der die ungarische Staatsangehörigkeit besäße und außerdem noch mit reichlichen Geldmitteln ausgestattet sei. Daran erkenne man, wie gefährlich es sei, die Juden frei herumlaufen zu lassen. [...]

PA AA Handakten Schmidt, Paul-Otto Bd. 7;
   Akten zur deutschen auswärtigen Politik. Aus dem Archiv des Auswärtigen Amts. Serie E, Band 5. Göttingen 1978, S. 621–640.

151 Affidavit von Imre Reiner: Eichmann in Ungarn, 27.7.1960:

[...] Mit der Deutschen Armee marschierte auch, unter Adolf Eichmanns Kommando, die Gestapo ein. Diese zählte – Offiziere und Mannschaft beisammen – bloß ca. 400 Mann. Auch diese verteilten sich auf der Hauptstadt Budapest und der Provinz Ungarns

[sic]. Mit diesen wenigen Gesellen mußte Eichmann rasch handeln. [...]

Am Tage des Einmarsches erfaßte die Juden eine schreckliche Panik. Es haben gleich Massenverhaftungen begonnen.

An allen Bahnstationen in Budapest ließ die Gestapo verhaften all diejenigen Juden, welche von der Provinz – ungeahnt was geschah – zurückkehrten und auch diejenigen – eben in Kenntnis was geschah – von Budapest eilig zu ihren Familien nach der Provinz heimkehren wollten.

Auch ließ die Gestapo festnehmen bei den Stadtgrenzen alle heimkehrenden Juden, die in den Suburben lebten und in der Hauptstadt arbeiteten und die die in der Hauptstadt wohnten und in den Suburben ihre Arbeitsstellen hatten.

Auf diese Weise wurden in den ersten 2–3 Tagen ca. 2000 Juden verhaftet. Diese Verhafteten wurden in dem nahe der Hauptstadt liegenden Internierungslager: KISTARCSA eingesammelt. [...]

An der großen Versammlung am 21-ten März, mit Beteiligung aller Budapester jüdischen Institutionen, verkündete – unter dem Vorsitz Krumeys – Hauptsturmführer Wisliceny offen, daß man wird auch weiterhin Verhaftungen durchführen und Geiseln nehmen, denn es ist Krieg und im Krieg ist dies üblich. Zur Täuschung fügte er hinzu, daß wenn die Juden sich ruhig verhalten werden und ihre Befehle und Verordnungen gehorsam ausfolgen werden, wird Niemandem ein Haar gekrümmt werden.

Die Taktik des Irreführens begann also schon zwei Tage nach dem Einmarsch und diese Taktik verfolgte die Gestapo bis zum bittern Ende. [...]

Das Resultat war, daß von Kistarcsa – das erste Mal schon am 23-ten April 1944 – die Internierten nach Auschwitz deportiert wurden.

Nur wenige von ihnen blieben am Leben und kehrten zurück.

In einem Viehwaggon 80–90 Personen zusammengepreßt.

Die Toten fahren mit.

Die Deportation der Ungarischen Juden geschah auf der grausamsten Weise [sic].

Ein Deportationszug – mit 3000–3500 Personen – bestand aus ca. 40 Waggons. Es waren Viehwaggons. Nur zwei mit Gitter versehene kleine Öffnungen lieferten ein wenig Luft und Licht in den unmenschlich überfüllten Waggons. Die Gestapo hatte in jedem 80–90 Personen hineingepreßt.

Die armen Märtyrer glaubten sie noch benützen zu können, so hatte jeder von ihnen ziemlich großes Gepäck auch mitgebracht. Legen konnte man sich nicht. Sie saßen an ihren Gepäcken, während der 2–3 tägigen Fahrt.

Die Gestapo ließ in jeden Waggon zwei Kübel hineingeben. Eines mit Trinkwasser gefüllt; ein zweites: leer, für menschliche Bedürfnisse. Die Türen der Waggons waren mit Ketten abgesperrt. Man öffnete sie auch nicht an Bahnstationen um den Wasserkübel neu zu füllen und die anderen zu leeren.

Es waren die warmen Sommertage. Viele Kinder, Kranke und Alte konnten die Qualen der Zusammengepreßtheit, die Hitze, den Luftmangel, den Gestank nicht ertragen und starben unterwegs. Die Gestapo erlaubte nicht, die Kadaver hinauszuheben und unterwegs zu begraben.

Die Toten reisten mit den Übrigen nach Auschwitz mit. [...]

IfZ Eich 347 (Kopie).

152 Schnellbrief Thaddens (AA, Abt. Inland II) an Eichmann: Stand der »Ghettoisierungsarbeiten« in Ungarn, 24.4.1944:

[...] Am 16. April wurden die Ghettoisierungsarbeiten im Karpathenraum in Angriff genommen. Inzwischen sind bereits 150000 Juden erfaßt. Die Aktion wird voraussichtlich bis Ende nächster Woche abgeschlossen sein und dürfte dann insgesamt schätzungsweise 300000 Juden erfaßt haben. Anschließend ist die gleiche Arbeit in Siebenbürgen und weiteren Grenzkomitaten gegen Rumänien geplant und befindet sich bereits in Vorbereitung. Es sind dort noch weitere 250000 bis 300000 Juden zu erfassen. Darauf soll die Erfassung der an Serbien und Kroatien anschließenden Komitate folgen. Zuletzt sind die Ghettoisierungsarbeiten im Landesinnern und Abschluß in Budapest geplant.

Die Verhandlungen wegen des Transports sind eingeleitet und es wird beabsichtigt, am 15. Mai mit dem Transport von täglich

3000 Juden vorwiegend aus dem Karpathenraum zu beginnen. Später sollen gleichzeitig auch Abtransporte aus anderen Ghettos erfolgen, falls dies transporttechnisch möglich ist. Als Aufnahmeort ist Auschwitz vorgesehen. Für weitgehende Rücksichtnahme auf kriegswirtschaftliche Belange bei Durchführung dieser Aktion ist Sorge getragen worden. Es erscheint zweckmäßig, den Abtransport der vom Deutschen Gesandten in Ungarn geforderten und bereits von der Regierung zugesagten 50000 Arbeitsjuden aus dem Raum von Budapest etwas hinauszuschieben, um die Durchführung der Aktion nicht zu gefährden. Dies wird auch im Hinblick auf die bestehenden Transportschwierigkeiten ohnehin notwendig sein. Im Fußtreck ist der Transport nicht durchführbar, da die Fragen der Verpflegung, Fußbekleidung und Bewachung große Schwierigkeiten mit sich bringt [sic].

Abschließend stellt der Gesandte [Veesenmayer] fest, daß er den vorstehend skizzierten Plan für richtig halte, da es sich bei der Judenaktion um ein totales Ganzes handele.

PA AA Inland IIg Bd. 210;
  Randolph L. Braham (Hg.), The destruction of Hungarian Jewry. A documentary account. New York 1963, Band 1, S. 357 (Faks.).

153 Berichte des Bevollmächtigten des AA in Budapest, Veesenmayer, an das AA über den Fortgang der »Endlösung« in Ungarn, 1944:

a) 13. 6. 1944:
I.) Abtransport Juden aus Karpathenraum und Siebenbürgen (Zone I und II) an Zielorte am 7. Juni mit insgesamt 289357 Juden in 92 Zügen zu je 45 Wagen abgeschlossen. Daß ursprünglich geschätzte Gesamtziffer (ca. 310000) nicht erreicht wurde, erklärt sich aus ungarischerseits in Zwischenzeit vorgenommenen Einziehungen zum jüdischen militärischen (Honved)-Arbeitsdienst. –

II.) Konzentration Juden aus Raum nördlich Budapest – von Kaschau bis Reichsgrenze-Zone III am 10. Juni 1944 abgeschlossen. Transporte laufen vom 11.–16. Juni mit 21 Zügen. Vorgesehene Gesamtziffer (ca. 67000) wird voraussichtlich ebenfalls nicht erreicht werden, da ungarische Schätzungen allgemein zu hoch gegriffen und im übrigen auch in diesem Raum im letzten Augenblick noch Einziehungen zum Arbeitsdienst erfolgt sind.

III.) Lager sind vor Verladung von Grell und Hezinger aufgesucht und, nachdem bereits von ungarischer Seite und SD Sondereinsatzkommando Ausländer ausgemustert worden waren, nochmals durch Aufruf entsprechend durchgekämmt worden, wobei noch eine geringfügige Anzahl von Ausländern festgestellt und herausgenommen wurde. –

IV.) Am 11.6. stattfand Besprechung beteiligter deutsch-ungarischer Stellen wegen Bearbeitung Zone IV (bisher nicht erfaßter Raum ostwärts Donau ohne Budapest). Hier ist vorgesehen Konzentrierung vom 17. bis 24.d.Mts., Abtransport mit 15 Zügen vom 25.–28.d.Mts. geschätzte Gesamtziffer 45000 (nicht wie ursprünglich auf Grund ungarischer Schätzungen angenommen 100000). Nach Abschluß wird dann Inangriffnahme Zone V (bisher nicht erfaßter Raum) westlich der Donau erfolgen, wofür Besprechung auf 22.d.Mts. festgesetzt. Letzte Zone VI (Stadtgebiet Budapest) soll danach etwa Mitte Juli schlagartig unter besonderen Sicherungsmaßnahmen begonnen werden.

PA AA Inland IIg Bd. 210;

    Randolph L. Braham (Hg.), The destruction of Hungarian Jewry. A documentary account. New York 1963, Band 1, S. 399 (Faks.).

b) 21.6.1944:

In den letzten Tagen haben sich sowohl innerhalb der Regierung als auch zwischen dem Reichsverweser und der Regierung Spannungen ergeben. Der Stellvertretende Ministerpräsident Ratz hat an Sztojay gewisse Forderungen gestellt, die das Verhältnis der Ungarischen Regierung zum Reichsverweser betreffen und auf erhöhte Vollmachten für die Regierung gegenüber dem Reichsverweser hinstreben. Andererseits hat der Reichsverweser einen geheimen Brief an Sztojay geschrieben, in dem er die Regierung für die harte Behandlung der Judenfrage verantwortlich macht. Zweifellos ist dieses Schreiben auf die, den Reichsverweser nach wie vor stark beeinflußende Klique zurückzuführen. Der eigentliche Drahtzieher scheint Graf Bethlen zu sein, der sich nach allgemeiner Meinung erneut in der Burg aufhält. Die andere treibende Kraft ist der Sohn von Horthy, der neuerdings eine starke Betriebsamkeit entwickelt. Meiner Ansicht nach ist dieser Brief jedoch nicht so sehr als ein Protest zu werten, als vielmehr als Alibi gegenüber den Engländern und Amerikanern für den Fall eines schlechten Kriegsausgangs. Die zunehmende Entfernung der Ungarn trägt weiterhin dazu bei, die Unruhe zu steigern. Die Juden versuchen derzeit jeden auch nur denkbaren Weg, um dem drohenden Abtransport zu entgehen und finden dabei vornehmlich in der Kirche einen Helfer. Trotzdem sind diese Spannungen vorläufig nicht tragisch zu nehmen. Selbst, wenn es zu einem Ausscheiden von Ratz käme, der seit einigen Tagen von seinem Büro fernbleibt, so wäre das kein großer Verlust, da er infolge seiner ausgeprägten Faulheit und Bequemlichkeit nachgerade bekannt ist.

Zu bemerken ist noch, daß im ganzen gesehen, die Arbeit mit fast allen ungarischen Regierungsstellen schwer geworden ist. [...]

PA AA Inland IIg Bd. 213;
    Randolph L. Braham (Hg.), The destruction of Hungarian Jewry. A documentary account. New York 1963, Band 1, S. 409 f. (Faks.).

c) 6. 7. 1944:

Erfahre soeben durch telefonische Rückfrage bei Sztójay, daß Reichsverweser offensichtlich im Einvernehmen mit ungarischer Regierung Fortsetzung der Judenaktionen gestoppt hat. Sztójay hat mich für morgen zu sich gebeten, um mir genau Auskunft über Zusammenhänge zu erteilen, die zu diesem Schritt geführt haben. Hatte gestern abend noch längere Aussprache mit Sztójay, in der ich ihm unter Bezugnahme auf Drahterlaß RAM 708/44 vom 3. Juli weisungsgemäß Mitteilung machte. Sztójay war hierüber sehr betroffen und bat mich nochmals, beim Herrn RAM dringend vorstellig zu werden und das Einverständnis der Reichsregierung für die verschiedenen ausländischen Angebote zugunsten der ungarischen Juden zu erwirken. Als Begründung führte er aus: [...]

5. Streng vertraulich las mir Sztójay ferner drei von ungarischer Abwehr entzifferte Geheimtelegramme des englischen und des amerikanischen Gesandten in Bern an ihre Regierungen vor. Dieselben enthalten eine detaillierte Darstellung, was mit den Juden,

die aus Ungarn deportiert werden, geschieht. Es wird darin erwähnt, daß dort bereits 1½ Millionen Juden vernichtet worden seien und derzeit laufend der größte Teil der abtransportierten Juden das gleiche Schicksal erleide. In denselben Telegrammen wird dann folgender Vorschlag gemacht: Bombardierung und Vernichtung des Bestimmungsortes, wohin die Juden kommen, ferner Zerstörung der Bahnen, die Ungarn mit diesem Ort verbinden. Ziel Bombardierungen aller ungarischen und deutschen Dienststellen mit genauen, zutreffenden Straßen und Nummern-Angaben in Budapest, die in dieser Sache mitwirken und zuletzt großaufgezogene Propaganda über die ganze Welt und die Darstellung des genauen Sachverhalts. In einem weiteren Telegramm sind 70 ungarische und deutsche Persönlichkeiten namentlich genannt, die Hauptverantwortliche darstellen.

Sztójay erklärte mir, daß ihn persönlich diese Drohung kalt lasse, da er im Falle unseres Sieges die Sache als uninteressant betrachte, im anderen Falle sowieso mit seinem Leben abgeschlossen habe. Trotzdem stand er sichtlich sehr stark unter dem Eindruck der Telegramme, von denen ich inzwischen hörte, daß sie auch im Ministerrat vorgetragen und dort entsprechende Wirkung auslösten.

Ich nehme an, daß inzwischen heute Nacht auch der Reichsverweser hiervon Kenntnis erhalten hat und die soeben angeführten Punkte zusammen mit dieser Tatsache zu der eingangs erwähnten Entscheidung geführt haben. Dazu tragen ferner die Feindmeldungen über die Lage im Osten bei, die hier in allen uns befreundeten Lagern eine mehr oder weniger starke Depression ausgelöst haben. Die durch das Einsetzen von »V 1« erzeugte bessere Stimmung ist durch die Meldungen aus dem Osten verschwunden und ins Gegenteil umgeschlagen. Man sieht hier in erster Linie nur nach der russischen Front. Gleichzeitig hat sich auch die innere Lage wieder zugespitzt. Die Auswirkungen der letzten, teilweise recht schweren Bombardierungen, die auch Wohnviertel betrafen, sind recht unangenehm und man fürchtet in breiten Kreisen, daß nach Entfernung der Juden Budapest der Vernichtung preisgegeben ist. Eine geschickte Flüsterpropaganda sowie feindliche Flugblatt-Propaganda tun ein übriges hierzu. Daneben geht der Kampf der Parteien untereinander in verstärktem Maße weiter, worunter die praktische Arbeit auf allen Gebieten leidet. Den Vorteil daraus ziehen die links- und rechtsradikalen Kreise, vor allem Szálasi, vor dem die Burg und die Regierung in latenter Putschangst leben. [...]

PA AA Büro StS. Ungarn 11–12;
  Akten zur deutschen auswärtigen Politik. Aus dem Archiv des Auswärtigen Amts. Serie E, Band 8. Göttingen 1979, S. 171–173.

d) 18.10.1944:

Mit geänderter politischer Lage ist auch Judenfrage hier in neues Stadium getreten. Obersturmbannführer Eichmann, der auf Antrag hiesigen Höheren SS- und Polizeiführers und Befehl des Chefs der Sicherheitspolizei heute nach Budapest zurückgekehrt ist, hat Verhandlungen mit ung. Stellen dahin aufgenommen, daß 50000 männliche arbeitseinsatzfähige Juden aus Budapest im Fuß-treck zum Arbeitseinsatz nach Deutschland transportiert, weitere arbeitsfähige männliche Juden aus Budapest sofort zu militäri-schen Befestigungsarbeiten in Umgebung eingesetzt und übrige Juden insgesamt in Ghetto-ähnlichen Lagern an Stadtperipherie konzentriert werden. Bereits seit gestern sind Einzelaktionen ge-gen Budapester Juden, auch in Form persönlicher Ausschreitun-gen und Tötungen im Gange, die jedoch auf Anordnung neuer Regierung gestoppt werden sollen.

Es wird ferner angestrebt, für jüdischen Arbeitsdienst, der teil-weise noch in unmittelbarer Frontnähe eingesetzt ist, endlich straf-fere Beaufsichtigung und geeignetere Sicherungsmaßnahmen zu erreichen.

Aus Veröffentlichungen neuer Regierung ist im übrigen zu erse-hen, daß auch bisherige Ausnahme-Juden wieder zum Stern-Tra-gen verpflichtet werden. Gleiches gilt unter Androhung Bestra-fung für Juden, die nach Horthy-Proklamation selbständig Stern für ihre Person abgelegt bezw. an Judenhäusern entfernt hatten.

Schließlich ist auch beabsichtigt, abschließende Provinzaktion gegen bisher ausgenommene oder verborgene Juden einschließ-lich Mischlingsjuden durchzuführen.

PA AA Inland IIg Bd. 209;
  Akten zur deutschen auswärtigen Politik. Aus dem Archiv des Auswärtigen Amts. Serie E, Band 8. Göttingen 1979, S. 506.

e) 13.11.1944:

Evakuierung Budapester Juden verläuft ungeachtet technischer Schwierigkeiten wie vorgesehen. Nach Mitteilung SS-Obersturmbannführers Eichmann sind bis heute rund 27000 marsch- und arbeitseinsatzfähiger Juden beiden Geschlechtes in das Reichsgebiet in Marsch gesetzt worden. Es wird mit einem Restkontingent von noch rund 40000 arbeitsfähigen Juden gerechnet, die in Tagesraten von 2–4000 abtransportiert werden. In besonderem Stadtteil zusammengefaßt werden danach an nicht arbeitsfähigen einschließlich Kindern in Budapest schätzungsweise 120000 Juden verbleiben, über deren endgültige Bestimmung noch nicht entschieden ist, jedoch maßgeblich von Ermöglichung Gestellung Transportmittel abhängig ist.

PA AA Inland IIg Bd. 209;
    Akten zur deutschen auswärtigen Politik. Aus dem Archiv des Auswärtigen Amts. Serie E, Band 8. Göttingen 1979, S. 552.

154 Fernschreiben des Kommandeurs der Sicherheitspolizei und des SD in Rom, Kappler, an Wolff (Persönlicher Stab RFSS): »Judenaktion« in Rom, 18.10.1943:

[...] Judenaktion heute nach büromäßig bestmöglichst ausgearbeitetem Plan gestartet und abgeschlossen. Einsatz sämtlicher verfügbarer Kräfte der Sicherheits- und Ordnungspolizei. Beteiligung der italienischen Polizei war in Anbetracht der Unzuverlässigkeit in dieser Richtung unmöglich. Dadurch Einzelfestnahmen innerhalb 26 Aktionsbezirken nur in rascher Folge möglich. Abriegelung ganzer Straßenzüge sowie in Anbetracht Charakters der offenen Stadt als auch der unzulänglichen Gesamtzahl von 365 deutschen Polizisten nicht durchführbar. Trotzdem wurden im Verlauf der Aktion, die von 05.30 Uhr bis 14.00 Uhr dauerte, 1259 Personen in Judenwohnungen festgenommen und in Sammellager in hiesiger Militärschule gebracht. Nach Entlassung der Mischlinge, der Ausländer einschl. eines Vatikanbürgers, der Familien in Mischehen einschl. jüdischen Partners, der arischen Hausangestellten und Untermietern verbleiben an festzuhaltenden Juden 1007. Abtransport Montag, 18.10., 09.00 Uhr. Begleitung durch

30 Mann Ordnungspolizei. Verhalten der italienischen Bevölkerung eindeutig passiver Widerstand, der sich in großer Reihe von Einzelfällen zur aktiven Hilfeleistung steigerte. In einem Fall z. B. wurden die Polizisten an der Wohnungstür von einem Faschisten mit Ausweis und Schwarzhemd empfangen, der eindeutig die Judenwohnung erst eine Stunde zuvor als seine angeblich eigene übernommen hatte. Verschiebungsversuche der Juden bei Eindringen deutscher Polizisten in das Haus in Nachbarwohnungen waren eindeutig zu beobachten und dürften verständlicherweise in zahlreichen Fällen vorgekommen sein. Antisemitischer Teil der Bevölkerung trat während der Aktion nicht in Erscheinung, sondern ausschließlich die breite Masse, die in Einzelfällen sogar versuchte, die Polizisten von den Juden abzudrängen. Von der Schußwaffe wurde in keinem Falle Gebrauch gemacht.

BA NS 19/1880.

155 Kriegstagebuch des Deutschen Kommandanten Rom: Razzien gegen Juden, 16./17.10.1943:

a)

[...] In der vergangenen Nacht hat eine Aktion des deutschen Sicherheitsdienstes zur Aushebung der in Rom befindlichen Juden eingesetzt. Die Aktion ist heute Nachmittag 1600 Uhr beendet. Zur Durchführung sind die dem Deutschen Kommandanten unterstellten Polizei-Kompanien 5./15, 3./20 und 11./12 dem Sicherheitsdienst zur Verfügung gestellt. Wie die Aktion sich auswirken wird, ist noch nicht abzusehen. Es ist anzunehmen, daß sie viele, uns feindlich gesinnte Italiener, wie beispielsweise die Urheber der kürzlich vorgekommenen Sabotagefälle, zurückschrecken wird.

Für die Dauer der Abkommandierung der 5./SS-Pol.Rgt. 15 zu der Aktion gegen die Juden übernimmt ein Kommando des III./Fallschirmjäger Rgt. 2 die Wache im Gefängnis Regina Coeli und an der Sendestation Palomba. Nach Durchführung der Aktion übernimmt die 5./SS-Pol.Rgt. 15 wieder die Wache in der Wehrmachthaftanstalt Gefängnis Regina Coeli. Die Wache an der Sendestation Palomba wird zunächst von den Fallschirmjägern weitergestellt. [...]

b)

[...] Bei der Aktion zur Erfassung der in Rom lebenden Juden sind insgesamt 900 Juden aufgegriffen worden. Die verhältnismäßig geringe Zahl erklärt sich daraus, daß Abkömmlinge aus Mischehen nicht festgenommen worden sind. Die Aktion war um 1200 Uhr am Vortage beendet. Der Abtransport der Juden soll am 18. 10. erfolgen. Zu Zwischenfällen irgendwelcher Art ist es nicht gekommen. Was die Aktion sonst für Folgen haben wird, bleibt abzuwarten. [...]

BA/MA RH 34/265.

156   Vortragsnotiz des Vortragenden Legationsrats im AA, Wagner: Erfassung italienischer Juden, 4. 12. 1943:

Wie das Reichssicherheitshauptamt mitgeteilt hat, haben die vom Reichsführer-SS in Italien befohlenen Aktionen zur Erfassung der italienischen Juden bisher zu keinem nennenswerten Ergebnis geführt, da durch die von verschiedenen Seiten erfolgten Einsprüche die erforderlichen Schritte so lange hinausgezögert worden seien, bis die Mehrzahl der Juden Gelegenheit gefunden hatte, sich Verstecke in kleinen Dörfern etc. zu suchen. Mit den zur Verfügung stehenden Kräften ist ein Durchkämmen aller kleineren, mittleren und größeren Gemeinden nicht möglich.

Da inzwischen die italienische Regierung ein Gesetz verkündet hat, daß alle Juden in Italien in Konzentrationslager zu übernehmen sind, schlägt Gruppe Inland II im Einvernehmen mit dem Reichssicherheitshauptamt vor, Botschafter Rahn anzuweisen, der faschistischen Regierung die Genugtuung der Reichsregierung zu diesem aus abwehrmäßigen Gründen unbedingt notwendigen Gesetz auszudrücken, darauf hinzuweisen, daß im Interesse einer sofortigen Abschirmung der Operationszonen von unzuverlässigen Elementen eine beschleunigte Durchführung dieses Gesetzes und Anlage der Konzentrationslager in Norditalien erforderlich erscheine, und die Reichsregierung gern bereit sei, zur Durchführung ihrer Maßnahmen erfahrene Berater zur Verfügung zu stellen.

Auf diese Weise würde die Möglichkeit bestehen, das jetzige Einsatzkommando in Beraterform in die Regierungsorgane einzubauen, die tatsächliche Durchführung dieses Gesetzes zu überwachen und den Exekutivapparat der faschistischen Regierung voll für die Judenmaßnahmen einzusetzen.

Das Reichssicherheitshauptamt würde es an sich begrüßen, wenn gleichzeitig die Forderung auf Auslieferung der in die Konzentrationslager übernommenen italienischen Juden zum Abtransport in die Ostgebiete gestellt würde. Gruppe Inland II hält es jedoch für ratsam, mit diesem Verlangen zunächst noch abzuwarten, da sich die Konzentrierung vermutlich wird reibungsloser abwickeln lassen, wenn die Überführung in Konzentrationslager zunächst als die Endlösung und nicht als Vorstufe für die Evakuierung in die Ostgebiete erscheint. Das Reichssicherheitshauptamt hätte gegen diese von Inland II für zweckmäßig gehaltene Taktik keine Bedenken. [...]

PA AA Inland IIg Bd. 192;
   Akten zur deutschen auswärtigen Politik. Aus dem Archiv des Auswärtigen Amts. Serie E, Band 7. Göttingen 1979, S. 218 f.

157 Vernehmung von Hulda Campagnano: Deportation aus Italien, 11. 5. 1961:

[...] Herr [Richter] Bach: Also kann man sagen, daß bis September 43 Sorge für die persönliche Sicherheit nicht bestand?

A[ntwort]: Nein, es bestand keinerlei Gefahr für unser Leben und unsere Freiheit war auch in keiner Weise bedroht, nur daß wirtschaftlich die Dinge nicht so waren, wie früher; gewisse Arbeitsbedingungen hatten sich auch verändert. Im September 1943 setzte eine grundlegende Veränderung ein, die Deutschen ergriffen die Macht in dem größten Teil Italiens, nur Sizilien war bereits in den Händen der Alliierten, aber die Teile Italiens, die noch unter faschistischem Regime waren, gingen in die Hände der Deutschen über, und da fingen ganz andere Verfolgungen an und die erste Tätigkeit, die die Deutschen entwickelten, wenn sie in irgend eine Stadt kamen, war, sich eine Liste der dort ansässigen Juden zu verschaffen und laut dieser Liste von Haus zu Haus vorzugehen, die Juden aus den Wohnungen herauszuholen, sie nach einem Durchgangslager neben Modena, Fossoli bei Carpi in Norditalien neben Modena abzutransportieren.

Ich beziehe mich jetzt auf Städte, in denen es eine jüdische Bevölkerung gab, es gab natürlich auch viele Ortschaften, kleinere Ortschaften, wo die jüdische Gemeinde entweder nicht organisiert war, oder wo es überhaupt keine Juden gab. Da natürlich weiß ich nicht was geschah, aber in Städten, in denen es eine gut organisierte Gemeinde gab, über die kann ich berichten. [...]

Herr Bach: Wußtet Ihr damals, was abtransportierte Juden zu erwarten hatten?

Zeugin: Wir wußten, d. h. das Radio London hat häufig Sendungen gehabt –

F[rage]: Was hörtet Ihr?

A.: Daß es Gaskammern gebe.

F.: Habt Ihr daran geglaubt, daß es auch Euer Schicksal sein könnte?

A.: Ja, wir dachten, daß es unser Schicksal sein könnte aber wir hatten noch immer die Hoffnung, daß es vielleicht doch rein propagandistisch etwas übertrieben sei.

Außerdem war die Lage der Juden Italiens so etwas außergewöhnlich, man hatte immer das Gefühl: hier kann sich dieses nicht zutragen, denn sogar unter dem faschistischen Regime, als es bereits gewisse antijüdische Gesetze gab, konnte man doch noch immer in Ruhe und Frieden leben und man dachte, daß auch diesmal es sich um sowas handelte. Einige vielleicht unter uns dachten, daß da sie gewisse Privilegien und Rechte unter dem faschistischen Regime gehabt hatten, dieses ihnen auch bei den Deutschen helfen würde.

Das war natürlich nicht der Fall.

Herr Bach: Das also würde nur auf einige Juden Anwendung finden, die privilegiert waren unter den Faschisten und die glaubten, daß sie diese Privilegien auch den Deutschen gegenüber ausnützen werden können?

Zeugin: Ja.

F.: Wann gab es die Festnahme der ersten Juden durch die Deutschen?

A.: In Florenz geschah das Ende September 1943, zwei oder drei Wochen nachdem sie die Macht in Italien ergriffen hatten. [...]

Herr Bach: Ist Ihnen irgendetwas über das deutsche Eingreifen gegen die Juden Roms bekannt?

Zeugin: Ich war nicht an Ort und Stelle dort, ich weiß nur, nach der Befreiung – was sich dort zugetragen hatte.

Herr Bach: Aber hatten Sie gehört, daß die Juden Roms direkt in Mitleidenschaft gezogen wurden.

Zeugin: In Rom gab es kaum eine Familie, die nicht betroffen wurde von den deutschen Maßnahmen.

Herr Bach: Ist Ihnen eine gewisse Aktion bekannt, eine besondere Aktion?

Zeugin: Ja. Das war ganz zu Anfang im Dezember 1943, als die Deutschen nach Rom eingedrungen waren. Rom hatte eine ganz besondere Sache, das ist dieses Ghetto, etwas was in den anderen italienischen Städten fast unbekannt war, außer eine oder zwei. Im Ghetto ist die jüdische Bevölkerung sehr zahlreich, im allgemeinen eine ärmere Schicht, aber es gab auch eine Mittelklasse. Als nun die Deutschen nach Rom einmarschierten, sagten sie, daß sie 100 kg Gold verlangen und dann würden sie sich nicht an den Juden vergreifen und sie könnten ruhig in ihren Wohnungen verbleiben. Die Juden – unter sehr großen Anstrengungen – konnten diese 100 kg Gold zusammenraffen und man glaubte ihnen, und sie konnten auch wirklich in ihren Wohnungen bleiben. Unter diesen Juden gab es eine Frau, die etwas geistesgestört war. Sie arbeitete scheinbar als Hausgehilfin bei einem italienischen Polizeibeamten, ich bin nicht so ganz sicher, wo er amtierte, jedenfalls eines schönen Tages sagte er ihr, sie solle ihren Kameradinnen sagen, daß sich in dieser Nacht etwas zutragen würde und es wäre gut, wenn man sie warnte. Also sie kam zum Ghetto und teilte den Juden das mit, aber im Ghetto glaubte man ihr nicht, da sie – wie gesagt – als etwas geistesgestört galt und nur zwei-drei Familien flüchteten aus dem Ghetto, die anderen blieben dort. In derselben Nacht umzingelten die Deutschen in wohlbekannter Methode das Ghetto, gingen von Haus zu Haus, schleppten Frauen, Kinder, Alte und Männer auf die Straße, es kam eine große Anzahl Kinder mit – 3000–4000 oder sogar mehr. Ich möchte vielleicht nur noch hinzufügen, daß meine Kinder ich zu retten vermochte, indem ich sie fremden Familien übergab, die ich vorher nie gekannt hatte und teilte sie unter verschiedenen Bevölkerungsschichten auf, d. h. meine eigenen Kinder und die Kinder meines Bruders. Bei italienischen Familien – selbstverständlich. [...]

IfZ G 01, Prozeßprotokoll, Sitzung 36, S. U1–X2.

VIII. VERNICHTUNGSLAGER

Die sechs Lager, in denen der überwiegende Teil des Völkermords an den europäischen Juden stattfand, waren von Anfang an als Stätten der physischen Vernichtung konzipiert und unterschieden sich damit grundsätzlich von den seit 1933 bestehenden Konzentrationslagern. Zwar waren auch in Konzentrationslagern Häftlinge (darunter von Anfang an zahlreiche Juden) in erheblichem Umfang ermordet oder infolge der katastrophalen Lebensbedingungen ums Leben gebracht worden, doch war in den KZ das Töten von Menschen nie mit jener Systematik betrieben worden, wie sie in den Vernichtungslagern mit Hilfe einer ausgeklügelten Mordtechnik geschah.

Obwohl über die Vorgänge in den Vernichtungslagern eine Vielzahl detaillierter Zeugenaussagen vorliegt, wird wohl keine auch noch so umfangreiche Dokumentation in der Lage sein, eine nur annähernde Vorstellung von der grauenhaften Wirklichkeit dieser Tötungsmaschinerien zu vermitteln. Das gleiche gilt für den auf den folgenden Seiten unternommenen Versuch, in aller Kürze Aufbau und Funktion der Vernichtungslager zu beschreiben: Das Vorhaben, die perverse Erfindung fabrikähnlicher Tötungsanlagen zu schildern, führt zwangsläufig dazu, daß der millionenfache Mord in der Form eines technischen Vorgangs erscheint. Der Versuch, den Vernichtungsprozeß in der Art und Weise eines abgehobenen historischen Überblicks auf engstem Raum darzustellen, erweist sich gerade hier als problematisch.

Bei Kriegsausbruch hatte der gesamte Lagerkomplex im deutschen Machtbereich eine ungeheure Expansion erfahren. Nicht nur vergrößerten sich die Häftlingszahlen in den Konzentrationslagern, sondern es entstanden neue Lager im Reichsgebiet und in den besetzten Gebieten, die zum Teil als Konzentrationslager, zum Teil als Internierungs-, Zwangsarbeiterlager oder unter anderen Bezeichnungen geführt wurden.

Als erstes Vernichtungslager wurde Chelmno im Gau Wartheland errichtet. Die Anlage wurde im Herbst 1941 durch das »Sonderkommando Lange«, das zuvor massenweise Geisteskranke ermordet hatte und später nach seinem neuen Leiter Bothmann benannt wurde, in einem Dorf auf dem Gelände eines Herrenhauses erbaut (Dok. Nr. 161). Die ursprüngliche Aufgabe des Lagers bestand darin, die polnischen Juden aus der näheren Umgebung des neu zum Reichsgebiet geschlagenen Gaues zu töten (Dok. Nr. 159). Zu diesem Zweck besann man sich auf ein Mordverfahren, das im Zuge der sogenannten »Euthanasie« entwickelt worden war: die Tötung mittels Gas.

Die nach Kriegsbeginn in Gang gesetzte systematische Tötung schwerbehinderter Heimkinder und geistig behinderter Anstaltsinsassen war gemäß einem Auftrag Hitlers durch die »Kanzlei des Führers« durchgeführt worden. Verantwortlich war hier der Reichsamtsleiter Brack, dem für »technische Fragen« der Kriminalkommissar Wirth zur Seite stand. Im Verlaufe dieser »T 4« genannten Aktion wurden auch etwa 1000 Insassen jüdischer Heime ermordet. »T 4« wurde zwar im August 1941 abgesetzt, unter anderen Tarnnamen wurden jedoch ähnliche Mordprogramme fortgeführt, so etwa die Aktion »14 f 13«, die die Liquidierung bestimmter Häftlingsgruppen in den Konzentrationslagern (Geisteskranke, Invaliden, aber auch gezielt Juden) zum Ziel hatte (Dok. Nr. 158).

Die Tötungen im Rahmen der »Euthanasie« waren überwiegend in stationären Gaskammern erfolgt, jedoch hatte man bereits auch speziell hergerichtete Fahrzeuge eingesetzt, in die während der Fahrt Gase eingeleitet worden waren. Auf dieses mörderische Verfahren griff man im Sommer 1941 zurück, als die Verantwortlichen die in der Sowjetunion durchgeführten Massenerschießungen durch noch »wirksamere« Tötungsverfahren ablösen wollten. Für die Einsatzgruppen wurden nun Fahrzeuge mit geschlossenen Kastenaufbauten hergestellt, in die während der Fahrt die Auspuffgase eingeleitet wurden (Dok. Nr. 163).

Drei dieser Fahrzeuge kamen auch seit Anfang Dezember 1941 in Chelmno zum Einsatz. Die Opfer wurden mit dem Hinweis auf ein Bad aufgefordert, ihre Kleidung abzulegen. Sodann trieb man sie in die geschlossenen Fahrzeuge, ließ diese an und fuhr die nach wenigen Minuten qualvoll Gestorbenen zu vorbereiteten Massengräbern.

Nach Chelmno wurden in den nächsten Monaten vor allem Juden aus dem Getto Lodz sowie aus dem restlichen Warthegau verschleppt. Im Frühjahr 1943 wurde das Lager abgerissen, die Spuren des Vernichtungsprozesses wurden weitgehend beseitigt. Im Juni und Juli 1944 wurde die Anlage jedoch erneut in Gang gesetzt, um bei der Ermordung der restlichen Juden des Gettos Lodz mitzuwirken (Dok. Nr. 162).

Stationäre Gaskammern befanden sich demgegenüber in den drei Lagern der »Aktion Reinhard«, Belzec, Treblinka und Sobibor. Die »Aktion Reinhard« ging auf einen Auftrag zurück, den Himmler vermutlich im Herbst 1941 dem SS- und Polizeiführer im Distrikt Lublin, Globocnik, erteilt hatte und der vor allem die Ermordung der Juden im Generalgouvernement betraf. Alle drei Lager waren relativ kleine, an Bahnverbindungen liegende Anlagen, in denen die ankommenden Juden direkt in die Gaskammern getrieben wurden. In die Kammern wurden sodann Abgase von Dieselmotoren geleitet.

Als erstes Lager wurde im Winter 1941/42 Belzec errichtet (Dok. Nr. 164). Belzec wurde zunächst von Wirth geleitet, der im Sommer 1942 zum Inspekteur der Lager der »Aktion Reinhard« ernannt wurde. Die Verwendung weiteren Personals der Aktion »T 4« im Rahmen des »Reinhard«-Unternehmens verweist auf den Zusammenhang mit den Massentötungen der »Euthanasie«. Tötungen mittels Gas wurden in Belzec in größerem Umfang im März und April 1942, sodann von Juli bis Ende 1942 vorgenommen. Sobibor nahm seinen »Betrieb« im Mai 1942 auf (Dok. Nr. 165). Infolge einer u. a. durch die Sommeroffensive bedingten Transportsperre fanden weitere Massentötungen von Oktober bis Dezember 1942 sowie von März bis August 1943 statt. In Sobibor wurden neben den polnischen vor allem deutsche, niederländische und französische Juden ermordet. Nach dem Häftlingsaufstand vom Oktober 1943 wurde das Lager abgebrochen. In Treblinka begannen die Gasmorde im Juli 1942 (Dok. Nr. 168). Opfer waren zunächst Juden aus dem Warschauer Getto. Im September 1942 brach das Lager zusammen, da die Zahl der herantransportierten Opfer die Kapazität der Tötungsanlage bei weitem überstieg. Nachdem die Lagerleitung aber wieder Herr der Lage geworden war, wurde die Anlage bis Oktober 1943 weiter betrieben. Im August

1943 hatten die Häftlinge hier ebenfalls einen Lageraufstand organisiert. Neben polnischen Juden trafen hier auch Transporte aus Bulgarien und Griechenland ein.

Die drei Lager der »Aktion Reinhard« waren nach einem einheitlichen Schema aufgebaut (Dok. Nr. 166). Die Lager waren zweigeteilt: Während in einem Teil die zum Unterhalt des Lagers benötigten jüdischen Häftlinge untergebracht wurden, befand sich in dem anderen Teil die eigentliche Vernichtungsanlage. Das hier angewandte Mordverfahren war auf vollständige Überraschung und Täuschung der Opfer angelegt: Die Juden wurden an einer Rampe ausgeladen, die als Bahnhof getarnt war. Die Häftlinge mußten sich entkleiden und wurden durch einen schmalen Gang, den sogenannten »Schlauch«, in die Gaskammern getrieben, die als Duschen getarnt waren. In die mit Menschen vollgepreßten Kammern wurden sodann die giftigen Abgase eingeleitet. Das deutsche Personal des Lagers bestand zum größten Teil aus ehemaligen Angehörigen der Aktion »T4« (Dok. Nr. 167), während die Bewachung durch ukrainische Hilfskräfte erfolgte. Von den Häftlingen, die zu dem Lagerkommando eingeteilt worden waren, gelang nur wenigen die Flucht, und zwar – abgesehen von den Aufständen in Treblinka und Sobibor – meistens in den Transporten, mit denen die abgelegten Kleider fortgeschafft wurden.

Die Ermordung der übrigen Juden erfolgte in den beiden Vernichtungslagern Auschwitz und Majdanek, die gleichzeitig auch Konzentrationslager waren. In einem Befehl Himmlers vom Oktober 1942 wurde angeordnet, sämtliche noch in Konzentrationslagern im Reich verbliebene Juden in diese Lager zu »überstellen« (Dok. Nr. 173).

Auschwitz, in Ostoberschlesien gelegen, fungierte zunächst als Konzentrationslager für nichtjüdische Polen. 1941 kam der einige Kilometer abseits gelegene Lagerteil Birkenau hinzu. Vermutlich im Spätsommer 1941 erhielt der Kommandant Höß von Himmler den Auftrag, eine Massenvernichtungsanlage für die »Endlösung der Judenfrage« zu errichten. Ausschlaggebend für den Standort Auschwitz war vor allem die Lage in der Nähe eines Eisenbahnknotenpunktes. Nach ersten Versuchen an sowjetischen Kriegsgefangenen im September, bei denen das Schädlingsbekämpfungsmittel Zyklon (in der Konzentrationsform) »B« angewandt wurde, setzte im Januar 1942 die Ermordung der ostoberschlesischen Juden ein. Im Frühjahr 1942, verstärkt ab März, gelangten die von Eichmann gelenkten Judentransporte aus dem gesamten deutschen Herrschaftsbereich nach Auschwitz. Im Herbst 1942 wurde im Lagerteil Birkenau mit dem Bau großer »Krematorien« begonnen, die sowohl Gaskammer wie Leichenverbrennungsanlage enthielten (Dok. Nr. 169–172). Die in Auschwitz eintreffenden Transporte wurden zunächst auf der Rampe »selektiert«, das heißt, die für »arbeitsfähig« erklärten Juden wurden zunächst aus dem Vernichtungsprozeß herausgenommen und in Arbeitslager gesperrt. Die Morde mittels Gas wurden hier bis Ende 1944 durchgeführt.

Auch im Konzentrationslager Majdanek (zeitgenössisch Lager Lublin genannt) wurden seit Ende 1942 Gasmorde, ebenfalls in speziellen Kammern mit Hilfe von Zyklon B, durchgeführt. Die Opfer waren u. a. Juden aus Polen und aus verschiedenen europäischen Ländern. Am 3. und 4. November 1943 wurden die restlichen jüdischen Häftlinge des Lagers, in dem sich vor allem nichtjüdische Polen befanden, in einer Massenerschießung (Aktion »Erntefest«) getötet. Weitere Massenmorde an Juden mit Hilfe von Gas fanden im serbischen Semlin Anfang 1942 und gegen Kriegsende in Stutthof bei Danzig statt.

Gegen Kriegsende wurden die noch in den Konzentrationslagern verbliebenen Häftlinge in den von deutschen Truppen gehaltenen deutschen Zentralraum transportiert. So wurden etwa aus Auschwitz im Januar 1945 fast 60000 Menschen herausgeführt. Diese verlustreichen »Evakuierungen« vollzogen sich in langen Fußmärschen bzw. in Eisenbahntransporten, bei denen katastrophale Bedingungen herrschten. Zu einem Sammelpunkt dieser Transporte wurde das ursprünglich als »Austauschlager« vorgesehene Bergen-Belsen, das unter dem Ansturm von Zehntausenden von Häftlingen zusammenbrach (Dok. Nr. 174). Viele vor der Ermordung in den Vernichtungslagern verschont gebliebene Juden fanden hier ein qualvolles Ende.

158 Briefe des »Euthanasie«-Gutachters Mennecke an seine Frau: Aussonderung von Juden in Buchenwald zur Ermordung im Rahmen der Aktion »14f13«, 25./27.11.1941:

a) [...] Um 12.00 h machten wir erst Mittagspause u. aßen im Führer-Kasino (1 a! Suppe, gekochtes Rindfleisch, Rotkohl, Salzkartoffeln, Apfelkompott – zu 1,50 Mk!), <u>keine</u> Marken. Bei der Bekanntmachung mit all den vielen SS-Führern stellte ich auch den U-Sturmführer fest, der im Dezbr. 1940 Adjutant im Lager Hinzert war. Auch er erkannte mich sofort, erkundigte sich, auch nach Deinem Wohlergehen. – Um 13.30 h fingen wir wieder an zu untersuchen, aber bald kam die Rede von Ribbentrop, die wir uns erst anhörten. Er hat sehr viel Schönes gesagt, hast Du die Rede auch gehört? Danach untersuchten wir noch bis gegen 16.00 h, u. zwar ich 105 Pat[ienten], Müller 78 Pat, so daß also damit endgültig als 1. Rate 183 Bögen fertig waren. Als 2. Portion folgten nun insgesamt 1200 Juden, die sämtlich nicht erst »untersucht« werden, sondern bei denen es genügt, die Verhaftungsgründe (oft sehr umfangreich!) aus der Akte zu entnehmen u. auf die Bögen zu übertragen. Es ist also eine rein theoretische Arbeit, die uns bis Montag einschließlich ganz bestimmt in Anspruch nimmt, vielleicht sogar noch länger. Von dieser 2. Portion (Juden) haben wir heute dann noch gemacht: ich 17, Müller 15. Punkt 17.00 h »warfen wir die Kelle weg« und gingen zum Abendessen: kalte Platte Cervelatwurst (9 große Scheiben), Butter, Brot, Portion Kaffee! Kostenpunkt 0,80 Mk ohne Marken!! [...] So, wie ich oben nun den heutigen Tag geschildert habe, werden auch die nächsten Tage verlaufen – mit genau demselben Programm und derselben Arbeit. Nach den Juden folgen noch etwa 300 Arier als 3. Portion, die wieder »untersucht« werden müssen. Wir haben also bis etwa Ende nächster Woche hier zu tun. [...]

b) [...] 23.20 h So, mein Lieb, wieder da. Wir haben in der Weinstube »Zum Adler« gesessen, aber dort gefiel es uns nicht besonders. Daher gingen wir noch in die »Bach-Stube« des Hotel Erbprinz hier nebenan. Dort saßen wir bis eben. Dr. Müller wird morgen abend schon abfahren, so daß ich bereits ab Sonnabend früh allein arbeite. Ich werde dann wohl bis Dienstag mittag noch mit der 2. Portion (Juden) zu tun haben. Dienstag nachmittag mache ich frei und hole Dich an der Bahn ab. Mir bleiben dann noch für die 3. Portion ab Mittwoch früh 3–3 ½ Tage, die reichen werden, so daß wir spätestens am Sonnabend mittag (6. 12.) heimwärts fahren können.

Heute hat die Arbeit sehr gut gefunkt, ich habe insgesamt 182 Bögen (nur heute!) fertig gebracht, Müller 170 Bögen. Zum Mittagessen gab es eine deftige Linsensuppe mit Speck, zum Abend Bratkartoffeln + Krabben-Gelee, dazu 1 Portion Kaffee. [...]

[Staatsanwaltschaft Frankfurt a. M. 4 KLs 15/46 Eichberg-Verfahren];
  Peter Chroust (Bearb.), Friedrich Mennecke. Innenansichten eines medizinischen Täters im Nationalsozialismus. Eine Edition seiner Briefe 1935–1947. Hamburg 1987, Band 1, S. 243f., 247f.

159   Vernehmung des HSSPF im Warthegau, Koppe, über das Vernichtungslager Chelmno, 2. 2. 1960:

[...] Es kann 1940, es kann aber auch 1941 gewesen sein, als mir bekanntgeworden ist, daß ein Kommissar aus Berlin mit dem Auftrag in den Warthegau kommen sollte, hier mit einem SS-Kommando die »Evakuierung« der Juden im Wartheland vorzunehmen. Unter »Evakuierung« war damals die physische Vernichtung der Juden zu verstehen. Ich stellte mir das damals so vor, daß keinesfalls alle Juden vernichtet werden sollten. Es war auch die Auffassung von Greiser, daß die arbeitsfähigen Juden der Produktion erhalten bleiben sollten. Ich stellte mir das so vor, daß dieses Sonderkommando aus Berlin mit dem Kommissar, dessen Name ich später als Lange erfahren habe, zunächst nur experimentell tätig werden sollte. Meine Vorstellung stützte sich insbesondere darauf, daß ein Dr. Brack aus der Privatkanzlei von Hitler bereits Vorbereitungen mit Giftgasen getroffen hatte und diese Giftgase durch das Sonderkommando Lange erprobt werden sollten.

Von dem Einsatz des Sonderkommandos Lange habe ich, so möchte ich es mit Bestimmtheit sagen, von Damzog erfahren. Ich habe ferner telefonisch von Dr. Brand (Persönlicher Referent von

Himmler) davon erfahren, daß eine Aktion gegen Juden vorbereitet werde. Das Gespräch hatte etwa folgenden Inhalt:

Dr. Brand teilte mir mit, daß Dr. Brack bereits in Berlin mit Gasen experimentiere, die Experimente vor dem Abschluß stünden, und die Erprobung der Brack'schen Gase unter seiner, Dr. Bracks, Leitung im Wartheland beabsichtigt sei. Die Durchführung der Vergasungen war offensichtlich auf das Sonderkommando Lange zugeschnitten. Ich habe Dr. Brand zu verstehen gegeben, daß ich mich mit solchen Vorhaben nicht einverstanden erklärte. Dr. Brand war ein Mann, mit dem man offen reden konnte. Ich kann mich noch genau daran erinnern, daß ich ihm wörtlich zu diesem Thema sagte: »Ohne mich.« Ich meinte damit, daß ich mich aus einer solchen scheußlichen Angelegenheit auf jeden Fall heraushalten wollte.

Aufgrund dieser Gespräche ist mir unmißverständlich klar geworden, welche Aktionen gegen die Juden im Wartheland beabsichtigt waren. [...]

Ich habe mich deshalb telefonisch zu einer Besprechung bei Gauleiter Greiser angemeldet. Bei dieser Besprechung brauchte der Sachverhalt nicht besonders erörtert zu werden. Es war mir sofort klar, daß Greiser über die geplante Aktion unterrichtet war. Ich sagte bei der Besprechung zu Greiser, daß der Warthegau wohl das Feld von irgendwelchen Experimenten werden sollte, die man als Mensch ablehnen müßte und erkundigte mich danach, wen die Verantwortung im Falle einer Durchführung treffen würde. Greiser wies darauf hin, daß es sich um einen Führerbefehl handele, den man nicht sabotieren könne. [...]

ZStL 203 AR-Z 69/59, Bd. 1, Bl. 138–41;
Eugen Kogon/Hermann Langbein/Adalbert Rückerl [u. a.] (Hg.), Nationalsozialistische Massentötungen durch Giftgas. Eine Dokumentation. Frankfurt a. M. 1983, S. 111 f.

160 Aussage von Michal Podchlebnik, eines der Überlebenden von Chelmno, 9. 6. 1945:

[...] Man verlud uns zusammen mit den Juden aus Izbica auf einen Lkw und brachte uns nach Chelmno. Ich möchte bemerken, daß sämtliche Juden, die mit dem Lkw fuhren, gut gebaut, kräftig und für schwerste Arbeit geeignet waren. Wir fuhren auf das Gelände neben dem Schloß in Chelmno. Das ganze Gelände war mit einem neu errichteten Bretterzaun (Höhe etwa 2, 1½ und 3 Meter) eingezäunt. Es war dies ein dichter Zaun, sodaß man nicht sehen konnte, was auf dem Gelände des Schlosses geschieht. Die Tore wurden geöffnet, und wir fuhren vor das Schloß. Nach einer Weile wurde ein zweites Tor geöffnet, und man ließ uns aus den Lkw auf das Innere des Schloßhofes aussteigen. Beim Hereinfahren hatte ich die Wagenplane zur Seite gelehnt, und ich erblickte auf dem Hof einen Stapel gebrauchter Kleidung. Wir stiegen aus. Die SS-Männer bildeten ein Spalier, das bis zum Keller führte. Wir wurden gezählt und in den Keller eingeschlossen. Als wir durch das Spalier getrieben wurden, schlug man uns mit Kolben und rief »schneller, schneller«. Den ganzen Sonntag hindurch geschah nichts, wir saßen untätig im Keller. Zur Erledigung unserer natürlichen Bedürfnisse war ein Kübel aufgestellt, den einer der Mithäftlinge unter starker Beaufsichtigung jeweils hinaustrug; seine einzige Wahrnehmung bestand dabei darin, daß rundherum Posten aufgestellt waren. Auf den Kellerwänden waren viele Aufschriften, u. a. auch die Unterschrift des K., aus Dabie. Unter den Aufschriften befand sich auch eine augenfällige in jüdischer Sprache »Wer hierher kommt, der kommt nicht mehr lebend heraus«. Wir machten uns hinsichtlich unseres Loses keine Illusionen mehr. Am Montag morgen nahm man 30 Juden zur Waldarbeit. Zehn weitere, bei denen auch ich mich befand, ließ man im Keller zurück. Im Keller befand sich ein Fensterchen, aber es war mit Brettern zugenagelt. Ungefähr um 8.00 Uhr morgens fuhr ein Lkw vor das Schloß. Ich hörte die Stimme eines Deutschen, der zu den Ankommenden sprach. Er sprach u. a. »Ihr kommt nach dem Osten. Dort sind große Flächen zum Bearbeiten. Ihr müßt euch nur umkleiden, baden. Neue Kleidung wird euch gegeben.« Es wurde Beifall geklatscht. Einige Zeit später hörten wir das Scharren nackter Füße auf dem Kellerflur, und zwar in der Nähe des Kellers, in dem wir eingeschlossen waren. Wir hörten das Rufen der Deutschen »schneller, schneller!«. Ich begriff, daß man die Juden auf den Hof führte. Nach einer gewissen Zeit hörte ich das Schlagen einer Autotür. Schreie wurden laut. Das Klopfen gegen die Autowand. Dann hörte ich, wie das Auto angelassen wurde. Nach 6–7 Minuten, nachdem die Schreie verstummten, fuhr das Auto von dem Hof weg. Man rief dann uns, also die zehn jüdischen Arbeiter, nach oben in ein großes Zimmer, in welchem auf dem Fußboden männliche und weibliche Kleidungsstücke sowie Schuhe herumlagen. Man befahl uns, die Kleider und Schuhe schnell in ein anderes Zimmer zu bringen. In diesem erwähnten Zimmer befanden sich bereits sehr viele andere Kleider und Schuhe. Die Schuhe legten wir auf einen besonderen Haufen. Nachdem wir diese Arbeit ausgeführt hatten, trieb man uns in den Keller zurück. Es kam erneut ein Lkw und alles wiederholte sich so, wie ich es bereits beschrieben habe. So ging es den ganzen Tag. Es ist mir aufgefallen, daß öfter Lkw von draußen – von außerhalb – ankamen, als daß Lkws hinausgefahren sind. Daraus schloß ich, daß die Autos, die von Chelmno wegfuhren, größer sind als die ankommenden. Ich möchte bemerken, daß sich in dem Zimmer, in dem sich die Juden entkleideten, zwei gut geheizte Öfen befanden. Als gegen Abend die Kameraden von der Waldarbeit zurückkehrten, sagten sie, daß sie im Wald in einem Massengrab die Juden von Klodawy begraben hätten. Die Leichen hätten sie aus großen, schwarzen Autos herausgeholt, in denen die Juden, wie sich aus ihren Erzählungen ergab, mit Auspuffgasen vergiftet worden seien. Die Leichen seien mit Unterwäsche bekleidet gewesen. Im Inneren des Wagens hätten Handtücher und Seifenstückchen herumgelegen. Dies bestärkte meine Überzeugung, daß man den Juden nach der Entkleidung im Schloß Handtücher und Seife gegeben und sie in den Keller geführt habe, wo sie angeblich ein Bad nehmen sollten. Drei bis vier Personen dieser Gruppe kamen an diesem Tage nicht zurück, weil sie im Wald schlecht gearbeitet haben und an Ort und Stelle erschossen wurden. Am nächsten Tage meldete ich mich zur Arbeit im Wald. Als ich hinausging, sah ich auf dem Hof ein großes Auto, das mit dem Rückenteil dem Schloß zugewandt war. Die Tür des Autos stand offen, und es war eine Laufbrücke gelegt worden, um das Betreten des Autos zu erleichtern. Es fiel mir auf, daß auf dem Boden ein Holzgitter angebracht war, wie man es in Badeanstalten sieht. Man lud uns, also 30 bis 40 Arbeiter, in zwei Lkw und in einen Autobus. Dann brachte man uns in den Wald bei Chelmno. Es begleiteten uns etwa 30 bis 40 SS-Männer.

Im Wald war ein Graben ausgegraben, der ein Massengrab für die hingerichteten Juden darstellte. Man befahl uns, den Graben weiter auszuheben. Zu diesem Zweck gab man uns Spaten und Pikkeln. Gegen 8.00 Uhr früh kam das erste Auto aus Chelmno herbeigefahren. Die Tür des Autos wurde geöffnet, und eine dunkle Rauchwolke mit weißen Schattierungen stieg auf. Es war uns in dieser Zeit nicht erlaubt, an das Auto heranzugehen. Es war uns noch nicht einmal erlaubt, in Richtung auf die geöffnete Tür zu blicken. Ich bemerkte, wie die Deutschen nach Öffnung der Tür sich fluchtartig vom Auto entfernten. Ich kann nicht sagen, ob aus dem Inneren des Autos Verbrennungsgase oder irgendwelche anderen Gase aufstiegen. Wir standen gewöhnlich in einer solchen Entfernung, daß ich das Gas nicht riechen konnte. Gasmasken wurden nicht benutzt. Nach 3–4 Minuten gingen drei Juden: N. aus Kolo, H. aus Babiak und ein Dritter, an dessen Namen ich mich nicht mehr erinnern kann, in das Auto und warfen die Leichen auf die Erde hinaus. Die Leichen lagen im Auto kreuz und quer durcheinander und nahmen etwa einen Raum bis zur halben Höhe des Autos ein. Manche hatten beim Sterben ihnen teure Angehörige in den Arm genommen. Das äußere Aussehen der Leichen war normal. Ich habe nicht wahrgenommen, daß die Leichen herausgestreckte Zungen oder unnatürliche Blutergüsse aufgewiesen hätten. Die Leichen waren noch warm. Ich habe keinen charakteristischen Gasgeruch wahrgenommen. Manche lebten noch. Diese bekamen von den SS-Männern mit Revolvern Gnadenschüsse. Man schoß, indem man den Revolver an den Kopf hielt, überwiegend an den Hinterkopf. Nachdem die Leichen aus dem Auto hinausgeworfen waren, fuhr das Auto nach Chelmno zurück. Zwei Juden reichten die Leichen zwei Ukrainern, deren Namen ich nicht kenne und die polnisch sprachen und zivil gekleidet waren, an. Es war noch ein dritter Ukrainer dort, aber dieser war an diesem Tage zufällig in den Wagen gelangt und zusammen mit den Juden vergiftet worden. Man versuchte ihn zu retten, indem man künstliche Atembewegungen praktizierte. Aber es war ohne Erfolg. Ich war dabei und habe selbst gesehen, wie man die Rettungsversuche unternahm. Die Ukrainer rissen den Leichen die Goldzähne heraus, rissen ihnen die Säckchen mit Geld von den Hälsen, nahmen Ringe, Uhren usw. ab. Man durchsuchte die Leichen sehr genau. Man suchte dabei sogar in den Geschlechtsteilen der Frauen und in den Aftern nach Gold und Wertsachen. Bei diesen Durchsuchungen benutzten sie keine Gummihandschuhe. Die gefundenen Wertsachen legte man in einen besonderen Koffer. Die SS-Männer durchsuchten die Leichen nicht. Sie betrachteten jedoch die Arbeit der Ukrainer sehr genau. Nachdem die Leichen durchsucht waren, legte man sie in die Gruben. Man legte sie längs der Grube, und zwar in Schichten übereinander. Die Leichen wurden so gelegt, daß die Köpfe der einen an die Füße der anderen angrenzten. Die Leichen wurden sehr eng gelegt, und zwar mit dem Gesicht nach unten. Die Leichen waren von der Unterwäsche nicht entkleidet. Die Grube hatte eine Tiefe von 6 Metern, eine Breite von etwa 6–7 Metern (oben). Als erste, untere Schicht, legte man die Leichen von 4–5 Menschen. Die oberste Schicht bestand aus nahezu 30 Leichen. Die Leichen wurden mit einer Sandschicht von etwa 1 Meter Stärke zugeschüttet. Ich habe oft gesehen, daß am nächsten Tage der Sand aufgewühlt war und die Leichen des vorherigen Tages sichtbar waren. Angeblich soll das Gelände damals bei Nacht nicht bewacht gewesen sein. Die Grube, an der ich grub, hatte eine Länge von etwa 12–19 Metern. Es wurden während eines Tages etwa tausend Personen begraben. Diese Leichenanzahl nahm eine Grabenlänge von 3–4 Metern ein. Der Kraftwagen, in dem die Menschen vergast wurden, faßte 80–90 Personen auf einmal. Während meines Aufenthaltes in Chelmno wurden gleichzeitig 2 Autos benutzt. Außerdem gab es noch einen dritten Wagen. Er war der größte, er war jedoch nicht in Ordnung und stand in Chelmno auf dem Hof (ich sah, daß ein Rad abgenommen war). In das Waldgelände kamen täglich 12–13 Transporte. Auf diese Weise berechne ich die tägliche Zahl der Opfer mit etwa tausend Personen. Die Juden, die die Leichen aus den Wagen heraustrugen, hatten auch die Holzverstrebung vom Boden des Wagens herauszunehmen und das Innere des Autos gründlich zu reinigen. Die Wertgegenstände wurden in einen Koffer getan. Die vorgefundenen Handtücher und die Seife wurden auf einen besonderen Stapel gelegt. Sie wurden täglich zurückgebracht. Aus dem dritten Auto, das an diesem Tage (Dienstag) in den Wald von Chelmno kam, wurden die Leichen meiner Frau und meiner zwei Kinder – eines 7jährigen Jungen und eines vierjährigen Mädchens –, herausgeworfen. Ich legte mich neben die Leiche meiner Frau und wollte, daß man mich erschieße. Irgendein SS-Mann trat an mich mit den Worten heran »Dieser Riese kann noch gut arbeiten«. Er schlug mich dreimal mit einem Ochsenziemer und zwang mich zur weiteren Arbeitsleistung. Mittags gab man uns zu essen. Wir mußten den Graben ohne Spaten verlassen und uns im Kreise aufstellen. Die SS bildete einen äußeren Ring. Man gab uns schwarzen Kaffee und das Essen, das von den Juden in den Paketen mitgebracht worden war. Im allgemeinen wurden wir gut verpflegt. An diesem Abend erhängten sich nach der Arbeit im Keller der Jude K. aus Klodaway (an den Vornamen kann ich mich nicht erinnern) und noch ein anderer Jude, dessen Name mir entfallen ist. Ich hatte ebenfalls die Absicht, mich zu erhängen, aber man überzeugte mich davon, dies nicht zu tun. Ich arbeitete in Chelmno 10 Tage. Täglich war der Verlauf der Judenvernichtung der gleiche. Zu dieser Zeit war das Waldgelände noch nicht eingezäunt. Es gab auch noch kein Öl zum Verbrennen der Leichen. In meiner Gegenwart wurden die Juden aus Bugaj und sodann aus Izbica vernichtet. Am Freitag wurden die Zigeuner aus Lodz herbeigefahren. Am Samstag kam der erste Transport aus dem Ghetto Lodz. Bei der Ankunft des Transportes aus Lodz wurde bei unserer Gruppe eine »Selektion« durchgeführt. Zwanzig schwache Juden wurden getötet, und die Gruppe wurde durch die Juden aus Lodz aufgefüllt. Des Nachts unterhielten wir uns mit unseren neuen Arbeitsgenossen. Sie waren in dem angrenzenden Keller eingesperrt. Sie fragten, ob es sich um ein gutes Lager handele und ob es viel Brot gebe. Als ich ihnen den Stand der Dinge schilderte, antworteten sie: »Wir haben uns freiwillig zur Arbeit in Kolo gemeldet.« Ich habe meine Kameraden von Anfang an zur Flucht ermuntert, aber sie waren so niedergeschlagen, daß sie sich hierfür nicht entschließen konnten. Während meines Aufenthaltes in Chelmno sah ich Z. vom NSKK in Kolo nach Chelmno kommen. Es leisteten ihm zwei Deutsche Gesellschaft, die ich nicht kannte. Er besichtigte die Leichen und unterhielt sich mit den SS-Offizieren. Er lachte dabei. Kurz darauf fuhr er wieder fort. Ich habe nicht gesehen, daß irgend jemand von der einheimischen Bevölkerung mit den SS-Männern kontaktiert hätte. Den Wald von Chelmno bewachten etwa 80 SS-Männer. Nach meinen Beobachtungen verrichteten in Chelmno etwa 120 bis 130 SS-Angehörige Dienst. Sie waren während des Dienstes nüchtern. Sie übten immer den gleichen Dienst aus. Auch die Gesichter von denen, die uns begleiteten, waren mir gut bekannt. Die SS-Männer waren in Gendarmerieuniformen gekleidet und trugen SS-Abzeichen am Kragenaufschlag. Sie waren, so glaube ich, im Dorf einquartiert. Genau weiß ich dies jedoch nicht. Unsere Arbeit dauerte immer bis zum Sonnenuntergang. Während der Arbeit wurden wir geschlagen. Wenn jemand zu wenig arbeitete, wurde ihm befohlen, sich zu dem Leichenstapel zu legen, und er wurde dort durch Genickschuß getötet. Die Gendarmen, die sich bei uns befanden, unterhielten sich nicht miteinander. Mit uns sprachen sie nur in Rätseln. Manchmal warf man uns ein Päckchen Zigaretten in die Grube. Die Kraftfahrer waren Deutsche. Übrigens weiß ich dies nicht genau, weil sie Zivil trugen. Sie waren jedenfalls keine Einwohner von Kolo. Woher die SS-Männer, die in Chelmno Dienst verrichteten, stammten, weiß ich nicht. Ich kann mich an keinen Namen von ihnen erinnern. Der Verlauf der Exekution war täglich derselbe. Im Verhältnis zu den jüdischen Arbeitern waren die SS-Männer grausam. Sie bestraften sie für die geringsten Verfehlungen. Man schlug sie aus geringsten Anlässen tot. Als ich mit dem Autobus zur Arbeit fuhr, stellte ich fest, daß sich eines der Fenster im Autobus öffnen ließ. Ich erzählte das meinem Kameraden W. (an den Vornamen erinnere ich mich nicht mehr) aus Izbica und schlug einen Fluchtversuch vor. Am folgenden Tage sollten wir auf dem Wege zur Arbeit aus dem Fenster springen und in den Wald flüchten. Beim Einsteigen wurden wir jedoch getrennt. Mich brachte man in einem Lkw unter, während W. in den Autobus kam. Ich entschloß mich, selbst zu flüchten. Als der Wagen im Wald war, wandte ich mich an den Wachposten mit der Bitte um Zigaretten. Ich erhielt Zigaretten und trat wieder zurück. Da umstellten meine Kameraden den Wachposten und baten ihn ebenfalls um Zigaretten. Mit einer plötzlichen Bewegung durchschnitt ich mit einem Messer, das ich bei mir versteckt hatte, die Plane rechts neben dem Chauffeur und sprang von dem Wagen. Man schoß hinter mir her, traf mich jedoch nicht. [...]

ZStL 203 AR–Z 69/59, Sonderbd. A, Bl. 277–285 [Übers. aus dem Poln.]

161 Schreiben des Reichsstatthalters Greiser an Himmler: Besuch und Lob für das »Sonderkommando Bothmann«, 19.3.1943:

Ich habe vor einigen Tagen das frühere Sonderkommando Lange, das heute unter dem Befehl des SS-Hauptsturmführers Kriminalkommissar *Bothmann* steht und als Sonderkommando in Kulmhof [Chelmno], Kreis Warthbrücken, seine Tätigkeit mit Ende des Monats einstellt, besucht und dabei eine Haltung der Männer des Sonderkommandos vorgefunden, die ich nicht verfehlen möchte, Ihnen, Reichsführer SS, zur gefl. Kenntnis zu bringen. Die Männer haben nicht nur treu und brav und in jeder Beziehung konsequent die ihnen übertragene schwere Pflicht erfüllt, sondern darüber hinaus auch noch haltungsmäßig bestes Soldatentum repräsentiert.

So haben sie mir zum Beispiel auf einem Kameradschaftsabend, zu dem ich sie eingeladen hatte, eine Spende von 15 150,– RM in bar übergeben, die sie am gleichen Tage spontan veranlaßt haben. Es bedeutet, daß jeder dieser 85 Männer des Sonderkommandos rund 180 RM aufgebracht hat. Ich habe das Geld dem Fonds zu Gunsten der Kinder ermordeter Volksdeutscher überwiesen, falls Sie, Reichsführer, nicht einen anderen oder besseren Verwendungszweck wünschen.

Die Männer haben mir weiterhin ihren Wunsch zum Ausdruck gebracht, unter ihrem Hauptsturmführer Bothmann möglichst geschlossen weiterhin eingesetzt zu werden. Ich habe den Männern versprochen, Ihnen, Reichsführer, diesen Wunsch zu übermitteln.

Ich bitte Sie, mir auch noch zu genehmigen, daß ich die Männer bei dem ihnen zustehenden Urlaub zum Teil als meine Gäste auf meine Landgüter einlade und ihnen außerdem eine namhafte Beihilfe gewähre, die ihnen den Urlaub verschönen soll.

BA NS 19/2635;
Ernst Klee/Willi Dreßen/Volker Rieß (Hg.), »Schöne Zeiten«. Judenmord aus der Sicht der Täter und Gaffer. Frankfurt a. M. 1988, S. 204.

162 Aussage von Mordka Zurawski, einer Überlebenden aus der zweiten Phase des Lagers Chelmno, 31. 7. 1945:

[...] Im Ghetto Lodz arbeitete ich im Jahre 1944 auf dem Bahnhof Radogoszcz (Radegast). Im Frühjahr wurde damit begonnen, vom Bahnhof Radogoszcz aus Judentransporte in unbekannter Richtung zu versenden. Angeblich fuhren sie zur Arbeit. Diese Transporte zählten zwischen 700 und 1000 Personen. Ob sich bei ihnen auch Juden aus dem Ausland befanden, ist mir nicht erinnerlich. Gewöhnlich verkehrte dieselbe Zuggarnitur. Ich habe nach Rückkunft des Zuges die Waggons durchsucht und fand dabei in einem der Abteile die Aufschrift folgenden Inhalts »Wir fahren mit Todeswaggons«. Ich habe diese Aufschrift nicht für ernst genommen und habe deshalb, als man mich zu dem siebenten Transport zuteilte, mich nicht darum bemüht, freigestellt zu werden. Ich war davon überzeugt, daß die Transporte tatsächlich zur Arbeit verschickt werden. Die Transporte wurden, wie ich später erfuhr, von dem Sonderkommando Kulmhof eskortiert. Am 10. Mai 1944 fuhr ich mit dem siebten Transport ab. Ich kann mich an meine Eisenbahnnummer nicht mehr erinnern. Ich weiß aber noch, daß sich bei diesem Transport kein anderer mit demselben Namen befand.

Zum Bahnhof Radogoszcz gingen wir zu Fuß. Man konnte soviel Gepäck mitnehmen, wie man zu tragen in der Lage war. Wir fuhren mit dem Zug bis Kolo, wo man uns auf eine Schmalspurbahn umlud. Mit der Schmalspurbahn brachte man uns nach Chelmno. Der Zug hielt in der Nähe der Kirche an. Man befahl uns auszusteigen und in Viererreihen anzutreten. Sechs Juden wurden zur Arbeitsleistung abgesondert und vom restlichen Transport getrennt. Bei diesen Juden befand ich mich. Die übrigen Juden wurden in der Kirche eingeschlossen. Man legte mir und meinen Leidensgenossen Fesseln an den Füßen an – genau gesagt, man verband uns die Füße mit Ketten, wobei die Ketten am Gürtel befestigt waren, um uns die Beweglichkeit zu nehmen. Ich wurde dem Waldkommando zugeteilt. [...] Ich habe die Leichen aus dem Wageninneren herausgebracht, und so war nur das Wageninnere Gegenstand meiner Beobachtungen. Nachdem der Wagen geöffnet war, stand er noch etwa 8 Minuten, bis man ihn betreten konnte. Ich vermag nicht zu sagen, ob dem Benzin irgendwelche Bestandteile beigemengt wurden. Ich möchte bemerken, daß die Leichen, die sich unmittelbar neben dem Auspuffrohr befanden, solche Verbrennungen aufwiesen, daß sich die Haut vom Körper löste. Nachdem die Leichen hinausgeworfen waren, wurde die auf dem Fußboden des Autos befindliche Holzverstrebung gereinigt und gewaschen. [...]

Alsdann wurden die Leichen in die Öfen geworfen. Im Wald befinden sich zwei Öfen, die auf die gleiche Weise gebaut waren. Sie waren zur ebenen Erde errichtet (sie bildeten gewissermaßen eine Grube). Die Tiefe eines solchen Ofens betrug vier m, die Breite 6 m und die Länge 10 m. Die Wände des Ofens verengten sich stufenweise. Unten, am Rost, waren sie 1 m breit und 1½ m lang (ungefähre Zahlen). Die Roste waren aus Schienen der Schmalspurbahn gebaut. Sie liegen jetzt noch in der Nähe der Stelle, wo sich früher der Ofen des Krematoriums befand. Die Wände der Öfen waren aus Ziegelsteinen gearbeitet und betoniert. Unter den Rosten befand sich der Aschenherd, zu dem durch einen langen Graben genügend Luft an die Brandstelle geleitet wurde. Der Ofen wurde mit Holz angezündet. Auf das brennende Holz wurde eine Schicht Leichen gelegt, wobei sich die Leichen einander nicht berühren durften.

Die unterste Schicht bestand aus zehn Leichen. Auf die Leichen wurden erneut trockene Holzscheite gelegt, und es folgte die nächste Schicht Leichen. Auf diese Weise konnte der Ofen bis zu 100 Leichen auf einmal aufnehmen. Im Zuge der Leichenverbrennung entstand im Ofen Platz, der mit neuen Schichten von Leichen und Holz aufgefüllt wurde. Die Leichen verbrannten sehr schnell. Nach etwa 15 Minuten waren sie bereits verbrannt. Die Asche wurde aus dem Aschenherd mit besonderen Schürhaken herausgeholt. Es waren dies lange Eisenstäbe, an deren Ende etwa 40 cm lange Eisenbleche senkrecht angebracht waren. Die Arbeit des Ascheherausholens war sehr schwer und gefährlich. Diese Arbeit konnte niemand länger als 2 bis 3 Tage ertragen. Dann war er nicht mehr arbeitsfähig, und man schlug ihn tot. [...]

Es gab keinen Tag, an dem nicht irgend jemand totgeschlagen wurde. Nach Chelmno kamen im Jahre 1944 zehn Transporte. Die Transporte zählten 700 bis 1000 Personen. In Fällen, wenn Transporte von 700 Personen ankamen, wurden sie mit kleineren Autotransporten aufgefüllt, so daß insgesamt im Jahre 1944 in Chelmno 10 000 Personen umkamen. Das sagte mir Hefele. [...]

Im September/Oktober 1944 schritt man an die Liquidierung des Lagers. Die Öfen des Krematoriums wurden verbrannt, und die Asche wurde auf die Waldwege geschüttet. Es ist möglich, daß sich die Überreste eines der Öfen des Krematoriums noch in der Erde befinden. Die Baracken wurden zerlegt und fortgeschafft. Die Todeswagen wurden mit der Bahn nach Berlin geschafft. Die Zahl der Arbeiter wurde immer kleiner. An einem bestimmten Tage wurden 60 Arbeiter angeblich in ein anderes Lager (im Mühlental) geschickt.

In Wirklichkeit wurden diese Juden umgebracht. Wir haben ihre Kleidungsstücke später im Lager an der Hinrichtungsstätte gesehen. In Chelmno wohnten die Arbeiter im Speicher. Auf dem ersten Stock waren die Schneider und Schuster untergebracht, während unten das Hauskommando und das Waldkommando wohnte. In der Nacht des 17. Januar betrat Lenz den Speicher und rief fünf Mann heraus. Nach kurzer Zeit hörte man fünf Schüsse. Wir wußten, daß wir alle umgebracht werden sollen, und daß man uns der Reihe nach zu je fünf erschießen werde. Ich habe mit einer Latte gegen die Decke geschlagen und die Schneider und Schuster im ersten Stock alarmiert. Ich habe mich entschlossen, mich zu retten. Ich stellte mich mit einem Messer in der Hand an der Tür hinter dem Vorhang auf. Als die vierte Fünfergruppe herausgeführt und die Tür verschlossen wurde, rannte ich mit vollem Anlauf gegen die Tür. Wahrscheinlich warf ich dabei Lenz um, der gerade im Begriff war, sie zu schließen. Ich lief aus voller Kraftanstrengung und verteilte dabei Messerstiche. Ich war dabei wie von Sinnen. Wie ich später erfuhr, hatte ich einem der Gendarmen die Nase und dem anderen das Ohr abgeschnitten. Man schoß auf mich, wobei mich eine Kugel in meinen rechten Schenkel traf. Ein Gendarm schlug mich mit dem Kolben ins Bein. Ich konnte jedoch weiterlaufen. Ich gelang durch die Einzäunung hindurch, wobei ich mir die rechte Hand bis auf den Knochen verletzte. Anschließend flüchtete ich in Richtung Wald. [...]

ZStL 203 AR–Z 69/59, Sonderbd. A, Bl. 338–345 [Übers. aus dem Poln.]

163   Vermerk aus dem Referat II D 3 (Kraftfahrwesen) des RSHA: »Technische Änderungen an den im Betrieb eingesetzten und an den sich in Herstellung befindlichen Spezialwagen«, 5.6.1942:

[...] Seit Dezember 1941 wurden beispielsweise mit 3 eingesetzten Wagen 97000 verarbeitet, ohne daß Mängel an den Fahrzeugen auftraten. Die bekannte Explosion in Kulmhof ist als Einzelfall zu bewerten. Ihre Ursache ist auf einen Bedienungsfehler zurückzuführen. Zur Vermeidung von derartigen Unfällen ergingen an die betroffenen Dienststellen besondere Anweisungen. Die Anweisungen wurden so gehalten, daß der Sicherheitsgrad erheblich heraufgesetzt wurde.

Die sonstigen bisher gemachten Erfahrungen lassen folgende technische Abänderungen zweckmäßig erscheinen:

[...]

2.) Die Beschickung der Wagen beträgt normalerweise 9–10 pro m². Bei den großräumigen Saurer-Spezialwagen ist eine Ausnutzung in dieser Form nicht möglich, weil dadurch zwar keine Überlastung eintritt, jedoch die Geländegängigkeit sehr herabgemindert wird. Eine Verkleinerung der Ladefläche erscheint notwendig. Sie wird erreicht durch Verkürzung des Aufbaues um ca. 1 m. Vorstehende Schwierigkeit ist nicht, wie bisher, dadurch abzustellen, daß man die Stückzahl bei der Beschickung vermindert. Bei einer Verminderung der Stückzahl wird nämlich eine längere Betriebsdauer notwendig, weil die freien Räume auch mit CO angefüllt werden müssen. Dagegen reicht bei einer verkleinerten Ladefläche und vollständig ausgefülltem Laderaum eine erheblich kürzere Betriebsdauer aus, weil freie Räume fehlen.

In einer Besprechung mit der Herstellerfirma wurde von dieser Seite darauf hingewiesen, daß eine Verkürzung des Kastenaufbaues eine ungünstige Gewichtsverlagerung nach sich zieht. Es wurde betont, daß eine Überlastung der Vorderachse eintritt. Tatsächlich findet aber ungewollt ein Ausgleich in der Gewichtsverteilung dadurch statt, daß das Ladegut beim Betrieb in dem Streben nach der hinteren Tür immer vorwiegend dort liegt. Hierdurch tritt eine zusätzliche Belastung der Vorderachse nicht ein.

3.) Die Verbindungsschläuche zwischen Auspuff und Wagen rosten des öfteren durch, da sie im Innern durch anfallende Flüssigkeiten zerfressen werden. Um dieses zu vermeiden, ist der Einfüllstutzen nunmehr so zu verlegen, daß eine Einführung von oben nach unten erfolgt. Dadurch wird ein Einfließen von Flüssigkeiten vermieden.

4.) Um eine handliche Säuberung des Fahrzeuges vornehmen zu können, ist der Boden in der Mitte mit einer dicht verschließbaren Abflußöffnung zu versehen. Der Abflußdeckel mit etwa 200 bis 300 mm $\emptyset$ erhält einen Syphonkrümmer, sodaß dünne Flüssigkeit auch während des Betriebes ablaufen kann. Zur Vermeidung von Verstopfungen ist der Krümmer oben mit einem Sieb zu versehen. Dicker Schmutz kann bei der Reinigung des Wagens durch die große Abflußöffnung fortgespült werden. Der Boden des Fahrzeuges ist zur Abflußöffnung leicht zu neigen. Hierdurch soll erreicht werden, daß alle Flüssigkeiten unmittelbar zur Mitte abfließen. Ein Eindringen der Flüssigkeiten in die Röhren wird somit weitgehendst unterbunden.

5.) Die bisher angebrachten Beobachtungsfenster können entfallen, da sie praktisch nie benutzt werden. Bei der Fertigung weiterer Fahrzeuge wird durch den Fortfall der Fenster mit Bezug auf die schwierige Anbringung und dichte Abschließung derselben erhebliche Arbeitszeit eingespart.

6.) Die Beleuchtungskörper sind stärker als bisher gegen Zerstörungen zu sichern. Das Eisengitterwerk ist so hoch gewölbt über den Lampen anzubringen, daß eine Beschädigung der Lampenfenster nicht mehr möglich ist. Aus der Praxis wurde vorgeschlagen, die Lampen entfallen zu lassen, da sie angeblich nie gebraucht werden. Es wurde aber in Erfahrung gebracht, daß beim Schließen der hinteren Tür und somit Drängen der Ladung nach der Tür erfolgte [sic]. Dieses ist darauf zurückzuführen, daß die Ladung bei eintretender Dunkelheit sich nach dem Licht drängt. Es erschwert das Einklinken der Tür. Ferner wurde festgestellt, daß der auftretende Lärm wohl mit Bezug auf die Unheimlichkeit des Dunkels immer dann einsetzt, wenn sich die Türen schließen. Es ist deshalb zweckmäßig, daß die Beleuchtung vor und während der ersten Minuten des Betriebes eingeschaltet wird. Auch ist die Beleuchtung bei Nachtbetrieb und beim Reinigen des Wageninnern von Vorteil.

BA R 58/871;
   Adalbert Rückerl (Hg.), NS-Prozesse. Nach 25 Jahren Strafverfolgung: Möglichkeiten – Grenzen – Ergebnisse. Karlsruhe 1971, Anhang (Faks.)

164   Vernehmungen über das Vernichtungslager Belzec

a)   Josef Oberhauser, Adjutant des ersten Lagerkommandanten: Erste Lagerphase, 12.12.1962:

[...] Ab Oktober 1941 habe ich keine Tätigkeit für die Euthanasie mehr ausgeübt, ich bekam 4 Wochen Urlaub und wurde dann im November 1941 nach Lublin abgestellt.

   1) Die Tätigkeit in Lublin bis zum Auftauchen von *Wirth*: In Lublin war ich zunächst dem SS-Stab *Globocnig* zugeteilt. Die ersten 2 Monate hatte ich den Auftrag, verschiedene Fahrten mit verschiedenen Zweckbestimmungen durchzuführen. Ich mußte zum Teil Kriegsmaterial sichten und den Erfassungsstellen zuführen, zum Teil ukrainische Wachmannschaften, die in Travenike [Trawniki] ausgebildet wurden, nach Belzec bringen, zum Teil Baumaterial, das zur Errichtung des Lagers Belzec bestimmt war, dort hinfahren. Der Bauleiter von Belzec zeigte mir dann eines Tages den Plan für die Vergasungsanlagen in dem Lager. Von diesem Zeitpunkt an war ich mir darüber im Klaren, was bevorstand. Der letzte Zweifel schwand, als etwa an Weihnachten 1941 *Wirth* erschien. Das Lager war bis dahin bereits im wesentlichen fertig, d. h. der ausgewählte Platz war mit Stacheldraht umzäunt, das Eisenbahngleis führte in das Lager, die Baracken standen und die Vernichtungsanlage war betriebsbereit. Ich wurde dann sofort, nachdem *Wirth* als Lagerkommandant aufgezogen war, *Wirth* zugeteilt. Stellvertreter *Wirths* war der damalige Hauptscharführer *Schwarz*.

   Aus der Zeit, in der ich selbst in Belzec war, kann ich hinsichtlich des Lagers Belzec folgende Angaben machen: Das Lager Belzec war in nordöstlicher Richtung von der Straße Tomaszow Richtung Lemberg nach dem Ort Belzec gelegen. Da man für das Lager einen Gleisanschluß für die eintreffenden Transporte benötigte, wurde das Lager in einer Entfernung von ca. 400 m vom Bahnhof Belzec entfernt errichtet. Das Lager Belzec selbst war in 2 Lagerbereiche eingeteilt, den Lagerbereich 1 und den Lagerbereich 2. Das Abstellgleis des Bahnhofes Belzec führte unmittelbar in den Lagerbereich 2, in dem sich auch die Entkleidungsbaracken sowie die Vergasungsanlagen und das Gräberfeld befanden. Zu der Zeit, als ich selbst in Belzec war, war die Vergasungsanlage noch in einer Baracke untergebracht, die innen mit Blech ausgeschlagen war und die ein Fassungsvermögen von ca. 100 Personen hatte. Im Lagerbereich 1 befanden sich lediglich die Unterkunftsbaracken für die ukrainischen Wachmannschaften. Den ukrainischen Wachmannschaften fiel eine doppelte Aufgabe zu: einmal die Bewachung des Lagers von außen und zweitens die Gewährung der Sicherheit im Innern des Lagers. Ein weiterer Zug Ukrainer stand für Eventualfälle in Reserve. Die deutschen Lagerangehörigen hatten lediglich die Aufgabe, über die einzelnen Posten und an den Brennpunkten der Vernichtungsanlagen die Aufsicht auszuüben. So stand zum Beispiel je ein Angehöriger der deutschen Lagerbesatzung am Schlauch, an der Entkleidungsbaracke, am Gräberfeld u. a. Die Arbeit als solche im Lager wurde durch jüdische Arbeitskommandos durchgeführt. Den jeweiligen Arbeitskommandos stand ein jüdischer Kapo vor.

Beim Eintreffen eines Transportes wurde der Transport zunächst auf das in den Lagerbereich 2 führende Nebengeleis geschoben. Dabei wurde stets darauf geachtet, daß die Lokomotive außerhalb des Lagerbereichs zu stehen kam. Auch das Zugbegleitpersonal durfte den Lagerbereich nicht betreten, sondern mußte den Zug bereits vor Erreichen des Lagerbereiches verlassen. Dieses Zugpersonal wurde am Lagertor in Bereitschaft gehalten, um gegebenenfalls die Postenkette außerhalb des Lagerbereiches zu unterstützen. Auf ein Zeichen wurden von den jüdischen Arbeitskommandos die einzelnen Waggons geöffnet und die Juden aufgefordert, den Zug zu verlassen. Nach dem Entladen wurden die transportierten Juden getrennt nach Männern und Frauen, in

Gruppen zusammengefaßt, jeweils durch einen jüdischen Kapo zu den Entkleidungsbaracken geführt, wo sich die Juden nach einer kurzen Ansprache der Kapos entkleiden mußten. In dieser Ansprache wurde den Juden zunächst erklärt, daß sie in Arbeitseinsatz kämen und zuvor noch gebadet werden müßten. Anschließend wurden die Juden, und zwar zunächst die Männer, durch den sog. Schlauch zur Vergasungsanlage gebracht, wo sie dann durch Motorenabgase getötet wurden. Nach meiner Erinnerung nahm ein einziger Vergasungsvorgang einen Zeitraum von ca. einer halben Stunde in Anspruch. Daraufhin wurden dann die getöteten Juden wiederum durch jüdische Arbeitskommandos zu den Gruben verbracht, die Vergasungskammer selbst gereinigt und für den nächsten Schub aufnahmebereit gemacht. [...]

Die Vergasungen von Juden im Lager Belzec bis zum 1. 8. 1942 können in 2 Kategorien eingeteilt werden. Bei der ersten Versuchsreihe handelte es sich um 2 bis 3 Transporte à 4 bis 6 Waggons à 20 bis 40 Personen. Durchschnittlich wurden pro Transport 150 Juden angeliefert und getötet. Diese Vergasungen standen noch nicht im Zeichen einer systematischen Ausrottungsaktion, sondern man wollte zunächst einmal die Kapazität des Lagers ausprobieren und überprüfen, wie eine Vergasung technisch durchgeführt werden konnte. Nach diesen ersten Vergasungen sind dann *Wirth* und *Schwarz* sowie das gesamte deutsche Personal aus Belzec verschwunden. Als letzte Amtshandlung hat *Wirth* vor seinem Abzug die etwa 50 Arbeitsjuden des Lagers einschließlich der Kapos vergast oder erschossen. [...]

Anfang Mai 1942 kam dann plötzlich SS-Oberführer *Brack* aus der Kanzlei des Führers nach Lublin. Er verhandelte mit *Globocnig* über die weitere Durchführung der Judenvernichtung. *Globocnig* sagte, daß er zu wenig Leute habe, um dieses Programm durchzuführen. *Brack* erklärte, daß die Euthanasie auslaufe und daß ihm nun laufend die Leute von T 4 zugeteilt würden, so daß die Beschlüsse der Wannsee-Konferenz doch in die Tat umgesetzt werden könnten. Da es den Einsatzgruppen, die einzelne Gebiete von Juden freimachten, nicht möglich erschien auch die Menschen in den großen Ghettos von Warschau und Lemberg im Wege der Erschießung zu töten, wurde beschlossen, noch 2 Vernichtungslager zu errichten, die bis zum 1. 8. 1942 fertig sein sollten, nämlich

Treblinka und Sobibor. Am 1. 8. 1942 sollte dann die große Vernichtungsaktion anlaufen. [...]

Während bei der ersten Versuchsreihe und bei den ersten Transporten der zweiten Versuchsreihe noch mit Flaschengas vergast wurde, wurden die Juden der letzten Transporte der zweiten Versuchsreihe bereits mit dem Abgas aus einem Panzermotor oder Lkw-Motor, den *Hackenholt* bediente, getötet. [...]

Im August 1942 kam *Wirth* nach Lublin und übernahm als Inspekteur die Überwachung sämtlicher drei Vernichtungslager. [...]

ZStL 208 AR–Z 252/59, Bd. 9, Bl. 1678–1688;
  Ernst Klee/Willi Dreßen/Volker Rieß (Hg.), »Schöne Zeiten«. Judenmord aus der Sicht der Täter und Gaffer. Frankfurt a. M. 1988, S. 208–210.

b) Eustachy Ukraiński, Einwohner des Dorfes Bełżec, 11. 10. 1945:

[...]Während der ganzen Zeit der deutschen Besetzung war ich im Gebiet von Bełżec, infolgedessen hatte ich die Möglichkeit zu beobachten, was im Gebiet von Bełżec geschah. Der Bau des Vernichtungslagers in Bełżec begann am 1. November des Jahres 1941. Es wurde von Arbeitern aus Bełżec unter der Aufsicht eines deutschen Meisters aus Kattowitz gebaut. Das ganze Lager teilte sich in drei Teile. Es befand sich im südöstlichen Teil des Bahnhofsgebiets von Bełżec. Von der Eisenbahnstation Bełżec ging ein fast parallel zu dem nach Lemberg laufenden Hauptgleis liegendes Nebengleis, welches die westliche Grenze des Lagers bildete. Die Nordgrenze des Lagers bildete ein Graben, den die Deutschen im Jahre 1939 als Grenze zwischen dem sogenannten Generalgouvernement und der UdSSR gebaut haben. Im östlichen und südlichen Teil grenzte das Lager an einen Wald. Im mittleren Teil des Lagers befindet sich eine bewaldete Anhöhe, die zur Zeit fast ohne Bäume ist. Diese Anhöhe mit dem Wald verdeckte vollkommen das Innere des Lagers von der westlichen Seite her. Das Lager teilte sich, wie ich oben erwähnt habe, in drei Teile. Wenn man von dem Nebengleis her mit dem Gesicht zum Lager steht, bildete der rechte Teil das Gebiet der Baracken, der mittlere war der Platz, wo sich die Gaskammer befand, der linke Teil bildete den Friedhof, wo die Getöteten begraben und wo später ihre Körper verbrannt wurden. Das Vernichtungslager war mit Stacheldraht umgeben, außerdem wurde es von vier Wachtürmen, die in den Ecken des Lagers standen, bewacht. Die Fläche des Lagers stellt ein Rechteck von 275 mal 263 m dar. Die polnischen Arbeiter, die beim Bau des Vernichtungslagers beschäftigt waren, beendigten ihre Arbeit am 23. Dezember des Jahres 1941. Von dieser Zeit an führten den weiteren Bau des Lagers ausschließlich die sowjetischen Kriegsgefangenen aus, die sogenannten »Schwarzen«, dies wegen der von ihnen getragenen schwarzen Uniformen. Das Vernichtungslager war vom Monat März 1942 bis einschließlich Dezember des Jahres 1942 in Betrieb. Von dieser Zeit an und durch den ganzen Frühling des Jahres 1943 wurden keine Juden herangebracht, sondern die Leichen der Gemordeten verbrannt. Die Gesamtzahl der in das Vernichtungslager in Bełżec gelangten Transporte mit Juden schätze ich genau auf etwa 500. Diese Zahl habe ich auf Grund von Daten festgestellt, die ich von den während der deutschen Besetzung auf der Bahnstation Bełżec tätigen Beamten des Bahnbetriebs erhalten habe. [...]

Im Vernichtungslager in Bełżec wurden überwiegend die Juden aus Galizien getötet. Die entferntesten Transporte kamen aus Krakau, Nowy Sacz, Krynica, Lemberg, Tarnopol und Stryj. Außerdem kamen Transporte aus der Richtung Lublin, meist aus Izbica. Die Zahl der Transporte aus Galizien belief sich auf 439, aus der Richtung Lublin auf 57. Aus dem Konzentrationslager Izbica kamen Juden aus dem Ausland wie aus der Tschechoslowakei, Österreich und Ungarn. Die Judenzüge hießen amtlich »Judenübersiedlungszüge«. Unter den in das Vernichtungslager gebrachten Juden befanden sich gelegentlich auch Polen, deren Gesamtzahl sich nicht feststellen läßt. Wahrscheinlich waren es getaufte Juden oder Polen, die Juden versteckten. Die in das Vernichtungslager in Bełżec gebrachten Juden wurden unmittelbar nach ihrem Entladen auf dem Nebengleis in die Baracken getrieben, wo sie sie ganz ausgezogen haben. Danach wurden die nackten Juden in die Gaskammer getrieben. Die Gaskammer wurde, sobald sie mit den Menschen gefüllt wurde, dicht verschlossen, wonach dorthin das

Verbrennungsgas hineingeführt wurde, das von einem neben der Gaskammer montierten Motor mit 250 HP erzeugt wurde. Dieser Motor stammte wahrscheinlich von einem Flugzeug. Die Vernichtungsprozedur dauerte etwa 12–15 Minuten. Nach der Vergiftung wurde die Gaskammer von der Nordseite geöffnet, wonach die im Lager beschäftigten Juden mittels langer Haken die Leichen herauszogen, sie dann mit den Loren einer Schmalspurbahn zu den vorher speziell vorbereiteten Gruben beförderten und sie dort hineinwarfen. Ich füge hinzu, daß die »Schwarzen« für das Ausheben eines Grabens 6 Wochen gebraucht haben. Dieser Graben hatte folgende Maße: 50 m lang, 20 m breit und 6 m tief. Die anderen Gruben waren ähnlich. Sobald der eine Graben voll gefüllt war, wurde ein neuer vorbereitet. Nach der obenerwähnten Auflösung des Lagers ging man an das Verbrennen der Leichen. Dies geschah in der Weise, daß die Leichen mit einer speziell gebrachten Maschine aus den Sammelgräbern herausgezogen und ins Feuer geworfen wurden, welches ständig mit einem bestimmten Pulver verstärkt wurde. Die genannte Maschine nannte man »Bagger«. Es brannten zugleich mehrere solche Feuer. Nachdem alle Sammelgräber verbrannt wurden, hat man das ganze Lagergebiet nivelliert und kleine Kiefern angepflanzt. Im Frühjahr des Jahres 1943 wurden die Baracken sowie die ganze Lagereinrichtung wie Zäune, Turm, Kammer usw. abgerissen. [...]

ZStL 208 AR–Z 252/59, Bd. 6, Bl. 1117–1120 [Übers. aus dem Poln.]

c)   **Rudolf Reder, Überlebender des Lagers, 29.12.1945:**

[...] Von dieser Kaserne [in Lemberg] wurden wir am Abend des gleichen Tages in das Sammellager an der Janowska-Straße gebracht, wo wir die ganze Nacht im Freien verbracht haben. Am nächsten Tag, das heißt am 17. August des Jahres 1942, wurden wir um 6 Uhr früh in einen Güterzug verfrachtet. In einen Viehwagen wurden 100 Menschen gestopft. Der Zug hatte 50 solche Waggons, der ganze Transport zählte also etwa 5000 Menschen. Es waren ausschließlich Juden, verschiedenen Alters und Geschlechts. Wir haben vermutet, daß wir nach Bełżec fahren, da man in Lemberg in der letzten Zeit vor der Verhaftung erzählt hat, daß die Gestapo die Juden nach Bełżec abtransportiere. Wir wußten jedoch nicht, was Bełżec ist, da man erzählte, daß die Gestapo die Juden dorthin zur Arbeit bringe. Man flüsterte jedoch, daß Bełżec ein Lager ohne Menschen sei. Unsere Vermutungen erwiesen sich als zutreffend, denn tatsächlich hielt unser Zug am 17. August des Jahres 1942 in der Station Bełżec. Von der Station wurde der Zug in das einige hundert Meter von ihr entfernte Lager rangiert. Der ganze Zug fuhr in den Bereich der Lagerumzäunung. Das Lager war mit einem hohen Zaun aus Stacheldraht umgeben, außerdem besaß es auf der Innenseite dieser Umzäunung eine Netzsperre. Es war ein einige Meter breites Netz aus Metall, welches waagrecht auf hölzernen Pfosten gespannt war. Ganz in der Mitte des Lagers stand ein hoher Wachturm, in dem die in alle Himmelsrichtungen spähenden SS-Leute die Wache hielten. Auf dem Turm waren auch Scheinwerfer, die das ganze Lager und seine nächste Umgebung beleuchteten. Auf beiden Seiten der Umzäunung gingen die bewaffneten Wachposten. Links von dem Einfahrtstor befand sich ein Wachraum, in dem die SS-Leute mit Polizeihunden die Wache hielten. Weiter links hinter dem Wachhaus befanden sich 3 Baracken für die deutsche und die aus den Ukrainern und den sowjetischen Kriegsgefangenen zusammengestellte bewaffnete Lagerbesatzung. Auf dem großen Platz, der sich vom Einfahrtstor auf beiden Seiten des Eisenbahngleises in die Tiefe des Lagers erstreckte, befand sich eine große Baracke, in der, wie ich mich später überzeugte, den Frauen die Haare geschnitten wurden. Hinter [das Wort ist in der Fotokopie nicht gesichert; Bem. des Übersetzers] dieser Baracke befanden sich auf der anderen Seite des Lagers zwei Baracken, in welchen die Häftlinge wohnten, die bei der Bedienung der Gaskammern beschäftigt waren. In jeder von diesen Baracken lebten 250 Häftlinge. Rechts [undeutlich; Bemerkung des Übersetzers] – wenn man vom Eingangstor geht – von der Baracke, in der die Haare der Frauen geschnitten wurden, befand sich der Kammer-Bau. Zwischen der Baracke für das Haarschneiden und dem Kammer-Bau war ein kleiner Hof, der von dem Frontplatz und von dem hinteren Teil des Lagers durch einen Holzzaun getrennt war. An der hinteren Seite des Lagers war schließlich eine Tür, durch welche man diesen kleinen Hof betreten konnte. Der Kammer-Bau war aus Beton und hatte ein Flachdach aus Pappe. Dieser Bau war auf einer Erhöhung errichtet, so daß man ihn von dem kleinen Hof her durch Stufen betrat; an seinen längeren Wänden hatte der Bau eine Art erhöhte Laderampen. Über die Stufen vom kleinen Hof her ging man in die Türe hinein, über der eine Tafel mit der Aufschrift »Bade- und Inhalationsräume« hing sowie eine große Blumenschale, so daß diese Dekoration des Eingangs tatsächlich den Eingang zu einer Kurbadeanstalt vortäuschte. Von der Eingangstür lief durch die ganze Länge des Baus ein Korridor, der auf jeder Seite je drei einflügelige, massive und an den Fugen dicht schließende Türen hatte. Diese Türen führten zu den fensterlosen Kammern, die auf der gegenüberliegenden Seite, das heißt auf der Seite der von mir vorher beschriebenen erhöhten Laderampen, aus zwei Flügeln bestehende und seitwärts auf Schienen laufende Türen besaßen. Auf der gegenüberliegenden Seite des Baus, das heißt hinter der Wand, vor der der Korridor endete, befand sich ein kleines Zimmer, in dem die Maschinen standen. Ich habe persönlich gesehen, daß in diesem kleinen Zimmer ein Motor mit Benzinantrieb stand, der sehr kompliziert aussah. Ich erinnere mich, daß dieser Motor ein Schwungrad besaß, sonst habe ich keine anderen Konstruktions- oder technischen Einzelheiten verstanden. Dieser Motor wurde immer von zwei Maschinisten bedient, und zwar von den Russen aus der bewaffneten Lagerbesatzung. Ich weiß nur, daß der Motor täglich 4 Kanister Benzin verbrauchte, da nämlich jeden Tag so viel Benzin ins Lager gebracht wurde. Eben bei der Anlieferung von Benzin in den Maschinenraum hatte ich die Gelegenheit gehabt, in seinen Innenraum einen Blick zu werfen. Der Gaskammer-Bau und dessen nächste Umgebung waren getarnt. Auf hohen Masten und in beträchtlicher Höhe über dem Dach der Gaskammer war ein Netz gespannt, auf welches Laub und Zweige geworfen waren. – Nachdem der Zug auf den Lagerplatz rangiert worden war, wurden wir alle aus den Waggons hinausgetrieben und aufgefordert, uns ganz auszuziehen. Der dabei anwesende Lagerleiter SS-Stabsscharführer Fritz *Irrmann* (er stammte aus dem Sudetengebiet) erklärte uns, daß wir alle in den Baderaum zum Baden gehen und daß wir nach dem Bad zur Arbeit geschickt würden. Er forderte dabei auf, daß Fachleute hervortreten sollten. Zusammen mit 7 anderen Männern trat ich vor und meldete mich als Maschinist-Monteur. *Irrmann* wies uns Fachleute an, uns wieder anzuziehen und führte uns sofort auf unsere Arbeitsplätze. Mir als Maschinisten trug er auf, den Benzinmotor eines Baggers, mit dem in der unmittelbaren Nähe des Lagers riesige Gruben ausgehoben wurden, zu bedienen. In diesem Charakter arbeitete ich 2 Monate lang. Weitere 2 Monate, das heißt bis Ende November, arbeitete ich als Maurer beim Ausbau der Lagerküche. Im Zusammenhang mit meiner Beschäftigung hatte ich die Möglichkeit, mich auf dem Gebiet des Lagers zu bewegen und auf Grund eigener Beobachtungen die Art der Behandlung der nach Bełżec gebrachten Häftlinge festzustellen. Alle aus dem Zug kommenden Frauen wurden in die Baracke, in der den Frauen die Haare geschnitten wurden, getrieben. Dort wurden sie mit Friseur-Maschinen geschoren und dann durch einen kleinen, zwischen dieser Baracke und dem Eingang in die Gaskammern liegenden Hof in die Gaskammern getrieben. Alle Männer mit Ausnahme eines geringen Teils, der für die Arbeit im Gebiet des Lagers bestimmt war, trieb man auf dem Weg um die Baracke, wo den Frauen die Haare geschnitten wurden, herum und durch das auf den kleinen Hof führende Tor (also durch den rückwärtigen Teil des Lagers und dann durch diesen kleinen Hof) in die Gaskammern hinein. In diesen Kammern wurden die Menschen so zusammengedrängt, daß man sie sogar nach dem Tode in stehender Position in den Kammern vorfand. Sobald alle Kammern vollgestopft waren, wurden alle Türen dicht verschlossen; die Außentüren wurden, um sie dicht zu machen, auf beiden Seiten mit Hilfe von Keilen zusammengeschoben, dann wurde der Motor in Gang gesetzt. Die Arbeit des Motors überwachte der Häftling M., ein Droschkenkutscher aus Krakau. Der Motor war immer genau 20 Minuten in Betrieb, wonach M. einem von den Maschinisten das Zeichen gab, ihn abzuschalten. Nach der Ausschaltung des Motors machten die Häftlinge auf Befehl von M. alle Türen breit auf und zogen zu zweit mit Hilfe von Riemen, die man den Leichen an die Hände anlegte, die Toten aus den Kammern heraus; die Leichen wurden dann zu den vorher mit Maschinen ausgehobenen Massengräbern gezogen. Unterwegs zwischen der Rampe der Kammer und dem

Grab zogen die Dentisten den Leichen die goldenen Zähne heraus. Die Gräber wurde alle nach gleichem Maß ausgehoben und waren 100 m lang, 25 m breit und 15 m tief. Die Leichen wurden ohne Ordnung in das Grab geworfen, erst die oberen Schichten, die 1 Meter über das Niveau der das Grab umgebenden Erde hinausragten, wurden systematisch geordnet, das heißt die Leichen wurden parallel eine neben der anderen gelegt. Den so aufgeschichteten Berg von Leichen schütteten die Häftlinge mit Sand zu. Vor dem Zuschütten wurden die Leichen mit Kalk übergossen. In den ersten Tagen ragte über einem solchen Grab ein hoher Wall von Erde empor. Im Laufe der Zeit sank die Erde und das Niveau wurde langsam eben. Worin der chemische beziehungsweise der mechanische Vorgang des Mordens von Menschen in den Kammern von Bełżec bestand, bin ich nicht imstande anzugeben. Ich weiß nur eines, nämlich, daß aus dem Maschinenraum in jede der Gas-Kammern ein Rohr mit einem Durchmesser von etwa 1 Zoll führte. Die Enden dieser Rohre mündeten in den einzelnen Kammern. Ich kann nicht sagen, ob man durch diese Rohre ein Gas in die Kammern leitete, oder ob man die Luft in den Kammern kondensierte oder die Luft aus den Kammern herauspumpte. Ich war wiederholt im Moment der Öffnung der Türe auf der Rampe, doch habe ich nie irgendeinen Geruch gespürt und nie hat sich das Betreten der Kammer direkt nach ihrem Öffnen irgendwie an meiner Gesundheit ausgewirkt. Die Leichen, die in der Kammer lagen, zeigten keine unnatürliche Färbung. Alle Leichen sahen wie lebende Menschen aus, zum größten Teil waren die Augen offen. Nur in wenigen Fällen kam es vor, daß die Leichen mit Kot besudelt waren. Die Luft in den Kammern war nach ihrer Öffnung rein, durchsichtig und geruchlos. Insbesondere spürte man darin keinen Rauch und keine Verbrennungsgase des Motors. [...]

Ende November des Jahres 1942 fuhr ich mit einer SS-Eskorte im Auto nach Lemberg, um Blech einzukaufen. Nach Lemberg kamen wir am Abend, die Nacht verbrachte ich im Gestapo-Gefängnis. Am nächsten Tag habe ich, immer von den SS-Leuten begleitet, die Angelegenheit des Einkaufs von Blech erledigt, und gegen Mittag wurde ich unter der Bewachung eines SS-Mannes, nämlich von *Trottwein*, in ein Auto gesetzt. Nach einer Weile merkte ich, daß Trottwein seinen Karabiner auf die Seite stellte und einschlief. Ich nützte das aus, öffnete die Tür und flüchtete. [...]

ZStL 208 AR–Z 252/59, Bd. 6, Bl. 1175–1180 [Übers. aus dem Poln.]

165 Vernehmung Franz Stangls, Lagerkommandant in Sobibor: »Probevergasung« im Lager, 29.4.1969:

[...] In *Sobibor* stellte ich fest, daß sich in dem noch nicht eingezäunten, teilweise bewaldeten Gelände ein Ziegelgebäude befand. Dieses Gebäude war nicht in der Planskizze eingezeichnet. Im Zusammenhang mit diesem Gebäude tauchte dann nach wenigen Tagen die Vermutung auf, daß es sich um die Anlage von Gaskammern handeln könnte. Unter den Leuten, die aus den Anstalten mitgekommen waren, befanden sich solche, die »Brenner« waren. Brenner nannten wir in *Hartheim* – Wirth gebraucht immer diesen Ausdruck – die Leute, welche mit der Verbrennung der vergasten Kranken zu tun hatten. Ich möchte sicher annehmen, daß die Brenner die Leichen aus den Gaskammern in einen Vorraum und von da in den Verbrennungsraum zu bringen hatten.

Wirth ist etwa 3 bis 4 Wochen nach meiner Ankunft in *Sobibor* nach dort gekommen. Er hat praktisch alles beanstandet, was geschehen war, und hat unflätig geschimpft. Er ist mit einem Teil der Leute des Lagerpersonals zu dem Ziegelbau hingegangen. Ich war auch dabei. Bei dieser Gelegenheit hat *Wirth* erklärt, an eine bestimmte Stelle des Ziegelbaues käme der Motor hin.

Schon beim Zusammenrufen der Leute hat *Wirth* eindeutig erklärt, es ginge in diesem Lager darum, die Juden umzulegen.

Unmittelbar danach ist dann ein Motor gebracht und aufgestellt worden. Ich möchte meinen, daß zu diesem Zeitpunkt die Gaskammern noch nicht benutzbar waren. Meiner Erinnerung nach waren noch keine Türen darin, auch noch keine Rohrleitungen.

Auf Befragen:

Ich erinnere mich, daß eine erste oder Probevergasung stattgefunden hat. *Wirth* war bei dieser Gelegenheit im Lager. Wirth war schon bei den Gaskammern und ich wurde gerufen. Vor dem Ziegelgebäude stand *Oberhauser*. Ich erinnere mich noch, daß dieser mit dem Finger an den Kopf zeigte und sagte: »Christian spinnt.«

Wirth hat wieder getobt und geschimpft. Er war auf der rückwärtigen Seite des Gebäudes, da, wo sich die Ausgangstüren befanden. *Wirth* schimpfte, die Türen seien zu schmal. Die zu vergasenden Menschen waren durch die Ausgangstüren in eine Gaskammer getrieben worden. Wären sie auf der Eingangsseite hereingetrieben worden, so hätte man das möglicherweise von außerhalb des Lagers her sehen können.

Meiner Erinnerung nach war auch die Rampe an dieser Seite des Gebäudes noch nicht fertig. Ich selbst habe das Hereintreiben der Menschen nicht gesehen. Ich bin bei *Wirth* gewesen. Vergast sind meiner Erinnerung nach ein Teil der Arbeitsjuden, die mir von Anfang an zugeteilt gewesen waren. Ich schätze, daß 20, 25 oder 30 Juden, und zwar nur Männer, vergast worden sind bei dieser Gelegenheit.

Ich habe nicht mehr gesehen, daß die Leichen aus der Gaskammer herausgeholt wurden. Ich bin vorher weggegangen. Es war die Art von *Wirth*, daß, wenn er jemanden fertig machte, indem er ihn beschimpfte, ihn dann anschließend gar nicht mehr beachtete.

Ich glaube, die Leichen sind in der Nähe des Ziegelgebäudes begraben worden. Es war keine vorbereitete Grube da. Ich möchte mit Sicherheit sagen, daß die Leichen nicht nackt waren, sondern mit Kleidern eingegraben worden sind. Ich habe damals gehört, die Leute hätten sich gewehrt gegen das Einschließen in der Gaskammer. Auch deshalb sei der *Wirth* so wütend gewesen.

Erst nach dieser ersten Vergasung ist damit begonnen worden, Leichengruben auszuheben. Meiner Erinnerung nach ist die erste große Leichengrube mit der Hand ausgehoben worden. Danach ist das mit einem Bagger geschehen. [...]

ZStL 208 AR–Z 230/59, Bd. 17, Bl. 4463–4465.

166 Vernehmung von Erich Bauer, Angehöriger der Mannschaft des Vernichtungslagers Sobibor, 10. 1. 1962:

Ich habe in der Zeit von April 1942 bis zur Lagerauflösung im November 1943 dem Stammpersonal des Vernichtungslagers Sobibor angehört. Wegen dieser meiner Tätigkeit verbüße ich z. Z. eine lebenslange Zuchthausstrafe in der Strafanstalt Berlin-Tegel. Ich bestreite jedoch, »Gasmeister« in Sobibor gewesen zu sein, fühle mich daher teilweise zu Unrecht verurteilt und behalte mir vor, nach Abschluß des bei der Staatsanwaltschaft in Dortmund anhängigen Verfahrens die Wiederaufnahme meines Verfahrens anzustrengen bzw. ein Gnadengesuch einzureichen.

Über den Ablauf der Vergasungen in Sobibor habe ich bereits ausgesagt. Ich beziehe mich insoweit auf meine früheren Vernehmungen. Ergänzend möchte ich noch folgendes ausführen:

Nach meiner Schätzung sind in der Zeit von April 1942 bis November 1943 in Sobibor etwa 80 000 Juden vergast worden. Innerhalb des Lagers hatte normalerweise jeder Angehörige des Stammpersonals eine bestimmte Funktion (z. B. Zugführer der ukrainischen Hiwis, Leiter eines Arbeitskommandos, Ausheben von Gruben, Verlegung von Stacheldraht und ähnliches mehr). Wenn jedoch ein Judentransport ankam, fiel so viel »Arbeit« an, daß die regelmäßige Beschäftigung eingestellt wurde und jeder Angehörige des Stammpersonals in den routinemäßigen Vernichtungsvorgang irgendwie eingreifen mußte. Vor allem bei dem Entladen der Transporte ist jeder Angehörige des Stammpersonals irgendwann eingesetzt gewesen. Das Entladen der Transporte erfolgte durch Arbeitsjuden, die sehr grob mit den Juden umgingen. Die Juden wurden gewaltsam aus den Waggons gezerrt und geschmissen, so daß sie teilweise Knochenbrüche erlitten. Während dieses Vorgangs standen ukrainische Hiwis mit gezogenen Karabinern Wache. Die Oberaufsicht wurde von Angehörigen des Stammpersonals geführt. Dabei waren abwechselnd alle Angehörigen des Stammpersonals tätig. Hiervon kann sich niemand ausnehmen. Es ist daher unrichtig, wenn einzelne Lageraufseher behaupten, sie hätten innerhalb des Lagers lediglich Gruben ausgehoben oder Stacheldraht verlegt. Diese Arbeiten oblagen den einzelnen Aufsehern nur dann, wenn keine Transporte angekommen waren. Jeweils nach Ankunft eines Transportes wurden sämtliche Arbeiten innerhalb des Lagers eingestellt und zunächst die Vernichtungsvorgänge abgewickelt. Insbesondere bezüglich *Bolender* kann ich mit Sicherheit bekunden, daß auch er bei dem Entladen der Transporte und bei dem anschließenden Beladen der Waggons mit Kleidungsstücken als Aufsichtsperson eingesetzt war. Im Laufe der Zeit hatte sich der Vernichtungsvorgang routinemäßig so eingespielt, daß alles wie ein Uhrwerk funktionierte. Jeder sprang da ein, wo er gerade benötigt wurde, wobei allerdings die Gesamtaufsicht im wesentlichen *Stangl* und *Wagner* oblag. Nach dem Entladen wurden die Juden in das Lager II geführt. Dort hielt *Michel* eine kurze Ansprache. Er sagte den Juden, daß sie die Wertgegenstände abgeben müßten, sich zu entkleiden hätten und anschließend gebadet würden, um alsdann zum Arbeitseinsatz zu kommen. In Wahrheit wurden die Juden jedoch in Gruppen zu etwa je 50–100 Personen (Frauen und Männer getrennt) durch den sogenannten Schlauch in die Gaskammern geführt. Der Weg zu den Gaskammern erfolgte in der Weise, daß irgendein Angehöriger des Stammpersonals der Gruppe voranschritt. Dem Aufseher folgten die nackten Juden und hinter den Juden gingen etwa 5 ukrainische Hiwis mit gezogenen Karabinern. Die zur Vernichtung bestimmten Gruppen sind nicht von einem bestimmten Lageraufseher, sondern immer von einem anderen Angehörigen des Stammpersonals angeführt worden. Auch ich habe etwa 3- oder 4mal zur Vernichtung bestimmte Gruppen durch den Schlauch zu den Gaskammern geführt. Im übrigen kann sich wohl kein Angehöriger des Stammpersonals in Sobibor davon ausnehmen, diese und alle sonstigen bei dem Vernichtungsvorgang anfallenden Funktionen im Laufe der Zeit ausgeführt zu haben.

Es mag verwunderlich sein, daß die Juden ahnungslos in den Tod gegangen sind. Widerstand hat sich höchst selten ergeben. Die Juden wurden erst mißtrauisch, als sie bereits in den Gaskammern waren. Zu diesem Zeitpunkt gab es jedoch kein Zurück mehr. Die Kammern waren dicht gefüllt. Es herrschte Sauerstoffmangel. Die Türen wurden luftdicht verschlossen, und sofort setzte der Vergasungsvorgang ein. Nach etwa 20–30 Minuten trat in den Gaskammern völlige Stille ein; die Menschen waren vergast und tot. Alsdann wurden die Kammern geöffnet, Arbeitsjuden zerrten die getöteten Menschen aus den Gaskammern heraus und transportierten die Opfer mittels Loren zu den Gruben. Später wurden die Opfer verbrannt. [...]

ZStL 208 AR–Z 251/59, Bd. 5, Bl. 988–993.

167 Schreiben Bracks (Kanzlei des Führers) an Himmler: Weiteres »Euthanasie«-Personal für die Lager der »Aktion Reinhard«, 23. 6. 1942:

Ich habe dem Brigadeführer Globocnik auf Anweisung von Reichsleiter Bouhler für die Durchführung seiner Sonderaufgabe schon vor längerer Zeit einen Teil meiner Männer zur Verfügung gestellt. Aufgrund einer erneuten Bitte von ihm habe ich nunmehr weiteres Personal abgestellt. Bei dieser Angelegenheit vertrat Brigadeführer Globocnik die Auffassung, die ganze Judenaktion so schnell wie nur irgend möglich durchzuführen, damit man nicht eines Tages mitten drin steckenbliebe, wenn irgendwelche Schwierigkeiten ein Abstoppen der Aktion notwendig machen. Sie selbst, Reichsführer, haben mir gegenüber seinerzeit schon die Meinung geäußert, daß man schon aus Gründen der Tarnung so schnell wie möglich arbeiten müsse. Beide Auffassungen, die ja im Prinzip das gleiche Ergebnis zeitigen, sind nach meinen eigenen Erfahrungen mehr als berechtigt; trotzdem möchte ich Sie bitten, in diesem Zusammenhang folgende Überlegung von mir vortragen zu dürfen:

Bei ca. 10 Millionen europäischer Juden sich nach meinem Gefühl mindestens 2–3 Millionen sehr gut arbeitsfähiger Männer und Frauen enthalten. Ich stehe in Anbetracht der außerordentlichen Schwierigkeiten, die uns die Arbeiterfrage bereitet, auf dem Standpunkt, diese 2–3 Millionen auf jeden Fall heranzuziehen und zu erhalten. Allerdings geht das nur, wenn man sie gleichzeitig fortpflanzungsunfähig macht. Ich habe Ihnen vor ca. 1 Jahr bereits berichtet, daß Beauftragte von mir die notwendigen Versuche für diesen Zweck abschließend bearbeitet haben. Ich möchte diese Tatsachen nochmals in Erinnerung bringen. Eine Sterilisation, wie sie normalerweise bei Erbkranken durchgeführt wird, kommt in diesem Fall nicht in Frage, da sie zu zeitraubend und kostspielig ist. Eine Röntgenkastration jedoch ist nicht nur relativ billig, sondern läßt sich bei vielen Tausenden in kürzester Zeit durchführen. Ich glaube, daß es auch im Augenblick schon unerheblich geworden ist, ob die Betroffenen dann nach einigen Wochen bzw. Monaten an den Auswirkungen merken, daß sie kastriert sind.

Sollten Sie, Reichsführer, sich im Interesse der Erhaltung von Arbeitermaterial dazu entschließen, diesen Weg zu wählen, so ist Reichsleiter Bouhler bereit, die für die Durchführung dieser Arbeit notwendigen Ärzte und sonstiges Personal Ihnen zur Verfügung zu stellen. Ebenso hat er mich beauftragt, Ihnen zu sagen, daß ich dann auf schnellstem Wege diese so notwendigen Apparaturen in Auftrag geben soll.

BA NS 19/1583;
Artur Eisenbach: Hitlerowska polityka zagłada Żydów. Warszawa 1961, Dokumentenanhang (Faks.).

168 Vernehmung von Oskar St., Überlebender des Vernichtungslagers Treblinka, 7.10.1945:

[...] Am 5. Oktober 1942 wurde ich mit einem Judentransport aus dem Ghetto Czenstochau in das Lager Treblinka gebracht. Der Transport zählte 60 Güterwaggons, in jedem Waggon befanden sich ungefähr 150 Personen, Männer, Frauen und Kinder. Beim Aufladen an der Rampe in Czenstochau begann schon das Schlagen der Menschen mit Peitschen durch die Deutschen und die Zugbegleitung. Dabei ist mir in Erinnerung, daß einem etwa 60jährigen Greis (ein bekannter Rechtsanwalt aus Lodz, jedoch kenne ich den Namen nicht) durch Peitschenschläge der Kopf so aufgeschlagen wurde, daß er ganz mit Blut bedeckt war. Nach der Ankunft des Transportes auf der Station Treblinka wurden 20 Waggons abgeteilt, die dann von einer anderen Lokomotive zur Rampe des Arbeitslagers Treblinka gebracht wurden. Sofort, nachdem die Waggons gehalten haben, wurden die Türen geöffnet und Ukrainer begannen – unter dem Befehl der Deutschen und alle mit Ochsenziemern und Waffen in den Händen – mit einem entsetzlichen Geschrei die Menschen aus den Waggons zu treiben und sie, mit Peitschen schlagend, durch das Tor auf einen Hof zu jagen, auf dem an beiden Seiten Baracken standen und der von den beiden übrigen Seiten mit Stacheldraht geschlossen war. Auf dem Platz wurde dann sofort angeordnet, daß sich die Männer von den Frauen und den Kindern trennten, wobei sich die Männer auf der rechten, die Frauen und die Kinder auf der linken Seite aufstellen mußten. Danach mußten sich die Männer nackt ausziehen; die Frauen wurden in die Baracken zur linken Seite gejagt, wo auch sie sich ausziehen mußten. Noch bevor das Entkleiden der Männer begonnen hat, suchte der Lagerkommandant etwa 50 junge Männer heraus, vorwiegend Handwerker, unter ihnen auch mich. Wir wurden hinter die auf der rechten Seite des Platzes befindlichen Baracken geführt. Die übrigen, nackt ausgezogenen Männer mußten in der Zwischenzeit im Laufschritt die beim Entkleiden zurückgelassenen Sachen auf den Platz hinter den rechten Baracken bringen. Die Ukrainer und die Deutschen bildeten ein Spalier und ohne Unterbrechung schlugen sie mit Peitschen auf die mit den Bekleidungsgegenständen laufenden Männer ein. In den Baracken, in denen die Frauen untergebracht waren, befanden sich eine Anzahl Friseure; diese schnitten den Frauen sofort die Haare ab. Nachdem man den Frauen die Haare abgeschnitten hatte, wurden sie auf die von den Deutschen sogenannte »Totenallee« geleitet; dies war ein Weg, der unmittelbar in die Gaskammern führte. Zur selben Zeit beendeten auch die Männer das Wegschaffen der Sachen und auch sie wurden auf den gleichen Weg gejagt. Auf diesem Weg bildeten wiederum die Ukrainer und die Deutschen ein Spalier, ohne Unterbrechung schlagend und zur Eile treibend. Ich muß bemerken, daß auf diesem Weg ein besonderes Häuschen stand, auf dem sich eine Aufschrift befand, »daß im Lager Devisenbeschränkungen nicht gelten« und daß alle Urkunden und Wertgegenstände sowie Geld abzugeben sind und daß diese Gegenstände nach dem Baden zurückgegeben werden. Ich bemerke ferner, daß die Abgabe von Wertgegenständen und Geld schon auf dem Platz erfolgte, wo das Entkleiden stattgefunden hat. Der Rest der noch nicht abgelieferten Urkunden und Geld (die Urkunden mußte man in der Hand halten) mußten in dem vorbezeichneten Häuschen abgegeben werden. Ich weiß auch aus meiner Beschäftigung als Arbeiter des Lagers, daß die den Frauen abgeschnittenen

Haare in einem besonderen Kessel gedämpft, danach zum Trocknen ausgelegt, in Ballen verpackt und mit Transporten als Material für Matratzen verschickt worden sind. Die Zeit von der Ankunft des Transportes an der Rampe bis zum Hinüberführen der Menschen auf den Todesweg betrug höchstens 15–20 Minuten. Dieses alles erfolgte in einem solch blitzartigen Tempo, daß ich mich nicht einmal mehr von meiner Frau, meiner Mutter und den Kindern verabschieden konnte; es ging dabei wohl auch darum, daß die Menschen infolge der Eile, Hast und der Atemlosigkeit eher dem Tod in den Kammern erlagen.

Mein weiteres Schicksal im Lager war solcher Art, daß ich zur Arbeit als Klempner für Dachreparaturen herangezogen wurde. Von der Dachhöhe konnte ich häufig beobachten, was auf dem Hof geschah und wo sich die Gaskammern befanden. Ich bemerke, daß das ganze Lager in zwei Teile geteilt war. Der erste Teil, in dem sich das Warenlager, die Wohnbaracken der Deutschen und der Ukrainer, der jüdischen Arbeiter, die Eisenbahnrampe, das sogenannte Lazarett und der Hof befanden, auf dem die Menschen entkleidet wurden, und der zweite Teil, zu dem von den im ersten Teil beschäftigten jüdischen Arbeitern niemand Zutritt hatte, in dem untergebracht waren: die Gaskammern, die mit Leichen vollgefüllten Gruben sowie die Leichenverbrennungsstellen. Dort befanden sich auch die Baracken, in denen ungefähr 300 jüdische Arbeiter wohnten; aber diese hatten keinen Kontakt mit dem ersten Teil des Lagers und sie wurden nach einer gewissen Zeit von den Deutschen getötet oder aber sie sind während der Arbeit infolge Entkräftung massenweise umgekommen. Hinsichtlich des Lazaretts, das im ersten Teil untergebracht war, ist zu sagen, daß dies ein Vernichtungsort war für die Kranken, Invaliden und Kinder, die ohne Obhut waren. Dort wurden auch diejenigen Arbeiter vernichtet, die erkrankt sind oder aber irgendwelche Übertretungen der Lagervorschriften begangen haben. Die Lazarettbetreuung, die zur Verrichtung körperlicher Arbeit herangezogen wurde, bestand aus einigen jüdischen Arbeitern, die eine weiße Armbinde mit dem roten Kreuz trugen. Das Lazarett war ein mit einem hohen Zaun abgesperrter Ort, der innen in zwei ungleiche Teile aufgeteilt war. Im ersten Teil befanden sich mit Plüsch bezogene Bänke, die ein Krankenhaus-Wartezimmer imitieren sollten.

Im zweiten Teil war der Vernichtungsort. Dort befand sich ein tiefer Graben, in dem ständig Feuer brannte. Das zur Tötung bestimmte Opfer wurde dort hingeführt, es mußte sich auf den Rand des Grabens setzen und man schoß ihm von hinten in den Kopf, so daß der Körper sofort in das Feuer fiel. Mit dem Töten waren beschäftigt die Deutschen oder die Ukrainer aus der Lagerbesatzung. Bei meiner Ankunft im Lager traf ich eine gewisse Zahl Arbeiter an, die sich schon vor mir in der Gruppe der Arbeiter befanden und manche sogar, wie mir erinnerlich ist und die aus Warschau stammten, dort schon im Anfangsstadium der Lagererrichtung beschäftigt waren. Diese Arbeiter erzählten, daß sie unter Aufsicht der Deutschen Gruben von einer Tiefe von 10 m und einer Länge bis zu 50 m gegraben haben. Soweit ich mich nach den Erzählungen erinnere, wurde im September 1942 ein Bagger ins Lager gebracht (und später noch zwei). Diese Bagger wurden zum Ausgraben der Gruben für die Leichen benutzt; später setzte man sie ein zum Herausholen der Leichen aus den Gruben in die Verbrennungsstellen.

Aus Erzählungen und eigenen Beobachtungen weiß ich, daß hinsichtlich der Spurenbeseitigung verfahren wurde wie folgt: Im Anfangsstadium wurden die Leichen in den Gruben mit einer Schicht Chlorkalk beschüttet. Danach wurden die Leichen verbrannt, anfangs gewöhnlich in den Gruben, später im Winter 1942/43 wurden in den Gruben auf gemauerten Pfeilern Roste aus Eisenschienen errichtet und dort wurden die Leichen verbrannt. Später baute man Ventilatore ein, die unter den Rosten Luft erzeugten. Die regelmäßige Verbrennung frischer Leichen und der aus den Gruben herausgeholten alten Leichen begann im Winter 1943. Bis zum Zeitpunkt meiner Flucht aus dem Lager am 2. August 1943 war, wie ich annehme der größte Teil der Leichen bereits verbrannt. Was mit der Asche geschah, weiß ich nicht. [...]

Aus seinen [Mithäftling] Erzählungen ging hervor, daß die Gaskammern aus Beton errichtet und auf einer hohen Betongrundmauer erstellt waren, 3 m lang, quadratisch, zur Hälfte mit Kacheln ausgelegt, der Boden ebenfalls aus Kacheln. Beim Bau der Kammern wurden in der Decke Brausen eingebaut, jedoch waren sie nicht mit der Wasserleitung verbunden und J. erzählte, daß er, der beim Bau beschäftigt war, den aufsichtführenden

Deutschen gefragt habe, warum die Brausen keine Verbindung zum Wasserrohr hätten. Der Deutsche hätte ihm geantwortet, daß dieses später nachgeholt werde. J. arbeitete beim Bau von vier in einem Gebäude errichteten Gaskammern. Der Eingang in das Gebäude führte über ein in der vorerwähnten Grundmauer befindliches Treppchen. Vom Korridor, der sich in der Mitte des Gebäudes befand, führten kleine Türchen in die einzelnen Kammern. Das Türchen war so schmal, daß immer nur eine Person hindurchkonnte. Es wurde dies deshalb so eingerichtet, damit niemand zurücktreten konnte, denn die nachfolgenden Menschenmassen und die Beengtheit im Eingang gestatteten dies nicht. Von außen hatte jede Kammer eine große Klappe, die nach oben zu öffnen war und durch die man die Leichen entfernte. Der Fußboden war ebenfalls mit Kacheln ausgelegt und zur Öffnungsklappe hin abschüssig gebaut. Dies diente zweierlei Zwecken: Erstens, um das Herausfallen der Leichen zu erleichtern, zweitens, um das Abfließen des Blutes zu ermöglichen. Welche Art der Menschentötung in den Kammern angewendet wurde, weiß ich nicht genau. Meiner Meinung nach geschah dies durch Herauspumpen der Luft oder aber auch durch Hinzuführen von Gas aus dem Verbrennungsmotor. Ich nehme an, daß Giftgas nicht verwendet wurde. Die aus den Klappenöffnungen herausfallenden Leichen wurden von jüdischen Arbeitern in die Gruben oder an die Brandstelle geschafft. [...]

ZStL 208 AR–Z 230/59, Bd. 4, Bl. 727–734 [Übers. aus dem Poln.]

169 Affidavit des Angehörigen der Politischen Abteilung von Auschwitz, Perry Broad: Vergasungen in Auschwitz, 20.10.1947:

[...] Ich folgte diesem Befehl nicht, sondern versteckte mich im oberen Teil des Treppenhauses. Von dort aus konnte ich das etwa 100 m entfernt liegende Krematorium beobachten. Nach einiger Zeit wurde das hohe Einfahrtstor, das zum Vorraum führte, geöffnet und ein Zug von etwa 200 Menschen wurde von einigen SS-Leuten, die mir namentlich nicht bekannt sind, hineingeführt. Das Tor wurde dann wieder geschlossen. Die Vorgänge auf dem Hof konnte ich nicht beobachten, weil das Tor und die Umzäunung zu hoch waren. Auf dem Dach des Krematoriums erschien danach Untersturmführer GRABNER mit einem weiteren, mir nicht mehr erinnerlichen SS-Mann und gab den im Hof versammelten Menschen Anweisungen, die ich aber nicht verstehen konnte. Nach wenigen Minuten betraten zwei weitere SS-Angehörige, die Gasmasken trugen, das Dach des Krematoriums. Sie öffneten die 6 Lüftungsklappen, die sich in dem flachen Dach befanden, öffneten durch Hammerschläge mehrere Blechbüchsen, schütteten den Inhalt durch die Öffnungen und schlossen sie wieder. Während des ganzen Vorganges lief der Motor eines vor dem Krematorium stehenden Lastwagens, wahrscheinlich, um die Schreie der sterbenden Menschen zu übertönen. Nach etwa 5 Minuten war die Aktion beendet, der Lastwagen fuhr ab und die Zufahrtsstraßen wurden wieder dem Verkehr zur Verfügung gestellt. Diese Maßnahmen haben sich im Jahre 1942 noch mehrere Male im Krematorium in Auschwitz wiederholt; ich habe sie jedoch nicht mehr beobachten können. Ich erfuhr durch SS-Leute, daß die Hauptmasse der für die Vergasung bestimmten Personen direkt nach Birkenau gebracht wurde, wo sich 2 als Gasbunker ausgebaute Bauernhäuser befanden. Das Fassungsvermögen dieser beiden provisorischen Gasbunker betrug 800–1000 Personen.

5. Im Jahre 1943 hatte ich Gelegenheit, die von den Desinfektoren benutzten Gasbüchsen aus der Nähe zu sehen. Ich sah sie in einem Krankenwagen, der das Desinfektionspersonal zu einer Gasaktion nach Birkenau brachte. Ich las die Aufschrift »Zyklon-B, Achtung Gift, nur durch geübtes Personal zu öffnen, zur Bekämpfung von Ungeziefer«. Ich habe auch einmal gesehen, wie ein Desinfektor seine Gasmaske aus dem Schrank nahm, die mit einem Spezialeinsatz versehen war. Der Filter war blau lackiert und trug die Aufschrift »Zyklon-B«.

6. Ungefähr Ende 1942 wurde mit dem Bau von 4 großen Krematorien, die mit Gaskammern verbunden waren, in Birkenau begonnen. Der Bau wurde von der Zentralbauleitung der Waffen SS ausgeführt in Zusammenarbeit mit zivilen deutschen Firmen, deren Namen mir jedoch nicht bekannt sind. Ich vermag nur anzugeben, daß zahlreiche Zivilarbeiter polnischer und deutscher Nationalität ebenfalls dort gearbeitet haben.

Die baulichen Anlagen der Gaskammern, die bei den Krematorien I und II unter der Erde lagen und mit Aufzügen zu den Verbrennungsräumen versehen waren, müssen den Zivilarbeitern über die tatsächliche Verwendung dieser Kammern Aufschluß gegeben haben. Außerdem war einer der provisorischen Gasbunker, der damals noch in Betrieb war, von der Baustelle der Krematorien IV und V aus zu sehen. Die Zivilarbeiter, die außerhalb des Lagerbereiches wohnten, mußten gesehen haben, wie aus einem der Bunker Leichen herausgezerrt und auf Loren verladen wurden, um dann auf offenen Brandstätten verbrannt zu werden. Es gab in der Umgebung von Birkenau etwa 10 große Brandstätten, wo 200–1000 Menschen jeweils auf Scheiterhaufen verbrannt wurden. Der Schein dieser Feuerstellen war mindestens in einem Umkreis von 30 km noch sichtbar. Ebenso weit war der unverkennbare Geruch von verbranntem Fleisch zu bemerken. Es müssen also alle Bewohner von Auschwitz und den umliegenden Ortschaften, sowie alle in den Fabriken beschäftigten Leute, das Eisenbahnpersonal, die umliegenden Polizeistationen und Reisende auf der Linie Krakau–Kattowitz die Tatsache gewußt haben, daß in Auschwitz täglich eine große Masse von Leichen verbrannt wurde.
[...]
8. Die Transporte wurden von Begleitkommandos der Ordnungspolizei und von Eisenbahnbegleitpersonal der Reichsbahn bis zur Ausladerampe, die zwischen Auschwitz und Birkenau lag, gebracht. Gleich nach dem Ausladen begann die Aussonderung der für die Vergasung bestimmten Menschen. Die Züge standen meistens noch einige Minuten leer an der Rampe, sodaß die Eisenbahner und die Polizisten Gelegenheit hatten, diese Selektionen zu beobachten. Sie konnten weiterhin sehen, daß den Ankömmlingen ihr ganzes Hab und Gut abgenommen wurde und konnten aus den Umständen entnehmen, daß sie ihre Sachen niemals wieder bekommen sollten. Außerdem konnten sie sehen, wie der größte Teil von Neuankömmlingen in einer Gruppe abgesondert wurde, der dann auf Lastwagen unter brutaler Behandlung verladen wurde. 8–10 dieser Lastwagen fuhren dann in Richtung der sichtbaren Brandstätten, die nach einiger Zeit leer zurückkamen.
Die Eisenbahner blieben gern längere Zeit an der Auslade-

rampe und täuschten selbst Maschinenschaden vor, um die von den Häftlingen zurückgelassenen Koffer zu bestehlen. Das Aufsichtspersonal der Reichsbahn, das längere Zeit bei der Bahnstation Auschwitz stationiert war, muß gewußt haben, daß eine außerordentlich große Zahl von Transporten nach Auschwitz eingeliefert wurde. Diese Beamten müssen außerdem gewußt haben, woher die Transporte kamen und müssen einen ungefähren Überblick über die Zahl der Zugänge gehabt haben. Dies gilt namentlich für das Frühjahr 1944, wo täglich durchschnittlich 3 Transporte in Auschwitz eintrafen. Es sind im April–Mai–Juni 1944 oftmals 8–10000 Menschen täglich in Auschwitz eingetroffen. Im Verhältnis zu den ankommenden sind nur wenige Transporte weitergeleitet worden zu anderen Konzentrationslagern innerhalb des Reiches. [...]

IfZ NI-11984 (Kopie);
Gerhard Schönberner: Wir haben es gesehen. Augenzeugenberichte über Terror und Judenverfolgung im Dritten Reich. Hamburg 1962, S. 277 f.

170   Aufzeichnungen des Kommandanten von Auschwitz, Rudolf Höß: Vergasungen in Auschwitz, [1947]:

[...] Es kamen nun im Frühjahr 1942 die ersten Judentransporte aus Oberschlesien, die alle zu vernichten waren. Sie wurden nach dem Bauerngehöft – Bunker I – von der Rampe über die Wiesen des späteren Bauabschnitts II geführt. Aumeier, Palitzsch und noch einige Blockführer führten sie und unterhielten sich mit ihnen möglichst harmlos, frugen nach Berufen und Kenntnissen, um so zu täuschen. Am Gehöft angekommen, mußten sie sich ausziehen. Sie gingen auch zuerst ganz ruhig in die Räume, wo sie desinfiziert werden sollten. Bis dann einige doch stutzig wurden und von Ersticken, von Vernichten sprachen. Es entstand dann sofort eine Art Panik. Doch schnell wurden die noch draußen Stehenden in die Kammern hineingetrieben und [die Türen] zugeschraubt. Bei den nächsten Transporten wurde von vornherein nach den unruhigen Geistern gefahndet und diese nicht aus den Augen gelassen. Machte sich Unruhe bemerkbar, so wurden die Unruheverbreiter

379

unauffällig hinter das Haus geführt und dort mit dem Kleinkalibergewehr getötet, das war von den anderen nicht zu vernehmen. Auch das Vorhandensein des Sonderkommandos und dessen beruhigendes Verhalten besänftigte die Unruhigen, die Ahnenden. Weiterhin wirkte beruhigend, daß einige vom Sonderkommando mit in die Räume hineingingen und bis zum letzten Moment darinblieben, ebenso blieb bis zuletzt ein SS Mann unter der Türe stehen. Wichtig war vor allen Dingen, daß bei dem ganzen Vorgang des Ankommens und Entkleidens möglichst größte Ruhe herrschte. Nur kein Geschrei, kein Gehetze. Wenn sich einige nicht ausziehen wollten, mußten schon Ausgezogene helfen oder die vom Sonderkommando. Mit gutem Zureden wurden auch Widerspenstige besänftigt und ausgezogen. Die Häftlinge des Sonderkommandos sorgten auch dafür, daß der Vorgang des Entkleidens schnell vor sich ging, damit den Opfern nicht lange Zeit zu Überlegungen blieb. Überhaupt war die eifrige Mithilfe der Sonderkommandos bei dem Entkleiden und dem Hineinführen in die Gaskammern doch eigenartig. Nie habe ich erlebt, habe auch nie davon gehört, daß sie den zu Vergasenden auch nur das geringste von dem ihnen Bevorstehenden sagten. Im Gegenteil, sie versuchten alles, um sie zu täuschen, vor allem die Ahnenden zu beruhigen. Wenn sie den SS-Männern nicht glaubten, aber den eigenen Rassengenossen (schon aus Gründen der Verständigung und auch der Beruhigung wurden die Sonderkommandos immer aus den Juden zusammengesetzt, die aus den Ländern stammten, aus denen die Aktionen gerade anliefen) glaubten sie zuversichtlich. Sie ließen sich von dem Leben im Lager erzählen und fragten zumeist nach dem Verbleib Bekannter oder Familienangehöriger aus früheren Transporten. Was die vom Sonderkommando denen alles vorlogen, mit welcher Überzeugungskraft, mit welchen Gebärden sie das Gesagte unterstrichen, war interessant. Viele Frauen versteckten ihre Säuglinge in den Kleiderhaufen. Die vom Sonderkommando paßten da ganz besonders auf und redeten der Frau so lange zu, bis sie das Kind mitnahm. Die Frauen glaubten, daß die Desinfektion den Kindern nicht gut täte, daher das Verstecken. Die kleinen Kinder jammerten meist ob des Ungewohnten beim Ausziehen, doch wenn die Mütter gut zuredeten, oder die vom Sonderkommando, beruhigten sie sich und gingen spielend, sich gegenseitig neckend, ein Spielzeug im Arm, in die Kammern. Ich habe auch beobachtet, daß Frauen, die ahnten oder wußten was ihnen bevorstand, mit der Todesangst in den Augen die Kraft noch aufbrachten, mit ihren Kindern zu scherzen, ihnen gut zuzureden. Eine Frau trat einmal im Vorbeigehen ganz nahe an mich heran und flüsterte mir zu, indem sie auf ihre vier Kinder zeigte, die sich brav angefaßt hatten, um die Kleinsten über die Unebenheiten des Geländes zu führen: »Wie bringt ihr das bloß fertig, diese schönen lieben Kinder umzubringen? Habt ihr denn kein Herz im Leibe?« Ein alter Mann zischelte mir einmal im Vorbeigehen zu: »Diesen Massenmord an den Juden wird Deutschland schwer büßen müssen.« Dabei glühten seine Augen vor Haß. Trotzdem ging er mutig in den Gasraum, ohne sich um die anderen zu kümmern. Eine junge Frau fiel mir auf, da sie übereifrig half, die Kleinkinder, die älteren Frauen auszuziehen, immer hin und her rannte. Sie hatte bei der Aussortierung zwei kleine Kinder bei sich, sie fiel mir durch ihr aufgeregtes Wesen und durch ihre Erscheinung dort schon auf. Sie sah ganz und gar nicht nach einer Jüdin aus. Jetzt hatte sie keine Kinder mehr. Sie drückte sich bis zuletzt um die noch nicht mit dem Auskleiden fertigen Frauen mit mehreren Kindern herum, redete ihnen gut zu, beruhigte die Kinder. Mit den letzten ging sie in den Bunker. Im Türrahmen blieb sie stehen und sagte: »Ich habe von Anfang an gewußt, daß wir nach Auschwitz zur Vergasung kommen, vor der Aussortierung als Arbeitsfähige drückte ich mich, indem ich die Kinder an mich nahm. Ich wollte den Vorgang bewußt und genau erleben. Hoffentlich geht es schnell vorüber. Lebt wohl!« – Ab und zu kam es auch vor, daß Frauen während des Ausziehens plötzlich markerschütternd losschrien, sich die Haare ausrissen und sich wie wahnsinnig gebärdeten. Schnell wurden sie herausgeführt und hinter dem Haus mit dem Kleinkalibergewehr durch Genickschuß getötet. Es kam auch vor, daß Frauen in dem Augenblick, als die vom Sonderkommando aus dem Raum gingen und sie merkten was nun geschehen würde, uns alle möglichen Verwünschungen zuschrien. Ich erlebte auch, daß eine Frau aus der Kammer beim Zumachen ihre Kinder herausschieben wollte und weinend rief: »Laßt doch wenigstens meine lieben Kinder am Leben.« [...]

[AGKBZHwP]; IfZ F 13 (Kopie);
Rudolf Höß: Kommandant in Auschwitz. Autobiographische Aufzeichnungen. Hg. von Martin Broszat. Stuttgart 1958, S. 123–125.

171 Niederschrift des Leitenden Direktors der Deutschen Gesellschaft für Schädlingsbekämpfung, Peters: Gaskammern, 22.11.1947:

[...] Auschwitz-Degesch. Auftraggeber im Testagebiet durften von Degesch nicht bearbeitet oder gar aufgesucht werden. Infolge Nichtbeachtung der geografischen Lage wurde ein in 1942 (?) an Heli gehender Kammerauftrag für Dachau und Auschwitz gemeinsam kurze Zeit in Frankfurt bearbeitet, dann nach Intervention der Testa an diese abgegeben, soweit Auschwitz infrage kam. Ich habe danach persönlich das Dachauer Konstruktionsbüro und das Konstruktionsbüro in Berlin (Hauptverwaltungsamt?) zu einleitenden Beratungen aufgesucht (Weiterbearbeitung erfolgte durch Heli- und Degesch-Referenten). Gegenüber Buchenwald und Dachau fiel das Projekt Auschwitz durch die größere Kammerzahl (24?) auf. Wieviel hiervon tatsächlich erstellt wurden, ist mir nicht bekannt. In den Kammern konnten nur 200 g Dosen verbraucht werden. Die Lieferungen hierzu blieben immer in normalen Grenzen und wurden zuletzt vom Auftraggeber als nicht ausreichend bezeichnet (Dosenmangel bei Dessau u. Kolin, Konkurrenz mit den weit höheren Wehrmachtsansprüchen). [...]

IfZ NI-15071 (Kopie).

172 Aus den Memoiren des Mitglieds des Verbrennungskommandos in Auschwitz-Birkenau, Filip Müller:

[...] Wir befanden uns im Verbrennungsraum des Auschwitzer Krematoriums. Ein paar Häftlinge liefen herum, den sechszackigen Judenstern auf ihren Monturen. Als der Schein der lodernden Flammen den Rauch und Qualm durchbrach, sah ich in dem aus roten Ziegelsteinen gemauerten Quader zwei große Öffnungen. Es waren gußeiserne Verbrennungsöfen, zu denen Häftlinge auf einer Lore Leichen hinschoben. Stark riß jetzt eine weitere Tür vor uns auf, schlug auf Maurice und auf mich ein und trieb uns in einen größeren Raum neben der Verbrennungsanlage.

Vor uns lagen zwischen Koffern und Rucksäcken Haufen aufeinander- und durcheinanderliegender toter Männer und Frauen. Ich war starr vor Entsetzen. Ich wußte ja nicht, wo ich mich befand und was hier vor sich ging. Ein heftiger Schlag, begleitet von Starks Gebrüll: »Los, los! Leichen ausziehen!« veranlaßte mich das zu tun, was auch ein paar andere Häftlinge taten, die ich erst jetzt bemerkte. Vor mir lag die Leiche einer Frau. Zuerst zog ich ihre Schuhe aus. Meine Hände zitterten dabei, und ich bebte am ganzen Körper, als ich begann, ihr die Strümpfe auszuziehen. Zum ersten Mal in meinem Leben kam ich mit einer Leiche in Berührung. Sie war noch nicht richtig erkaltet. Als ich den Strumpf vom Bein herunterzog, riß er ein wenig ein. Stark, der es bemerkt hatte, schlug wieder auf mich ein und ereiferte sich: »Was ist das für eine Arbeit! Paß auf und tummel dich! Die Sachen werden noch gebraucht!« Um zu zeigen, wie es richtig gemacht wird, ging er zu einer anderen Leiche und begann, ihr die Strümpfe auszuziehen. Aber auch bei ihm ging es nicht ohne Riß ab.

Die Angst vor weiteren Schlägen, der grausige Anblick der gestapelten Leichen, der beißende Rauch, das Surren der Ventilatoren und das Flackern der lodernden Flammen aus dem Verbrennungsraum, dieses ganze chaotische, infernalische Tohuwabohu hatte meine Orientierung und mein Denkvermögen derart gelähmt, daß ich jeden Befehl wie hypnotisiert befolgte. Erst allmählich begann ich zu begreifen, daß da Leute vor mir lagen, die man vor kurzem umgebracht haben mußte. Aber ich konnte mir nicht vorstellen, wie so viele Menschen auf einmal getötet worden waren.

Als Stark wiederkam, beorderte er mich und Maurice in den Verbrennungsraum. Er drückte jedem ein langes Stemmeisen und einen schweren Hammer in die Hand und befahl uns, damit die Schlacken von den Rosten der Öfen, die gerade nicht in Betrieb waren, zu entfernen. Maurice und ich hatten so etwas noch niemals getan, deshalb wußten wir nicht, was wir eigentlich machen sollten. So kam es, daß wir die Stemmeisen nicht in die Schlackenschicht auf den Rosten, sondern in den Aschenraum stießen, wo die Schamottausmauerung beschädigt wurde. Als Stark das entdeckte, jagte er uns zurück in den Leichenraum und holte F., der später unser Vorarbeiter werden sollte. Dieser begann nun, die Roste zu reinigen. Maurice und ich fuhren fort, Leichen auszuziehen. Ich sah mich jetzt vorsichtig in dem Raum um, wo die Toten lagen. Hinten entdeckte ich auf dem Betonboden kleine, grünblaue Kristalle. Sie lagen verstreut unter einer Öffnung, die durch die Decke gebrochen war. Dort war auch ein großer Ventilator angebracht, dessen Propeller sich surrend drehte. Es fiel mir auf, daß sich an der Stelle, wo die Kristalle lagen, keine Leichen befanden, während sie weiter entfernt, vor allem in der Nähe der Tür, haufenweise herumlagen. [...]

Nachdem ich den ersten Schock überwunden hatte, begann ich, mich in der neuen Umgebung ein wenig umzusehen.

Wenn man von der Gaskammer in den Verbrennungsraum kam, standen zwei Öfen auf der linken und vier auf der rechten Seite. Zwei bildeten jeweils einen Komplex. Mitten durch den Raum war in einer Bodenvertiefung, die vielleicht ein Meter breit und 20 bis 25 cm tief war, ein Gleis verlegt. Es war ungefähr 15 Meter lang. Von ihm führten sechs Quergeleise, die etwa vier Meter lang waren, zu den Öfen.

Auf dem langen Gleis stand eine fahrbare Drehscheibe, die man hin- und herschieben konnte. Mit ihrer Hilfe war es möglich, den Rollwagen auf die Quergeleise zu rangieren.

Der gußeiserne Rollwagen hatte einen kastenförmigen Aufbau aus Stahlblech. Mit dem Aufbau war er knapp einen Meter hoch, genauso breit und vielleicht 80 cm lang. Hinten war ein eiserner Griff angebracht, der über die ganze Breite reichte. Vorn ragte die Ladepritsche aus starkem Stahlblech heraus, die knapp zwei Meter lang war. Sie hatte Seitenwände, die 12 bis 15 cm hoch waren. Die Pritsche, vorn offen, war nicht ganz so breit wie die Ofenöffnung, so daß sie in der Ofenmuffel gut Platz hatte.

Auf der Pritsche befand sich noch ein kastenförmiger Schieber aus Stahlblech. Er war ihrem Querschnitt angepaßt, war aber höher als die Seitenwände und oben abgerundet. Er war ungefähr 50 cm tief und 30 bis 40 cm hoch. Man konnte ihn auf der Pritsche leicht hin- und herschieben. Vor dem Beladen des Wagens wurde er an das hintere Ende der Pritsche geschoben. Wenn der Rollwagen auf der Drehscheibe stand, wurde sie einfach zum nächsten Quergeleis geschoben und dann so weit gedreht, daß der Rollwagen auf das Gleis rangiert werden konnte. Dabei mußte die Drehscheibe festgehalten werden, damit der Rollwagen beim Herunterfahren nicht aus den Schienen sprang.

Zunächst wurden aus der Gaskammer Leichen in die Nähe der Öfen geschleift. Dann wurde der Rollwagen mit Hilfe der Drehscheibe vor ein Quergeleis gebracht und die Pritsche vorn mit einer Holzlatte abgestützt, damit der Wagen beim Beladen nicht kippen konnte. Nun goß ein Häftling einen Eimer Wasser auf die Pritsche, damit sie in dem glühenden Ofen nicht zu heiß wurde. Unterdessen waren zwei andere damit beschäftigt, einen Toten auf ein Brett zu legen, das neben der Pritsche auf dem Boden lag. Dann hoben sie es hoch und kippten es seitlich ab, so daß die Leiche auf die Pritsche fiel. Ein Häftling auf der anderen Seite brachte sie in die richtige Lage.

Wenn der Wagen beladen war, lagen an beiden Seiten der Pritsche zwei Tote mit dem Kopf zum Ofen, während der dritte umgekehrt zwischen diesen eingeklemmt worden war. Jetzt war es soweit, daß der Ofen geöffnet werden konnte. Glühende Hitze schlug einem entgegen.

Nachdem die Stützlatte entfernt war, packten zwei Mann vorne rechts und links die Pritsche, trugen sie bis an den Ofen und setzten sie am Rand der Muffel ab. Gleichzeitig schoben hinten zwei andere den Rollwagen und drückten so die Pritsche in den Ofen. [...]

Filip Müller: Sonderkommando. Drei Jahre in den Krematorien und Gaskammern von Auschwitz. München 1979, S. 22–27. (© C. Bertelsmann-Verlag).

173 Rundschreiben des Gestapo-Chefs Müller: Juden aus Konzentrationslagern im Reich nach Auschwitz oder Majdanek, 2.10.1942:

Der RFSSuChefdDtPol. hat befohlen, daß sämtliche im Reich gelegenen Konzentrationslager judenfrei zu machen und daß sämtliche Juden in das KL Auschwitz und in das Kriegsgefangenenarbeitslager Lublin zu überstellen sind. Der Inspekteur der KL hat die entsprechenden Verlegungsanordnungen bereits erteilt. Über erfolgte Verlegungen von derartigen Häftlingen geben die jeweiligen KL Kenntnis.

Einweisungen von jüdischen Häftlingen in KL – außer KL Auschwitz und Kriegsgefangenenarbeitslager Lublin – kommen daher ab sofort nicht mehr in Frage. Sofern im Einzelfall noch eine diesem entgegenstehende Anordnung getroffen ist, ersuche ich, dem Befehl des RFSSuChefdDtPol. entsprechend zu verfahren.

Zu den jüdischen Häftlingen sind auch die Mischlinge I. Grades zu rechnen.

BA R 58/276;
H.-G. Adler: Der verwaltete Mensch. Studien zur Deportation der Juden aus Deutschland. Tübingen 1974, S. 235.

174 Tagebuchaufzeichnungen[1] der Hanna Lévy-Hass: Zustände im Lager Bergen-Belsen kurz vor Kriegsende, 1945:

[...] BB. März 1945. Wir alle sind von typhusartigem Fieber befallen, und wir bleiben im Bett. Unsere Baracke wurde mit einem besonderen Drahtverhau umzäunt. Eine Quarantäne wurde eingerichtet. Ich hatte 15 Tage lang Fieber. Zuerst hatte ich 41 und 40 Grad Temperatur, dann 39 und 38 Grad. Medikamente gibt es nicht. Wer kann, hält durch. Während dieser 15 Tage hatte ich schreckliche Kopfschmerzen und ständigen Brechreiz. Das Hungergefühl war vollständig verschwunden. Ich habe phantasiert. Ich fühlte nur, daß ich dem Tod nah war, ganz nah, daß er nicht nur allgemein in der Nähe war, sondern diesmal ganz in meiner Nähe. Ich fühlte seinen Atem in mir selbst.

Ich starb langsam, bewußt. Der Organismus fühlte absolut nichts und schien langsam seine Funktionen einzustellen. Nur der Gedanke an den Tod lebte noch in mir, hartnäckig. Auch um mich herum lagen alle im Sterben – auch jetzt noch sterben sie der Reihe nach. Ich bin jetzt in einem Bett »im zweiten Stock«. Unter mir liegt Frau K. In einem Monat verlor sie den Mann und die Tochter. Schmerzerfüllt, schweigsam liegt sie abgewandt in ihrem Bett, lang ausgestreckt, und wartet, bis die Reihe an ihr ist. Sie stöhnt ununterbrochen, obwohl sie schon keinen wirklichen Schmerz mehr fühlt, dessen bin ich sicher. Sie kann einfach nicht mehr weiter, sie will nicht mehr leben. Ihr Leben, ihre elende Existenz, verursacht ihr Schmerzen, sie ist ungeduldig, sie will damit zu Ende kommen, das ist alles.

Über mir C., er ist völlig abgestumpft und tut nur eines: weinend versucht er, die anderen davon zu überzeugen, daß er weder krank noch verrückt ist, daß er nicht stinkt und nicht infiziert ist. Rechts von mir sind zwei Alte gestorben, F. und K. Im halbwachen Zustand habe ich eine ganze Nacht lang die Agonie des einen von ihnen verfolgt, und in der folgenden Nacht hörte ich deutlich das Röcheln des anderen. Es ist ganz einfach, die Atemzüge hören auf, einmal bei dem, dann bei jenem. Keiner ist imstande, einem anderen zu helfen, die Leichen bleiben auf den Betten liegen, neben den Lebenden oder Halbtoten. Lebende und Tote, alles vermischt. Es gibt fast keine Grenzen zwischen den einen und den anderen, fast keinen Unterschied.

Angesichts des Todes und der Toten totale Indifferenz, es ist eine gewöhnliche Sache geworden. Man denkt nicht mehr an die Befreiung, niemand zählt mehr die Tage wie früher, es lohnt sich nicht, zu wissen, wann die Alliierten kommen sollen, obwohl ihre Anwesenheit einige Dutzend Kilometer von hier erwiesen zu sein scheint. Aber das hat wenig Bedeutung. Nur der Tod ist für den Augenblick unser nächster und treuester Alliierter. Und wenn man manchmal doch darangeht, die Tage zu zählen, so nicht, um die Stunde der Befreiung vorausahnen zu können, sondern, um zu sehen, wie lange der oder jener von uns noch durchhalten kann. In allen steckt eine Art medizinische Neugier, eine sonderbare Besessenheit. Für mich selbst hat es eine Zeit gegeben, da ich sicher war, ich könne höchstens noch ein oder zwei Monate leben, und jetzt, nach dem Typhus, den ich wie durch ein Wunder überstanden habe, der mich aber meine letzten Kräfte gekostet hat, rechne ich nur damit, noch maximal zehn oder fünfzehn Tage zu leben.

Und diese Halbexistenz, die mir verbleibt, verbringe ich in Gesellschaft anderer lebendiger oder toter Gespenster. Die Leichen, die wirklichen, sind noch immer hier bei uns, in unseren Betten. Es ist niemand da, der sie wegbringt, und auch kein Platz, wo man sie hintun könnte, alles ist überfüllt. Auch in den Höfen werden die Leichen übereinandergehäuft, Haufen von Leichen, sie werden mit jedem Tag höher. Das Krematorium ist nicht imstande, alle zu verbrennen.

Es wird gar kein Essen mehr von drüben gebracht, nur von Zeit zu Zeit ein Kessel mit sauer gewordener Suppe. Manchmal holt man etwas Gras und kocht es, man sucht die Kartoffelschalen in den Abfallkübeln. Die Käuflichen haben immer noch etwas, aber auch sie widerstehen nicht mehr der Ansteckung, der Agonie und dem Tod. Er ist jetzt allgegenwärtig, hängt in der Luft, steht allen unmittelbar bevor.

Niemand in der Welt befaßt sich mehr mit uns, die Deutschen zeigen sich nicht mehr. Wir wissen, daß ihr Ende nah, ganz nah ist. Aber auch unseres. Und sie, sie erkennen das auch. Und sie haben nichts mehr im Lager zu tun, deshalb setzen sie keinen Fuß mehr hierher. Sobald die höllische Arbeit beendet war, die man ihnen aufgetragen hatte, und feststand, daß sie sie so gut durchgeführt hatten, zogen sie sich zurück, wobei sie uns bis auf den letzten krepieren lassen.

Die »Kapos« gehen weiter umher und teilen Prügel aus, das ist ungeheuerlich. Auch unter ihnen gibt es welche, die mit uns Mitleid haben – Augenblicke lang; ich habe es gesehen, aber es ist nur zufällig. Im allgemeinen beobachten sie uns zynisch und hören nicht auf, auf unsere Kosten zu grinsen.

BB. April 1945. Ich schäme mich schrecklich, alles das zu erleben. Die Menschen verfaulen und zersetzen sich im Schmutz. Man erzählt, daß in einem der benachbarten Blocks Fälle von Kannibalismus beobachtet worden seien. Nach der persönlichen Erklärung eines deutschen Arztes, der endlich in unseren Block kam, um sich über den »Fortschritt« des Massentodes klar zu werden, nach seiner eigenen Erklärung also sind im Laufe der zwei letzten Monate, Februar und März, von 45000 Häftlingen mehr als 17000 im Monat, also insgesamt 35000 gestorben. [...]

Hanna Lévy-Hass: Vielleicht war das alles erst der Anfang. Tagebuch aus dem KZ Bergen-Belsen 1944–1945. Berlin 1979, S. 56–58. (© Rotbuch-Verlag)

[1] Später ausgearbeitete Notizen.

IX. WIDERSTAND UND HILFE

Geht man von der Frage aus, inwieweit jüdische Widerstandsaktionen den Vernichtungsprozeß verhindern oder verzögern konnten, so werden die Ergebnisse minimal bleiben: Die europäischen Juden konnten, auf sich allein gestellt, den Vernichtungsprozeß kaum aufhalten.

Allerdings scheint dieser Maßstab angesichts der allgemeinen Bedingungen, die durch die deutsche »Judenpolitik« gesetzt waren, auch irreal. Die antijüdischen Maßnahmen fanden oft unter strenger Geheimhaltung statt; man bediente sich zum Teil raffinierter Täuschungsmethoden; die Juden wurden vor der Deportation zunächst schrittweise entrechtet, isoliert und konzentriert, so daß ihnen systematisch sämtliche Widerstandsmöglichkeiten genommen wurden; die Deportation erfolgte dann schlagartig gegen räumlich voneinander getrennte Gruppen. Erst langsam sickerten Informationen über den vollen Umfang des Vernichtungsprozesses durch. Die weitaus meisten Juden waren aber bereits in Lagern und Gettos zusammengepfercht, als diesbezügliche Vermutungen und Kenntnisse bekannt wurden.

Die jüdischen Gemeinden waren im allgemeinen nicht auf eine Katastrophe dieser Art vorbereitet. Nach der deutschen Besetzung kam körperliche Erschöpfung infolge der Unterernährung hinzu, ferner der Entzug materieller Mittel sowie die äußerst scharfe Überwachung der Juden, nicht zuletzt durch die Einschaltung von Selbstkontrollorganen. Nicht unterschätzt werden darf ferner die Gefahr der Repressalien: Die deutsche Seite beantwortete jeden Akt jüdischen Widerstands mit brutalstem Vorgehen gegen Unschuldige, so daß solche Anschläge auf die Besatzungsmacht häufig auch auf schärfsten Widerspruch von jüdischer Seite stießen. Auch war die außerordentliche Radikalität der deutschen Maßnahmen, also der Wille, auch den letzten jüdischen Greis und das letzte jüdische Kind zu ermorden, erst allmählich zu durchschauen: Die Hoffnung, durch Wohlverhalten möglicherweise die

Reaktion der deutschen Seite beeinflussen zu können, erwies sich zwar als illusionär, doch erscheint dieser verhängnisvolle Irrtum angesichts der historischen Einzigartigkeit des nationalsozialistischen Vernichtungswillens verständlich.

Angesichts dieser äußeren Umstände muß die Frage nach dem jüdischen Widerstand an anderen Kriterien gemessen werden als an der Vorstellung, der Prozeß der Vernichtung hätte durch solche Maßnahmen wesentlich beeinflußt werden können. Versuche, die Ereignisse zu dokumentieren und Informationen über den Vernichtungsprozeß aus dem deutschen Machtbereich herauszubringen, Fluchtunterstützung für Einzelne oder Bemühungen, Protest zu artikulieren, erscheinen demgegenüber als in der gegebenen Situation bereits bemerkenswerte Manifestationen jüdischen Widerstands. Angesichts der allgemeinen Lebensbedingungen der Juden unter deutscher Herrschaft müssen die aktiven, von vornherein aussichtslosen Versuche, sich mit Waffen oder improvisierten Kampfmitteln dem Massenmord entgegenzustellen, demgegenüber als historisch außerordentliche Widerstandsleistungen gewertet werden.

In den polnischen Gettos begannen Vorbereitungen für einen organisierten Widerstand in der zweiten Jahreshälfte 1942, nachdem die Deportationen eingesetzt hatten. Der Aufstand im Warschauer Getto vom April 1943, bei dem es weniger als tausend völlig unzureichend bewaffneten jüdischen Widerstandskämpfern gelang, eine weit überlegene deutsche Streitmacht mehr als einen Monat lang zu bekämpfen, hatte vor allem symbolische Bedeutung (Dok. Nr. 175). Die Nachrichten über den Aufstand (dem ersten organisierten Widerstand in einer besetzten Stadt innerhalb des deutschen Machtbereichs) förderten die Bildung von jüdischen Widerstandsgruppen in anderen Gettos.

In der Folgezeit kam es zu einer Reihe weiterer Gettoaufstände, so unter anderem in Minsk und Bialystok. In zahlreichen anderen Fällen wurden Aufstände vorbereitet oder einzelne Überfälle auf die Besatzungskräfte unternommen, so daß deutscherseits zumindest eine gewisse Irritation ausgelöst wurde (Dok. Nr. 179 u. 180).

Vielen sowjetischen und polnischen Juden gelang die Flucht in die Wälder, wo sie sich in provisorischen Lagern einrichteten. Die meisten wurden allerdings Opfer deutscher »Säuberungsaktionen«. Zum Teil schlossen sich diese »Waldjuden« Partisanenverbänden an oder bildeten eigenständige Kampfgruppen (Dok. Nr. 176).

Während die Lebensbedingungen in den Gettos organisierte Widerstandshandlungen nur unter Aufbietung äußerster Kräfte möglich werden ließen, waren Aufstände in den Konzentrationslagern angesichts der hier herrschenden Zustände so gut wie ausgeschlossen. Daher verdienen die drei bekanntesten Revolten in Sobibor, Treblinka und Auschwitz besondere Beachtung (Dok. Nr. 177 u. 178).

In Ungarn und der Slowakei entstanden verdeckt arbeitende jüdische Selbsthilfekomitees, die vor allem Flüchtlinge unterstützten sowie Informationen über den Vernichtungsprozeß sammelten und in das westliche Ausland weiterleiteten. In den westlichen Besatzungsgebieten waren Juden in großer Zahl in den Widerstandsbewegungen aktiv; in Belgien und Frankreich existierten außerdem linksorientierte jüdische Widerstandsgruppen (Dok. Nr. 181). Auch innerhalb des deutschen Widerstandes (vor allem kommunistischer Prägung) waren Juden von Anfang an relativ stark beteiligt. Daneben gab es einen spezifisch jüdischen Widerstand, der sich in offenen Protesten gegen antisemitische Maßnahmen, der Verbreitung illegaler Schriften und in dem Versuch äußerte, sich der Deportation durch ein Leben im Untergrund zu entziehen. In Deutschland dürften wohl die Aktivitäten der jüdisch-kommunistischen Widerstandsgruppe Baum am weitesten gegangen sein, der es im Mai 1942 glückte, einen Brandanschlag auf die Ausstellung »Das Sowjetparadies« zu organisieren (Dok. Nr. 182).

Während es dem jüdischen Widerstand somit nicht gelang und nicht gelingen konnte, den Deportations- und Vernichtungsprozeß wesentlich aufzuhalten, waren den verschiedenen Versuchen, den Juden zu Hilfe zu kommen, zumindest begrenzte Erfolge beschieden. Angesichts der großen Schwierigkeit, das Gesamtausmaß dieser verschiedenen Hilfeleistungen auf wenigen Seiten darzustellen, soll lediglich versucht werden, beispielhaft eine Typologie dieser Unterstützungsversuche zu erstellen.

Unterstützung erhielten die Juden zum einen durch verschiedene individuelle oder kollektive Hilfeleistungen von Privatpersonen, die sich etwa in spontanen Gesten (Dok. Nr. 183) oder in Versuchen äußerten, Juden zu verstecken oder ihnen zur Flucht zu verhelfen (Dok. Nr. 184). So wurden etwa in Polen, in den Niederlanden, in Belgien, aber auch in Berlin, der Kommandozentrale des Vernichtungsprozesses, Juden aufgrund privater Initiativen vor der Deportation bewahrt. Eine beispiellose Solidaritätsaktion rettete über 90 % der über 6000 dänischen Juden im Oktober 1943 vor der Deportation: Sie konnten in Privatquartieren versteckt werden, während eine spontan gebildete Initiative dänischer Bürger ihre Flucht nach Schweden organisierte (Dok. Nr. 194).

Solche in größerem Maßstab organisierten Formen der Hilfe waren aber im allgemeinen in den von Deutschland besetzten Staaten, in denen die gesellschaftlichen Organisationen weitgehend zerschlagen oder gleichgeschaltet waren, kaum möglich. Eine Ausnahme bildet der im Raum Amsterdam Anfang 1941 (allerdings erfolglos) unternommene Versuch, durch einen Solidaritätsstreik die Abschiebung von 400 Juden nach Deutschland zu verhindern (Dok. Nr. 185).

Die einzige Organisation, die innerhalb des deutschen Machtbereichs einen gewissen eigenen Handlungsspielraum bewahren und daher Hilfsaktionen einleiten konnte, war die katholische Kirche, die aufgrund ihrer besonderen, auch jetzt im wesentlichen intakt bleibenden Struktur einerseits relativ gut über den Umfang des Vernichtungsprozesses informiert und andererseits Proteste zentral steuern konnte. So wurde etwa in der Slowakei im März 1943 ein Hirtenbrief gegen die Judenverfolgungen verlesen (Dok. Nr. 186), während Anfang 1943 die französischen Bischöfe gegen die Deportationen aus ihrem Land protestierten (Dok. Nr. 187). Proteste wurden aber auch seitens protestantischer Bischöfe erhoben, so etwa in den Niederlanden und Norwegen.

Die wirksamsten Hilfeleistungen zugunsten der verfolgten Juden gingen aber von den Regierungen der mit Deutschland verbündeten Staaten sowie von bestimmten neutralen Ländern aus. So ist bereits auf die Verzögerungstaktik der bulgarischen Regierung verwiesen worden, die die im Lande ansässigen Juden vor der Deportation bewahren konnte. Ebenso wandte sich die italienische Regierung nicht nur gegen den Abtransport der im Lande ansässigen Juden, sondern verhinderte auch die Deportation von Juden aus ihren Besatzungsgebieten. So verweigerte Italien im November 1942 die Auslieferung der Juden aus ehemals jugoslawischen Gebieten und sperrte sich ebenso im Februar 1943 gegen den Abtransport von französischen Juden aus Südfrankreich, obwohl diese bereits durch die Vichy-Polizei festgenommen worden waren (Dok. Nr. 188 u. 189). Auch die finnische Regierung ließ ihren deutschen Verbündeten deutlich spüren, daß seine »Judenpolitik« im Lande allgemein abgelehnt werde.

Unter den Hilfeleistungen der neutralen Staaten ist die Haltung der schwedischen Regierung (allerdings im wesentlichen beschränkt auf die letzten anderthalb Kriegsjahre) hervorzuheben. So wurde etwa der schwedische Gesandte im Oktober 1943 beim Staatssekretär des deutschen Auswärtigen Amts vorstellig, um die Übernahme jüdischer Kinder aus Dänemark vorzuschlagen (Dok. Nr. 195). Während der Deportation der ungarischen Juden folgten auch die Missionen der Schweiz, Spaniens und Portugals der Initiative der schwedischen Vertretung und verteilten in großem Umfang Schutzbriefe. Die Beauftragten der Missionen gingen dabei zum Teil so weit, den Kolonnen der deportierten Juden zu folgen und ihnen auf offener Landstraße die entsprechenden lebensrettenden Dokumente auszustellen (Dok. Nr. 191–193). Der als Sonderbeauftragte in Ungarn eingesetzte Eichmann nahm auch Verhandlungen mit der jüdischen Seite auf, in denen er die Auslieferung von Juden an die neutrale Schweiz gegen Devisenzahlungen und Warenlieferungen vorschlug (Dok. Nr. 190). In der Praxis kam dieses bemerkenswerte Tauschgeschäft allerdings nicht über das Versuchsstadium hinaus.

175 **Fernschreiben Ohlenbuschs (Hauptabteilung Propaganda im Generalgouvernement) an Berndt (Reichspropagandaleitung): Warschauer Gettoaufstand, 30. 4. 1943:**

Das gesamte Wohngebiet der Juden in Warschau konnte nunmehr soweit erobert werden, daß es jetzt Angelegenheit von Einzelunternehmungen und planmäßig angesetzten Stoßtrupps ist, die noch vorhandenen Widerstandsnester auszukämmen. Der Bunkerkampf, der den bisherigen Auseinandersetzungen das Gepräge gab, darf als beendet gelten, doch gelingt es den Juden von Zeit zu Zeit noch, sich an einzelnen Punkten von neuem festzusetzen. Es hat sich übrigens erwiesen, daß schon seit Mitte des vorigen Jahres Unterstände, Bunkeranlagen, unterirdische Gänge mit dem arischen Wohngebiet usw. bestanden und immer weiter ausgebaut worden sind.

Hatten nun bisher gegen Häuserblocks, in denen größere Massen Widerstand zu leisten versuchten, Flammenwerfer und schwere Infanteriewaffen diesen Widerstand brechen können, so ist die Verteidigung der letzten Kampfgruppen außerordentlich zäh. Mehrfach wurde festgestellt, daß die aus brennenden Häusern und verräucherten Unterständen hervorbrechenden Banditen wieder in die Flammen zurückgingen, als sie erkannten, daß ein Ausbrechen nicht möglich sein würde. Andere, die sich vor den Flammen – immer wieder schießend – bis in die höchsten Stockwerke geflüchtet hatten, sprangen zuletzt aus den Fenstern oder ließen sich an Seilen und Bettüchern herab. Dies alles bringt deutlich zum Ausdruck, daß es sich bei diesen Restgruppen um die bisher allen Zugriffen entgangenen Organisatoren und Elitemannschaften der Banditen und Juden handelt. Die Kämpfe gegen diese Gruppen werden zur Zeit in harten Einzeleinsätzen zu Ende geführt. Wie weit sich dabei Banditengruppen in Schächten, Kanalisationsrohren und unterirdischen Gängen versteckt haben, ist nicht zu übersehen. In einigen Fällen konnte festgestellt werden, daß selbst Rauchkerzen, Flammenwerfer und das Fluten der Kanalisationsrohre die Schlupfwinkel nicht zu erreichen vermochten. Daß es sich bei den Banditen, Terroristen und Juden im Warschauer Ghetto um Träger einer planmäßigen Aktion handelt, darf als erwiesen gelten. Ebenso unzweifelhaft ist heute, daß die Aktion, wenn sie nicht im gegenwärtigen Augenblick im Ghetto herausgefordert worden wäre, sich schließlich gegen die Stadt Warschau gewendet hätte.

Im einzelnen ist zum Verlauf der Kampfhandlungen zu sagen, daß es sehr schwer ist, gegen die planmäßig angelegten und glänzend getarnten Bunker und ausgebauten Stellungen vorzugehen. Die Verbindungen der Häuser in Kellern und auf Dachböden untereinander ließ [sic] anfangs jeden wirkungsvollen Zugriff gegen die Aufständischen fehlschlagen. Erst als nach etwa 6 Kampftagen das Ghetto von den Hauptmassen der Juden geräumt war, konnte man sich der Unzahl der Widerstandsnester annehmen, die sich sogar bis in einzelne Wehrbetriebe hinein erstreckten. Täglich erfolgten etwa 25 Stoßtruppunternehmen zumeist größeren Umfanges. Die unter Anleitung eines Pionieroffiziers stehenden Sprengmannschaften konnten dabei eine ganze Reihe von bestens ausgebauten und teilweise mit allem Komfort eingerichteten Bunkern ausmachen und sprengen.

Das erfolgreiche Vorgehen besonders in den letzten Tagen ist dem Umstand zuzuschreiben, daß die deutschen Verbände sich inzwischen an die Kampfweise der Juden gewöhnt hatten. [...]

Die Verluste auf deutscher Seite beliefen sich auf 5 Tote: 2 Wehrmacht, 2 Waffen-SS und 1 Tarnicki[Trawniki]-Mann sowie auf 50 Verwundete: 27 Waffen-SS, 9 Orpo, 4 SD, 1 Wehrmacht, 9 Tarnicki.

Bei den Kämpfen wurden im einzelnen an Banditentruppen eingebracht: [...]

2347 Mann.

Dazu kommen in 13 großen gesprengten Bunkern – von etwa 30 ausgehobenen – zahllose Verschüttete sowie eine nicht übersehbare Zahl von Verbrannten. Insgesamt wurden erfaßt und – wenn nicht als Bandit liquidiert – zur Verlagerung nach einem Transportbahnhof gebracht 33 500 Juden. Die Juden aus den Wehrbetrieben und Fabriken sowie diejenigen, die nicht als Terroristen festgestellt wurden, sind mit der Eisenbahn nach Poniatowo gebracht worden. Unter den Polen werden Stimmen laut, der Kampf im Ghetto dauert länger als der Polen-Feldzug.

Joseph Kermish: The Warsaw Ghetto uprising in the light of a hitherto un-published German report, in: Yad Vashem Studies 9 (1973), S. 7–27 (Faks.).

176 Tagebuchaufzeichnungen eines jüdischen Partisanen in Weißrußland, 12. 8. 1942:

Der Gedanke an die Wälder kam wieder und lebte auf. Nach dem zweiten Massenmord waren alle von uns sicher, daß die Deutschen keinen Unterschied zwischen einem Juden und einem anderen machen würden. [...] Sie täuschten den Judenrat und die jüdische Polizei, als sie ihnen versprachen, daß sie am Leben bleiben würden, wenn sie beim Abschlachten helfen würden, und zum Schluß haben sie auch diese ermordet. Aufs neue haben wir nach Wegen gesucht, aus dem Getto zu entkommen. [...]

Die ersten, die geflüchtet sind, waren die Juden aus dem benachbarten Naliboki Wald. Sie sind verschwunden und man hat nichts mehr von ihnen gehört. Die Leute aus Zetl gingen auch, in den Lipiczanka Wald, ihnen schlossen sich einige aus Novogrodek an, die nach einer Zeitlang wiedergekommen sind, um ihre Verwandten und Freunde zu holen. Von ihnen haben wir Genaueres über das Leben in den Wäldern gehört. Sie haben Waffen und sie greifen Deutsche an, die auf den Straßen unterwegs sind; die Bauern fürchten sich vor ihnen und versorgen sie mit Lebensmitteln. Es gibt russische Partisanen im Wald, die gut mit den Juden auskommen und gemeinsame Angriffe auf die Deutschen mit ihnen unternehmen.

Jungs von 15 bis 17 schnappen Waffen von den Deutschen und befestigen Schäfte an den Pistolen und Gewehren. Eine kleine Gruppe hat sich gefunden und ist hinaus zu den Belskis. Zwei von ihnen kamen ins Getto zurück. Sie hätten mit niemandem dort etwas zu tun und sprachen nicht mehr mit ihren früheren Freunden – waren sie nicht Partisanen? Sie gingen zurück in die Wälder und nahmen ihre Verwandten, ihre Frauen und Bekannten mit.

Yitzhak Arad / Yisrael Gutman / Abraham Margaliot (Hg.), Documents on the Holocaust. Selected Sources on the Destruction of the Jews of Germany and Austria, Poland and the Soviet Union. Jerusalem 1981, S. 461–463. [Übers. d. engl. Fassung] (Yad Vashem)

177 Aussage von Samuel W.: Aufstand im Vernichtungslager Treblinka, ohne Datum:

[...] Bis der für uns so denkwürdige Tag kam – 2. August 1943. Ein klarer Himmel verkündete gutes Wetter. An diesem Tage gingen wir nicht in den Wald. Wir arbeiteten beim Holzhacken. Das Mittagessen rührte fast keiner an. Die Arbeit sollten wir um 18 Uhr beenden. Um 16 Uhr schickten die Vorarbeiter ihre Leute auf die einzelnen Posten; sie sollten dort auf die Waffen warten.

Zu gleicher Zeit öffneten zwei 16jährige Jungen aus Warschau und Alfred B. die Waffenmagazine und schleppten von dort die Waffen heraus. Die Waffen gelangten auf Trägern, die mit Abfall bedeckt waren, durch die Fenster des verschlossenen Magazins ins Freie. SS-Leute gingen auf dem Hof hin und her. Es war ein normaler Arbeitstag. Auf der anderen Fensterseite des Magazins war ein Plankenzaun; dort hielt sich niemand auf. Die Wache befand sich hinter dem Plankenzaun – aber zur Bewachung des Magazins. Die Waffen sollten bei den Kartoffelschälern untergebracht werden, wo sie unter den Kartoffeln versteckt werden konnten. Wir warteten auf das Signal, das durch einen Schuß in die Luft erfolgen sollte. (Anmerkung des Protokollführers: Auf meine Frage, warum ein Schuß als Signal gewählt wurde, erklärte Willenberg, daß zuletzt im Lager niemand mehr erschossen worden sei.) In der Zwischenzeit trat etwas Unvorhergesehenes ein. Jeder von uns war zur Flucht vorbereitet. Zu diesem Zwecke hatte jeder etwas Gold zurechtgelegt. Zum Unglück denunzierte Ch. einen Mann nach 16 Uhr und übergab ihn Kiwe [Küttner], der diesen Mann ins Lazarett führte.

Es fiel ein Schuß und mit ihm fielen vorzeitig die Granaten auf die deutschen Baracken und die Garagen. Eine Rauchsäule erhob sich gen Himmel, das ganze Lager schrie »Hurra« und jeder ergriff das, was ihm gerade in die Hände fiel und lief in Richtung der Beobachtungsposten, um die Wachmänner zu liquidieren und den Weg zum Walde in die Freiheit freizumachen. Ich weiß, daß ich schrie: »Die Hölle mit uns.«

Zu gleicher Zeit feuerten die Wachposten aus den Beobachtungstürmen mit Maschinengewehren auf uns. Diejenigen, die Waffen hatten, schossen zurück, der Rest zündete die Baracken und die mit Kieferästen durchflochtenen Plankenzäune an. Alles ging in Flammen auf. Unter Gebrüll und Flüchen spürten wir, daß das Maschinengewehr siegte; wir mußten zurückgehen. Die Nichtbewaffneten rannten an uns vorbei in Richtung des Plankenzauns, der an einen Wald grenzte. Dort gelangten sie, nach Zerstörung der Drahtvorrichtung, auf einen etwa 50 m breiten kahlen Raum mit Panzersperren. Die Folge war, daß die Ersten, denen es gelungen war in und über die Verhaue zu klettern, durch das Maschinengewehrfeuer niedergemetzelt wurden. So entstand über dem Drahtverhau aus den getöteten Menschen eine Brücke. Wir sprangen von Baum zu Baum und schossen auf die nachkommenden SS-Leute und die Wachmänner. Auf diese Weise gelangten wir an die Verhaue.

Die Maschinengewehre schossen ohne Pause auf uns. Wollte man in den Wald gelangen, mußte man entweder das Tor passieren oder aber durch die Drahtverhaue klettern. Am Tor stand ein ukrainischer Wachmann, der im ersten Augenblick getötet wurde. Als ich auf die Drahtverhaue kletterte, spürte ich, daß eine Kugel mein Bein getroffen hat. Ohne darauf zu achten, humpelte ich in den Wald. Schnell überquerten wir das Wäldchen und die Chaussee. Wir waren etwa 200 Personen. Ungefähr 180 Personen gelangten auf anderem Wege heraus, unter diesen befand sich ein Vertrauensmann. Wäre nicht Ch. gewesen, so wären wir nach unserer Organisation alle herausgekommen. Die Ereignisse wären dann anders abgerollt; das hätte nicht so viele Opfer gefordert.

Wir hatten die Vorstellung, daß wenn die Waffen erst unter den Kartoffeln wären, könnten sie auf das ganze Lager verteilt werden. Auf das verabredete Signal hätten wir jeden Ukrainer auf den Beobachtungstürmen erschießen und dann die wichtigen Punkte des deutschen Widerstandes auf den Wachtürmen liquidieren können. Infolge des vorzeitigen Signals blieben die Ukrainer am Leben und schossen auf uns wie auf wilde Enten. Als das vorzeitige Signal erfolgte, befanden sich die Waffen noch bei den Kartoffelschälern, nur ein Teil der Granaten war in den Händen mancher Aufständischer; sie warfen dann vorzeitig die Granaten auf das Arsenal und die deutschen Baracken. Das führte dann dazu, daß wir von den Ukrainern beschossen wurden.

Wir, die wir auf den uns vorgeschriebenen Posten auf die Waffen, die uns unsere Leute bringen sollten, warteten, waren gezwungen, von den Drahtzäunen aus, von denen wir einen kurzen Weg zum Wald hatten, zum Lagerzentrum in die Kartoffelschälbaracken zu laufen und Waffen zu holen. Auf dem gleichen Wege mußten wir uns wieder nach rückwärts durchschlagen. Hierbei wurden wir beschossen und deshalb gab es so viele Opfer. Die meisten Toten lagen auf den Drahtverhauen. Wenn uns unser Plan gelungen wäre, hätten wir auch zwei Panzerwagen erbeutet und wären so als starke Partisanengruppe über den Bug zur sowjetischen Armee gestoßen. Aber leider zerschlug die elende Denunziation von Ch. alle unsere Pläne. Wahrscheinlich am gleichen Tage, an dem wir Treblinka zerschlugen, kam ein Judentransport aus Bialystok. Zu diesem Zeitpunkt war Treblinka bereits ausgebrannt; die Wachmänner haben wahrscheinlich diese Juden in den Waggons erschossen. [...]

ZStL 208 AR-Z 230/59, Bd. 5, Bl. 913–955 [Übers. aus dem Poln.].

178 Bericht des Grenzpolizeikommissariats Cholm: Aufstand im Vernichtungslager Sobibor, 17. 3. 1944:

In den Nachmittagsstunden des 15. 10. 1943 unternahmen etwa 300 Häftlinge des Sonderlagers Sobibor, nachdem sie einen Teil der Wachmannschaften entwaffnet und einen SS-Führer sowie 10 SS-Unterführer ermordet hatten, einen Ausbruchsversuch, der zum Teil gelang.

Vom Grenzpolizeikommissariat Cholm wurde ein Einsatzkommando nach Sobibor entsendet, dem die nachstehend aufgeführten SS-Angehörigen beigegeben wurden: [...]

Außerdem war Wehrmacht und Schutzpolizei aufgeboten. Mit Rücksicht auf die Art des Sonderlagers und dessen Häftlinge wurde veranlaßt, daß die Wehrmacht sofort die Verfolgung der Flüchtigen und die Schutzpolizei die Sicherung des Lagers außerhalb der Lagerumzäunung aufnahm.

Das vom Grenzpolizeikommissariat Cholm entsandte Einsatzkommando führte die Durchkämmung der einzelnen Lager innerhalb des Lagers durch. Hierbei wurden die eingesetzten Männer in der Nacht des 15. 10. 1943 und in den frühen Morgenstunden des 16. 10. 1943 von den im Lager zurückgehaltenen Häftlingen mehrmals beschossen. Bei der Durchkämmung des Lagers selbst mußte mehrmals von der Schußwaffe Gebrauch gemacht werden, weil die Häftlinge ihrer Festnahme Widerstand entgegensetzten. Eine größere Anzahl Häftlinge wurde hierbei erschossen, bezw. 159 Häftlinge befehlsgemäß behandelt.

Alle Angehörigen des Einsatzkommandos haben sich während der ganzen Aktion bewährt.

Miriam Novitch (Hg.), Sobibor. Martyrdom and Revolt. Documents and Testimonies. New York 1980, Anhang (Faks.)

179 Fernschreiben des Gestapochefs Müller an Wolff (Persönlicher Stab RFSS): Aushebung einer jüdischen Widerstandsgruppe in Krakau, 25. 12. 1942:

Bei der Überholung eines durch anhaltende Vernehmung des Juden Abraham L. bekannt gewordenen Terroristen-Schlupfwinkels in Krakau am 24. 12. 42 abends, wurden die in dem Schlupfwinkel angetroffenen Juden – Adolf L. und Juda T., nach heftigem Kugelwechsel erschossen. Der Schlupfwinkel befand sich im Kellerraum eines nur von Reichsbahnbeamten bewohnten Gebäudes. Die als Polen mit falschen Kennkarten getarnten Juden sind von dem polnischen Hausmeister gegen hohes Entgelt in das Gebäude eingeschmuggelt und dort in dem wohnlich hergerichteten Schlupfwinkel versteckt gehalten worden. In dem Versteck wurden sichergestellt: 1 Mauser Pistole Nr. 182890, Kaliber 7,65 mm – 1 Fn. Pistole orig. Nr. 201999, Kaliber 7,65 mm – 1 Vis poln. Armeepistole Nr. 19063, Kaliber 9 mm – 45 Pistolen-Patronen, Kaliber 7,65 mm – Radioapparat – 1 Schreibmaschine – 1 Vervielfältigungsapparat, Flachdrucker, Greif – 200 Dollar – 10540 Zloty – je 2 aus einer Mütze und einem Mantel bestehende Uniformstücke für einen polnischen Polizeibeamten und einen Reichsbahnbeamten. Der polnische Hausmeister und seine Ehefrau wurden festgenommen. Die Ermittlungen in dieser Angelegenheit werden mit Nachdruck fort-

geführt. Weitere Ergebnisse werde ich sofort nachberichten.
[...]

BA NS 19/1813.

180 Monatsbericht der Oberfeldkommandantur 372 (Lublin) für November/Dezember 1942: Juden beim Widerstand, 21.12.1942:

[...] Verhalten der polnischen Zivilbevölkerung: Wegen der Ernährungslage, der Arbeitsverpflichtung und der Aussiedlung besonders in der Gegend von Cholm und Zamosc ist die Stimmung der Polen unfreundlich und feindselig. Die Ansiedlung von Bessarabiendeutschen hat das Ihre dazu beigetragen. Hinzu kommt eine Beunruhigung der Landbevölkerung durch das Banditenunwesen. Die Banditen haben einen starken Zuwachs durch die Juden erhalten, die vor der Aussiedlung flüchten konnten. Der Kreishauptmann von Hrubieszow hat es verstanden, die Bevölkerung für die aktive Bandenbekämpfung zu interessieren. Die Bevölkerung einiger Ortschaften hat mit Beilen und Knüppeln bewaffnet und unterstützt von Polizeibeamten 5 Bunker mit 65 Banditen erledigt. Es wäre erwünscht, daß dieses Beispiel Schule machte.

Die Zahl der infektiösen Erkrankungen der Zivilbevölkerung gibt zu besonderen Maßnahmen keine Veranlassung.

8.) Besondere Vorkommnisse:

Gewohnheit und Not treibt den Banden immer neue Mitglieder zu; die Zahl der hier gemeldeten Banditenüberfälle auf Polen ist gegenüber dem Vormonat gleich (600). Sabotage an Wehrmachtgut im Bereiche der O.F.K. kam mehrfach vor. Besonders auffallend waren die Eisenbahnanschläge am 17.11. bei Lukow, Terespol, Radzyn und Radom, am 7.12.42 der Brand in der Unterkunft des Verstärkertrupps bei Miedzyrzec, am 15.11. der Raubüberfall von zwei Banditen auf zwei Soldaten des Kartoffelerfassungskommandos bei Konskie/Barycz, am 16.11. bei Milkow (Krs. Opatow) auf ein Wehrmachtfahrzeug, am 28.11.42 bei Czarniecka-Gora (Krs. Konski) auf ein Sanatorium, die Beschießung eines

Postens in Koluszki und am 22.11. Handgranatenwurf auf zwei Soldaten in Radom.

Zur Bandenbekämpfung wurden am 9.12.42 auf Ansuchen der Ordnungspolizei Lublin 200 Mann mit Führern als Absperrkräfte zur Verfügung gestellt. Es wurde das Waldgebiet nördlich Janow (etwa 4 km nördlich der Straße Lublin-Kurow) durchkämmt, dabei 40–60 gut ausgebaute Wohnbunker gefunden und ausgehoben. Von den Banditen, meistens Juden mit Frauen und Kindern, wurden 40 meistens auf der Flucht erschossen. [...]

BA/MA RH 53–23/40.

181 Schreiben Barbies (Sicherheitspolizei Lyon) an den Befehlshaber der Sicherheitspolizei und des SD in Frankreich: Sprengung einer jüdischen Fluchtorganisation, 11.2.1943:

Der hiesigen Dienststelle wurde bekannt, daß sich in Lyon, 12 rue St. Catherine, ein jüdisches Komitee befindet, welches Emigranten unterstützt und Juden, die von Frankreich nach der Schweiz flüchten wollen, bei den Vorbereitungen zum illegalen Grenzübertritt behilflich ist. Am 9.2.43 wurde eine Aktion zur Aushebung des Komitees durchgeführt. Beim Zugriff befanden sich bereits über 30 Juden in den Büroräumen. Alle Personen wurden zunächst festgenommen. Im Laufe einer weiteren Stunde erschienen noch mehrere Juden, und es konnten insgesamt 86 Personen festgenommen werden. Alle Festgenommenen wurden in einem Raum zusammen untergebracht und, bevor die einzelnen Durchsuchungen vorgenommen werden konnten, haben die meisten Juden ihre falschen Identitätskarten und Ausweispapiere vernichtet. Die meisten dieser Juden hatten die Absicht, in nächster Zeit von hier aus nach der Schweiz zu flüchten. Bei der Durchsuchung der Büroräume wurden eine größere Anzahl Wertgegenstände, ausländische Zahlungsmittel usw. vorgefunden, deren Eigentümer bekannt sind. Ein Teil der Eigentümer dürfte bereits nach der Schweiz geflüchtet sein. Diese Wertgegenstände wurden beschlagnahmt und sind im besonderen Umschlag beigefügt (siehe anhängende Aufstellung). Bei der Durchsuchung der einzelnen Personen wurden weitere Wertgegenstände und Zahlungsmittel vorgefunden, die in einzelnen Umschlägen, zusammen mit den Ausweispapieren, dem Vorgang zur weiteren Verfügung beigefügt sind.

Alle 86 festgenommenen Personen werden heute der Kriegswehrmachtshaftanstalt in Chalon s. S. zur dortigen Verfügung zugeführt.

Wie festgestellt werden konnte, wurde das Komitee von finanziell gutgestellten Juden in Frankreich und vor allem von einem jüdischen Komitee in Genf unterstützt. Da die Kriegswehrmachtshaftanstalt Chalon s. S. überfüllt ist, werden die Häftlinge gemäß Rücksprache mit Chalon s. S. in das zuständige Lager weitertransportiert.

CDJC XLVI-chemise A;
   Serge Klarsfeld (Hg.), Recueil de documents des dossiers des autorités allemands concernant la persécution de la population Juive en France (1940–1944). New York 1979, Band 7, Bl. 1832 f. (Faks.)

182 Meldung wichtiger staatspolizeilicher Ereignisse des RSHA / Amt IV Nr. 11: Festnahme der Gruppe Baum, 27. 5. 1942:

[...] Der Stapoleitstelle Berlin gelang es, in eine illegale kommunistische Gruppe einzudringen, die kurz nach Kriegsausbruch mit der SU errichtet worden war und sich bis in die letzte Zeit hinein mit der Herstellung und Verbreitung von Hetzmaterial befaßt, in Berlin kommunistische Schmieraktionen durchgeführt und eine Abhörgemeinschaft gebildet hatte. Auch waren von dieser Gruppe Sabotageakte geplant und schließlich am 18. Mai ein Anschlag auf die Ausstellung »Das Sowjetparadies« im Berliner Lustgarten verübt worden, wobei Brandsätze in einigen Ausstellungsräumen ausgelegt wurden. Durch rechtzeitiges Einschreiten konnte jedoch größerer Schaden verhindert werden.

Bei der Aktion gegen diese Gruppe wurden bisher die in der Anlage namentlich aufgeführten 22 Personen, darunter 7 Juden bezw. Mischlinge I. Grades, festgenommen. Als geistiger Träger und Führer der illegalen Gruppe wurde der technische Angestellte der AEG. in Berlin, Joachim *Franke*, der sich bereits vor der Machtübernahme, insbesondere auf schriftstellerischem Gebiet, sehr rege für die KPD betätigt hatte, festgestellt. Joachim *Franke*, Herbert *Baum, Steinbrink* und Hans *Vötter* hatten die in letzter Zeit aufgetauchten Druckschriften

»An die deutsche Ärzteschaft«

(vgl. Meldung Nr. 3 vom 8. 4. 42, S. 3),

»Der Ausweg«

(vgl. Meldung Nr. 7 vom 15. 12. 41, S. 4) und

»Der Weg zum Sieg«

in gemeinsamer Zusammenarbeit abgefaßt, redigiert und zur Verbreitung gebracht.

Außerdem waren die zu Ziffer 1) bis 11) der Anlage genannten Personen an dem Anschlag auf die Ausstellung beteiligt. Als Hersteller der Brandsätze wurde *Steinbrink* ermittelt. [...]

BA R 58/204.

183   Aussage von Adam Helfand: Erschießung eines Polen bei der Deportation aus Kielce am 20. 8. 1942:

[...] Als jeder im Zug war, verschlossen und plombierten sie die Waggons und postierten Wachen rundherum. Die unglücklichen Menschen in der Enge und unter der Hitze der Sonne in den Waggons flehten die gnadenlosen Wachen um Wasser an. Aber diese konnten durch menschliches Leid nicht gerührt werden. [...] Bei einer Gelegenheit kam ein Mann aus einer Gruppe Polen, die die Szene beobachtete; er hielt ein Gefäß mit Wasser in der Hand und kam auf die unglücklichen eingepferchten Menschen in den Waggons zu. Ein SS-Mann bemerkte ihn, richtete seine Pistole auf ihn und feuerte. Dieser Mann, der es nicht ertragen konnte, daß Menschen solchen Durst litten, wollte ihnen zur Hilfe kommen und wurde ermordet. [...]

[Archiv des Jüdischen Historischen Instituts Warschau, zezn. Nr. 1309];
   A. Rutkowski: Martyrologia, walka i zagłada ludności żydowskiej w dystryk-
cie radomskim podczas okupacji hitlerowskiej, in: Biuletyn Żydowskiego In-
stytutu Historycznego Nr. 15/16 (1955) S. 110–113 [Übers. aus d. Poln.]

184 Sonderbefehl des Deutschen Generals beim Oberkommando der Rumänischen Wehrmacht: Todesstrafe wegen »Judenschmuggels«, 17. 6. 1944:

Am 3. 5. 1944 wurde versucht, mit einem deutschen Wehrmacht-
Lastkraftwagen 13 Juden von Ungarn nach Rumänien gegen Zahlung eines Pengö-Betrages einzuschmuggeln. Bei der Grenzkon-
trolle wurden die Juden zwischen Fässern versteckt gefunden.

Der Fahrer wurde durch Urteil vom 9. 5. 1944 wegen Kriegsver-
rats zum Tode und zum Verlust der Wehrwürdigkeit verurteilt. Der
Oberbefehlshaber des Heeres hat das Urteil bestätigt und Voll-
streckung angeordnet.

Der Beifahrer, der bei der Festnahme flüchten konnte, wurde
inzwischen in Essen verhaftet. Er sieht ebenfalls seiner gerechten
Strafe entgegen.

Urteil und Vollstreckungsanordnung ist allen Wehrmachtangehörigen sofort bekannt zu machen.

BA/MA RH 31 I/v. 42.

185 Aufzeichnung Woermanns (AA): Niederländischer Solidaritätsstreik für Juden, 26. 2. 1941:

Gesandtschaftsrat Mohr rief heute in Abwesenheit des Gesandten
Bene aus dem Haag an und teilte im Anschluß an dessen gestrige
Mitteilung über die Lage in den Niederlanden folgendes mit:

Der Anlaß zur Abschiebung der 400 Juden aus Amsterdam nach
Deutschland sei nicht nur die Niederschlagung eines niederländischen WA-Mannes, sondern auch die Tatsache, daß eine deutsche
Patrouille im Amsterdamer Judenviertel mit Giftstoffen bespritzt
worden sei.

Der in Amsterdam ausgebrochene Streik stehe mit der Abschiebung dieser Juden im unmittelbaren Zusammenhang. Er sei ein offenbar von kommunistischer Seite entfachter Sympathiestreik. In Amsterdam sei es nicht zu einem völligen Generalstreik gekommen. Die Gas- und Elektrizitätswerke seien besetzt worden und funktionierten. Dagegen seien die Straßenbahnen stillgelegt, wobei das Publikum zu Gunsten des Streiks eingegriffen habe. Der Streik umfasse auch zahlreiche andere Betriebe, wie Straßenreinigung, Warenhäuser usw. Der Generalkommissar für das Sicherheitswesen habe einen Aufruf an die Bevölkerung erlassen, durch den diese über den Anlaß der Abschiebung der Juden aufgeklärt werde. Im übrigen seien strenge Sicherheitsmaßnahmen wie Ausgehverbot usw. getroffen worden.

Über die Vorgänge wird in der niederländischen Presse und im Rundfunk nichts gebracht.

PA AA StS. Niederlande.

186 Schreiben des Gesandten in Preßburg, Ludin, an das AA: Slowakischer Hirtenbrief gegen Judenverfolgung, 13. 4. 1943:

Es wurde durch die slowakischen Bischöfe den katholischen Geistlichen ein Hirtenbrief zugestellt mit der Auflage, ihn am 21. März in allen Kirchen zu verlesen. Der Text liegt als Anlage in Übersetzung bei.

Soweit heute zu übersehen ist, hat die Verlesung in der Öffentlichkeit eine sehr verschiedene, vielfach aber auch eine solche Aufnahme gefunden, wie sie nicht beabsichtigt war. Während angeblich an einzelnen Orten die Geistlichen sich weigerten, die Verlesung durchzuführen, sollen in anderen Kirchen in der Predigt Kommentare mit der offenkundigen Absicht, die Bevölkerung zu beruhigen bzw. die Wirkung des Hirtenbriefes abzuschwächen, gegeben worden sein. Im allgemeinen kann festgestellt werden, daß sowohl in politischen wie auch in kirchlichen Kreisen eine weitgehend negative Wirkung festgestellt werden kann. Die aus Erfahrung grundsätzlich antisemitische Einstellung des slowakischen

Volkes sowie die in den letzten Jahren konsequent durchgeführte und von uns gesteuerte antisemitische Propaganda hat doch einen Boden geschaffen, der für derartige oberhirtliche Auslassungen nicht mehr geeignet scheint.

Wie mir von zuverlässiger Seite bekanntgeworden ist, sind diese Erwägungen bereits bei der Abfassung des Briefes lebhaft angestellt worden. Der Text habe bei einigen Bischöfen Widerspruch ausgelöst und die Widerstände seien so stark gewesen, daß man sich schließlich geeinigt hätte, ihm den hochoffiziellen Charakter zu nehmen. So wurde er dann nicht, wie bisher immer üblich, in der bischöflichen Druckerei, sondern in der katholischen Pressekanzlei gedruckt. Es fehlten Siegel, Unterschrift und amtliche Nummer. Von jenem Teil des Klerus, der die Verlesung in der Kirche ablehnte, wurden diese Umstände dahin gedeutet, daß ihm die amtlichen Merkmale fehlten und er lediglich als ein Rundschreiben anzusehen sei, dessen Verlesung nicht als verpflichtend betrachtet werden könnte.

Aus katholischen Kreisen wird mir weiter vertrauenswürdig mitgeteilt, daß die Verlesung des Briefes nicht etwa kirchlich-dogmatische, sondern ausgesprochen politische Absichten verfolgt hätte. Er sei von dem slowakischen Gesandten beim Vatikan, Sidor, mit gewissen vatikanisch-politischen Kreisen in der Slowakei vorbereitet worden. Eine Bestätigung dieser Vermutung liegt jedoch nicht vor.

Ministerpräsident Dr. Tuka ließ mich wissen, daß er durch seinen Ministerialrat Dr. Koso einen Bischof auf diesen Hirtenbrief habe ansprechen lassen. Der betreffende Bischof habe erklärt, es seien den slowakischen Bischöfen folgende, von den Deutschen an den Juden begangene Greuel gemeldet worden:

In der Ukraine wurden Juden massenhaft niedergeschossen, und zwar nicht nur Männer, sondern auch Frauen und Kinder. Vor der Hinrichtung mußten sie ihr Grab selbst ausheben. Aus denjenigen Juden, welche nicht verscharrt wurden, habe man Seife gekocht. In einem Fall sei eine Mutter erschossen oder erstochen und ihr Säugling sei lebendig ins Grab geworfen worden.

Weiter ließ mich Ministerpräsident Dr. Tuka wissen, daß die »slowakischen naiven Geistlichen« derartige Greuelmärchen glauben würden und er wäre sehr dankbar, um diesen Greuelmärchen entgegentreten zu können, von deutscher Seite eine Beschreibung der Verhältnisse in den Judenlagern zu erhalten. Weiters würde er es für besonders propagandistisch wertvoll halten, wenn eine slowakische Abordnung, die zweckmäßigerweise aus einem Abgeordneten, einem Journalisten und vielleicht auch einem katholischen Geistlichen zusammengesetzt sein sollte, ein deutsches Judenlager besuchen könnte. [...]

PA AA Inland IIg Bd. 205;
    Akten zur deutschen auswärtigen Politik. Aus dem Archiv des Auswärtigen Amts. Serie E, Band 5. Göttingen 1978, S. 581–583.

187 Aus einem Schreiben des Kommandeurs der Sicherheitspolizei und des SD in Orleans an den Befehlshaber der Sicherheitspolizei und des SD in Frankreich: Proteste französischer Bischöfe gegen Deportationen, 26. 1. 1943:

[...]
Adresse der Kardinäle und Erzbischöfe der besetzten Zone an den Marschall.

»Wir können den Schrei unseres Gewissens nicht unterdrükken.«
Tief gerührt durch das, was man uns über die Massenverhaftungen, geschehen in der letzten Woche, und über die harte Behandlung der Israeliten, die man ihnen im Vélodrome d'Hiver zugefügt hat, berichtet, können wir den Aufschrei unseres Gewissens nicht unterdrücken. Es geschieht im Namen der Humanität und der christlichen Prinzipien, daß wir unsere Stimme zum Protest zugunsten des unveräußerlichen Menschenrechtes erheben. Es ist ebenso ein Angstruf des Mitleids wegen dieser ungeheuren Leiden, die man besonders den Müttern und Kindern zufügt. Wir bitten Sie, Herr Marschall, darauf sehen zu wollen, auf daß das Rechtsempfinden und die Rechte der Nächstenliebe respektiert werden. Die Juden sind Menschen, es sind unsere Brüder. Ein Christ kann das nicht vergessen. [...]

Franzosen! Rufet Eure Entrüstung aus! Gebietet Einhalt der anti-semitischen Barbarei! Überliefert nicht Eure jüdischen Brüder den Händen der Nazi! Höret die Stimme des christlichen Gewissens gegen die entsetzlichen Judenverfolgungen. Wir haben die dringende und harte Pflicht, den Protest unseres Gewissens zu erheben. Die Maßnahmen der Deportation der Juden, die gegenwärtig im gesamten Territorium erfolgen, und die überaus schmerzlichen Scenen erlegen uns die dringende und peinliche Pflicht unseres Gewissens auf, dagegen Protest zu erheben. Wir wohnten einer grausamen Versprengung von Familien bei, die davon weder das Alter noch Schwäche, noch Krankheit verschonte. Das Herz preßt sich einem zusammen bei dem Gedanken an die erlittenen Behandlungen dieser Tausende von Menschen, und wenn man an das denkt, was ihnen noch bevorsteht. Wer wird es der Kirche vorwerfen, wenn sie in dieser gegenwärtigen dunklen Stunde an die uns auferlegten unveräußerlichen Rechte der menschlichen Person, des heiligen Charakters der Familienbande, an die Unverletzlichkeit des Asylrechtes und an den dringenden Anspruch dieser brüderlichen Nächstenliebe, die Christus zum Kennzeichen für seine Jünger gemacht hat. Das ist die Ehre der christlichen Zivilisation und das muß die Ehre Frankreichs sein, diese Grundsätze niemals aufzugeben.

J. M. Gerlier, Erzbischof von Lyon.

Auszug einer Mitteilung Seiner Eminenz des Kardinal Gerlier, gelesen von der Kanzel am Sonntag, den 6. September 1942. [...]

Brief Seiner Hochwürden des Bischofs von Montauban über die Achtung vor der menschlichen Person.

Meine sehr lieben Brüder! Schmerzliche Scenen, wahrhaft grauenhaft, spielen sich in Frankreich ab, ohne daß dafür Frankreich verantwortlich ist. In Paris wurden Zehntausende von Juden auf barbarische Art behandelt, und in unserer Gegend haben sich herzzerreißende Schauspiele abgespielt: Familien wurden aufgelöst, Männer und Frauen wurden behandelt wie eine Viehherde und verschickt in eine unbekannte Richtung, mit der Aussicht noch ernsterer Gefahren. Ich spreche entrüsteten Protest des christlichen Gewissens aus, und ich erkläre, daß alle arischen und nichtarischen Menschen Brüder sind, weil sie von demselben

Gotte geschaffen worden sind, und daß alle Menschen, welcher Rasse oder Religion sie auch angehören, ein Anrecht auf Achtung durch den einzelnen wie auch durch den Staat haben. Die gegenwärtigen antisemitischen Maßnahmen bedeuten einen Irrtum an der Würde des Menschen, eine Verletzung der heiligsten Rechte der Person und der Familie. Möge Gott sie trösten und stärken, die so verfolgt werden, und schenke er der Welt den wahrhaften und dauerhaften Frieden, gestützt auf Gerechtigkeit und Nächstenliebe.

Pierre Marie, Bischof von Montauban.

Vorzulesen ohne Kommentar bei allen Messen in allen Kirchen und Kapellen der Diözese am Sonntag, den 30. August 1942.

CDJC XXVc-196.

188 Telegramm Kasches (Gesandter in Agram) an das AA: Italiener und Juden in Mostar/Dubrovnik, 20.11.1942:

Aus Mostar und Dubrovnik verlautbart zuverlässig, daß Ansicht vorherrscht, Zusammenfassung der Juden in Lagern erfolge auf deutschen Druck hin. Italiener haben sich Durchführung dieser Aufgabe vorbehalten. Versuch, Überstellung der Juden an Deutschland für Arbeitsbataillone zu erreichen, wird von Italienern abgelehnt.

Italiener haben Absicht, Juden auf einige Inseln zu konzentrieren. Genannt wird u. a. Lopud (bei Dubrovnik). Durchführung der Maßnahmen ist nach italienischer Auffassung sehr delikat, weil auf Juden in Amerika Rücksicht genommen werden müßte, da diese die hiesigen Juden (Dalmatien) materiell unterstützen. Einmischung der Kroaten oder Beteiligung bei der Durchführung sowie bei Erfassung jüdischen Besitzes wird von Italienern ebenfalls abgelehnt.

Bitte RSHA IV B 4 zu verständigen.

PA AA Inland IIg Bd. 194;
  Léon Poliakow/Jacques Sabille: Jews under the Italian Occupation. Paris 1955, Anhang (Faks.)

189 Schreiben Lischkas (Sipo Paris) an Gestapochef Müller: Italiener blockieren Deportation in Grenoble, 24.2.1943:

Die französische Polizei hat in Durchführung einer von mir angeordneten Sühnemaßnahme die Festnahme von 2000 Juden im Alter von 16 bis 65 Jahren im alt- und neubesetzten Gebiet veranlaßt. Es sollten arbeitsfähige Juden im Alter von 16 bis 65 Jahren festgenommen werden, die den Abschubbedingungen entsprechen.

Im Bereich Grenoble sind von der französischen Polizei 100 dieser Juden festgenommen und zum Zwecke der Überstellung an uns interniert worden. Die Italiener haben daraufhin Einspruch eingelegt und die Auslieferung dieser Juden mit der Begründung abgelehnt, daß die festgenommenen Juden als »blockiert« gälten. Der Kabinettschef des Delegierten der französischen Polizei im altbesetzten Gebiet hat mir zum Ausdruck gebracht, daß der französischen Polizei die Haltung der Italiener zur Judenfrage unverständlich sei, da Juden italienischer Staatsangehörigkeit nicht festgenommen worden sind. Weitere Judenmaßnahmen im neubesetzten Gebiet könnten zukünftig nur dann wirksam werden, wenn die italienischen zivilen und militärischen Behörden im neubesetzten Gebiet zu einer grundsätzlichen Änderung ihrer Haltung bestimmt werden könnten.

Über weitere Schritte der Italiener im neubesetzten Gebiet hinsichtlich der Judenfrage werde ich laufend berichten.

CDJC XXVa-277;
    Serge Klarsfeld (Hg.), Die Endlösung der Judenfrage in Frankreich. Deutsche Dokumente 1941–1944. Paris 1977, S. 179.

190 Affidavit von Andreas Biss: Verhandlungen über Juden in Ungarn, 2.11.1960:

[...] Eine Wendung kam am 25. April, als Joel Brand zu Eichmann bestellt wurde und dieser ihm formell die Weiterarbeit, so wie sie bis dahin mit der Abwehr geführt wurde, anbot. Zum Beweis seiner »ehrlichen« Absicht, übergab er Brand die Post und das Bargeld, die ein Abwehragent, der nach Besetzung Budapests durch die SS angekommen und von dieser in Empfang genommen worden war, gebracht hatte. Brand sollte ins Ausland gebracht werden und die Einwilligung alliierter Kreise zu einer großzügigen Transaktion bringen. Die ungarischen Juden sollten für 10 000 Lastautos und eine Liste anderer Waren ins Ausland geschickt werden statt nach Auschwitz in die Gasöfen zu wandern. Brand und auch die Waadah glaubte, dieser Vorschlag stamme von Eichmann und sei ehrlich gemeint. Erst im Verlaufe der Zeit stellte es sich heraus, daß der Vorschlag von Himmler selbst stammte und von Klages, dem Leiter der S. D. inspiriert war.

Die Waadah berichtete ins Ausland nach Istambul, wo ein paralleles Rettungskomitee unter Leitung von Barlas und Wanja wirkte, und bekam ermunternde Antworten.

Unterdessen hatte Brand Eichmann erneut gesprochen und die Modalitäten der Reise besprochen. Auch sollte ein Musterzug als Probesendung ins alliierte Ausland geleitet werden, um diesem den Ernst der Absichten der Deutschen zu demonstrieren.

Die Deportationen hatten inzwischen begonnen und Brand wurde nahegelegt, innerhalb von 14 Tagen zurückzukommen, da sonst die Vernichtung der Juden weitergehen würde. Am 17. Mai fuhr Brand ab und kam nicht wieder.

Brand hatte seine Frau als seinen Stellvertreter in seiner Abwesenheit bei Eichmann ernannt. Bereits am 22. Mai führte Frau Brand Dr. Kastner bei Eichmann ein und dies war eine sehr wichtige Etappe der Rettungsaktion. [...]

Mit Becher verhandelte Kastner meistens persönlich. Er hatte Becher kurz vorher kennen gelernt und als Eichmann die Nichtrückkehr Brands zum Vorwand machte, die ganze Rettungsaktion hochfliegen zu lassen, hatte er Becher überredet, über den Kopf von Eichmann hinweg, Himmler mit neuen Vorschlägen für Zahlungen im Ausland aufzusuchen.

Die Antwort fiel positiv aus und Eichmann mußte auf höheren Befehl weitere Verhandlungen und Konzessionen akzeptieren. Als Kastner mit Abbruch der Verhandlungen unsererseits drohte, erlebte er die Überraschung, daß Eichmann einschwenken mußte. [...]

Der Musterzug wurde abgefertigt und sollte nach Portugal und von dort ins alliierte Ausland fahren. Unterwegs aber ließ Eichmann die Fahrtrichtung des Zuges ändern und dieser kam nach Bergen Belsen. Der Vorwand war, daß Brand, dessen Rückkehr man Tag für Tag wartete [sic], schon längst überfällig war und nicht ankam.

Wir selber, die ganze Waadah, waren über die Nichtrückkehr Brands deprimiert doch man mußte darüber hinwegkommen.

Eichmann tobte und drohte mit der Vernichtung des ganzen Bergener Zuges. Vorher war beschlossen worden, daß die Deportierungen die wieder aufgenommen worden waren, zum Teil nach Straßhof geleitet und dort provisorisch gelagert würden bis der Probezug nach Zahlung und Ankunft Brands abgegangen sei und die Straßhofer folgen könnten.

Tatsächlich kamen etwa 18 000 Menschen mit ganzen Familien nach Straßhof und wurden von uns aus Ungarn mit dort aufgekauften Lebensmitteln versorgt und konnten nach Ungarn, nach dem Kriege, zurückkehren. [...]

Am 2. August kam Becher mit der Nachricht zurück, daß ein erstes Kontingent von 500 Mann in die Schweiz abreisen könne. Bevor es hierzu gekommen war, mußte Becher bestätigen, daß der provisorische Gegenwert in inländischen Leistungen erlegt sei.

Dies war meine Aufgabe gewesen, mit Hauptsturmführer Gruson und später mit Obersturmführer Grabau (beide von Bechers Stabe) alles bis dahin gezahlte hoch aufzuwerten, um den Gegenwert des Bergener Zuges zu erhalten (Ca. 1.700.000 USA Dollar). Alle verfügbaren Geldmittel und auch meine eigenen hatte ich hierfür aufgewendet. Die Koffer mit den Werten, die bei Klages am 20. Juni deponiert wurden und vergessen waren, wurden hinzugezogen und hoch aufgewertet.

Als aber Eichmann den Auftrag, 500 Menschen aus dem Bergen Belsener Zug in die Schweiz weiterzuleiten, ausführte, hatte er plötzlich »nicht genügend Transportmittel« für diese paar Leute und nur 318 gelangten so am 21. August in die Schweiz. Der Rest, meinte er, würde mit den späteren Transporten gehen.

Es folgten hierauf eine Reihe Reisen Kastners mit Delegierten Bechers und mit diesem selber in die Schweiz.

Das Prestige der Waadah hob sich dadurch daß der Berner Delegierte Roosevelts, um uns moralisch zu stärken, eine Zusammenkunft mit Becher akzeptierte. Damit hatte Himmler seinen Traum, mit einem Delegierten Amerikas in Kontakt zu kommen, erreicht – wenn auch zunächst nur bezüglich des Themas »Judenrettung«. Seine Hoffnung, daß sich diese Kontakte erweitern würden, war unsere Hauptstütze bis zur Befreiung Budapests durch russische Truppen. [...]

Hinter dieser Absicht, das Ghetto zu vernichten, stand Eichmann, der die zuständigen ungarischen Minister hierzu aufgestachelt hatte. Immer und immer wieder mußte sein mörderischer Einfluß bekämpft werden. Meinen härtesten Zusammenstoß hatte ich mit ihm am 4. oder 5. Dezember 1944: Er war von einer Reise zurückgekehrt. 2–3 Tage vorher hatten seine Leute ein Lager in der Kolumbusgasse in Budapest räumen lassen, wobei mehrere Insassen erschossen worden waren. In diesem Lager beherbergten wir aus der Provinz nach Budapest geflüchtete und ausländische Juden, sowie mehrere hundert Arbeitsdienstler, die am Rückzug aus Rußland über Ungarn nach Deutschland gebracht werden sollten und dabei desertiert waren. So lange Klages gelebt hatte, war dieses Lager gegenüber den Ungarischen Behörden Wachposten bewacht worden [sic]. Es sollte den zweiten Bergener Zug in die Schweiz bilden. Nun war es ungarische Polizei und Pfeilkreuzler, die das Lager aushoben – doch geschah dies auf Veranlassung von Huntsche und Daneker, den zwei Adjutanten Eichmanns.

Nachdem ich schon zwei Tage vorher die Beiden scharf angegriffen hatte, entschloß ich mich, alles auf eine Karte zu setzen und Eichmann ebenfalls hart anzugreifen. Ich drohte ihm mit seinem Chef Himmler, zeigte Telegramme – wonach unsere Abmachungen perfekt seien und warnte ihn vorm Zorn Himmlers, wenn er nun feste Vereinbarungen breche. Die etwa 3–4000 Insassen des Lagers lagerten seit dessen Räumung im Freien und wurden auf einen Fußmarsch nach dem Westen vorbereitet, da die russischen Truppen bereits nahe zu Budapest waren. Eichmann verteidigte sich mit einem Gegenangriff, gab aber dann nach und willigte ein, daß die Kinder, Greise und Kranken aus der Gruppe in Budapest zurückbleiben sollten und der Rest Waffen und Arbeitsfähiger Männer und Frauen verpflichtete er sich, in Waggons und mit weniger als 80 Insassen pro Wagen abzutransportieren und nach Bergen Belsen zu senden.

Sobald die ausländischen Zahlungen, die versprochen waren, einlangten, sollten diese als zweiter Bergen Belsener Zug in die Schweiz gelangen.

Ich habe Eichmann dann noch zwischen dem 12. bis 15. Dez. 44 einmal kurz gesehen, um nach den beiden Zügen, die aus dem Kolumbus-Lager abgefertigt worden waren, zu fragen. Er antwortete diletonisch [sic], die seien gut weiter gekommen und da ich sah, daß sein Büreau bereits in Auflösung war, hielt ich mich nicht länger dort auf, da seine Rolle in Budapest beendet war.

Nach meinem Wissen verließ Eichmann Ende Dezember die Stadt Budapest.

IfZ Eich 1053 (Kopie).

191 **Telegramm des Bevollmächtigten des AA in Ungarn, Veesenmayer, an das AA: Hilfsaktionen der Botschaften in Budapest, 15. 9. 1944:**

Nach hiesigen Beobachtungen nimmt zugleich mit zunehmender Versteifung ungarischer Haltung in Judenfrage, namentlich offensichtlicher Verzögerung der Durchführung der angekündigten Evakuierung der Juden aus Budapest in eigener Regie, Aktivität ausländischer Stellen zu, ungarische Juden durch Ausstellung von Schutzpässen oder Zuerkennung ausländischer Staatsangehörigkeiten in Schutz zu nehmen. Besonders auffällig in diesem Zusammenhang ist Verhalten hiesiger schwedischer Gesandtschaft, die über die seinerzeit angekündigte Ziffer von 400 bezw. 650 Personen nunmehr nach offizieller Mitteilung an ungarisches Außenministerium bereits Schutzpässe an rund 6000 ungarische Juden ausgestellt hat und für alle diese Juden Auswanderungsmöglichkeit fordert. Ungarische Kreise kritisieren auch, daß hiesiger schwedischer Gesandter sich auffällig in Gesellschaft seiner Schutzjuden öffentlich zeigt, die mit Aushändigung schwedischen Schutzpasses den Judenstern abgelegt haben. In Bevölkerung erhält sich hartnäckig durch Zeitungsmeldungen über gefälschte schwedische Papiere genährtes Gerücht, daß bei verschiedenen ausländischen Missionen, namentlich schwedischer Gesandtschaft, ungarische Juden

Pässe bezw. Staatsangehörigkeit gegen Zahlung erheblicher Beträge, zum Teil auch an nicht legitimierte untere Beamte und Angestellte, erwerben können.

Über BSD liegt weitere Meldung vor, daß San Salvadors Konsul in Zürich im Einverständnis mit USA-Regierung vordatierte San Salvador-Pässe für 20000 ungarische Juden ausstellen und nach Ungarn durch Vermittlung Schweizer Regierung einschmuggeln will, um für diese Juden Internierung als ausländische Staatsangehörige unter besseren Verhältnissen zu erreichen, als sie die ungarischerseits beabsichtigten eigenen Internierungslager – die die ungarische Regierung vorsorglich übrigens auch der Aufsicht internationalen Roten Kreuzes unterstellt hat – bieten würden. Internierte Kreise rechnen offensichtlich damit, daß ungarische Regierung angekündigte Absicht, Judenmaßnahmen in eigener Regie durchzuführen und namentlich restliche Juden aus Budapest zu entfernen, nicht oder nur in sehr milder Form durchführen wird, daß aber im Zuge militärischer Ereignisse dann wohl Judenmaßnahmen wieder von deutschen Stellen in Angriff genommen und rigoros durchgeführt werden. Sie bemühen sich, Zwischenzeit bestmöglichst auszunutzen.

PA AA Inland IIg Bd. 211;
   Randolph L. Braham (Hg.), The destruction of Hungarian Jewry. A documentary account. New York 1963, Band 2, S. 484f. (Faks.)

192   Niederschrift über eine Besprechung in der schwedischen Botschaft in Budapest, 28.11.1944:

Polizeihauptmann Dr. Batizfalvy [spanischer Bevollmächtigter] ersucht die Anwesenden, die Besprechungen in strengster Diskretion zu halten.

Er referiert über Lage und Schicksal der seit zwei Wochen von der Ziegelfabrik in Altofen nach der Richtung Hegyeshalom hinziehenden Juden. Er gibt an, daß die in Hegyeshalom ankommenden Juden dem Bevollmächtigten der Deutschen, SS-Hauptsturmführer Wyslizeni, nach der Anzahl (und nicht dem Namen nach) übergeben werden. Bis zum gestrigen Tage haben seines Wissens nach 7800 ungarische Juden die Grenze überschritten, 2000 wurden am heutigen Tage den Deutschen übergeben, und 13000 marschieren derzeit auf den Landstraßen. Letztere werden voraussichtlich in den nächsten drei Tagen die deutsche Grenze erreichen. 10000 Juden sind auf den Landstraßen verschwunden, seiner Meinung nach ist ein Teil derselben entflohen, ein anderer Teil gestorben oder totgeschossen worden. Polizeihauptmann Dr. Batizfalvy erklärt weiter, daß seitdem er die Landstraßen durchstreift, es ihm gelungen ist, einige Erleichterungen durchsetzen. So z. B. konnte er durchsetzen, daß die an den einzelnen Orten ankommenden Gruppen untergebracht werden, und nicht Fälle wie der folgende vorkommen sollen. Er fand nämlich bei einer Gelegenheit zwischen Süttö und Szöny eine aus ungefähr 2–300 jungen Burschen und Mädchen bestehende Gruppe, welche im Ort Süttö kein Obdach gefunden haben, und nachdem laut Entscheidung der Kommandantur »die Jugendlichen täglich noch größere Strecken zurücklegen können«, ließ man sie ohne Unterbrechung bis nach Szöny marschieren.

Diese Gruppe legte in einem Tag 59 km zu Fuß zurück. In Szöny angekommen, fanden sie keine Unterkunft mehr, nachdem dort schon ca. 4000 hungernde und durstende Menschen verweilten. (Diese 4000 Menschen haben seit drei Tagen überhaupt nichts zum Essen und Trinken bekommen.) Die erwähnte Jugendgruppe wurde auf einen Dachboden geführt, welcher in der Nacht einstürzte. 7 der Jugendlichen starben, 13 wurden schwer und 70 leicht verletzt. In Szöny liegen riesig viele Kranke, welche durch den mehrtägigen Marsch, Hunger, Erkältung und die seitens der Begleiter erlittenen Peinigungen erkrankt sind. In Gönyü liegen 600 Kranke. Hier fand Dr. Batizfalvy schon viele Leichen, sogar auf Bäumen hingen Leichen, von denen er die Impression hat, daß es sich um Selbstmörder handelt.

Charakteristisch für die Lage ist, daß nicht einmal die bewachenden Soldaten und Offiziere mehr den Anblick der gequälten Menschen und die Quälereien ertragen können, und die meisten sagen, sie möchten lieber an die Front gehen, als dieses Grauen weiter mitmachen oder mitansehen zu müssen.

Die via Szekesfehervar ebenfalls bis nach Hegyeshalom marschierenden Arbeitsdienstler sind besser versorgt, nachdem die

Militärbehörde sich auch unterwegs mit Proviant versieht, und auch die Behandlung ist militärisch, d. h. sie werden während des Marschierens nicht gequält. Die Erleichterung, welche Dr. Batizfalvy hier durchsetzte, besteht darin, daß er auf Ansuchen von Herrn Krausz [Schweizer Bevollmächtigter] viele Menschen, die Schutzpässe besaßen, mit einem Dienstzettel nach Budapest zurückdirigierte. Dr. Batizfalvy erklärte ferner, daß Gendarmerieoberstleutnant Ferenczy ihm die Rückdirigierung von Schutzpaßinhabern verboten hat. Es ist ihm aber doch gelungen, von Oberstleutnant Ferenczy auf Ansuchen des Herrn Konsul Lutz und Herrn Krausz 4 offene Befehle in blanco zu erhalten, die er bereits Herrn Krausz übergab. Auf Grund dieser offenen Befehle besteht die Möglichkeit, daß die einzelnen Gesandtschaften je 1 Delegierten bis nach Hegyeshalom entsenden, um dort mit Hilfe des Herrn Dr. Batizfalvy die mit Schutzbrief versehenen Menschen zurückzuschicken. Dr. Batizfalvy übernimmt es, daß er solche Personen trotz des Verbotes des Oberstleutnant Ferenczy zurückdirigieren wird. Auf Ansuchen des Herrn Wallenberg erklärt sich Dr. Batizfalvy bereit, bei einer Verteilung von Lebensmitteln an die marschierenden Menschen auf den Landstraßen behilflich zu sein.

Auf Vorschlag des Herrn Krausz wird beschlossen, daß die 4 offenen Befehle den 4 neutralen Gesandtschaften übergeben werden. Von jeder Gesandtschaft fahren 2 Delegierte bis zur deutschen Grenze. Dr. Batizfalvy fährt mit (im Auto der Schweizerischen Gesandtschaft). Jede Delegation nimmt eine kleine Schreibmaschine und Blanco-Schutzbriefe mit, um mit Hilfe von Dr. Batizfalvy auch solchen Leuten auf der Landstraße Schutzbriefe ausstellen zu können, die keine solchen besitzen. Es wird ferner beschlossen, daß noch in dieser Nacht 5 Lastautos mit Lebensmitteln abfahren, um für die Marschierenden auf den Landstraßen Lebensmittel zu verteilen. Herr Dr. Batizfalvy wird vor der Abfahrt der Lastautos der Militärbehörde in Komarom die Ankunft der Lebensmittel avisieren und veranlassen, die Verteilung gestatten zu lassen. Auf Ansuchen der Herren Wallenberg und Krausz und mit Zustimmung der Anwesenden übernimmt es Herr Dr. Batizfalvy, daß nachdem die Lage in Budapest gegenwärtig sehr kritisch ist, die mit Schutzbriefen versehenen Personen in der Weise zurückdirigiert werden, daß sie nur langsam und erst in einigen Tagen in Budapest eintreffen.

Unter der Wirkung dieses Berichtes kam es zu der Expedition, an der Vertreter der schweizerischen, schwedischen, spanischen und portugiesischen Gesandtschaften Rettungsaktionen sowie Abgesandte der Nuntiatur und des Internationalen Roten Kreuzes teilnahmen – und die sich auf den Rettungsweg nach Hegyeshalom begaben.

IfZ Eich 853 (Kopie).

193 Schreiben des Gesandten von Erdmannsdorff (AA) an die deutsche Botschaft Budapest: Eichmann und Wallenberg, 17. 12. 1944:

Der Schwedische Gesandte suchte mich heute auf und teilte mir Folgendes im Auftrage seiner Regierung mit:

Der Chef des SS-Kommandos für die Lösung der Judenfragen in Budapest habe angeblich durch einen Herrn Eichmann einem Angestellten des Schwedischen Roten Kreuzes in Budapest mitgeteilt, daß er die Absicht habe, den sogenannten Judenhund Wallenberg zu erschießen. Es handelt sich um den Legationssekretar Wallenberg, der bei der Schwedischen Gesandtschaft in Budapest tätig ist und vor allem die Frage der Erteilung von Schutz-Pässen für Juden bearbeitet. Äußerungen ähnlicher Art hat der Stellvertreter des SS-Kommandochefs namens Drägger [Dannecker?] getan. [...]

Gesandter Richert fügte hinzu, er sei beauftragt worden, Vorstehendes dem Auswärtigen Amt mitzuteilen mit der dringenden Bitte, die zuständigen Stellen in Budapest anzuweisen, dahin zu wirken, daß kein Schwede und kein Angehöriger der Schwedischen Gesandtschaft erschossen würden.

Ich habe dem Schwedischen Gesandten gesagt, daß wir seine Mitteilungen nachprüfen würden, daß aber die von ihm erwähnten [?] Äußerungen, falls sie wirklich gefallen seien, sicher nicht ernst gemeint gewesen seien. Der Gesandte räumte diese Möglichkeit ein, verwies aber darauf, daß die zur Zeit voraussichtlich in Budapest herrschende aufgeregte Stimmung zu ernsten Zwischenfällen führen könne.

IfZ Eich 1121 (Kopie).

194 Telegramm des Bevollmächtigten des AA in Dänemark, Best, an das AA: Probleme bei »Judenaktion« in Dänemark, 5.10.1943:

[...]

2.) Es ist richtig, daß der Befehlshaber der Sicherheitspolizei angeordnet hatte, daß verschlossene Wohnungen nicht aufgebrochen werden sollten. Dies geschah deshalb, weil bereits bekannt war, daß der weitaus größte Teil der hiesigen Juden sich nicht mehr in ihren eigenen Wohnungen aufhielt, sodaß das Aufbrechen leerer Wohnungen nur einen unerfreulichen Eindruck verursacht und zu Diebstählen usw. Gelegenheit gegeben hätte, die dann uns zur Last gelegt worden wären. [...]

4.) Die Zahl von 284 Köpfen stellt nur das Ergebnis der in der Nacht vom 1. zum 2.10.43 durchgeführten Festnahmen dar. Seitdem werden noch laufend weitere Juden festgenommen, so in der Nacht vom 4. zum 5.10. 60 Juden beim Versuch, in Booten die Insel Seeland zu verlassen.

5.) Daß nur sehr wenige Juden gefaßt werden würden, hatten der Befehlshaber der Sicherheitspolizei und ich vorausgesehen. Ich hatte dies auch in früheren Berichten (Telegramm Nr. 1162 vom 29.9. und Nr. 1187 vom 1.10.43) zum Ausdruck gebracht. In Vernehmungen durch die deutsche Sicherheitspolizei haben die festgenommenen Juden erklärt, daß bereits unmittelbar nach der Verhängung des Ausnahmezustandes die meisten Juden ihre Wohnungen verlassen hätten, weil sie mit einer solchen Aktion rechneten. Bis die deutschen Polizeikräfte hier eintrafen und die Aktion durchgeführt werden konnte, stand den Juden ein ganzer Monat zur Verfügung, um sich teils im Lande zu verbergen und teils illegal über den Sund das Land zu verlassen. Die Fluchten über den Sund konnten und können auch künftig kaum verhindert werden. Für eine ausreichende Überwachung der mehr als 100 km langen Küstenstrecke stehen weder polizeiliche noch militärische Kräfte in ausreichender Zahl zur Verfügung. Auf dem Wasser ist ebenfalls kaum eine Überwachung möglich, weil die deutsche Marine nicht genügend Fahrzeuge bezw. keine Mannschaften für die von der dänischen Marine übernommenen Fahrzeuge hat.

6.) Da das sachliche Ziel der Judenaktion in Dänemark die Entjudung des Landes und nicht eine möglichst erfolgreiche Kopfjagd war, muß festgestellt werden, daß die Judenaktion ihr Ziel erreicht hat. Dänemark ist entjudet, da sich hier kein Jude, der unter die einschlägigen Anordnungen fällt, mehr legal aufhalten und betätigen kann. [...]

PA AA Inland IIg Bd. 185.

195 Vorlage des Gesandten Steengracht für Sonnleithner (AA): Schweden übernimmt jüdische Kinder aus Dänemark, 4. 10. 1943:

Der *Schwedische* Gesandte suchte mich heute im Anschluß an seinen am 1. d. M. bei mir unternommenen Schritt wegen der Übernahme von Juden aus Dänemark nach Schweden erneut auf und erklärte im Auftrag seiner Regierung, daß, sofern es sich um eine Groß-Aktion in Dänemark handele, bei der sich unter den zum Abtransport Bereitgestellten sicherlich auch Kinder befinden würden, die Schwedische Regierung bereit sei, gegebenenfalls diesen Kindern eine Einreisegenehmigung nach Schweden zu genehmigen. [...]

PA AA Inland IIg Bd. 185;
  Akten zur deutschen auswärtigen Politik. Aus dem Archiv des Auswärtigen Amts. Serie E, Band 7. Göttingen 1979, S. 17f.

196 Telegramm des Gesandten in Helsinki, von Blücher, an das AA: Finnen lehnen deutsche Judenpolitik ab, 29.1.1943:

Weisung ausgeführt. Politischer Direktor Außenministeriums nahm Mitteilung ohne Bemerkung entgegen und wird notwendige Feststellungen durch Gesandtschaft Berlin bzw. finnische Konsulate treffen lassen. Schweigen amtlicher Kreise und Fehlen Presseäußerungen darf nicht darüber hinwegtäuschen, daß aber deutsche Judenpolitik finnisches Volk uns innerlich entfremdet. Wie empfindlich finnisches Volk auf diesem Gebiet, zeigte sich Oktober vorigen Jahres, als Gerüchte über Ausweisung weniger Juden so starke Reaktion hervorriefen, daß Stellung deutschfreundlichen Innenministers Horelli seitdem erschüttert.

In schwieriger Periode, die deutsch-finnisches Verhältnis gegenwärtig durchmacht, können zusätzliche Stimmungsbelastungen gefährliche Wirkung haben.

PA AA Inland IIg Bd. 186;
   Akten zur deutschen auswärtigen Politik. Aus dem Archiv des Auswärtigen Amts. Serie E, Band 5. Göttingen 1978, S. 152.

197 Schreiben Beckerles an das AA: Haltung der Bulgaren, 16.11.1942:

Der Ministerpräsident sprach mich heute wegen der Judenfrage an, wobei er grundsätzlich die Möglichkeit begrüßte, die Juden nach dem Osten abtransportieren zu können, aber wieder darauf hinwies, daß ein Teil der männlichen Juden als Arbeitskräfte zum Straßenbau z. Z. noch nicht entbehrt werden könne. Er begrüßt es dankbar, wenn vor dem Abtransport ein deutscher Berater hierher kommt, der bei der Durchführung der entsprechenden Maßnahmen hilft.

Heute ist nun auch eine Verbalnote der bulgarischen Regierung über diese Frage hier eingegangen. Wie ich schon in dem oben angezogenen Drahtbericht darlegte, habe ich die Frage nur mündlich mit dem Ministerpräsidenten besprochen. Auf die Bitte des

Generalsekretärs im Außenministerium ist dann nur eine formlose Aufzeichnung als Gedankenstütze über einzelne Punkte für die Beratung im Ministerrat zur Verfügung gestellt worden. Wenn in der Verbalnote von Rumänien die Rede ist, so wahrscheinlich deshalb, weil ich angedeutet habe, daß der Abtransport gegebenenfalls vielleicht im Zusammenhang mit dem rumänischer Juden vorgenommen werden kann.

Zusammengefaßt ist es also möglich, das Großteil der bulgarischen Juden zu erfassen und sie, abgesehen von einigen männlichen Juden zu Arbeitszwecken, die noch einige Zeit hier bleiben müssen, abzutransportieren.

PA AA Inland IIg Bd. 183;
    Akten zur deutschen auswärtigen Politik. Aus dem Archiv des Auswärtigen Amts. Serie E, Band 4. Göttingen 1975, S. 329f.

X. KENNTNIS UND APATHIE

Bei der Rekonstruktion des Kenntnisstandes, den die Zeitgenossen über die Ermordung der europäischen Juden besaßen, stellen sich außerordentlich komplizierte methodische und Quellenprobleme. So läßt sich auf der einen Seite feststellen, daß innerhalb des deutschen Machtbereichs sowie in den neutralen Ländern und bei den Kriegsgegnern zahlreiche, zum Teil bis ins Detail zutreffende Informationen über den Vernichtungsprozeß vorlagen, andererseits jedoch muß ebenso konstatiert werden, daß solche Erkenntnisse nicht zu einer umfassenden Vorstellung über das tatsächliche Ausmaß des in Gang befindlichen Völkermordes führten. Information und Wissen klafften zum Teil auf paradoxe Weise auseinander. In der Tat war die Ermordung der europäischen Juden ein Vorgang, der die Vorstellungskraft überforderte.

Innerhalb des Reichsgebietes spielten sich die Deportationen vor aller Augen ab. Berichte des SD zeigen, daß die Transporte für Gesprächsstoff sorgten und Gerüchte entstehen ließen (Dok. Nr. 198 u. 199). Ebenso verbreiteten sich im Reichsgebiet die Beobachtungen, die Soldaten im Osten, etwa anläßlich der Massenerschießungen, gemacht hatten. Auf offizieller Seite sah man sich dazu gezwungen, solchen Gerüchtebildungen entgegenzutreten (Dok. Nr. 200). Gut informierte Schlüsselgruppen, darunter auch Angehörige des Widerstandes, konnten aufgrund äußerer Hinweise das Ausmaß des Völkermordes ermitteln oder verfügten sogar über genauere Informationen hinsichtlich der Vorgänge in den Vernichtungslagern (Dok. Nr. 201–203). Trotz dieser Informationen waren jedoch die Judendeportationen und die an sie geknüpften Spekulationen ein Thema, das im deutschen Kriegsalltag nur eine untergeordnete Rolle spielte.

In der Sowjetunion, in der durch das Vorgehen der Einsatzgruppen die Juden schnell als ein wesentliches Ziel der deutschen Vernichtungspolitik zu erkennen waren, gab es zwar keine offizielle projüdische Rettungspolitik, jedoch scheint es im Zuge des allgemeinen Evakuierungsprozesses auf unterer Ebene eine gewisse, regional differenzierte Bereitschaft gegeben zu haben, speziell der bedrohten jüdischen Minderheit Hilfestellungen zu geben (vgl. Dok. Nr. 209). Andererseits jedoch gab es insbesondere im Baltikum und der Ukraine auch Kräfte, die sich aktiv an den Maßnahmen zur Ermordung des Judentums beteiligten.

In Polen verfügte die Widerstandsbewegung, zunehmend aber auch die allgemeine Bevölkerung, über zum Teil sehr gute Kenntnisse des Vernichtungsprozesses (Dok. Nr. 204). Die Rigorosität des deutschen Besatzungsregimes auch gegenüber der nichtjüdischen Bevölkerung, aber auch eine gewisse Kontinuität des polnischen Antisemitismus mag sich in einem gewissen Umfang (trotz aller konstatierbarer Hilfeleistungen) lähmend auf die polnische Solidaritätsbereitschaft ausgewirkt haben. Von Polen sickerten jedoch die Informationen allmählich in das übrige deutsche Besatzungsgebiet sowie zu neutralen Staaten und den Alliierten durch, so daß im allgemeinen Ende 1942 die verheerende Konsequenz der deutschen »Judenpolitik« erkennbar war. Bei der Weiterleitung von Informationen an die westlichen Alliierten ist insbesondere auch die Rolle der polnischen Exilregierung in London zu erwähnen, für die jedoch das jüdische Problem nur ein Teilaspekt des polnischen Schicksals bildete (Dok. Nr. 206).

Präzise Informationen über die Vorgänge im Generalgouvernement waren seit Herbst 1942 in der britischen und der amerikanischen Presse zu lesen (Dok. Nr. 210 u. 211). Erfahrungen mit der aus anderen Kriegen bekannten »Greuelpropaganda« und die unterstellte Unzuverlässigkeit von Informationen aus dem abgesperrten deutschen Machtbereich waren jedoch Faktoren, die die Wirkungen solcher Meldungen begrenzten. Obwohl der britischen und der amerikanischen Regierung umfangreiche Informationen über den Holocaust vorlagen und sie sich sogar im Dezember 1942 entschlossen, die deutsche Seite in einer weltweit verbreiteten Erklärung des Massenmordes an den Juden anzuklagen, waren sie andererseits doch nicht bereit, politisch-strategische Konsequenzen aus diesem Kenntnisstand zu ziehen. Die Vorstellung, zunächst die deutsche Militärmacht zu Fall zu bringen, war gegenüber allen Vorschlägen, sich gezielt um die Rettung der Juden zu bemühen, dominierend. So wurde beispielsweise seitens der britischen Botschaft in Washington im Januar 1943 das Argument angeführt, besondere Maßnahmen zugunsten von Juden unter deutscher Besatzung könnten als einseitige Bevorzugung aufgefaßt und in den Gebieten, die solche ausländischen Juden aufzunehmen hätten, antisemitische Tendenzen auslösen (Dok. Nr. 213). Auf britischer Seite war man ferner grundsätzlich gegen eine massierte jüdische Auswanderung nach Palästina, da man negative Reaktionen der arabischen Seite befürchtete. Einer der wenigen Briefe Churchills aus seiner Kriegskorrespondenz mit Roosevelt, die das jüdische Problem betreffen, enthält den vagen Vorschlag, ein Flüchtlingslager in Nordafrika zu eröffnen, und zeigt im übrigen die überaus große Vorsicht, mit der der englische Premier das gesamte Problem anging (Dok. Nr. 212). Die Tatsache, daß die Alliierten, aber auch jüdische Organisationen bis 1945 an der Vorstellung festhielten, sie würden nach Kriegsende vor allem ein millionenfaches jüdisches Flüchtlingsproblem zu lösen haben, obwohl die ihnen vorliegenden Informationen eindeutig auf einen Völkermord hindeuteten, läßt einen fast schizophrenen Verdrängungsmechanismus deutlich werden. Gegenüber allen Versuchen, die Dimension eines in Gang befindlichen gigantischen Massenmordes in den politisch-strategischen Entscheidungsprozeß einzubringen, wurde eine regelrechte Sperre errichtet. So wurde auch im Juli 1944 seitens des amerikanischen Kriegsministeriums der Vorschlag, die von Ungarn nach Polen führenden Bahnlinien zu bombardieren, um so die Deportation der ungarischen Juden zu verhindern, abgelehnt, da militärstrategische Interessen vorrangig erschienen (Dok. Nr. 214). Angesichts der Transportschwierigkeiten, mit denen sich die deutsche Seite während der Deportation der ungarischen Juden konfrontiert sah, erscheint aber gerade dieser Vorschlag als eine der ganz wenigen praktikablen Möglichkeiten, das Leben zumindest eines Teils der ungarischen Juden zu retten.

Auch im Vatikan war man über das Gesamtausmaß der nationalsozialistischen »Judenpolitik« Ende 1942 informiert (Dok. Nr. 207). Der Heilige Stuhl setzte sich einerseits für die Juden ein: So bemühte man sich etwa, einen gewissen Druck auf kollaborierende Regierungen auszuüben, um die in diesen Ländern drohenden Deportationen zu verhindern. Andererseits war aber die Bereitschaft des Vatikans, sich öffentlich zugunsten der Juden zu engagieren, begrenzt: So konnte etwa der Vatikan-Botschafter beim Heiligen Stuhl, v. Weizsäcker, im Oktober 1943 beifällig registrieren, daß die Deportation von Juden aus Rom keine negative demonstrative Reaktion des Papstes hervorgerufen hatte. Die Frage, ob der Papst seinen Handlungsspielraum, den er als einzigartige moralische Autorität besaß, tatsächlich voll ausgeschöpft hat, ist (auch wenn man die unmittelbare Bedrohung durch die deutsche Besatzungsmacht in Rechnung stellt) nicht ohne weiteres von der Hand zu weisen. Die gleiche Problematik stellt sich bei der Beurteilung der Haltung des Internationalen Roten Kreuzes, dem ebenfalls relativ gute Informationen über den Vernichtungsprozeß vorlagen, das sich jedoch nicht zu einer entschiedenen Haltung aufraffen konnte, da so seine primäre Aufgabe, der Schutz der Kriegsgefangenen, gefährdet schien.

198 Bericht der SD-Außenstelle Minden: »Judenaktion« in Minden, 12.12.1941:

Über die augenblicklich in Gang befindliche Judenaktion wird im hiesigen Bereich viel erzählt, der größte Teil der Juden sei schon abtransportiert. Das Besitztum verfalle dem Staat. Es wird sich erzählt, daß die Juden alle nach Rußland abgeschoben würden, der Transport würde durchgeführt bis Warschau in Personenwagen und von dort mit Viehwagen der Deutschen Reichsbahn. Der Führer wolle bis zum 15.1.1942 die Meldung haben, daß sich kein Jude innerhalb der Deutschen Reichsgrenze aufhalte. In Rußland würden die Juden zur Arbeit in ehemals sowjetischen Fabriken herangezogen, während die älteren und kranken Juden erschossen werden sollten. Durch diese Redereien wird tatsächlich die Mitleidsdrüse verschiedener christlich Eingestellter stark in Tätigkeit gebracht. Es wäre nicht zu verstehen, daß man mit Menschen so brutal umgehen könnte, ob Jude oder Arier, alles wären doch von Gott geschaffene Menschen. Man sieht verschiedentlich Juden mit Haushaltsgegenständen beladen durch die Straßen ziehen. Von irgendwelcher Gedrücktheit ist keine Spur zu erkennen.

Viel wird in der Bevölkerung davon gesprochen, daß alle Deutschen in Amerika zum Zwecke ihrer Erkenntlichkeit ein Hakenkreuz auf der linken Brustseite tragen müssen, nach dem Vorbild, wie hier in Deutschland die Juden gekennzeichnet sind. Die Deutschen in Amerika müßten schwer büßen, daß die Juden in Deutschland so schlecht behandelt würden.

IfZ, MA 1534, 674 (Mikrokopie).

199 Bericht der SD-Außenstelle Detmold an die SD-Hauptaußenstelle Bielefeld: Reaktion der Bevölkerung auf den Abtransport der Juden, 31.7.1942:

Aus Lemgo wird berichtet, daß der Abtransport der letzten Juden innerhalb der Bevölkerung größtes Aufsehen erregt habe. Die Juden wurden vor ihrem Abtransport auf dem Marktplatz in Lemgo gesammelt. Diese Tatsache gab der Bevölkerung Veranlassung, sich recht zahlreich hierzu auf dem Marktplatz einzufinden. Es konnte beobachtet werden, daß ein großer Teil der älteren Volksgenossen (darunter sollen sich auch Parteigenossen befunden haben) die Maßnahme des Abtransportes der Juden aus Deutschland allgemein negativ kritisiert wurde [sic]. Gegen den Abtransport wurde mehr oder weniger offen mit allen möglichen Begründungen Stellung genommen. So wurde gesagt, daß die Juden in Deutschland ja sowieso zum Aussterben verurteilt seien und diese Maßnahme, die für die Juden eine besondere Härte bedeutete, sich daher erübrige. Selbst solche Volksgenossen, die bei jeder passenden und unpassenden Gelegenheit früher ihre nationalsozialistische Gesinnung herausgestellt hätten, hätten in dieser Hinsicht Partei für die Interessen der Juden bzw. kirchlich gebundenen Volksgenossen genommen. Innerhalb kirchlich gebundener Kreise wurde geäußert: »Wenn das deutsche Volk nur nicht eines Tages die Strafe Gottes zu gewärtigen hat.« Nationalsozialistisch gefestigte Volksgenossen versuchen den anders denkenden klarzumachen, daß diese Aktion völlig berechtigt und auch unbedingt notwendig sei. Dem wurde entgegengesetzt, daß die alten Juden uns auch hier nicht mehr schaden können, denn sie täten ja »keiner Fliege etwas zuleide«. Auch seien sehr viele Juden dabei, die viel Gutes getan hätten und die noch lange nicht so schlecht seien, als die »Weissen Juden«. Diese müsse man dann auch abtransportieren und in ein Lager stecken. Ein bezeichnender Fall der Stellungnahme für die Juden ereignete sich bei dem Abtransport derselben in Sabbenhausen. Hier hatte die Frau des Lehrers H. versucht, den Juden Wurst und andere Lebensmittel zu bringen. Nach Mitteilung des Ortsgruppenleiters Sch. wurde Frau H. polizeilich festgenommen. Eine Überprüfung dieses Vorfalls ist eingeleitet und es erfolgt nach genauen Feststellungen weitere Berichterstattung.

IfZ, MA 1534, 736f. (Mikrokopie).

200 Vertrauliche Information der Partei-Kanzlei, Folge 66: »Gerüchte über die Lage der Juden im Osten«, 9.10.1942:

Im Zuge der Arbeiten an der Endlösung der Judenfrage werden neuerdings innerhalb der Bevölkerung in verschiedenen Teilen des Reichsgebiets Erörterungen über »sehr scharfe Maßnahmen« gegen die Juden besonders in den Ostgebieten angestellt. Die Feststellungen ergaben, daß solche Ausführungen – meist in entstellter und übertriebener Form – von Urlaubern der verschiedenen im Osten eingesetzten Verbände weitergegeben werden, die selbst Gelegenheit hatten, solche Maßnahmen zu beobachten.

Es ist denkbar, daß nicht alle Volksgenossen für die Notwendigkeit solcher Maßnahmen das genügende Verständnis aufzubringen vermögen, besonders nicht die Teile der Bevölkerung, die keine Gelegenheit haben, sich aus eigener Anschauung ein Bild von dem bolschewistischen Greuel zu machen.

Um jeder Gerüchtebildung in diesem Zusammenhang, die oftmals bewußt tendenziösen Charakter trägt, entgegentreten zu können, werden die nachstehenden Ausführungen zur Unterrichtung über den derzeitigen Sachstand wiedergegeben:

Seit rund 2000 Jahren wurde ein bisher vergeblicher Kampf gegen das Judentum geführt. Erst seit 1933 sind wir daran gegangen, nunmehr Mittel und Wege zu suchen, die eine völlige Trennung des Judentums vom deutschen Volkskörper ermöglichen. Die bisher durchgeführten Lösungsarbeiten lassen sich im wesentlichen wie folgt unterteilen:

1. Zurückdrängung der Juden aus den einzelnen Lebensgebieten des deutschen Volkes.

Hier sollen die durch den Gesetzgeber erlassenen Gesetze das Fundament bilden, das die Gewähr dafür bietet, auch die künftigen Generationen vor einem etwaigen neuerlichen Überfluten durch den Gegner zu schützen.

2. Das Bestreben, den Gegner aus dem Reichsgebiet völlig hinauszudrängen.

In Anbetracht des dem Deutschen Volk zur Verfügung stehenden nur eng begrenzten Lebensraumes hoffte man, dieses Problem im wesentlichen durch Beschleunigung der Auswanderung der Juden zu lösen.

Seit Beginn des Krieges 1939 wurden diese Auswanderungsmöglichkeiten in zunehmendem Maße geringer, zum anderen wuchs neben dem Lebensraum des Deutschen Volkes sein Wirtschaftsraum stetig an, so daß heute in Anbetracht der großen Zahl der in diesen Gebieten ansässigen Juden eine restlose Zurückdrängung durch Auswanderung nicht mehr möglich ist. Da schon unsere nächste Generation diese Frage nicht mehr so lebensnah und auf Grund der ergangenen Erfahrungen nicht mehr klar genug sehen wird und die nun einmal ins Rollen gekommene Angelegenheit nach Bereinigung drängt, muß das Gesamtproblem noch von der heutigen Generation gelöst werden.

Es ist daher die völlige Verdrängung bzw. Ausscheidung der im europäischen Wirtschaftsraum ansässigen Millionen von Juden ein zwingendes Gebot im Kampf um die Existenzsicherung des deutschen Volkes.

Beginnend mit dem Reichsgebiet und überleitend auf die übrigen in die Endlösung einbezogenen europäischen Länder werden die Juden laufend nach dem Osten in große, zum Teil vorhandene, zum Teil noch zu errichtende Lager transportiert, von wo aus sie entweder zur Arbeit eingesetzt oder noch weiter nach dem Osten verbracht werden. Die alten Juden sowie Juden mit hohen Kriegsauszeichnungen (E.K.I., Goldene Tapferkeitsmedaille usw.) werden laufend nach der im Protektorat Böhmen und Mähren gelegenen Stadt Theresienstadt umgesiedelt.

Es liegt in der Natur der Sache, daß diese teilweise sehr schwierigen Probleme im Interesse der endgültigen Sicherung unseres Volkes nur mit rücksichtsloser Härte gelöst werden können.

Vertrauliche Informationen der Partei-Kanzlei, München, Folge 66/42, 5.10.1942.

201 Briefe Hellmuth von Moltkes an seine Frau: Judenverfolgung im Reich und im Osten, 21.10.1941, 10.10.1942, 4.5.1943:

21.10.1941:

[...] Seit Sonnabend werden die Berliner Juden zusammenge-trieben; abends um 21.15 werden sie abgeholt und über Nacht in eine Synagoge gesperrt. Dann geht es mit dem, was sie in der Hand tragen können, ab nach Litzmannstadt und Smolensk. Man will es uns ersparen zu sehen, daß man sie einfach in Hunger und Kälte verrecken läßt, und tut das daher in Litzmannstadt und Smolensk. Eine Bekannte von K. hat gesehen, wie ein Jude auf der Straße zusammenbrach; als sie ihm aufhelfen wollte, trat ein Schutzmann dazwischen, verwehrte es ihr und gab dem auf dem Boden liegen-den Körper einen Tritt, damit er in die Gosse rollte; dann wandte er sich mit einem Rest von Schamgefühl an die Dame und sagte: »So ist es uns befohlen.«

Wie kann jemand so etwas wissen und dennoch frei herumlau-fen? Mit welchem Recht? Ist es nicht unvermeidlich, daß er dann eines Tages auch dran kommt und daß man ihn auch in die Gosse rollt? – Das alles sind ja nur Wetterleuchten, denn der Sturm steht vor uns. – Wenn ich nur das entsetzliche Gefühl los werden könnte, daß ich mich selbst habe korrumpieren lassen, daß ich nicht mehr scharf genug auf solche Sachen reagiere, daß sie mich quälen, ohne daß spontane Reaktionen entstehen. Ich habe mich selbst verzo-gen, denn auch in solchen Sachen reagiere ich über den Kopf. Ich denke über eine mögliche Reaktion nach, statt zu handeln. [...]

10.10.1942:

[...] Gestern mittag war es insofern interessant, als der Mann, mit dem ich aß, gerade aus dem Gouvernement kam und uns[1] au-thentisch über den »SS Hochofen« berichtete. Ich habe es bisher nicht geglaubt, aber er hat mir versichert, daß es stimmte: in die-sem Hochofen werden täglich 6000 Menschen »verarbeitet«. Er war in einem Gefangenenlager etwa 6 km entfernt, und die Offi-ziere dieses Lagers haben es ihm als absolut sicher berichtet. Au-ßerdem haben sie ganz phantastische Geschichten über einige der dort eingesetzten Herren erzählt. [...]

4. 5. 1943:

[...] Über der Stadt [Warschau] stand eine große Rauchwolke, die ich nach meiner Abfahrt mit dem D-Zuge noch gut eine halbe Stunde sehen konnte, also wohl 30 km weit. Sie rührte von einem Kampf im Ghetto her, der seit einigen Tagen tobte. Dort hatten die restlichen Juden – 30 000 – verstärkt von abgesetzten Russen, desertierten Deutschen und polnischen Kommunisten einen Teil festungsmäßig ausgebaut, und zwar nur unter der Erde. Sie sollen, während die Deutschen patrouillierten, Verbindungen zwischen den Kellern der Häuser geschaffen haben, die Decken der Keller sollen verstärkt worden sein, Ausgänge sollen unter der Erde aus dem Ghetto heraus in andere Häuser führen. In diesen Katakomben sollen Kühe und Schweine gehalten worden sein und große Lebensmittelvorräte sowie Brunnen sollen angelegt worden sein. Jedenfalls sollen von diesem Hauptquartier aus partisanenähnliche Gefechte in der Stadt dirigiert worden sein, sodaß man das Ghetto ausräumen wollte, dabei jedoch auf so starken Widerstand stieß, daß man einen richtigen Angriff mit Geschützen und Flammenwerfern ansetzen mußte. Davon brennt also das Ghetto jetzt. Es war schon mehrere Tage im Gang als ich hinfuhr und brannte noch, als ich gestern wieder durchkam [...]

Hellmuth von Moltke: Briefe an Freya 1939–1945. München 1988, S. 308, 420, 477 f. (© C. H. Beck Verlag)

[1] Kann auch »nun« heißen.

202 Kriegstagebuch des Oberquartiermeisters beim Wehrkreisbefehlshaber Generalgouvernement: Leichengeruch aus Treblinka, 24. 10. 1942:

[...] OKW beabsichtigt die Mitnahme von Waren aus dem GG. dahin zu regeln, daß der persönliche Reisebedarf und die zur Mitnahme zugelassenen Waren frei von jeglicher Abgabe bleiben.

OK Ostrow meldet, daß die Juden in Treblinka nicht ausreichend beerdigt seien und infolgedessen ein unerträglicher Kadavergeruch die Luft verpestet. [...]

BA/MA RH 53-23/80.

203 Fernschreiben des HSSPF in Krakau, Krüger, an Himmler: Bitte des Oberkommandos der Wehrmacht / Stab z. b. V. Unruh an den Leiter der »Aktion Reinhard«, Globocnik, um Kleider aus der Judenaktion, 9. 10. 1942:

SS-Brigadeführer Globocnik erhielt vom OKW-Stab z. b. V., Herrn General von Unruh, am 8. Oktober 1942 nachstehendes FS: »W.B.U. bittet, je 25 000 Anzüge, Mäntel und Stiefel aus Judenaktion zur Verfügung zu stellen. Sie werden dringend für Arbeiter und Kriegsgefangene im Erzbergbau und Kraftwerk Saporosje benötigt, da sonst Gefahr besteht, daß Arbeiten mangels Winterbekleidung eingeschränkt werden müssen.

Empfänger der Bekleidungsstücke ist Chefintendant beim W.B.U. in Poltawa.«

Bitte gehorsamst um Entscheidung, ob und in welchem Umfange dem Antrage stattgegeben werden soll. − −

BA NS 19/1798.

204 »Laufende Informationen« der polnischen Untergrundbewegung Armia Krajowa: Berichte über das Vernichtungslager Treblinka, 1942:

Nr. 30(55), 17. 8. 1942:

[...] Fortschreiten der Liquidierung des Warschauer Gettos. Die Abnahme der Einwohnerzahl im Getto in der jetzigen Phase muß auf etwa 200 000 Personen geschätzt werden, das sind 50 % des Zustandes vor dem 22. Juli. [...] Hier eine Liste der Transporte nach Treblinka aus der Zeit vom 23. VII. − 7. VIII.: [...] 113 100 Menschen. Seit dem 6. d. M. ist in den Fahrplan ein zweiter Güterzug nach Treblinka als Sonderzug Nr. 9085 eingefügt worden, der in Warschau um 12.26 Uhr abfährt und Treblinka um 16.20 Uhr erreicht. Umfang ungefähr 5000 Personen. Um 9 Uhr morgens steht er auf dem Gleisanschluß bei der Stawki-Straße. Von der

Reinigung der Waggons bis zur Ankunft in Treblinka stellt der Kommandant des Lagers das Personal.

Außer diesen Transporten aus Warschau kommen bereits jeden Tag zusätzliche Züge aus anderen Städten in Treblinka an. Anfang August z. B. aus Radom, insgesamt jeden Tag 3 Transporte, jeder mit 60 Waggons, davon 2 mit Bewachungsmannschaft, und 58 mit Juden mit 100 Menschen je Waggon. Nachdem die Lokomotive den Bahnhof verlassen hat, werden die Juden gezwungen, sich auszuziehen, scheinbar, um zum Duschen zu gehen. Tatsächlich werden sie in die Gaskammern gebracht, dort vernichtet und dann in vorbereiteten Gruben vergraben, manchmal sogar noch lebend. Die Gruben werden mit Maschinen zugeschüttet. Die Gaskammern sind fahrbar und sie befinden sich über den Gruben. Am 5. VIII. befanden sich 40000 Juden im Lager, und jeden Tag werden 5000 umgebracht. Die Ukrainer nehmen die Liquidierung unter deutschem Kommando vor. Die »Aktion« im Warschauer Getto dauert vermutlich bis 10. September [...]

Nr. 33(58), 8.9.1942:

[...] Das Vernichtungslager Treblinka. Der Ort, an dem die Juden umgebracht werden, befindet sich in der Nähe des Arbeitslagers. Es liegt fünf Kilometer vom Bahnhof Treblinka entfernt, und 2 Kilometer vom Bahnhof Poniatowo. Es gibt eine direkte Telefonverbindung nach Malkinia. Es gibt ein altes Lager (für Polen) und ein neues Lager, dessen Aufbau noch andauert (ausschließlich für Juden). Das Personal des Lagers: 25 SS-Männer und 180 Ukrainer (davon 12 Deutsche und 50 Ukrainer im alten Lager). [...] Die Judenvernichtung wird jetzt in einer Weise ausgeführt, die völlig unabhängig vom alten Lager ist. Eine Lokomotive schiebt die Waggons mit den Juden zum Bahnsteig. Die Ukrainer holen die Juden aus den Waggons und führen sie zur »Badedusche«. Dieses Gebäude ist mit Stacheldraht umzäunt. Sie betreten es in Gruppen von 300–500 Personen. Jede Gruppe wird darin sofort hermetisch abgeschlossen und vergast. Das Gas wirkt nicht sofort, weil die Juden noch zu den Gräben müssen, die einige Meter weit weg sind, und deren Tiefe 30 Meter beträgt. Dort werden sie bewußtlos und ein Bagger bedeckt sie mit einer dünnen Schicht Erde. Dann kommt die nächste Gruppe an. Es kommt vor, daß sich unter den Juden auch [nichtjüdische] Polen befinden. Am 28. VIII. warf sich ein Pole auf einen Ukrainer, entwand ihm den Karabiner und zerschmetterte einem Deutschen und einem Ukrainer den Kopf. Er wurde sofort erschossen (die vorstehenden Angaben stammen von Ukrainern aus der Wache, sie bedürfen der Überprüfung). Wir werden bald ein authentisches Zeugnis eines Juden anschließen, dem es gelungen ist, aus Treblinka zu fliehen. [...]

Nr. 37(62), 5.10.1942:

[...] Treblinka. Das Todeslager ist weiter in Betrieb. Transporte kommen aus allen Teilen des Generalgouvernements (zuletzt aus Radom, Siedlce und Międzyrzec). Momentan werden nicht zwanzig, sondern nur zehn Güterwaggons an den Bahnsteig gefahren, weil es eine längere Zeit dauert, bis man die Leichen derer, die unterwegs gestorben sind (20–30%), beseitigt hat. Die Gaskammer arbeitet nach folgendem System: Außerhalb des Gebäudes läuft die ganze Zeit ein 20-PS Verbrennungsmotor. Sein Auspuff ist mit der Wand der Baracke verbunden und dadurch wird das Gas eingeführt. Das Gas ist eine Kombination einer giftigen Flüssigkeit, die mit dem Treibstoff des Motors vermischt ist, und tötet die eingeschlossenen Personen. Innerhalb des Lagers gibt es – zusätzlich zu den jüdischen Arbeitern – ein jüdisches Orchester und eine Gruppe jüdischer Frauen, die das Personal unterhalten soll.

Bis Ende August sind 320 Tausend Juden in Treblinka ermordet worden. [...]

Nr. 39(64), 23.10.1942:

[...] Treblinka. Es wurde mit dem Bau neuer Baracken begonnen. Die Disziplin beim ukrainischen Lagerpersonal wurde verschärft (einige sind geflüchtet). Am 23. IX. ermordeten die Ukrainer am Bahnhof Treblinka vor den Augen der Passagiere eines Zugs aus Siedlce einige Juden mit Beilen, Eisenstangen usw. 2 Jungen wurden so hingestellt, daß sie anschließend mit einem Revolverschuß getötet wurden. Die Todeskammer wurde von einer Kapazität von

350 Menschen auf 750 vergrößert. Am 22. IX. wurde ein Transport aus Sokołów und Węgrów vernichtet, am 23. aus Kosów Lacki, am 24. aus Sadownia [...]

[Archiv der Polnischen Vereinigten Arbeiterpartei, 202/III, Bd. 7, Bl. 120f., 135, 146, 156];

Krystyna Marczewska/Władysław Ważniewski: Treblinka w świetle akt Delegatury Rządu na Kraj, in: BGKBZHwP 19 (1968) S. 136–139. [Übers. aus dem Poln.]

205 Telegramme des Zentralkomitees des jüdischen Bund in Warschau an die Bevollmächtigten im Londoner Exilparlament, Zygelbojm und Szwarcbart, 1943:

7.2.1943:

Im Januar haben die Deutschen begonnen, das Warschauer Ghetto zu zerstören. Die Einwohner haben bewaffneten Widerstand geleistet. Eine ganze Menge Deutscher wurde getötet. Einige hundert Opfer unter den Juden, unter anderen unser Marmelsztajn, Chołodenko und Giterman vom A. J. D. C. Nach 3 Tagen Widerstand wurde die Aktion abgebrochen. 6000 wurden deportiert. In ganz Polen geht die Vernichtung der Juden weiter. Mitte Februar soll das Warschauer Ghetto zerstört werden. Alarmiert die ganze Welt. Bittet den Papst um eine offizielle Intervention und die Alliierten, Geiseln unter den deutschen Kriegsgefangenen zu nehmen. Wir leiden entsetzlich. Den übrigen 200000 droht die Vernichtung. Nur Ihr könnt uns retten. Die Verantwortlichkeit im Angesicht der Geschichte ruht auf Euch.

20.4.1943:

Am 19. April haben die SS-Truppen mit Panzern und Artillerie begonnen, die Überlebenden des Warschauer Ghettos zu ermorden. Das Ghetto leistet heldenhaften Widerstand. Die Verteidigung wird von der Jüdischen Kampforganisation [Żydowska Organizacja Bojowa] geführt, die fast alle Gruppierungen vereint. Aus dem Ghetto sind pausenlos Schüsse und schwere Detonationen zu hören. Der Feuerschein hängt über dem ganzen Viertel. Das Ergebnis des Kampfes ist bereits entschieden. Am Abend weht über den Stellungen der Ghetto-Verteidiger die Fahne mit der Aufschrift: »Wir werden bis zum Letzten kämpfen«. Die Aufregung darüber ist groß. Die Menschen in Warschau beobachten den Kampf mit Bewunderung und offener Sympathie für die Ghetto-Kämpfer. Wir rufen zu sofortiger Rache auf. Bittet das Internationale Rote Kreuz, auch Ghettos und Todeslager in Auschwitz, Treblinka, Bełżec, Sobibór, Majdanek und andere Konzentrationslager in Polen zu besuchen.

11. 5. 1943:

Im heldenhaften Kampf im Warschauer Ghetto gibt es immer noch einige Widerstandsnester. Edle Selbstaufopferung und Mut der Żydowska Organizacja Bojowa. Klepfisz, ein Mitglied des Bund, einer der Stützen des bewaffneten Kampfes, ist einen heldenhaften Tod gestorben. Gräßliche deutsche Verbrechen. Viele Juden lebend verbrannt. Tausende exekutiert oder in Lager geschickt. Der Judenrat exekutiert: Lichtenbaum, Wielikowski, Stolcman, Szereszewski Stanisław. Wenige tausend sind noch in den Kellern und Werkstätten im Ghetto. Die Werkstätten und besonders die Bunker werden bei passivem und aktivem Widerstand zerstört.

Die Deutschen setzen einen Häuserblock nach dem anderen in Flammen, sprengen sie mit Minen und beschießen sie. Schwere Detonationen und Brände. Das Ghetto wird weiter von Gendarmen umstellt, genauso die Kanalausgänge. Die, die aus der Hölle des Ghettos fliehen, werden gefangen und an Ort und Stelle erschossen. Die Żydowska Organizacja Bojowa ist noch im Ghetto. In der Provinz werden die übriggebliebenen jüdischen Zentren ebenfalls völlig vernichtet. Und die Welt der Freiheit und Gerechtigkeit bleibt stumm, inaktiv. Bestürzend. Dieses Telegramm ist das dritte in den letzten zwei Wochen. Telegrafieren Sie sofort, was Sie getan haben. Wir warten auf finanzielle Hilfe für die letzten Überlebenden, die jetzt versuchen, ihr Leben zu retten.

[Archiv der Polnischen Vereinigten Arbeiterpartei, D I/1, Funktelegramme Nr. 39, 81, 90];

Władysław Bartoszewski/Zofia Lewin (Hg.), Righteous among Nations. How Poles helped the Jews 1939–1945. London 1969, S. 729f. [Übers. der engl. Version]. (© Interpress Publishers)

206 Abschiedsbrief des jüdischen Abgeordneten im polnischen Exilparlament in London, Zygelbojm, 11. 5. 1943:

Ich erlaube mir, meine letzten Worte an Sie zu richten und über Sie gleichzeitig auch an die polnische Regierung, das polnische Volk und an alle Völker der verbündeten Nationen sowie an das Gewissen der ganzen Welt.

Die letzten Nachrichten aus Polen lassen deutlich erkennen, daß die Deutschen offenbar entschlossen sind, auch die letzten noch lebenden Juden in Polen mit grausamer Brutalität auszurotten. Hinter den Mauern des Warschauer Ghettos rollt jetzt der letzte Akt einer Tragödie ab, die in der Geschichte ohne Beispiel ist. Gewiß tragen die Mörder im Grunde genommen selbst die Verantwortung für die Ausrottung des gesamten polnischen Judentums; indirekt aber erstreckt sich diese Verantwortung auch auf die übrige Menschheit, auf die Völker und Regierungen der Alliierten, denn sie haben nicht einmal den Versuch unternommen, solche Verbrechen zu verhindern oder ihnen ein Ende zu bereiten. Indem sie unbeteiligt zuschauten, wie hilflose Millionen gemarterter Kinder, Frauen und Männer ermordet wurden, haben sich diese Nationen auf die gleiche Stufe mit den Verbrechern gestellt.

Ich möchte hier feststellen, daß die polnische Regierung nicht nachdrücklich genug eingriff, wenn sie auch versuchte, die öffentliche Meinung wachzurütteln. Verglichen mit dem Drama jedoch, das sich in Polen abspielte, standen diese Schritte in keinerlei Verhältnis. Einem Bericht des Führers der Untergrundbewegung »Bund« ist zu entnehmen (das Schreiben wurde durch Kurier übermittelt), daß von dreieinhalb Millionen polnischer Juden und 700 000 aus anderen Ländern nach Polen verschleppten Juden im April 1943 lediglich noch 300 000 Seelen am Leben waren.

Ich kann das nicht stillschweigend hinnehmen. Ich kann aber auch nicht weiterleben, wenn dort noch der Rest des polnischen Judentums, zu dem zu gehören auch ich die Ehre habe, umkommt. Mit der Waffe in der Hand starben meine Freunde im letzten heldenhaften Kampf des Warschauer Ghettos. Mein Schicksal hat es nicht gewollt, daß ich mit ihnen gemeinsam sterbe. Doch auch ich gehöre zu ihnen in die Massengräber.

Durch meinen Tod möchte ich zum letztenmal gegen jene Passivität protestieren, mit der die ganze Welt zusieht und es zuläßt, wie das jüdische Volk ausgerottet wird.

Wie wenig ein Menschenleben heute gilt, weiß ich selbst. Lebend vermochte ich nicht viel zu wirken. Ich hoffe jedoch, daß mein Tod vielleicht dazu beitragen wird, jene aus ihrer Lethargie wachzurütteln, die selbst jetzt – im letzten Augenblick noch – vermöchten, die wenigen noch in Polen am Leben gebliebenen Juden zu retten.

Mein Leben gehört der jüdischen Bevölkerung Polens. Deshalb gebe ich es ihr auch hin. Möge jene Handvoll polnischer Juden, die von Millionen übrigblieb, gemeinsam mit dem polnischen Volk die Befreiung erleben, welche Polen in eine freie Welt des Sozialismus, in eine Welt der Gerechtigkeit verwandeln wird. Ich glaube fest daran, daß so ein Polen sich aus der Unterdrückung erhebt und eine solche Welt ersteht.

Der Präsident und auch der Premierminister werden meine Worte jenen ausrichten, für die sie bestimmt sind. Davon bin ich überzeugt. Ebenso weiß ich, daß die polnische Regierung jeden nur möglichen diplomatischen Schritt unternimmt, um den noch lebenden polnischen Juden zu helfen.

Ich nehme Abschied von allem und jedem, was mir einmal teuer war und was ich einst geliebt habe.

Josef Wulf (Hg.), Das Dritte Reich und seine Vollstrecker. Die Liquidation von 500000 Juden im Warschauer Ghetto. München [u. a.] 1978, S. 218 f.

207 Note des Vatikan-Staatssekretärs über Massenmorde an Juden in Polen, 5.5.1943:

Juden. Entsetzliche Lage.

In Polen waren vor dem Krieg ungefähr 4500000 Juden; man rechnet jetzt mit noch nicht einmal 100000, die übrig geblieben sind (mit allen, die aus den anderen von den Deutschen besetzten Ländern gekommen sind).

In Warschau war ein Ghetto eingerichtet worden, in dem sich ungefähr 650000 Juden befanden, jetzt werden es 20–25000 sein.

Natürlich haben sich einige Juden der Kontrolle entzogen; aber es gibt keinen Zweifel, daß der größte Teil von ihnen beseitigt worden ist. Nach monatelangen Transporten von Tausenden und Abertausenden von Personen haben diese nichts mehr von sich hören lassen: eine Tatsache, die sich nur mit ihrem Tod erklären läßt, insbesondere im Hinblick auf den unternehmenden Charakter der Juden, der, wenn er lebt, rege ist.

Besondere Todeslager in der Nähe von Lublin (Treblinka) und bei Brest Litowsk. Man berichtet, daß sie zu mehreren Hunderten zusammen in großen Kammern eingeschlossen werden, wo sie dann unter Gaseinwirkung enden. Transportiert in Viehwagen, hermetisch verschlossen, mit Böden aus ungelöschtem Kalk.

Im Warschauer Ghetto wurden sie auch in Kirchen eingeschlossen, die nach einiger Zeit innerhalb von zwei Stunden geräumt werden mußten.

Jetzt dienen diese Kirchen als Lager usw.

Actes et Documents de Saint Siège relatives à la Seconde Guerre Mondiale. Band 9. Cittá de Vaticano 1975, S. 274 [Übers. aus dem Ital.]

208 Telegramme des Botschafters beim Heiligen Stuhl, von Weizsäcker, an das AA: Vatikan und Judenverfolgung, 17./28.10.1943:

a) Die von Bischof Hudal (vergl. Drahtbericht der Dienststelle Rahn vom 16. Oktober) angegebene Reaktion des Vatikans auf den Abtransport der Juden aus Rom kann ich bestätigen. Die

Kurie ist besonders betroffen, da sich der Vorgang sozusagen unter den Fenstern des Papstes abgespielt hat. Die Reaktion würde vielleicht gedämpft, wenn die Juden zur Arbeit in Italien selbst verwendet würden.

Uns feindlich gesinnte Kreise in Rom machen sich den Vorgang zu Nutzen, um den Vatikan aus seiner Reserve herauszudrängen. Man sagt, die Bischöfe in französischen Städten, wo ähnliches vorkam, hätten deutlich Stellung bezogen. Hinter diesen könne der Papst als Oberhaupt der Kirche und als Bischof von Rom nicht zurückbleiben. Man stellt auch den viel temperamentvolleren Pius XI. dem jetzigen Papst gegenüber.

Die Propaganda unserer Gegner im Ausland wird sich des jetzigen Vorgangs sicher gleichfalls bemächtigen, um zwischen uns und der Kurie Unfrieden zu stiften.

b) Der Papst hat sich, obwohl dem Vernehmen nach von verschiedenen Seiten bestürmt, zu keiner demonstrativen Äußerung gegen den Abtransport der Juden aus Rom hinreißen lassen. Obgleich er damit rechnen muß, daß ihm diese Haltung von Seiten unserer Gegner nachgetragen und von den protestantischen Kreisen in den angelsächsischen Ländern zu propagandistischen Zwecken gegen den Katholizismus ausgewertet wird, hat er auch in dieser heiklen Frage alles getan, um das Verhältnis zu der deutschen Regierung und den in Rom befindlichen deutschen Stellen nicht zu belasten. Da hier in Rom weitere deutsche Aktionen in der Judenfrage nicht mehr durchzuführen sein dürften, kann also damit gerechnet werden, daß diese für das deutsch-vatikanische Verhältnis unangenehme Frage liquidiert ist.

Von vatikanischer Seite jedenfalls liegt hierfür ein bestimmtes Anzeichen vor. Der *Osservatore Romano* hat nämlich am 25./26. Oktober an hervorragender Stelle ein offiziöses Kommuniqué über die Liebestätigkeit des Papstes veröffentlicht, in welchem es in dem für das vatikanische Blatt bezeichnenden Stil, d. h. reichlich gewunden und unklar, heißt, der Papst lasse seine väterliche Fürsorge allen Menschen ohne Unterschied der Nationalität, Religion und Rasse angedeihen. Die vielgestaltige und unaufhörliche Aktivität Pius XII. habe sich in letzter Zeit infolge der vermehrten Leiden so vieler Unglücklicher noch verstärkt.

Gegen diese Veröffentlichung sind Einwendungen umso weniger zu erheben, als ihr Wortlaut, der anliegend in Übersetzung vorgelegt wird, von den wenigsten als spezieller Hinweis auf die Judenfrage verstanden werden wird.

PA AA Inland IIg Bd. 192;
  Akten zur deutschen auswärtigen Politik. Aus dem Archiv des Auswärtigen Amts. Serie E, Band 7. Göttingen 1979, S. 85, 120 f.

209 Erklärung des Sowinformbüros des Volkskommissariats für Auswärtige Angelegenheiten der UdSSR: »Wie die Nazis die Juden ausrotten!«, 19.12.1942:

Das Volks-Kommissariat für Auswärtige Angelegenheiten besitzt authentische Informationen, die beweisen, daß neuerdings eine Verschärfung des Hitlerischen Regimes blutiger Massenmorde unter der friedlichen Bevölkerung in allen Gebieten der von den deutsch-faschistischen Angreifern besetzten Ländern Europas beobachtet wurde.

Es unterliegt keinem Zweifel, daß die verbrecherische Hitler-Regierung in dem Wunsch, ihre tierische Furcht vor dem nahenden Schicksal und der Vergeltung im Blut unschuldiger Menschen zu ersticken, und angesichts ihrer Unfähigkeit, den Freiheits- und Unabhängigkeitswillen der europäischen Völker zu brechen, ihren bestialischen Plan zur Ausrottung eines großen Teils der Zivilbevölkerung der von den Deutschen besetzten Gebieten ins Werk gesetzt hat, zur Ausrottung von völlig unschuldigen Menschen der verschiedensten Nationalität, sozialen Stellung und Anschauung, Glaubensbekenntnis und Altersstufen.

Hierbei setzen die Nazis und ihre Vasallen in beschleunigtem Tempo ihren besonderen Plan zur völligen Ausrottung der jüdischen Bevölkerung in den besetzten Gebieten Europas in die Praxis um. [...]

Litauer, Letten, Esten, Moldauer und die Bevölkerung der Karelo-Finnischen Republik haben schwer gelitten. Die jüdische Minderheit der Sowjetbevölkerung, eins in ihrer Liebe zum Mutterland mit allen anderen Nationalitäten der Sowjet-Union, haben [sic] im Verhältnis zu ihrer geringen Zahl besonders unter dem Blutdurst und der Bestialität der Hitler-Unmenschen gelitten. In letzter Zeit haben die Hitlerischen Besatzungsheere in allen den Gebieten, die sie erobert haben, in steigendem Maße eine blutige Herrschaft des Massenmordes, der Strafexpeditionen, des Niederbrennens von Dörfern, der Deportation von Hunderttausenden friedlicher Bürger in die deutsche Sklaverei ausgeübt, um ganz von den unaufhörlichen Beraubungen und Gewalttätigkeiten gegen die Bevölkerung der zeitweilig besetzten Gebiete zu schweigen.

Nach den vorliegenden Angaben wenden die Nazis, in ihrer Atmosphäre wahnsinnigen Blutrausches und Terrors, ihren Plan völliger Ausrottung auch auf Sowjet-Bürger jüdischer Nationalität an. So war der verstärkte Terror gegen die ukrainische Bevölkerung im Sommer und Herbst dieses Jahres durch Juden-Pogrome in einer Anzahl dicht bevölkerter Ortschaften gekennzeichnet. [...]

IfZ USSR-44 [offizielle Übersetzung].

210 Meldung Nr. 65 des Propagandaministeriums an die Presseabteilung Krakau und das Reichspropagandaamt Warschau: »Daily-Telegraph«-Berichte über Abtransport Warschauer Juden, 7.9.1942:

»Daily Telegraph« bringt Informationen, die die polnische Regierung in London aus Warschau über Massenhinrichtungen im Warschauer Ghetto erhalten haben will. Danach würden täglich 7000 Juden aus dem Ghetto weggebracht unter dem Vorwand, daß sie deportiert werden, in Wirklichkeit aber würden sie hingerichtet. Bis zum Mai d. J. habe die Gesamtzahl der in Warschau ermordeten Juden 700000 betragen. In vielen Fällen seien auch Gaskammern verwendet worden. Da aber nur 1000 Personen täglich in einer Gaskammer umgebracht werden können, müßten Tausende auf ihre Hinrichtung warten. In Chelmno seien in 50 Tagen auf diese Weise 40000 Leute ermordet worden.

Es wird um Informationen gebeten.

[Yivo-Institute New York Occ E 2–12]; BA R 102 I/47 (Kopie).

211 Manchester Guardian: »Schicksal der Juden in Polen. Berichte Überlebender«, 25.11.1942:

Von unserem Sonderkorrespondenten, Jerusalem, 23. November

Der Bevollmächtigte der Jewish Agency hat soeben von einigen Neuankömmlingen einige Tatsachen in Bezug auf die Massaker an Juden in Polen und an Juden, die aus West- und Mitteleuropa nach Polen deportiert wurden, bestätigt bekommen.

Es wurde mitgeteilt, daß die Nazis die systematische Vernichtung von jüdischen Einwohnern der Städte und Dörfer in Polen nach dem Besuch Himmlers in Warschau im Frühjahr begonnen haben. Eine besondere »Vernichtungs-Kommission« der Regierung wurde unter der Leitung des Kommissars Feu [?] eingesetzt, die alle Teile Polens besuchte, um die Vernichtung der jüdischen Gemeinden durchzuführen.

Es wurde mitgeteilt, daß tausende jüdischer Kinder bis 12 Jahre und alte Leute erschossen wurden. Arbeitsfähige männliche Juden wurden registriert und in Gruppen an einen unbekannten Bestimmungsort gebracht, wonach jede Spur von ihnen verschwand. Aus verschiedenen Orten wurden auch Jüdinnen deportiert. Vor zwei Monaten wurden zum Beispiel 27000 der 30000 Juden aus dem Getto in Kielce deportiert, dabei wurden 1500 von ihnen an Ort und Stelle ermordet. In Brest-Litovsk haben die Nazis tausende von Juden im Bug ertränkt. In Piotrkow überlebten 2600 von 20000, darunter nur 100 Frauen und Kinder. Zweitausend von 40000 blieben in Tschenstochau. Im Getto von Radan [Radom] blieben 3500 von 32000 übrig, und dasselbe gilt für die meisten anderen Gettos in Polen.

In Bialystok – so wird berichtet – trieben die Nazis 1500 Juden in die große Synagoge und verbrannten sie bei lebendigem Leib, dasselbe geschah mit den Juden im Dorf Tutin.

Eine alarmierende Abnahme der jüdischen Bevölkerung in den Gettos Warschau und Lodz wird für die letzten Monaten berichtet, man verfügt aber über keine Zahlen.

Aus denselben Quellen wird mitgeteilt, daß die Massendeportationen von Juden aus den Zentren West- und Mitteleuropas fortgesetzt werden. Momentan sind noch 28000 Juden in Berlin, 400 bis 500 in Wien und 400 in Hamburg. [...]

[Übers. aus dem Engl.]

212 Brief Churchills an Roosevelt: Jüdische Flüchtlinge, 30.6.1943:

Der Bedarf an Hilfe für Flüchtlinge – besonders jüdische Flüchtlinge – ist nicht weniger gewachsen, seit wir diese Frage besprochen haben, und alle möglichen Fluchtwege müssen offengehalten werden. Nordafrika ist von diesen noch der praktikabelste, und ich hoffe, daß die Schwierigkeiten mit dem dort geplanten Flüchtlingslager jetzt beseitigt sind und daß eine baldige praktische Entscheidung jetzt möglich ist. Unsere Möglichkeiten, den Opfern von Hitlers antijüdischem Feldzug sofort zu helfen, sind momentan so eingeschränkt, daß die Eröffnung eines kleinen Lagers zu dem Zweck, einige von ihnen in Sicherheit zu bringen, uns schon drückend erscheint, und ich wäre dankbar, wenn Sie mich wissen lassen könnten, ob man es für möglich hält, diesen Plan in Gang zu setzen. General Giraud hat dem Projekt seine grundsätzliche Zustimmung gegeben.

Warren F. Kimball (Hg.), Churchill & Roosevelt. The Complete Correspondence. Princeton, N. J. 1984, Band 2, S. 293. [Übers. aus dem Engl.]
(© Princeton University Press)

213 Denkschrift der britischen Botschaft in Washington an das State Department: Jüdische Flüchtlinge, 20.1.1943:

Viele tausende Flüchtlinge strömen weiter in neutrale Länder in Europa, und die Situation entwickelt sich mit einer solchen Geschwindigkeit und in solchen Ausmaßen, daß die Regierung Seiner Majestät in den Vereinigten Staaten von der Notwendigkeit der Konsultation und einer gemeinsamen Anstrengung bezüglich des Problems überzeugt wurde. Einige erschwerende Begleitfaktoren erscheinen der Regierung Seiner Majestät diese Notwendigkeit zu unterstreichen.

(a) Das Flüchtlingsproblem kann nicht so behandelt werden, als wäre es ein rein jüdisches Problem, das von jüdischen Institutionen oder von einem Apparat, der nur dazu geschaffen ist, jüdischen Flüchtlingen zu helfen, gelöst werden kann. Es gibt so viele nichtjüdische Flüchtlinge und so viel Not unter Nichtjuden in alliierten Ländern, daß es möglicherweise zu alliierter Kritik kommen würde, wenn irgendeine besondere Bevorzugung für Juden beim Herausholen aus feindlicher Besatzung gezeigt werden würde. Es besteht auch die besondere Gefahr, daß in den Gebieten, in denen eine übermäßige Zahl ausländischer Juden hinzukommt, der Antisemitismus angeregt wird.

(b) Im Moment gibt es immer die Gefahr, falsche Hoffnungen unter den Flüchtlingen zu wecken, indem man verschiedene mögliche Ziele angibt und die Schiffskapazitäten überschätzt.

(c) Es besteht die Möglichkeit, daß Deutschland oder seine Satelliten von einer Politik der Vernichtung zu einer solchen der Austreibung übergehen könnte, und daß sie – wie sie es vor dem Krieg getan haben – darauf zielen, andere Länder in Schwierigkeiten zu bringen, indem sie sie mit ausländischen Flüchtlingen überfluten. [...]

Die Aufnahmekapazität von zugänglichen neutralen Ländern in Europa scheint jedoch ihre Grenze zu erreichen, und die Alliierten Regierungen können nicht gut diese Länder weiter dazu auffordern, keine Flüchtlinge zurückzuweisen, ohne Zusammenarbeit anzubieten, indem sie einen Teil von ihnen unterbringen. [...]

Trotz des substantiellen Beitrags, den Palästina bereits gemacht hat, und trotz der erheblichen dortigen Versorgungs-, Arbeits- und Unterbringungsprobleme, hat die Regierung Seiner Majestät in den letzten Wochen die Aufnahme von 4500 Kindern in Begleitung von 300 Frauen aus Bulgarien in den letzten Wochen angeboten. Wegen des akuten Sicherheitsproblems in Palästina sind die Behörden mit Ausnahme möglicher Einzelfälle nicht bereit, erwachsene Männer aus feindlichen oder feindbesetzten Ländern aufzunehmen; aber die Regierung Seiner Majestät wird weiter alles Mögliche tun, um die Zulassung von Kindern – in den Grenzen des White Papers von 1939 – zu ermöglichen. [...]

[National Archives, Legislative Branch, State Department decimal files 840.49 Refugees/3633];
Foreign Relations of the United States. Diplomatic Papers 1943. Band 1. Washington 1963, S. 134–137. [Übers. aus dem Engl.]

214 Notiz aus dem Kriegsministerium mit Schreiben McCloys an Pehle (War Refugee Board): Kriegsministerium lehnt Bombardierung der Eisenbahnen nach Auschwitz ab, 3./4.7.1944:

a)

Memorandum für Mr. McCloy:
Ich weiß, daß Sie mir gesagt haben, diese Angelegenheit abzuwürgen [»kill«], aber seit dieser Anordnung haben wir den beiliegenden Brief von Mr. Pehle erhalten.
Ich schlage vor, die beiliegende Antwort zu senden.

b)

Ich komme auf Ihren Brief vom 29. Juni zurück, der ein Telegramm Ihres Vertreters in Bern, Schweiz, enthält, in dem vorgeschlagen wird, bestimmte Abschnitte der Eisenbahnlinien zwischen Ungarn und Polen zu bombardieren, um den Transport der Juden aus Ungarn zu unterbrechen.
Das Kriegsministerium ist der Meinung, daß die vorgeschlagene Luftoperation nicht durchführbar ist. Sie könnte nur durchgeführt werden, wenn bedeutendere Luftunterstützung abgezweigt

würde, die unabdingbar für den Erfolg unserer Streitkräfte in ihren jetzigen entscheidenden Operationen ist, und das wäre auf jeden Fall von so zweifelhaftem Wert, daß es nicht als durchführbares Projekt in Frage kommt.

Das Kriegsministerium schätzt die humanitären Motive, die die vorgeschlagene Operation veranlaßt haben, aber aus obengenannten Gründen erscheint die vorgeschlagene Aktion nicht gerechtfertigt.

[National Archives RG 107, ASW 400.38 Jews];
John Mendelsohn (Hg.), The Holocaust. Selected Documents. New York 1982, Band 14, S. 118f. (Faks.) [Übers. aus dem Engl.]

Bibliographie

a Gesamtdarstellungen

L'Allemagne nazie et le genocide juif. Colloque de l'École des Hautes Études en Sciences Sociales. Paris 1985.

Bauer, Yehuda: A History of the Holocaust. New York 1982.

Dawidowicz, Lucy S.: Der Krieg gegen die Juden 1933–1945. München 1979.

Gilbert, Martin: Endlösung. Die Vertreibung und Vernichtung der Juden. Ein Atlas. Reinbek 1982.

Gilbert, Martin: The Holocaust. The Jewish Tragedy. O. O. 1987.

Graml, Hermann: Reichskristallnacht. Antisemitismus und Judenverfolgung im Dritten Reich. München 1988.

Hilberg, Raul: Die Vernichtung der europäischen Juden. Die Gesamtgeschichte des Holocaust. Berlin 1982.

Krausnick, Helmut: Judenverfolgung, in: Buchheim, Hans [u. a.]: Anatomie des SS-Staates. München ^{2}1979, Band 2, S. 233–366.

Levin, Nora: The Holocaust. The destruction of European Jewry 1933–1945. New York 1973.

Marrus, Michael: The Holocaust in History. Hanover, London 1987.

Scheffler, Wolfgang: Judenverfolgung im Dritten Reich 1933 bis 1945. Frankfurt a. M., Wien, Zürich 1965.

Silvain, Gerard: La question juive en Europe, 1933–1945. [Paris] 1985.

b Dokumentationen

Arad, Yitzhak/Gutman, Yisrael/Margaliot, Abraham (Hg.), Documents on the Holocaust. Selected Sources on the Destruction of the Jews of Germany and Austria, Poland and the Soviet Union. Jerusalem 1981.

Dawidowicz, Lucy S. (Hg.), A Holocaust Reader. New York 1976.

Hilberg, Raul (Hg.), Documents of Destruction. Germany and Jewry 1933–1945. London 1972.

Pätzold, Kurt (Hg.), Verfolgung, Vertreibung, Vernichtung. Dokumente des faschistischen Antisemitismus 1933 bis 1942. Frankfurt a. M. 1984.

Poliakov, Léon/Wulf, Josef (Hg.), Das Dritte Reich und die Juden. München [u. a.] 1978.

Rüter-Ehlermann, Adelheid L./Rüter, C. F. (Hg.), Justiz und NS-Verbrechen. Sammlung deutscher Strafurteile wegen nationalsozialistischer Tötungsverbrechen 1945–1966. 22 Bde. Amsterdam 1968–1981.

Schmid, Hans-Dieter/Schneider, Gerhard/Sommer, Wilhelm (Hg.), Juden unterm Hakenkreuz. Dokumente und Berichte zur Verfolgung der Juden durch die Nationalsozialisten 1933 bis 1945. 2 Bde. Düsseldorf 1983.

c Problematisierung, Sammelbände und Forschungsberichte

Bauer, Yehuda: The Holocaust in Historical Perspective. London 1978.
Baum, Rainer C.: The Holocaust and the German Elite. Genocide and National Suicide in Germany 1871–1945. Totowa, London 1981.
Dawidowicz, Lucy S.: The Holocaust and the Historians. Cambridge, London 1981.
Fein, Helen: Accounting for genocide. National responses and Jewish victimization during the Holocaust. New York 1979.
Friedlander, Henry/Milton, Sybil (Hg.), The Holocaust. Ideology, bureaucracy and genocide. The San José papers. Millwood, N. Y. 1980.
Gutman, Yisrael: The Holocaust and its significance. Jerusalem 1984.
Gutman, Yisrael/Greif, Gideon (Hg.), The Historiography of the Holocaust Period. Proceedings of the Fifth Yad Vashem International Historical Conference, Jerusalem, March 1983. Jerusalem 1988.
Gutman, Yisrael/Haft, Cynthia J. (Hg.), Patterns of Jewish Leadership in Nazi Europe, 1933–1945. Proceedings of the Third Yad Vashem International Historical Conference, Jerusalem, April 4–7, 1977. Jerusalem 1979.
Gutman, Yisrael/Rothkirchen, Livia (Hg.), The Catastrophe of European Jewry. Antecedents – History – Reflections. Jerusalem 1976.
Kren, George M./Rappoport, Leon: The Holocaust and the crisis of human behavior. New York 1980.
Kulka, Otto D.: Die deutsche Geschichtsschreibung über den Nationalsozialismus und die »Endlösung«. Tendenzen und Entwicklungsphasen 1924–1984, in: Historische Zeitschrift Bd. 240 (1985) S. 599–640.
Kwiet, Konrad: Judenverfolgung und Judenvernichtung im Dritten Reich. Ein historiographischer Überblick, in: Dan, Diner (Hg.), Ist der Nationalsozialismus Geschichte? Zu Historisierung und Historikerstreit. Frankfurt a. M. 1987, S. 237–264.
Marrus, Michael R.: The History of the Holocaust. A Survey of Recent Literature, in: Journal of Modern History 59 (1987) S. 114–160.

d »Judenpolitik« in Deutschland 1933–1938

Adam, Uwe-Dietrich: Judenpolitik im Dritten Reich. Düsseldorf 1972.
Barkai, Avraham: Vom Boykott zur »Entjudung«. Der wirtschaftliche Existenzkampf der Juden im Dritten Reich 1933–1943. Frankfurt a. M. 1988.
Ben Elissar, Eliahu: La Diplomatie du IIIe Reich et les Juifs 1933–1939 [Paris] 1969.
Benz, Wolfgang (Hg.), Die Juden in Deutschland 1933–1945. Leben unter nationalsozialistischer Herrschaft. München 1988.
Drobisch, Klaus [u. a.]: Juden unterm Hakenkreuz. Frankfurt a. M. 1973.

Eschwege, Helmut (Hg.), Kennzeichen J. Bilder, Dokumente, Berichte zur Geschichte der Verbrechen des Hitlerfaschismus an den deutschen Juden 1933–1945. Berlin 1966.

Kater, Michael. Everyday Anti-Semitism in Prewar Nazi Germany: the Popular Bases, in: Yad Vashem Studies 16 (1984) S. 129–159.

Pätzold, Kurt: Faschismus, Rassenwahn, Judenverfolgung. Eine Studie zur politischen Strategie und Taktik des faschistischen deutschen Imperialismus (1933–1935). Berlin 1975.

Paucker, Arnold [u. a.] (Hg.), Die Juden im nationalsozialistischen Deutschland 1933–1943. Tübingen 1986.

Pehle, Walter H. (Hg.), Der Judenpogrom 1938. Von der »Reichskristallnacht« zum Völkermord. Frankfurt a. M. 1988.

Schleunes, Karl A.: The twisted Road to Auschwitz. Nazi Policy toward German Jews 1933–1939. London 1972.

Strauss, Herbert A.: Jewish Emigration from Germany: Nazi Policies and Jewish Response, in: Leo Baeck Institute Yearbook 25 (1980) S. 313–361; 26 (1981) S. 343–409.

Walk, Joseph (Hg.), Das Sonderrecht für die Juden im NS-Staat. Eine Sammlung der gesetzlichen Maßnahmen und Richtlinien. Inhalt und Bedeutung. Karlsruhe 1981.

e Vorbereitung und Organisation der »Endlösung«

Entstehung der »Endlösung«

Aly, Götz [u. a.]: Sozialpolitik und Judenvernichtung. Gibt es eine Ökonomie der Endlösung? Berlin 1987.

Aronson, Shlomo: Die dreifache Falle. Hitlers Judenpolitik, die Alliierten und die Juden, in: Vierteljahrshefte für Zeitgeschichte 32 (1984) S. 29–65.

Broszat, Martin: Hitler und die Genesis der »Endlösung«. Aus Anlaß der Thesen von David Irving, in: Vierteljahrshefte für Zeitgeschichte 25 (1977) S. 739–775.

Browning, Christopher: Zur Genesis der »Endlösung«. Eine Antwort an Martin Broszat, in: Vierteljahrshefte für Zeitgeschichte 29 (1981) S. 97–109.

Browning, Christopher R.: Fateful Months. Essays on the Emergence of the Final Solution. New York, London 1985.

Browning, Christopher R.: Nazi Resettlement Policy and the Search for a Solution to the Jewish Question, 1939–1941, in: German Studies Review 9 (1986) S. 497–519.

Goshen, Seev: Eichmann und die Nisko-Aktion, in: Vierteljahrshefte für Zeitgeschichte 27 (1981) S. 74–96.

Jäckel, Eberhard / Rohwer, Jürgen (Hg.), Der Mord an den Juden im Zweiten Weltkrieg. Entschlußbildung und Verwirklichung. Stuttgart 1985.

Mommsen, Hans: Die Realisierung des Utopischen. Die »Endlösung der Judenfrage« im »Dritten Reich«, in: Geschichte und Gesellschaft 9 (1983) S. 381–420.

Scheffler, Wolfgang: Zur Entstehungsgeschichte der Endlösung, in: Aus Politik und Zeitgeschichte B43/82 vom 30. 10. 82, S. 3–10.

Organisierung und Täter

Arendt, Hannah: Eichmann in Jerusalem. Ein Bericht von der Banalität des Bösen. Reinbek 1978.

Barkai, Avraham: Die deutschen Unternehmer und die Judenpolitik im »Dritten Reich«, in: Geschichte und Gesellschaft 15 (1989) S. 227–247.

Braham, Randolph L. (Hg.), The Eichmann Case. A source book. New York 1969.

Browning, Christopher: The Final Solution and the German Foreign Office. A Study of Referat D III of Abteilung Deutschland 1940–43. New York, London 1978.

Fleming, Gerald: Hitler und die Endlösung. »Es ist der Wunsch des Führers...«. Wiesbaden, München 1982.

Hilberg, Raul: Sonderzüge nach Auschwitz. Mainz 1981.

Kempner, Robert M. W.: Eichmann und Komplicen. Zürich 1961.

Klee, Ernst/Dreßen, Willi/Rieß, Volker (Hg.), »Schöne Zeiten«. Judenmord aus der Sicht der Täter und Gaffer. Frankfurt a. M. 1988.

Lang, Jochen von (Hg.), Das Eichmann-Protokoll. Tonbandaufzeichnungen der israelischen Verhöre. Berlin 1982.

Lichtenstein, Heiner: Mit der Reichsbahn in den Tod. Massentransporte in den Holocaust 1941 bis 1945. Köln 1985.

Poliakov, Léon/Wulf, Josef (Hg.), Das Dritte Reich und seine Diener. München [u. a.] 1978.

Robinson, Jacob: And the Crooked shall be made straight. The Eichmann trial, the Jewish catastrophe, and Hannah Arendt's narrative. New York 1965.

f Sowjetunion

Arad, Yitzhak: The »final solution« in Lithuania in the light of German documentation, in: Yad Vashem Studies 11 (1976) S. 234–272.

Arad, Yitzhak: Ghetto in Flames. The Struggle and Destruction of the Jews in Vilna in the Holocaust. Jerusalem 1980.

Arad, Yitzhak: Alfred Rosenberg and the »final solution« in the occupied Soviet territories, in: Yad Vashem Studies 13 (1979) S. 263–286.

Aronson, G./Frumkin, J. (Hg.), Russian Jewry 1917–1967. New York, London 1969.

Bobe, M. [u. a.] (Hg.), The Jews in Latvia. Tel Aviv 1971.

Büchler, Yehoshua: Kommandostab Reichsführer-SS. Himmler's Personal Murder Brigades in 1941, in: Holocaust and Genocide Studies 1 (1986) S. 11–25.

Gilboa, Y. A.: The black years of Soviet Jewry 1939–1953. Boston, Toronto 1971.

Hillgruber, Andreas: Die ideologisch-dogmatische Grundlage der nationalsozialistischen Politik der Ausrottung der Juden in den besetzten Gebieten der

Sowjetunion und ihre Durchführung 1941–1944, in: German Studies Review 2 (1979) S. 263–296.

Hillgruber, Andreas: War in the East and the Extermination of the Jews, in: Yad Vashem Studies 18 (1987) S. 103–132.

Krausnick, Helmut/Wilhelm, Hans-Heinrich: Die Truppe des Weltanschauungskrieges. Die Einsatzgruppen der Sicherheitspolizei und des SD 1938–1942. Stuttgart 1981.

Litani, Dora: The destruction of the Jews of Odessa in the light of Rumanian documents, in: Yad Vashem Studies 6 (1967) S. 135–154.

Lozowick, Yaakov: Rollbahn Mord. The early activities of Einsatzgruppe C, in: Holocaust and Genocide Studies 2 (1987) S. 221–242.

Orbach, Wila: The destruction of the Jews in the Nazi-occupied territories of the USSR, in: Soviet Jewish Affairs 1976 H. 2, S. 14–51.

Schneider, Gertrude: Journey into terror. The story of the Riga ghetto. New York 1979.

Spector, Shmuel: The Jews of Volhynia and their reaction to extermination, in: Yad Vashem Studies 15 (1983) S. 159–186.

Streim, Alfred: The Tasks of the SS Einsatzgruppen, in: Simon Wiesenthal Center Annual 4 (1987) S. 309–328.

»Unsere Ehre heißt Treue«. Kriegstagebuch des Kommandostabes RFSS. Tätigkeitsberichte der 1. und 2. SS-Infanterie-Brigade, der 1. SS-Kavallerie-Brigade und von Sonderkommandos der SS. Hg. von Fritz Baade u. a. Wien, Frankfurt a. M. 1965.

g Reich

Adler, H.-G.: Der verwaltete Mensch. Studien zur Deportation der Juden aus Deutschland. Tübingen 1974.

Adler, H.-G.: Theresienstadt 1941–1945. Das Antlitz einer Zwangsgemeinschaft. Geschichte, Soziologie, Psychologie. Tübingen [2]1960.

Adler, H.-G. (Hg.), Die verheimlichte Wahrheit. Theresienstädter Dokumente. Tübingen 1958.

Altreich

Ball-Kaduri, Kurt Jakob: Berlin wird judenfrei. Die Juden in Berlin in den Jahren 1942/1943, in: Jahrbuch für die Geschichte Mittel- und Ostdeutschlands 22 (1973) S. 197–241.

Dokumente zur Geschichte der Frankfurter Juden 1933–1945. Hg. von der Kommission zur Erforschung der Geschichte der Frankfurter Juden 1933–1945. Frankfurt a. M. 1963.

Gedenkbuch. Opfer der Verfolgung der Juden unter der nationalsozialistischen Gewaltherrschaft in Deutschland 1933–1945. Hg. vom Bundesarchiv. 2 Bde. Koblenz 1986.

Sauer, Paul (Hg.), Dokumente über die Verfolgung der jüdischen Bürger in

Baden-Württemberg durch das nationalsozialistische Regime 1933–1945. 2 Bde. Stuttgart 1966.

Österreich

Botz, Gerhard: Stufen der Ausgliederung der Juden aus der Gesellschaft. Die österreichischen Juden vom »Anschluß« zum »Holocaust«, in: Zeitgeschichte 14 (1986/87) S. 359–378.

Botz, Gerhard: Wohnungspolitik und Judendeportation in Wien 1938 bis 1945. Zur Funktion des Antisemitismus als Ersatz nationalsozialistischer Sozialpolitik. Wien 1975.

Moser, Jonny: Die Judenverfolgung in Österreich, 1938–1945. Wien 1966.

Rosenkranz, Herbert: Verfolgung und Selbstbehauptung. Die Juden in Österreich 1938–1945. München 1978.

h Polen

Blank, Manfred: Zum Beispiel: Die Ermordung der Juden im »Generalgouvernement« Polen, in: Adalbert Rückerl (Hg.), NS-Prozesse. Nach 25 Jahren Strafverfolgung: Möglichkeiten – Grenzen – Ergebnisse. Karlsruhe 1971, S. 35–64.

Browning, Christopher R.: Nazi Ghettoization Policy in Poland: 1939–41, in: Central European History 19 (1986) S. 343–368.

Czerniaków, Adam: Im Warschauer Getto. Das Tagebuch des Adam Czerniaków, 1939–1942. München 1986.

Dobroszycki, Lucjan (Hg.), The Chronicle of the Łódź Ghetto 1941–1944. New Haven, London 1984.

Eisenbach, Artur: Operation Reinhard. Mass extermination of the Jewish population in Poland, in: Polish Western Affairs 3 (1962) S. 80–124.

Faschismus–Getto–Massenmord. Dokumentation über Ausrottung und Widerstand der Juden in Polen während des 2. Weltkrieges. Hg. vom Jüdischen Historischen Institut in Warschau. Berlin 1961.

Freundlich, Elisabeth: Die Ermordung einer Stadt namens Stanislau. NS-Vernichtungspolitik in Polen. Wien 1986.

Friedman, Philip: The destruction of the Jews of Lwow, in: Ders.: Roads to Extinction. Essays on the Holocaust. Hg. von Ada Friedman. New York 1980, S. 244–321.

Grabitz, Helge/Scheffler, Wolfgang: Letzte Spuren. Ghetto Warschau – SS-Arbeitslager Trawniki – Aktion Erntefest. Fotos und Dokumente über Opfer des Endlösungswahns im Spiegel der historischen Ereignisse. Berlin 1988.

Gutman, Yisrael: The Jews of Warsaw, 1939–1943. Ghetto, underground, revolt. Bloomington 1982.

Klarsfeld, Serge (Hg.), Documents concerning the destruction of the Jews in Grodno, 1941–1944. 5 Bde. New York 1987.

Majer, Diemut: »Fremdvölkische« im Dritten Reich. Ein Beitrag zur national-sozialistischen Rechtsetzung und Rechtspraxis in Verwaltung und Justiz unter besonderer Berücksichtigung der eingegliederten Ostgebiete und des Generalgouvernements. Boppard a. Rh. 1981.

Präg, Werner/Jacobmeyer, Wolfgang (Hg.), Das Diensttagebuch des deutschen Generalgouverneurs in Polen 1939–1945. Stuttgart 1975.

Trunk, Isaiah: Judenrat. The Jewish Councils in Eastern Europe under Nazi Occupation. New York 1972.

Weiss, Aharon: Jewish leadership in occupied Poland – postures and attitudes, in: Yad Vashem Studies 12 (1977) S. 335–365.

Wulf, Josef (Hg.), Das Dritte Reich und seine Vollstrecker. Die Liquidation von 500000 Juden im Warschauer Ghetto. München [u. a.] 1978.

Wulf, Josef: Lodz. Das letzte Ghetto auf polnischem Boden. Bonn 1962.

Wulf, Josef: Vom Leben, Kampf und Tod im Ghetto Warschau. Bonn 1958.

i West- und Nordeuropa

Frankreich

Abitbol, Michel: Les Juifs d'Afrique du Nord sous Vichy. Paris 1983.

Klarsfeld, Serge (Hg.), Die Endlösung der Judenfrage in Frankreich. Deutsche Dokumente 1941–1944. Paris 1977.

Klarsfeld, Serge: Le Mémorial de la Déportation des Juifs de France. Paris 1978.

Klarsfeld, Serge: Vichy–Auschwitz. Le Rôle de Vichy dans la Solution Finale de la Question Juive en France. 2 Bde. Paris 1983–85.

Marrus, Michael R./Paxton, Robert O.: Vichy France and the Jews. New York 1983.

Rajsfus, Maurice: Des Juifs dans la collaboration. L'UGIF (1940–1944). Paris 1980.

Rutkowski, Adam (Hg.), La lutte des Juifs en France à l'époque de l'occupation (1940–1944). Paris 1975.

Wellers, Georges/Kaspi, André/Klarsfeld, Serge (Hg.), La France et la question juive 1940–1944. Actes du colloque du Centre de Documentation Juive Contemporaine (10 au 12 mars 1979). Paris 1981.

Niederlande

Presser, Jacob: The Destruction of the Dutch Jews. New York 1969.

Warmbrunn, Werner: The Dutch under German Occupation. 1940–1945. Stanford, Calif. 1963.

Belgien

Klarsfeld, Serge/Steinberg, Maxime (Hg.), Die Endlösung der Judenfrage in Belgien. New York [1980].

Klarsfeld, Serge/Steinberg, Maxime (Hg.), Mémorial de la Déportation des Juifs de Belgique. Bruxelles, New York 1982.

Schirman, I.: La politique allemande à l'égard des Juifs en Belgique, 1940–1945. Bruxelles 1965.

Steinberg, Maxime: Le Dossier Bruxelles–Auschwitz. La police SS et l'extermination des Juifs de Belgique. Bruxelles 1980.

Steinberg, Maxime: L'étoile et le fusil. 2 Bde. Bruxelles 1983–84.

Norwegen

Abrahamsen, Samuel: The Holocaust in Norway. An historical perspective. New York 1986.

Friedmann, T.(Hg.), Dokumentensammlung über »Die Deportierung der Juden aus Norwegen nach Auschwitz«. Ramat Gan 1963.

j Südosteuropa, Italien

Tschechoslowakei

Dagan, Avigdor [u. a.] (Hg.), The Jews of Czechoslovakia. Historical Studies and Surveys. Band 3. Jerusalem 1984.

Grünhut, Aron: Katastrophenzeit des slowakischen Judentums. Aufstieg und Niedergang der Juden in Preßburg. Tel Aviv 1972.

Kárný, Miroslav: Die »Judenfrage« in der nazistischen Okkupationspolitik, in: Historica 21 (1982) S. 137–192.

Lipscher, Ladislav: Die Juden im Slowakischen Staat 1939–1945. München, Wien 1980.

Jugoslawien

Browning, Christopher R.: The Final Solution in Serbia. The Semlin Judenlager – a case study, in: Yad Vashem Studies 15 (1983) S. 55–90.

Browning, Christopher R.: Wehrmacht reprisal policy and the mass murder of Jews in Serbia, in: Militärgeschichtliche Mitteilungen 1983 H. 33, S. 31–47.

Kostich, Lazo M.: The Holocaust in the Independent State of Croatia. Chicago 1981.

Löwenthal, Zdenko (Hg.), The crimes of the fascist occupants and their collaborators against Jews in Yugoslavia. Belgrade 1957.

Paris, Edmond: Genocide in Satellite Croatia, 1941–1945. A record of racial and religious persecutions and massacres. Chicago 1961.

Griechenland

Eckert, Rainer: Dic Verfolgung der griechischen Juden im deutschen Okkupationsgebiet Saloniki–Ägäis vom April 1941 bis zum Abschluß der Deportationen im August 1943, in: Bulletin des Arbeitskreises II. Weltkrieg 1986, H. 1–4, S. 41–69.

Matkovski, Alexander: The destruction of Macedonian Jewry in 1943, in: Yad Vashem Studies 3 (1959) S. 203–258.

Molho, Michael (Hg.), In Memoriam. Hommage aux victimes juives des nazis en Grèce. Thessalonique ²1973.

Novitch, Miriam (Hg.), Le passage des barbares. Contribution à l'histoire de la déportation et de la Résistance des Juifs grecs. Nice 1971.

Rumänien

Ancel, Jean (Hg.), Documents concerning the fate of Romanian Jewry during the Holocaust. 12 Bde. [Jerusalem 1986].

Ancel, Jean: Plans for Deportation of the Rumanian Jews and their Discontinuation in the Light of Documentary Evidence (July–October 1942), in: Yad Vashem Studies 16 (1984) S. 381–420.

Broszat, Martin: Das Dritte Reich und die rumänische Judenpolitik, in: Gutachten des Instituts für Zeitgeschichte. Band 1. Stuttgart 1958, S. 102–183.

Judenverfolgung in Rumänien. Hg. von der United Restitution Organization. 3 Bde. Frankfurt a. M. 1959.

Ungarn

Braham, Randolph L. (Hg.), The destruction of Hungarian Jewry. A documentary account. 2 Bde. New York 1963.

Braham, Randolph L.: The Hungarian Jewish Catastrophe. A selected and annotated bibliography. New York ²1984.

Braham, Randolph L. (Hg.), Hungarian-Jewish studies. 3 Bde. New York 1966–1973.

Braham, Randolph L.: The Politics of Genocide. The Holocaust in Hungary. 2 Bde. New York 1981.

Braham, Randolph L.: The tragedy of Hungarian Jewry. Essays, documents, depositions. New York 1986.

Conway, John S.: Der Holocaust in Ungarn. Neue Kontroversen und Überlegungen, in: VfZ 32 (1984) S. 179–202.

Judenverfolgung in Ungarn. Dokumentensammlung. Hg. von der United Restitution Organization. Frankfurt a. M. 1959.

Katzberg, Nathaniel: Hungary and the Jews. Policy and legislation 1920–1943. Ramat-Gan 1981.

Levai, Jenö (Hg.), Eichmann in Ungarn. Dokumente. Budapest 1961.

Italien

De Felice, Renzo: Storia degli ebrei italiani sotto il fascismo. Turin 1961.

Judenverfolgung in Italien, den italienisch besetzten Gebieten und Nordafrika. Dokumentensammlung. Hg. von der United Restitution Organization. Frankfurt a. M. 1962.

Michaelis, Meir: Mussolini and the Jews. German-Italian Relations and the Jewish Question in Italy, 1922–1945. Oxford 1978.

Picciotto Fargion, Liliana: The Anti-Jewish Policy of the Italian Social Republic (1943–1945), in: Yad Vashem Studies 17 (1986) S. 17–49.

Zucotti, Susan: The Italians and the Holocaust. Persecution, rescue and survival. New York 1987.

k Juden in Lagern

Des Pres, Terence: The Survivor: An Anatomy of Life in the Death Camps. New York 1976.

Feig, Konnilyn G.: Hitler's death camps. The sanity of madness. New York 1981.

Grode, Walter: Die »Sonderbehandlung 14f13« in den Konzentrationslagern des Dritten Reiches. Ein Beitrag zur Dynamik faschistischer Vernichtungspolitik. Frankfurt a. M., Bern, New York 1987.

Gutman, Yisrael/Saf, Avital (Hg.), The Nazi Concentration Camps. Structure and Aims. The Image of the Prisoners. The Jews in the camps. Proceedings of the Fourth Yad Vashem International Conference, Jerusalem, January 1980. Jerusalem 1984.

Kolb, Eberhard: Bergen-Belsen. Vom »Aufenthaltslager« zum Konzentrationslager, 1943–1945. Göttingen ²1986.

Pingel, Falk: Häftlinge unter SS-Herrschaft. Widerstand, Selbstbehauptung und Vernichtung im Konzentrationslager. Hamburg 1978.

Vernichtungslager

Arad, Yitzhak: Belzec, Sobibor, Treblinka: The Operation Reinhard Death Camps. Bloomington 1987.

Arndt, Ino/Scheffler, Wolfgang: Organisierter Massenmord an Juden in nationalsozialistischen Vernichtungslagern. Ein Beitrag zur Richtigstellung apologetischer Literatur, in: Vierteljahrshefte für Zeitgeschichte 24 (1976) S. 105–135.

Auschwitz. Geschichte und Wirklichkeit eines Vernichtungslagers. Reinbek 1980.

Beer, Mathias: Die Entwicklung der Gaswagen beim Mord an den Juden, in: Vierteljahrshefte für Zeitgeschichte 35 (1987) S. 403–417.

Czech, Danuta: Kalendarium der Ereignisse im Konzentrationslager Auschwitz Birkenau 1939–1945. Reinbek 1989.

Donat, Alexander (Hg.), The Death Camp Treblinka. A Documentary. New York 1979.

Kogon, Eugen/Langbein, Hermann/Rückerl, Adalbert [u. a.] (Hg.), Nationalsozialistische Massentötungen durch Giftgas. Eine Dokumentation. Frankfurt a. M. 1983.

Langbein, Hermann (Hg.), Der Auschwitz-Prozeß. Eine Dokumentation. 2 Bde. Wien 1965.

Langbein, Hermann: Menschen in Auschwitz. Wien 1972.

Marszałek, Józef: Majdanek. Geschichte und Wirklichkeit eines Vernichtungslagers. Reinbek 1982.

Novitch, Miriam (Hg.), Sobibor, Martyrdom and Revolt. Documents and Testimonies. New York 1980.

Rückerl, Adalbert (Hg.), NS-Vernichtungslager im Spiegel deutscher Strafprozesse. Belzec, Sobibor, Treblinka, Chelmno. München 1977.

Tregenza, Michael: Belzec Death Camp, in: Wiener Library Bulletin 30 (1977) H. 41/42, S. 8–25.

1 Widerstand

Ainsztein, Reuben: Jewish Resistance in Nazi-occupied Eastern Europe. London 1974.

Bauer, Yehuda: They Chose Life. Jewish Resistance in the Holocaust. New York 1973.

Cohen, Asher: The Halutz resistance in Hungary 1942–1944. New York 1986.

Diamant, David: Les Juifs dans la Résistance française, 1940–1944. Paris 1971.

Eckmann, Lester/Lazar, Chaim: The Jewish resistance. The history of the Jewish partisans in Lithuania and White Russia during the Nazi occupation 1940–1945. New York 1977.

Grubstein, Meir [u. a.] (Hg.), Jewish Resistance during the Holocaust. Proceedings of the Conference on Manifestations of Jewish Resistance, Jerusalem April 7–11, 1968. Jerusalem [2]1972.

Grynberg, Anne (Hg.), Les Juifs dans la Résistance et la libération. Histoire, témoignages, débats. Paris 1985.

Krakowski, Shmuel: The War of the Doomed. Jewish Armed Resistance in Poland, 1942–1944. New York 1984.

Kwiet, Konrad: Problems of Jewish Resistance Historiography, in: Leo Baeck Institute Yearbook 24 (1979) S. 37–57.

Kwiet, Konrad/Eschwege, Helmut: Selbstbehauptung und Widerstand. Deutsche Juden im Kampf um Existenz und Menschenwürde 1933–1945. Hamburg 1984.

Langbein, Hermann: ... nicht wie Schafe zur Schlachtbank. Widerstand in den nationalsozialistischen Konzentrationslagern 1938–1945. Frankfurt a. M. 1980.

Levin, Dov: Fighting Back. Lithuanian Jewry's Armed Resistance to the Nazis, 1941–1945. New York 1985.

Mark, Bernard: Der Aufstand im Warschauer Ghetto. Entstehung und Verlauf. Berlin [3]1959.

Porter, Jack Nusan (Hg.), Jewish Partisans. A documentary of Jewish resistance in the Soviet Union during World War II. 2 Bde. Washington 1982.

Steinberg, Lucien: Le révolte des justes. Les Juifs contre Hitler 1933–1945. Paris 1970.

Trunk, Isaiah: Jewish Responses to Nazi Persecution. Collective and individual behavior in extremis. New York 1982.

m Juden und Nichtjuden

Courtois, Stéphane/Raisky, Adam [u. a.]: Qui savait quoi? L'extermination des Juifs, 1941–1945. Paris 1987.

Gutman, Yisrael/Zuroff, Efraim (Hg.), Rescue Attempts during the Holocaust. Proceedings of the 2. Yad Vashem International Historical Conference, Jerusalem, April 8–11, 1974. Jerusalem 1977.

Kulka, Otto Dov/Mendes-Flohr, Paul R. (Hg.), Judaism and Christianity under the Impact of National Socialism. Jerusalem 1987.

Laqueur, Walter: Was niemand wissen wollte. Die Unterdrückung der Nachrichten über Hitlers »Endlösung«. Frankfurt a. M., Berlin, Wien 1982.

Littner, Carol/Myers, Sandra: The courage to care. Rescuers of Jews during the Holocaust. New York [u. a.] 1986.

Reich und verbündete Gebiete

Chary, Frederick B.: The Bulgarian Jews and the Final Solution 1940–1944. Pittsburgh 1972.

Dipper, Christoph: Der deutsche Widerstand und die Juden, in: Geschichte und Gesellschaft 9 (1983) S. 349–380.

Gordon, Sarah: Hitler, Germans, and the »Jewish Question«. Princeton, N. J. 1984.

Kershaw, Ian: Antisemitismus und Volksmeinung. Reaktionen auf die Judenverfolgung, in: Martin Broszat/Elke Fröhlich (Hg.), Bayern in der NS-Zeit. Band 2: Herrschaft und Gesellschaft im Konflikt. Teil A. München 1979, S. 281–348.

Kulka, Otto Dov/Rodrigue, Aron: The German Population and the Jews in the Third Reich. Recent Publication and Trends in Research on German Society and the »Jewish Question«, in: Yad Vashem Studies 16 (1984) S. 421–435.

Oren, Nissan: The Bulgarian Exception. A Reassessment of the Salvation of the Jewish Community, in: Yad Vashem Studies 7 (1968) S. 83–106.

Poliakov, Léon/Sabille, Jacques: Jews under the Italian Occupation. Paris 1955.

Pommerin, Reiner: Rassenpolitische Differenzen im Verhältnis der Achse

Berlin–Rom 1938–1943, in: Vierteljahrshefte für Zeitgeschichte 27 (1979) S. 646–660.

Weinzierl, Erika: Zu wenig Gerechte. Österreicher und Judenverfolgung 1938–1945. Graz, Wien, Köln 1969.

Wollenberg, Jörg (Hg.), »Niemand war dabei und keiner hat's gewußt«. Die deutsche Öffentlichkeit und die Judenverfolgung 1933–1945. München 1989.

Besetzte Gebiete

Bartoszewski, Władysław: Uns eint vergossenes Blut. Juden und Polen in der Zeit der »Endlösung«. Frankfurt a. M. 1987.

Bartoszewski, Władysław/Lewin, Zofia (Hg.), Righteous among Nations. How Poles helped the Jews 1939–1945. London 1969.

Gutman, Yisrael/Krakowski, Shmuel: Unequal Victims. Poles and Jews during World War II. New York 1987.

De Jong, Louis: Die Niederlande und Auschwitz, in: Vierteljahrshefte für Zeitgeschichte 17 (1969) S. 1–16.

Marrus, Michael R.: Die französischen Kirchen und die Verfolgung der Juden in Frankreich 1940–1944, in: Vierteljahrshefte für Zeitgeschichte 31 (1983) S. 483–505.

Morley, John F.: Vatican Diplomacy and the Jews during the Holocaust 1939–1943. South Orange, N. J. 1980.

Pinchuk, Ben-Cion: Was There a Soviet Policy for Evacuating the Jews? The Case of the Annexed Territories, in: Slavic Review 39 (1980) S. 44–55.

Potichnyj, Peter J./Aster, Howard (Hg.), Ukrainian-Jewish Relations in Historical Perspective. Edmonton 1988.

Rothkirchen, Livia: Czech attitudes towards the Jews during the Nazi regime, in: Yad Vashem Studies 13 (1979) S. 287–320.

Tec, Nechama: When Light Pierced the Darkness. Christian Rescue of Jews in Nazi-occupied Poland. New York 1986.

Vago, Bela/Mosse, George L. (Hg.), Jews and Non-Jews in Eastern Europe, 1918–1945. New York, Toronto 1974.

Yahil, Leni: The Rescue of Danish Jewry. Test of a Democracy. Philadelphia 1969.

Weltöffentlichkeit

Bauer, Yehuda: American Jewry and the Holocaust. The American Jewish Joint Distribution Commitee, 1939–1945. Detroit 1981.

Engel, David: In the Shadow of Auschwitz. The Polish Government-in-Exile and the Jews, 1939–1942. Chapel Hill, London 1987.

Favez, Jean-Claude: 1942: Le Comité International de la Croix-Rouge, les déportations et les camps, in: Vingtième Siècle Nr. 21 (1989) S. 45–56.

Gilbert, Martin: Auschwitz und die Alliierten. München 1982.

Koblik, Steven: The Stones Cry Out. Sweden's response to persecution of the Jews 1933–1945. New York 1987.

Penkower, Monty Noam: The Jews were expendable. Free world diplomacy and the Holocaust. Urbana 1983.

Rautkallio, Hannu: Finland and the Holocaust. The Finnish experience. New York 1986.

Wasserstein, Bernhard: Britain and the Jews of Europe 1939–1945. Oxford 1979.

Wyman, David S.: Das unerwünschte Volk. Amerika und die Vernichtung der europäischen Juden. Ismaning 1986.

Abkürzungsverzeichnis

AA	Auswärtiges Amt
Adm.	Admiral
AGKBZHwP	Archiwum Głównej Komisji Badania Zbrodni Hitlerowskich w Polsce (Archiv der Hauptkommission zur Untersuchung der NS-Verbrechen in Polen)
AJDC	American Joint Distribution Committee
AK	Armeekorps
A. N. Rgt.	Armeenachrichtenregiment
A. O. K.	Armeeoberkommando
BA	Bundesarchiv
BA/MA	Bundesarchiv/Militärarchiv
Batl.	Bataillon
BdS	Befehlshaber der Sicherheitspolizei und des SD
Bevollm. Kdr. Gen. in Serbien	Bevollmächtigter Kommandeur und General in Serbien
Bfh.	Befehlshaber
BGKBZHwP	Biuletyn Głównej Komisji Badania Zbrodni Hitlerowskich w Polsce (Bulletin der Hauptkommission zur Untersuchung der hitlerischen Verbrechen in Polen)
Brif.	Brigadeführer
BVP	Bayerische Volkspartei
C. d. Z.	Chef der Zivilverwaltung
CDJC	Centre de Documentation Juive Contemporaine
DDP	Deutsche Demokratische Partei
Dir. Pol.	Direktor Politik
Div.	Division
DNVP	Deutschnationale Volkspartei
Dok.	Dokument

DVP	Deutsche Volkspartei
EK	Einsatzkommando
EK I	Eisernes Kreuz I. Klasse
Ers. Div.	Ersatzdivision
ETRA	Eisenbahntransportabteilung
Fa.	Firma
FK	Feldkommandantur
FS	Fernschreiben
Geb. AK	Gebirgs-Armeekorps
Gen. Kdo.	Generalkommando
Gestapo	Geheime Staatspolizei
GFP	Geheime Feldpolizei
GG	Generalgouvernement
Ha. Pol.	Handelspolitische Abteilung
HGr.	Heeresgruppe
H. K. L.	Hauptkampflinie
Hptw.	Hauptwachtmeister
HSSPF, Höh.	
SS und Pol. Fhr.	Höherer SS- und Polizeiführer
Ic	Bezeichnung für Nachrichten-Offizier
HStuf.	Hauptsturmführer
I. Div.	Infanteriedivision
IfZ	Institut für Zeitgeschichte
I. R.	Infanterieregiment
I. R. K.	Internationales Rotes Kreuz
JSS	Jüdische Soziale Selbsthilfe
Kdo.	Kommando
KdS	Kommandeur der Sicherheitspolizei und des SD
Kol.	Kolchose
Kommand.	Kommandant
Kps. Nachr. Abt.	Korpsnachrichtenabteilung
Kr.-Erk.-Zug	Kraderkundungszug
Kr.-Sch.-Zug	Kradschützenzug
KZ, KL.	Konzentrationslager
M. i. G.	Militärbefehlshaber im Generalgouvernement

Mil. Verwaltung, Militärverw.	Militärverwaltung
MStGB	Militärstrafgesetzbuch
NSB	Nationaal-Socialistische Bewegung der Nederlanden
NKWD, NKVD	Narodnyj Komissariat Vnutrennych Del (Volkskommissariat für innere Angelegenheiten: Sowjetischer Geheimdienst)
NSDAP	Nationalsozialistische Deutsche Arbeiterpartei
NSKK	Nationalsozialistisches Kraftfahrkorps
NSV	Nationalsozialistische Volkswohlfahrt
Ob. d. H.	Oberbefehlshaber des Heeres
Obko.	Oberkommando
OFK	Oberfeldkommandantur
OK	Ortskommandantur
OKH	Oberkommando des Heeres
OKW	Oberkommando der Wehrmacht
Orpo	Ordnungspolizei
OStuf.	Obersturmführer
OT	Organisation Todt
PA AA	Politisches Archiv des Auswärtigen Amtes
Pg.	Parteigenosse
PK	Propagandakompanie
Pol. Abt.	Politische Abteilung
Pol. Bat., Pol. Batl.	Polizei-Bataillon
Pol. Rgt.	Polizei-Regiment
RAM	Reichsaußenminister
RFSSuChefDtPol	Reichsführer-SS und Chef der Deutschen Polizei
RGBl.	Reichsgesetzblatt
Rgt.	Regiment
RSHA	Reichssicherheitshauptamt
Rttf.	Rottenführer

S-Wagen	Spezialwagen
SA	Sturmabteilung
Schupo	Schutzpolizei
SD	Sicherheitsdienst
Sich. Div.	Sicherheitsdivision
Sipo, Sich.-Pol., SP	Sicherheitspolizei
SS	Schutzstaffel
SSPF	SS- und Polizeiführer
Stapo(leit)stellen	Staatspolizei(leit)stellen
Strm.	Sturmmann
StS.	Staatssekretär
Stubaf.	Sturmbannführer
UStuf.	Untersturmführer
Vaada	Vaadat Ezra ve'Hatzalah (jüdisches Unterstützungs- und Rettungskomitee)
VO	Verordnung
WA	Weer-Afdeling
WBU	Wehrmachtbefehlshaber Ukraine
ZStL	Zentrale Stelle der Landesjustizverwaltungen zur Aufklärung nationalsozialistischer Verbrechen
Zugw.	Zugwachtmeister

Personenregister

(in Klammern jeweils nur die Funktion, die im Zusammenhang mit der Quelle ausgeübt wurde)

Ruth Elias

Die Hoffnung erhielt mich am Leben
Mein Weg von Theresienstadt und Auschwitz nach Israel.
328 Seiten mit 8 s/w Abbildungen. Geb.

Ruth Elias, die in diesem Buch die Geschichte ihres Überlebens in
Theresienstadt und Auschwitz erzählt, hat alle Stationen in der Hölle
des SS-Staates durchlitten. Als Jüdin nach dem deutschen Einmarsch
in ihre mährische Heimat verfolgt, wird sie nach einer Denunziation
nach Theresienstadt »verbracht«. Dort versucht sie mit ihrem Mann
ein möglichst »normales« Leben zu führen – ein seltener Einblick in
das Innenleben eines Ghettos. 1943 wird sie nach Auschwitz deportiert,
wo es nur mehr um das nackte Überleben geht. Hier sieht sie, wie
Tausende ihrer Mitgefangenen verhungern, sterben, zu Tode gequält,
vergast werden; hier bekommt sie – und verliert durch die Quälerei des
Dr. Mengele – ein Kind.
Nach der Befreiung 1945 kehrt sie zunächst in ihre Heimat zurück, um
nach Verwandten zu suchen – aber außer ihr hat niemand den
»Holocaust« überlebt. Auch muß sie feststellen, daß frühere Bekannte,
die von der »Arisierung« profitiert hatten, sie nicht mit offenen Armen
aufnahmen: Ihr Erbe war schon verteilt. Auch dies ein Stück
Wirklichkeit der Judenverfolgung.
So wandert sie 1949 nach Israel aus, wo sie eine neue Heimat und eine
neue Familie findet. Ihren Enkeln hat sie nun, nach über 40 Jahren
des Vergessen-Wollens, diesen Bericht geschrieben, damit dies nicht
nur ein Stück Historie bleibt, sondern erfahrbar wird. Wer diesen
Bericht gelesen hat, kann erahnen, was »Holocaust« in Wirklichkeit
bedeutet hat.

Piper 74/1 b

PIPER